“十三五”普通高等教育本科规划教材

# 土建工程制图习题及解答

主　编　周佳新
副主编　王铮铮　王志勇
参　编　刘　鹏　姜英硕　沈丽萍　牛　彦　李　鹏
张　楠　张　喆　马晓娟　王雅慧

中国电力出版社
CHINA ELECTRIC POWER PRESS

## 内 容 提 要

本习题及解答为《“十三五”普通高等教育本科规划教材　土建工程制图（第二版）》（周佳新主编）的配套习题集，主要内容包括投影的基本知识，点、直线和平面的投影，直线与平面、平面与平面的相对位置，投影变换，基本几何体的投影，平面与立体相交，立体与立体相交，轴测投影，组合体的投影，标高投影，制图的基本知识与技能，建筑形体的表达方法，建筑施工图，结构施工图，设备施工图，路桥涵工程图，计算机绘图，并附上模拟试题及习题和模拟试题参考答案。

本习题集可作为普通高等院校土木工程、道桥、安全、城市地下空间、力学、测绘、给排水、设备、环境、材料、材化、高分子、无机、管理、房地产、土地、造价、城市、自动化、电气、智能、通信、信息等专业，本科、专科制图课的配套教材（适用于40～120学时），并可供相关工程技术人员参考。

教材和习题及解答均有配套课件，需要者可与出版社或周佳新教授（zhoujiaxinxin@163.com）联系。

**图书在版编目（CIP）数据**

土建工程制图习题及解答/周佳新主编．—北京：中国电力出版社，2016.7（2019.6 重印）
“十三五”普通高等教育本科规划教材
ISBN 978-7-5123-9319-6

Ⅰ.①土…　Ⅱ.①周…　Ⅲ.①土木工程－建筑制图－高等学校－题解　Ⅳ.①TU204-44

中国版本图书馆 CIP 数据核字（2016）第 124130 号

中国电力出版社出版、发行
（北京市东城区北京站西街 19 号　100005　http://www.cepp.sgcc.com.cn）
北京雁林吉兆印刷有限公司印刷
各地新华书店经售

*

2016 年 7 月第一版　　2019 年 6 月北京第四次印刷
787 毫米×1092 毫米　16 开本　15.25 印张　460 千字
定价 **33.00** 元

# 前　言

土建工程制图是土木工程、道桥、安全、城市地下空间、力学、测绘、给排水、设备、环境、材料、材化、高分子、无机、管理、房地产、土地、造价、城市、自动化、电气、智能、通信、信息等土建类专业的技术基础课程之一，是表现工程技术人员设计思想的理论基础。本习题及解答是在综合各专业的教学特点，依据教育部批准印发的《普通高等院校工程图学课程教学基本要求》，并根据当前工程制图教学改革的发展，结合多年从事工程实践及工程图学教学的经验编写的。

本书由沈阳建筑大学周佳新主编，王铮铮、王志勇副主编，参加编写还有姜英硕、刘鹏、沈丽萍、牛彦、李鹏、张楠、张喆、王雅慧、马晓娟。

本习题及解答与《土建工程制图（第二版）》的内容对应。教材和习题及解答均有配套课件，需要者可与出版社或周佳新教授（zhoujiaxinxin@163.com）联系。

限于作者水平，书中难免出现疏漏，敬请各位读者批评指正。

编　者

2016 年 5 月

# 目　录

# 第一部分　习　　题

## 第一章　投影的基本知识

1-1　根据轴测图找出对应投影图，并填写相应的编号。

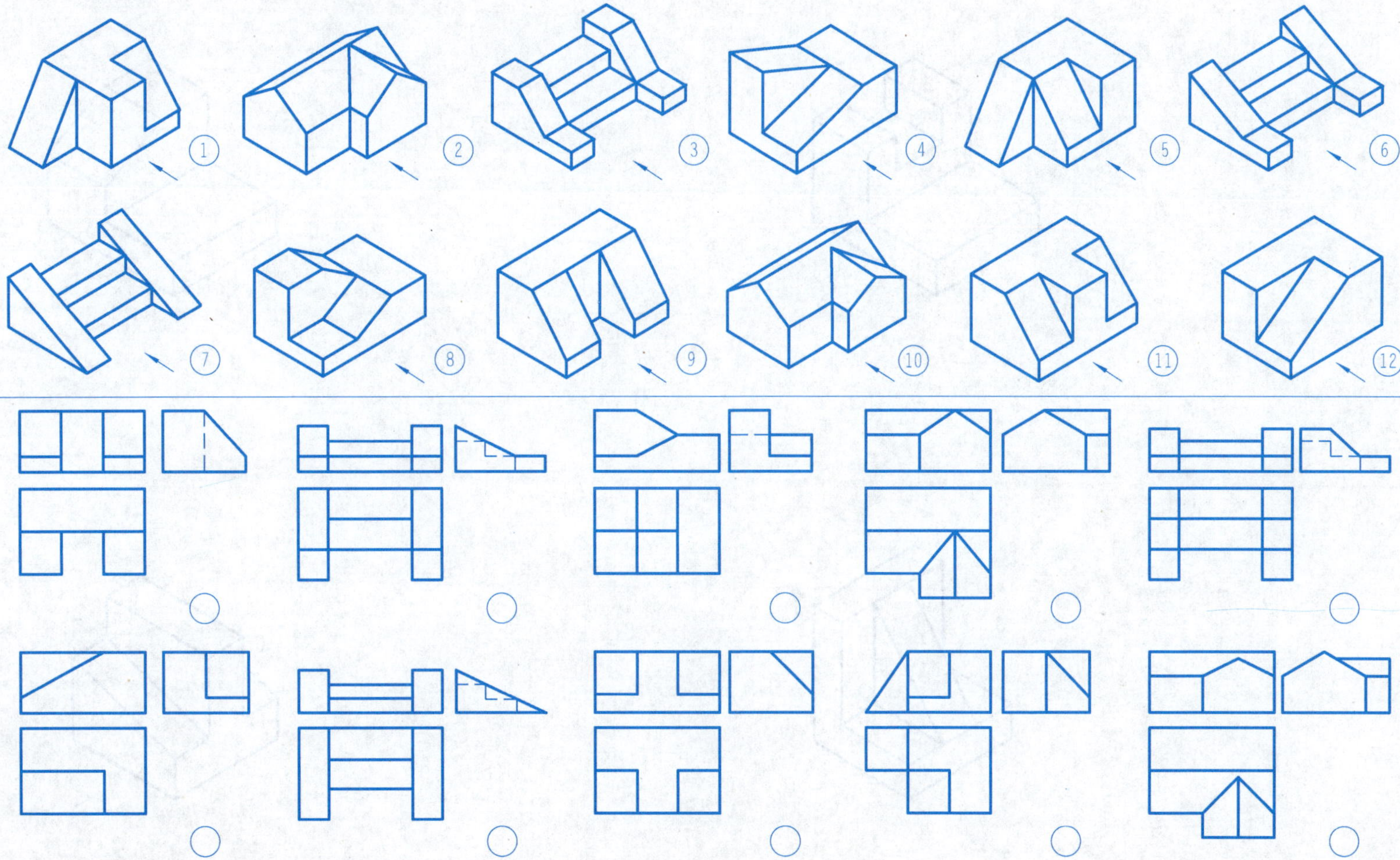

1-2 根据轴测图，在给定位置用1∶1的比例绘出三面投影图。

(1)

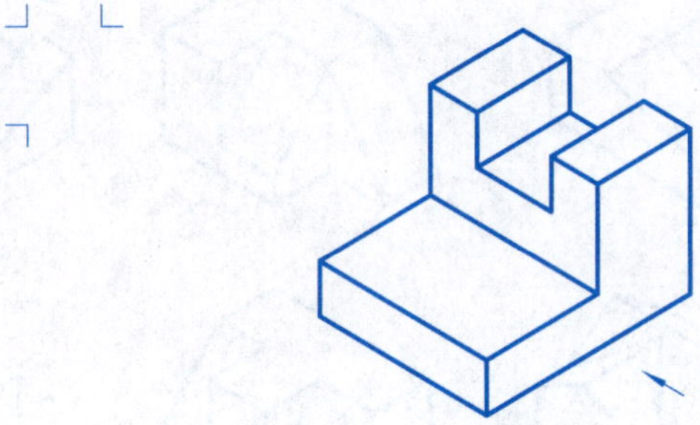

(2)

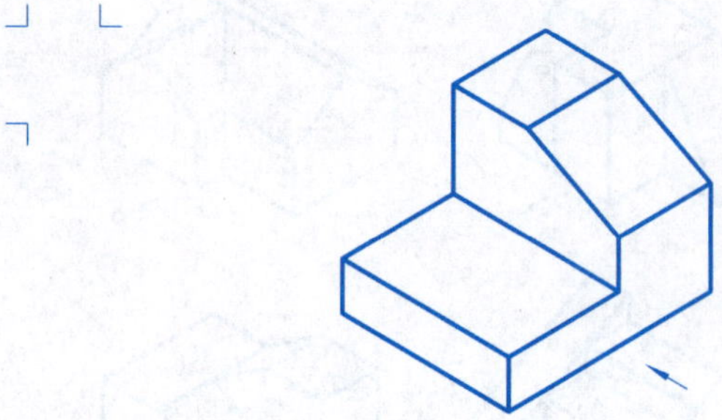

(3)

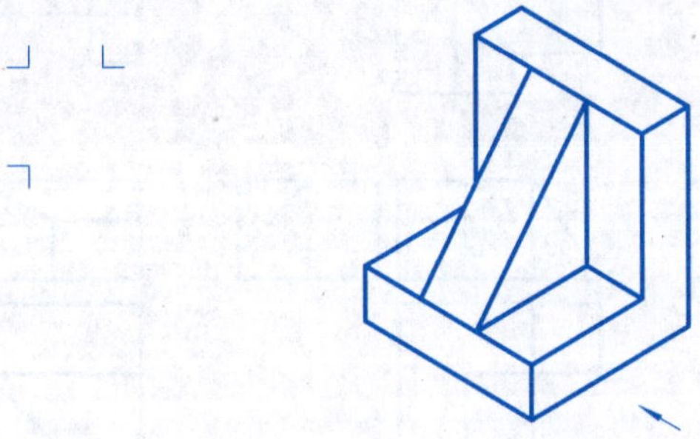

(4)

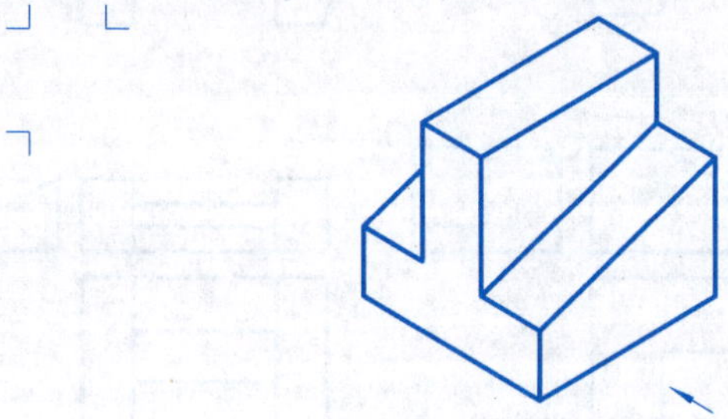

1-3 补绘物体的第三投影图。

(1)

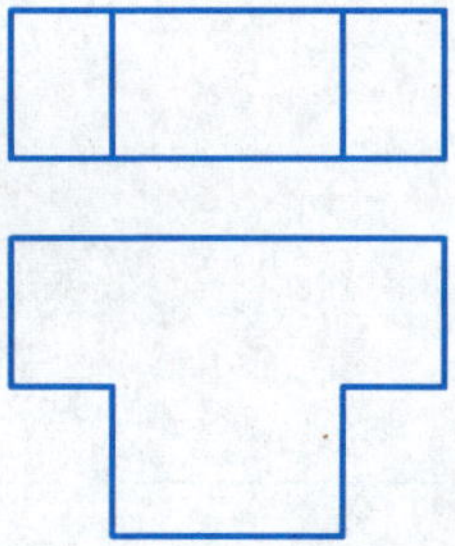

(2)

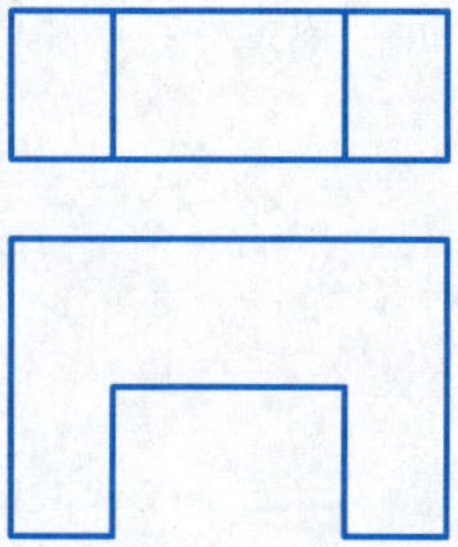

(3)

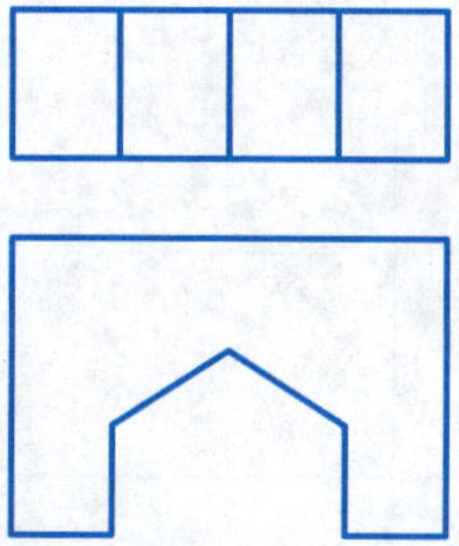

(4)

(5)

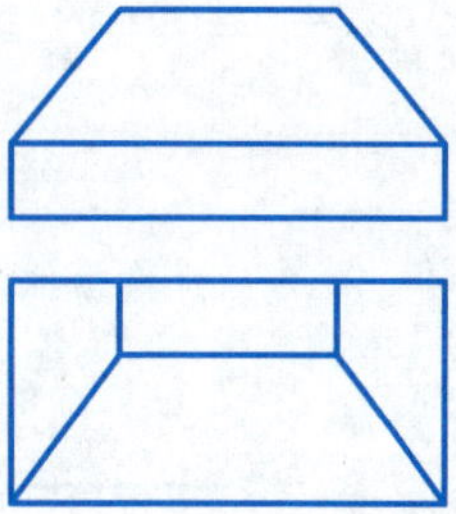

(6)

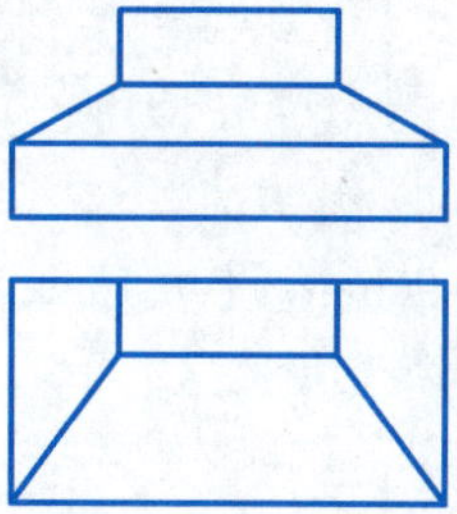

(7)

(8)

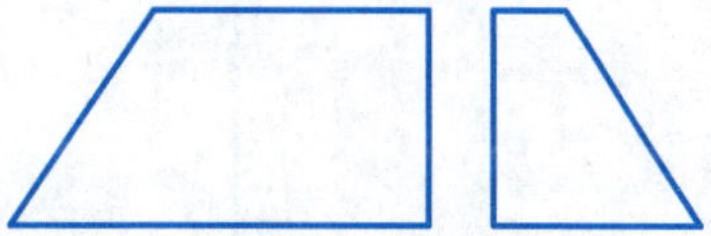

(9)

# 第二章　点、直线和平面的投影

2-1　已知点 $A$、$B$、$C$、$D$ 的两面投影，求作第三投影。

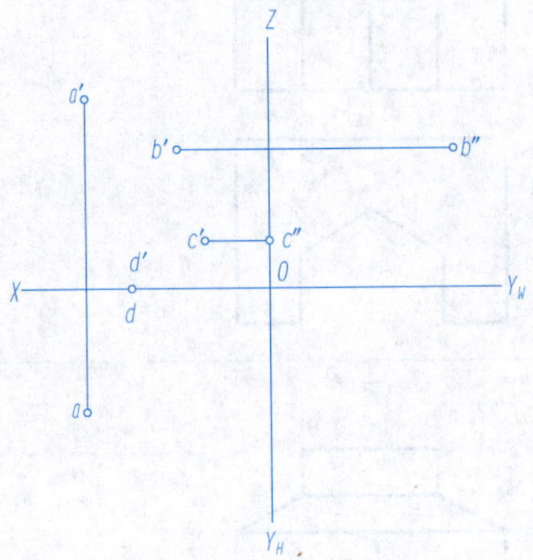


2-2　已知点 $A$(30，15，10)、$B$(20，20，15)、$C$(15，10，20)(mm) 的坐标，求作 $A$、$B$、$C$ 三点的投影图。

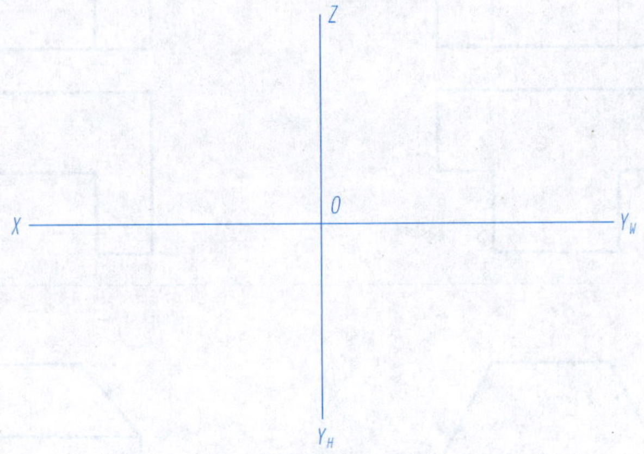


2-3　已知点 $B$ 在点 $A$ 左侧 20mm，上方 10mm，前方 5mm，求作点 $B$ 的三面投影，并完成点 $A$ 的第三投影。

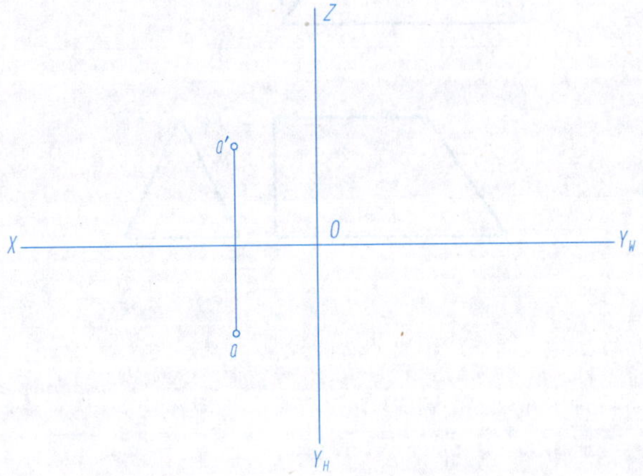


2-4　补绘物体的 $W$ 面投影，并判断重影点的可见性。

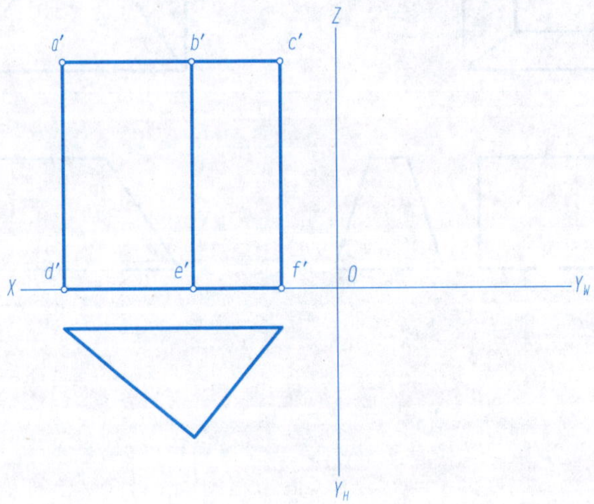

2-5 补出各直线的第三面投影，并标明是何种线段。

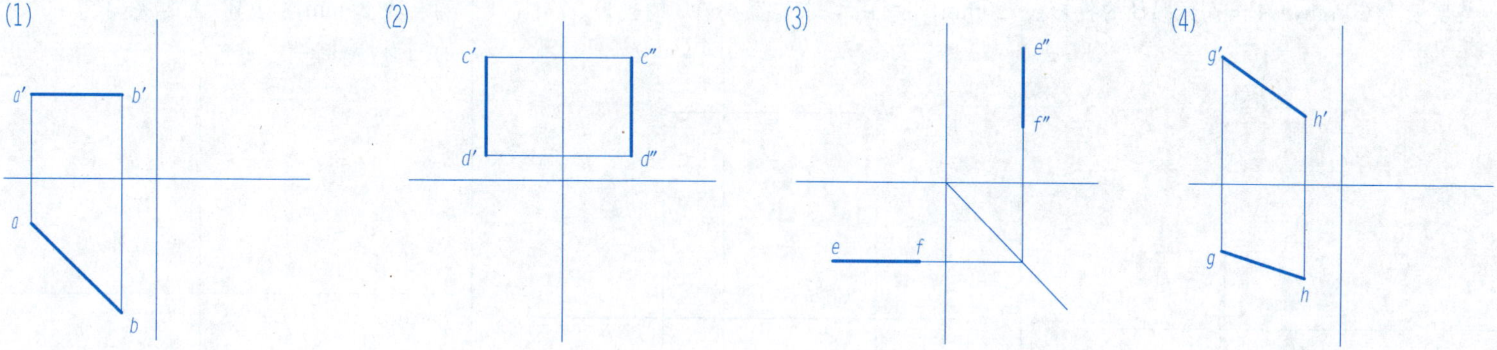


*AB* 是__________线　　*CD* 是__________线　　*EF* 是__________线　　*GH* 是__________线

2-6 过点 *A* 作直线 *AB* 的三面投影，并使 *AB* 的实长为 15mm。说明有几解？要求只作出一解即可。

(1) 作正平线，与 *H* 面成 30°。　(2) 作铅垂线。　(3) 作侧平线，与 *V* 面成 30°。　(4) 作正垂线。

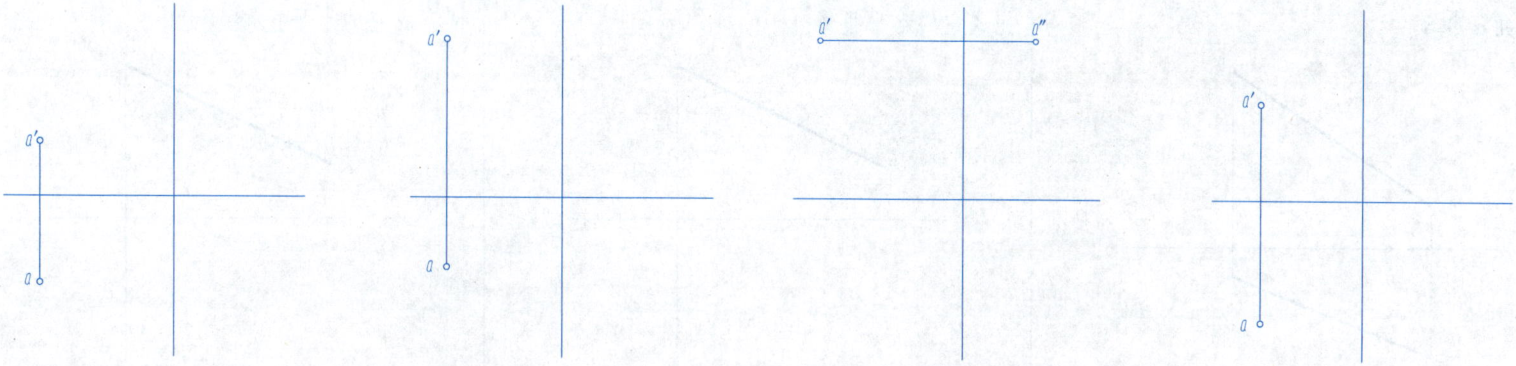


有__________解　　有__________解　　有__________解　　有__________解

2-7　已知侧垂线 $AB$ 上 $B$ 点距 $W$ 面 8mm，其实长为 20mm，求作直线 $AB$ 的投影。

2-8　已知直线 $AB$//$W$ 面，其实长为 20mm，$\alpha$=45°，求作直线 $AB$ 的投影。

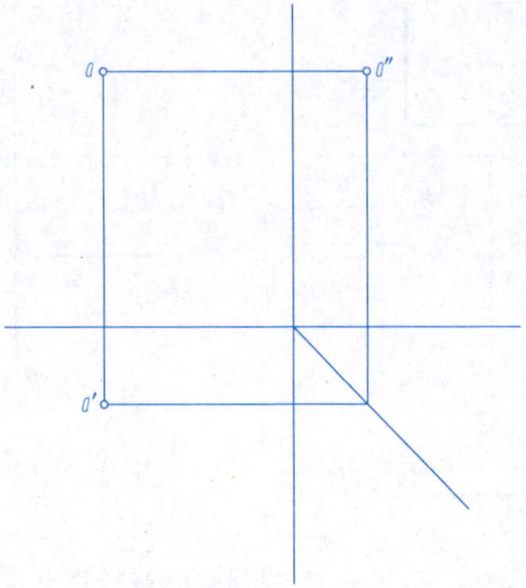


2-9　已知水平线 $AB$ 距 $H$ 面 20mm，其实长为 25mm，与 $W$ 面的夹角为 60°，求 $AB$ 的三面投影。

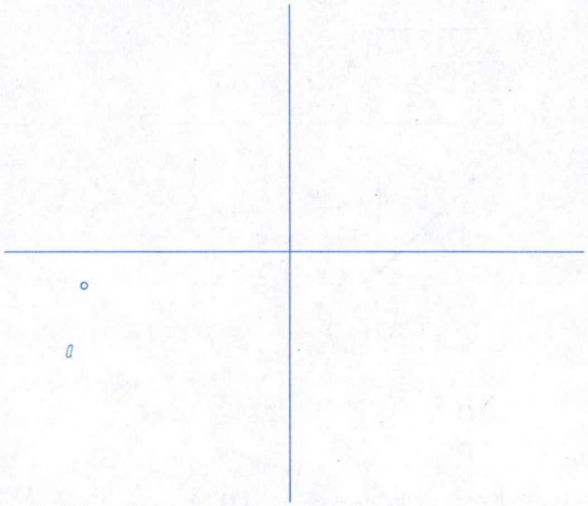


2-10　求出直线 $AB$ 的实长及对两投影面的倾角 $\alpha$ 和 $\beta$。

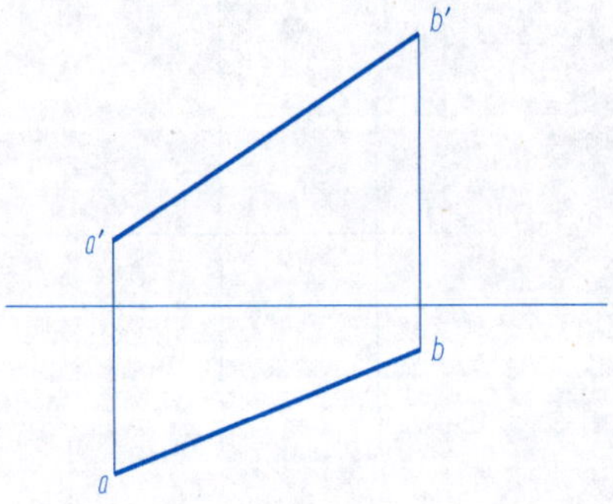


2-11　已知直线 $CD$ 的实长为 35mm，试完成它的水平投影。

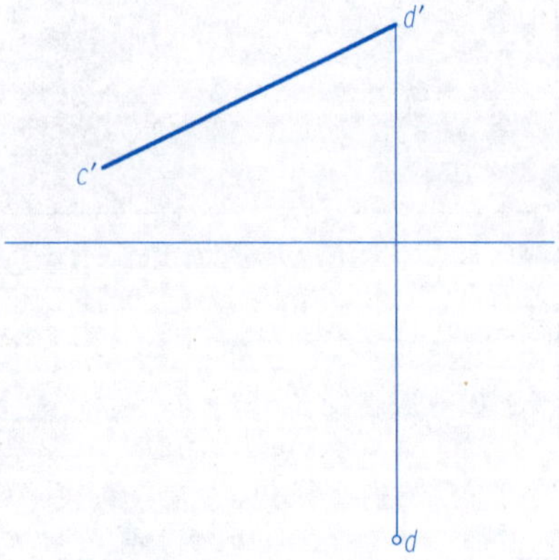


2-12　已知直线 $CD$ 对 $V$ 面的夹角为 30°，试完成它的水平投影。

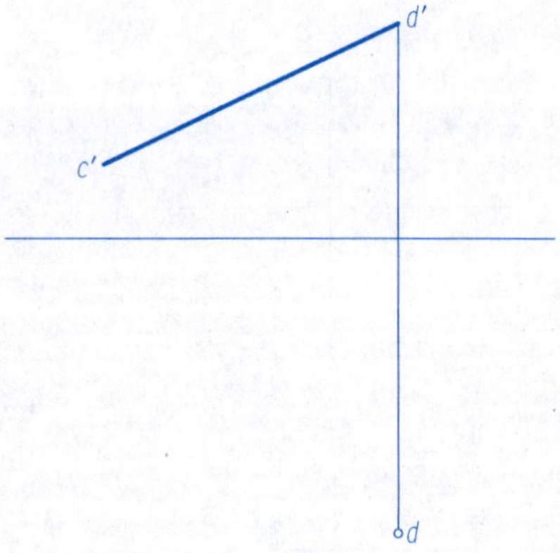

2-13　判断点 $K$ 是否在直线 $AB$ 上。

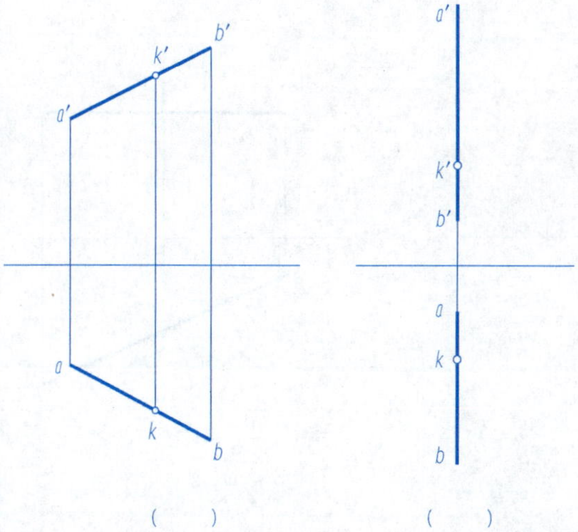


2-14　已知直线 $CD$ 上点 $K$ 的 $H$ 面投影 $k$，求 $k'$。

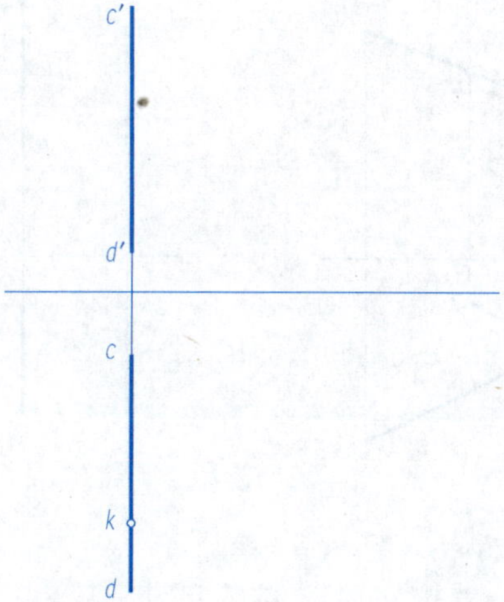


2-15　在直线 $AB$ 上确定一点 $K$，使点 $K$ 距 $H$ 面的距离为 20mm。

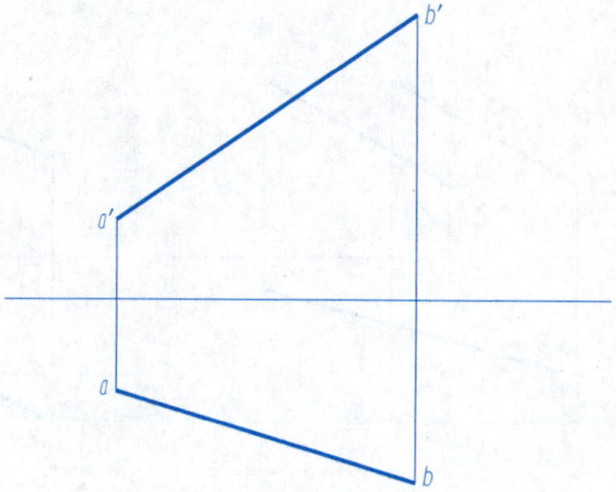


2-16　在直线 $AB$ 上取一点 $K$，使点 $K$ 到 $V$ 面、$H$ 面等距。

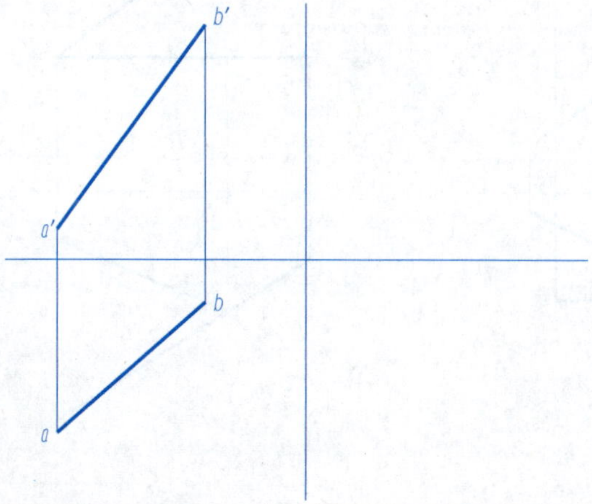


2-17　在直线 $AB$ 上取一点 $K$，使 $AK$ 线实长为 20mm。

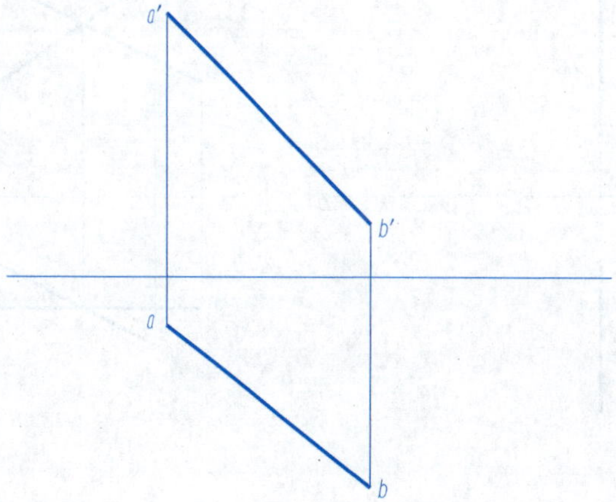


2-18　在直线 $EF$ 上取一点 $K$，使 $K$ 到 $V$ 面距离为 20mm。

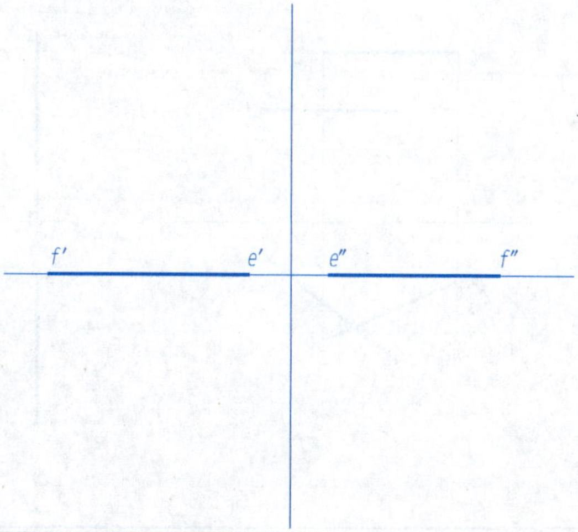

2-19　判断下列两直线的相对位置。

(1)

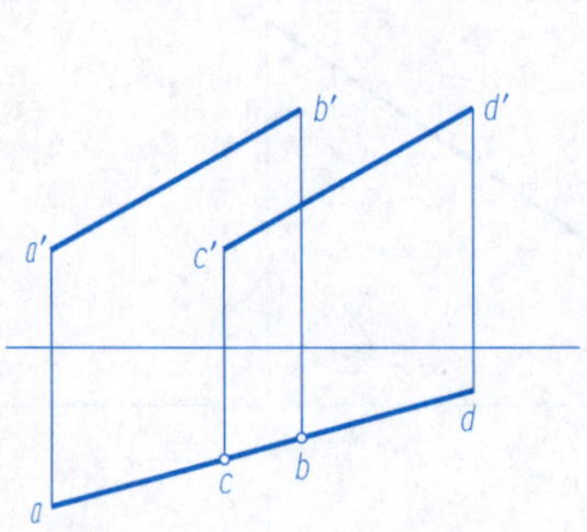


(　　)

(2)

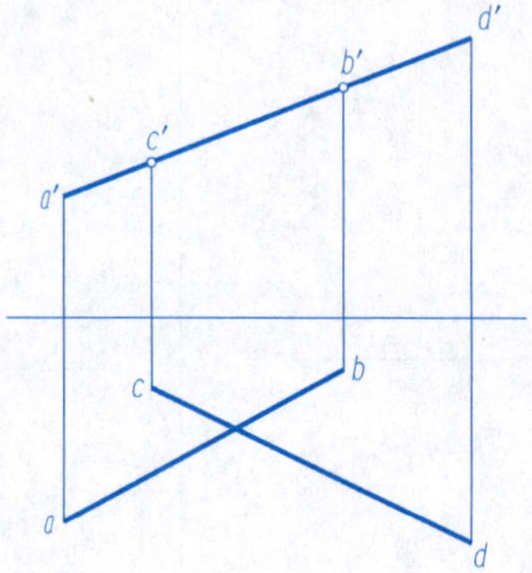


(　　)

(3)

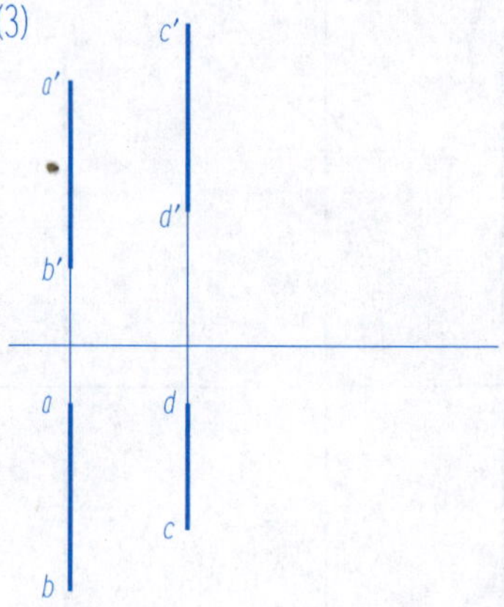


(　　)

(4)

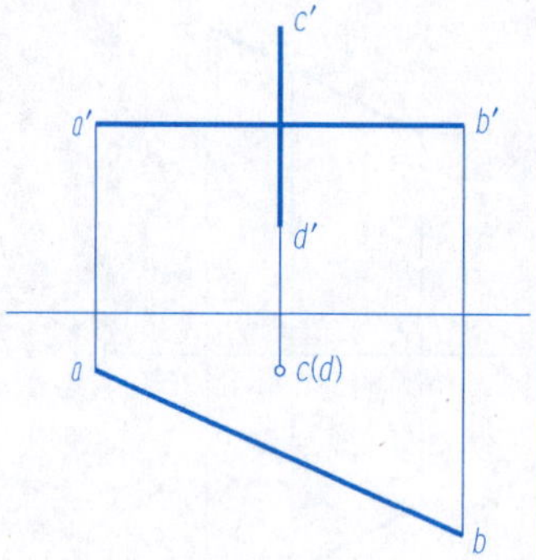


(　　)

(5)

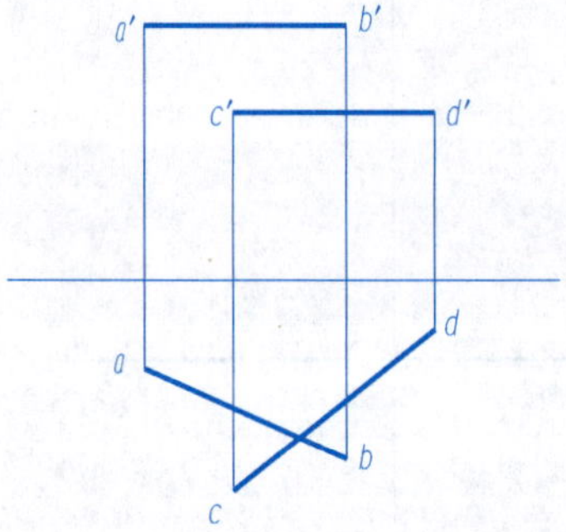


(　　)

(6)

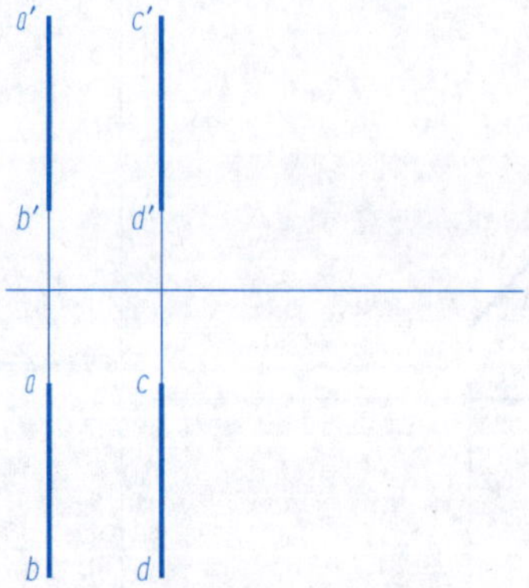


(　　)

(7)

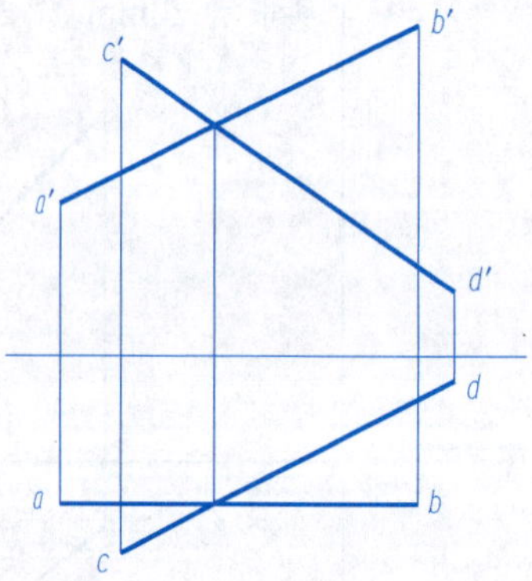


(　　)

(8)

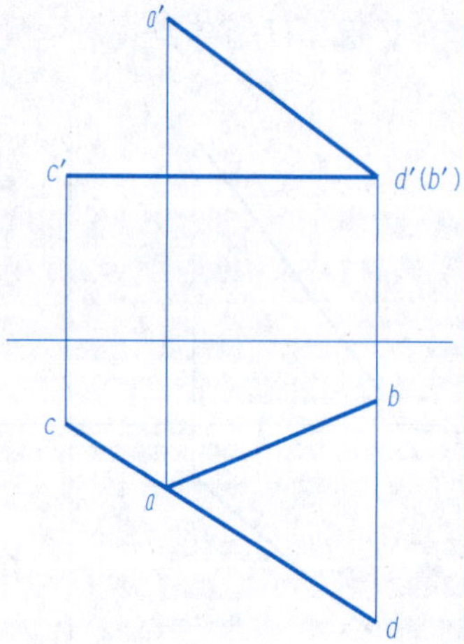


(　　)

2-20　判别两交叉线重影点的可见性（不可见点的投影标记加括号）。

(1)

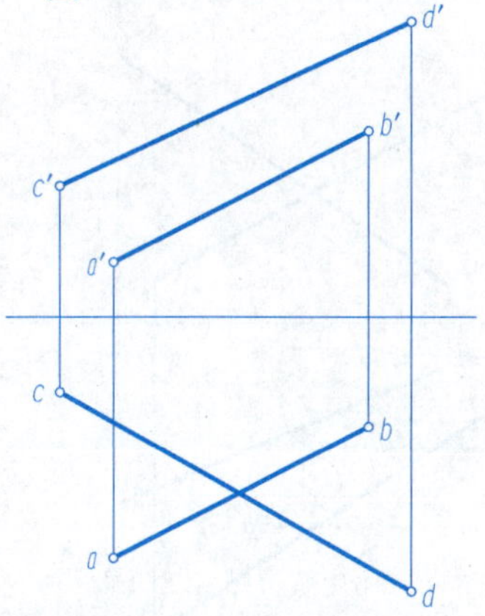


(2)

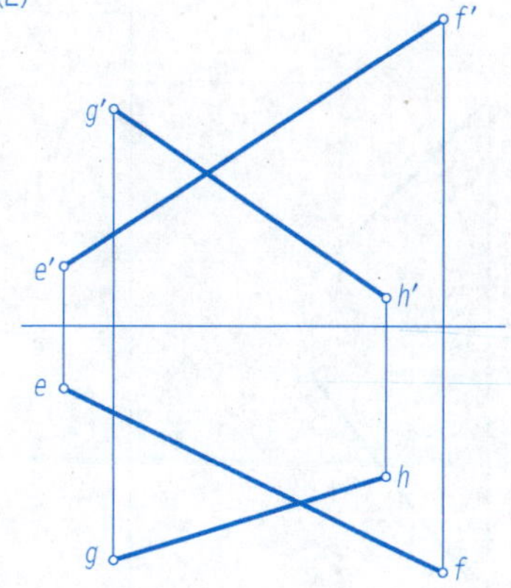


2-21　判断两直线在空间是否互相垂直。

(1)

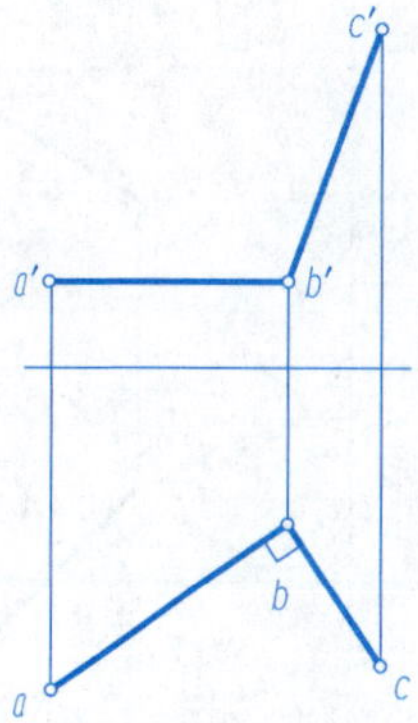


(　　)

(2)

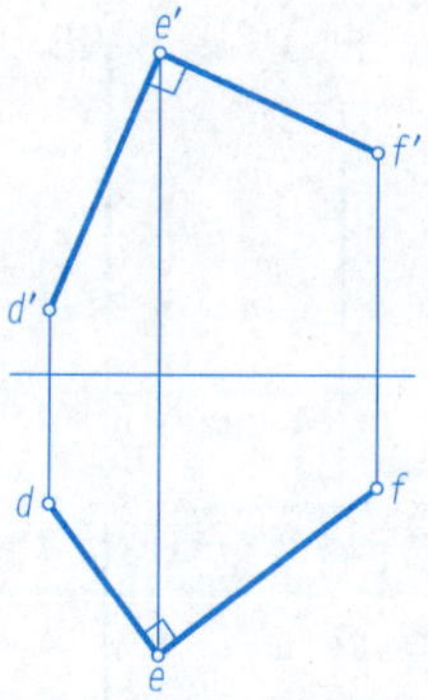


(　　)

(3)

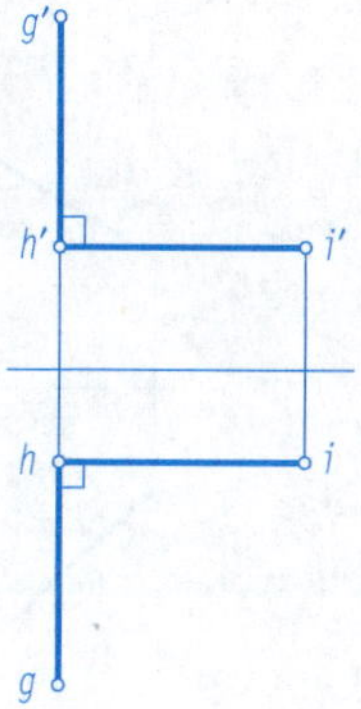


(　　)

2-22　过 $C$ 点作直线 $CD$ 与直线 $AB$ 相交，且交点 $D$ 距 $V$ 面 15mm。

(1)

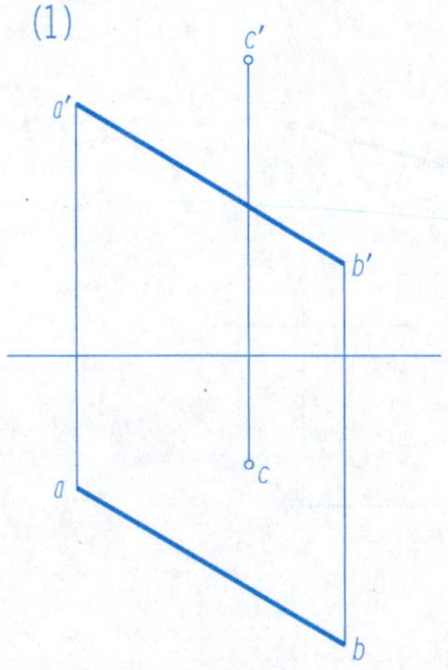


(2)

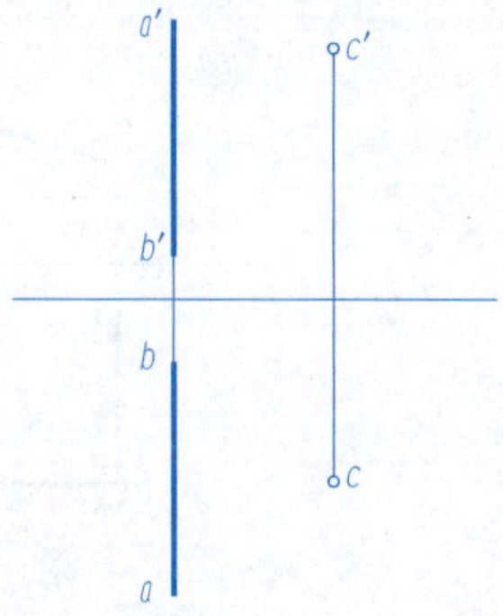


2-23　求 $C$ 点到直线 $AB$ 的距离。

(1)

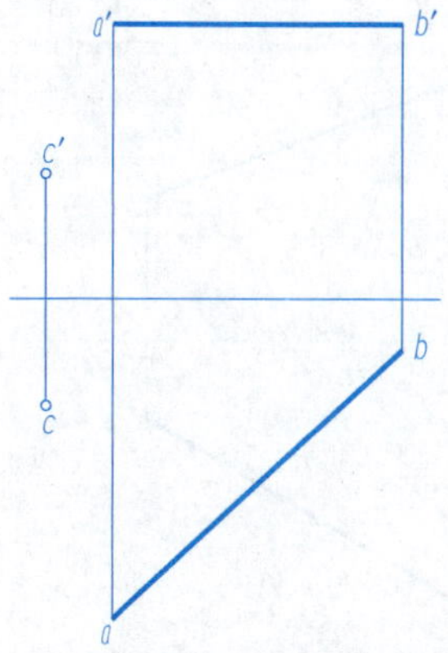


(2)

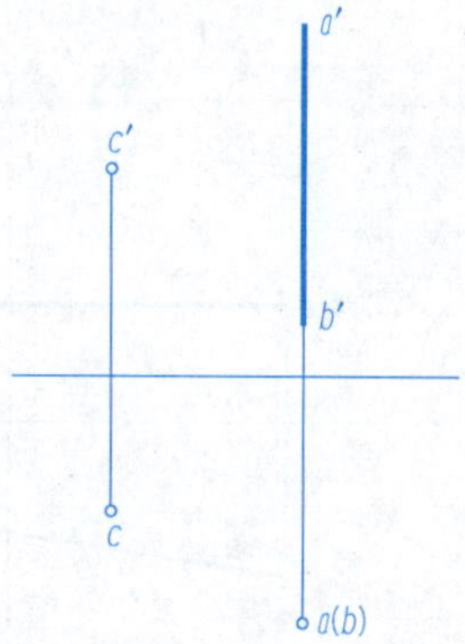

2-24　作直线 *MN*，使它与直线 *AB* 平行，与直线 *CD*、*EF* 都相交。

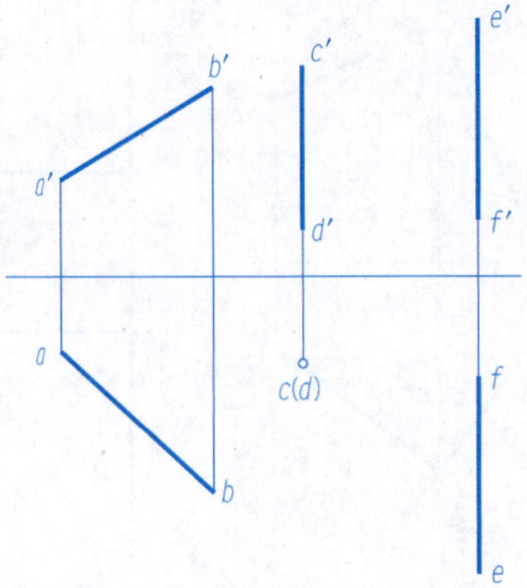


2-25　作正平线 *MN*，使它与直线 *AB*、*CD*、*EF* 都相交。

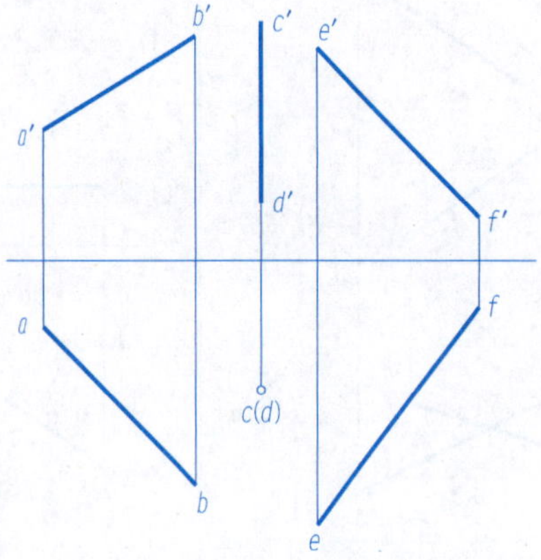


2-26　作水平线 *MN*，使它与 *H* 面距离为 20mm，并与 *AB*、*CD* 直线都相交。

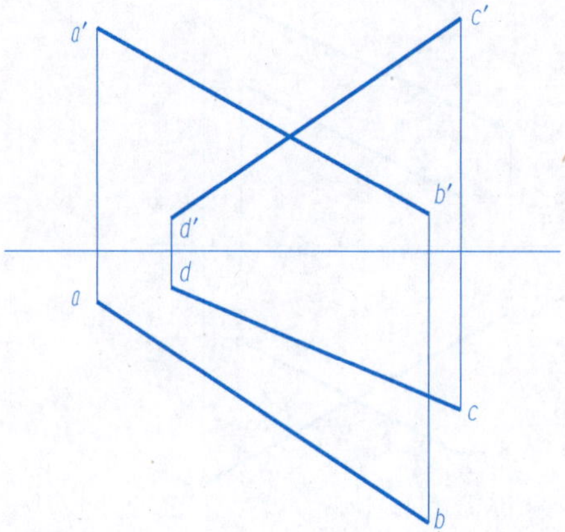


2-27　已知矩形 *ABCD* 的顶点 *C* 在 *EF* 线上，补全此矩形的投影。

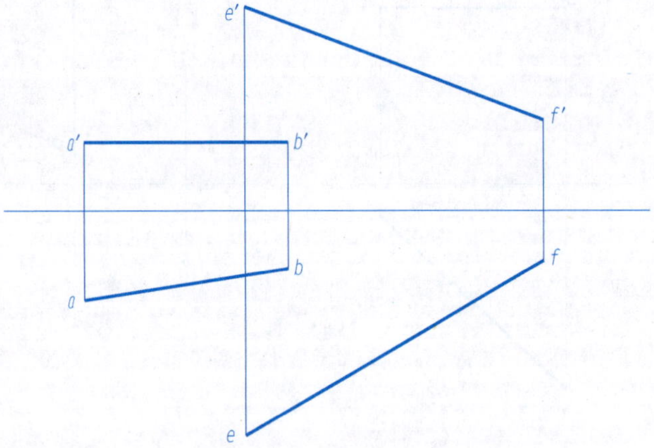


2-28　以 *BC* 为底边作一等腰△*ABC*，使顶点 *A* 距 *H* 面和 *V* 面的距离为 25mm。

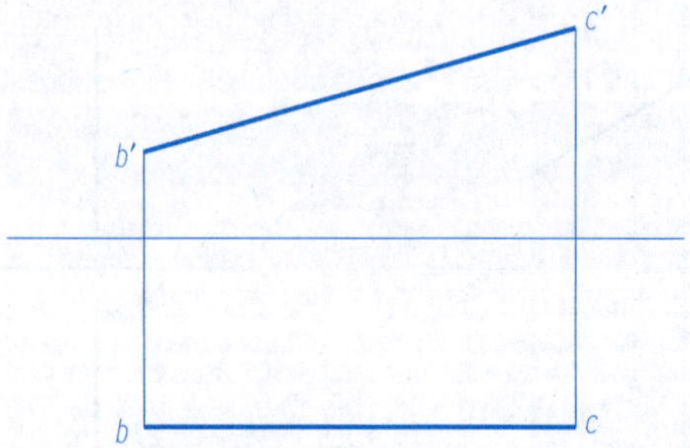

2-29　画出下列平面的第三投影，并判别平面与投影面的相对位置。

(1)

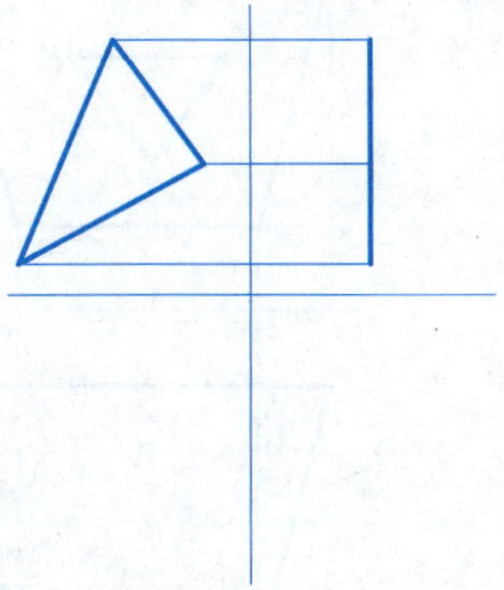

平面是__________面

(2)

平面是__________面

(3)

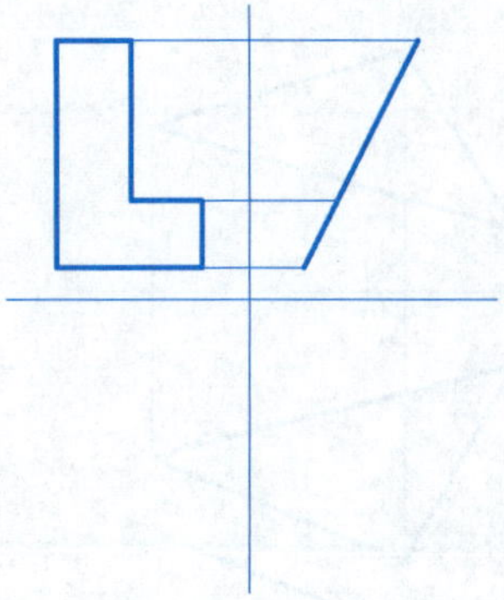

平面是__________面

(4)

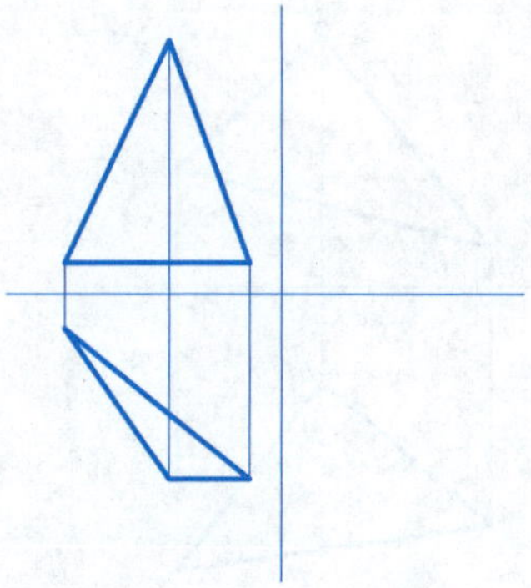

平面是__________面

2-30　根据已知条件完成下列各平面的投影。

(1) 已知水平面，距 $H$ 面 15mm。

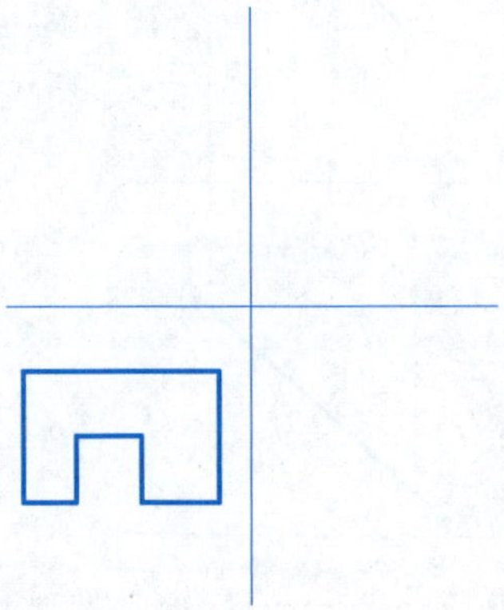

(2) 已知铅垂面，与 $V$ 面夹角为 45°。

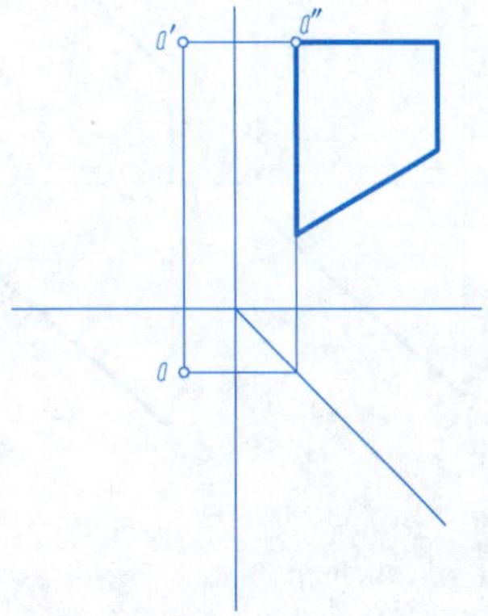


(3) 已知正垂面，与 $H$ 面夹角为 60°。

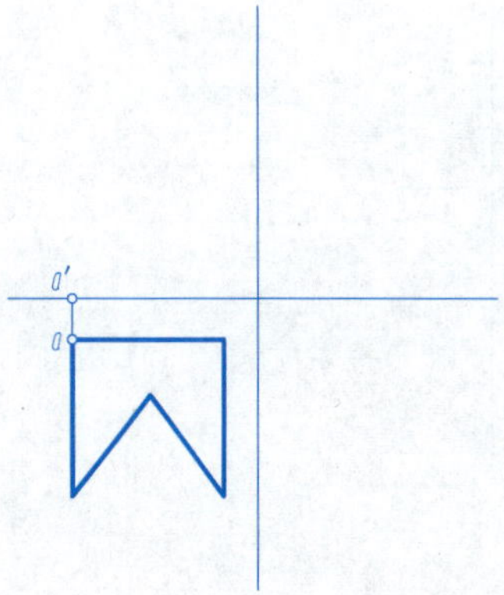


(4) 已知正平面。

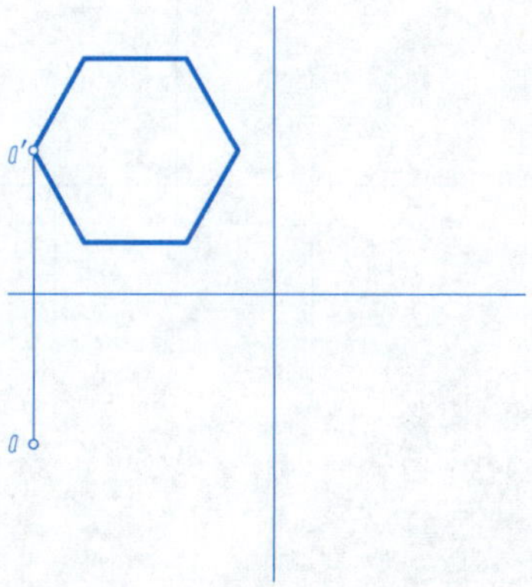

2-31　$K$ 点和直线 $MN$ 在平面内，求作其另一投影。

(1)

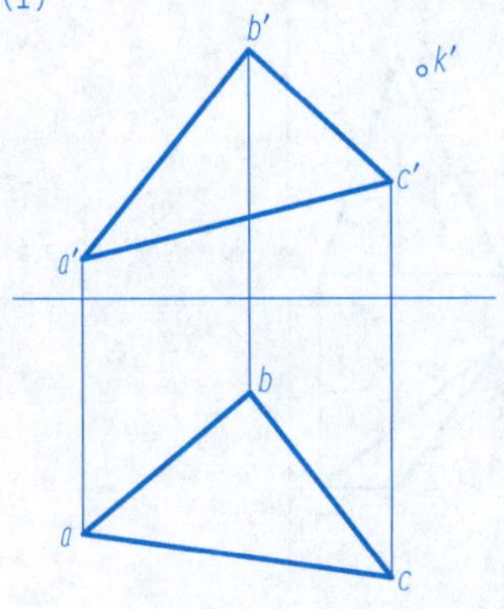


(2)

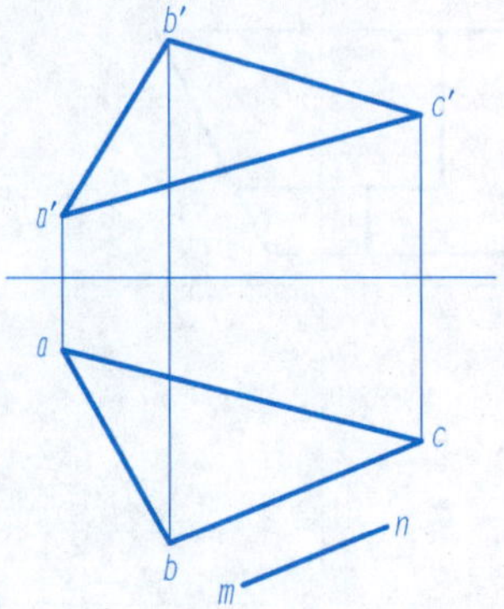


2-32　完成下列平面图形的投影。

(1)

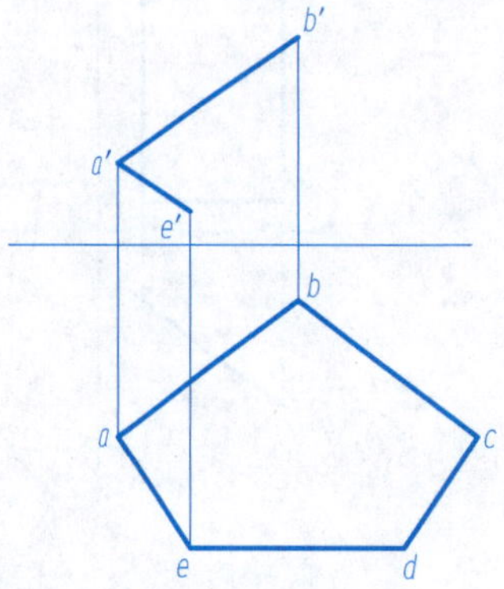


(2)

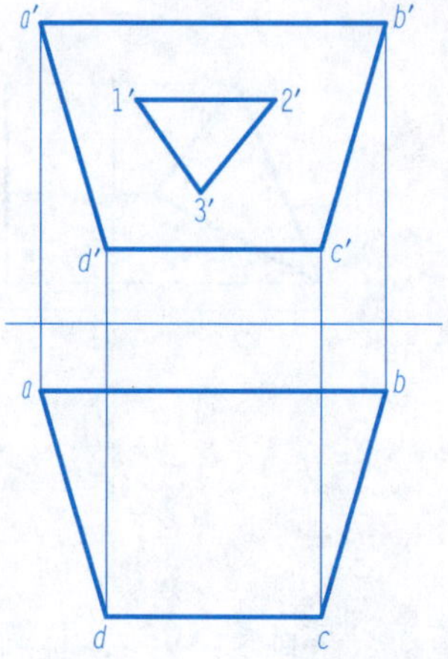


2-33　判别下列几何元素是否在同一平面内。

(1)

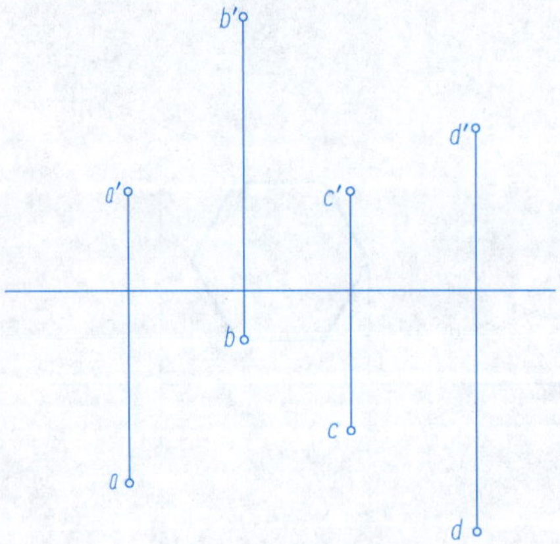


(　　　)

(2)

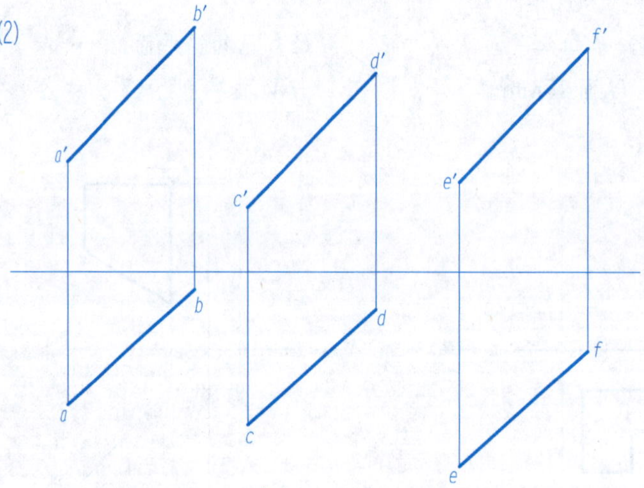


(　　　)

2-34　过点$A$作平面内的正平线$AD$和水平线$AE$。

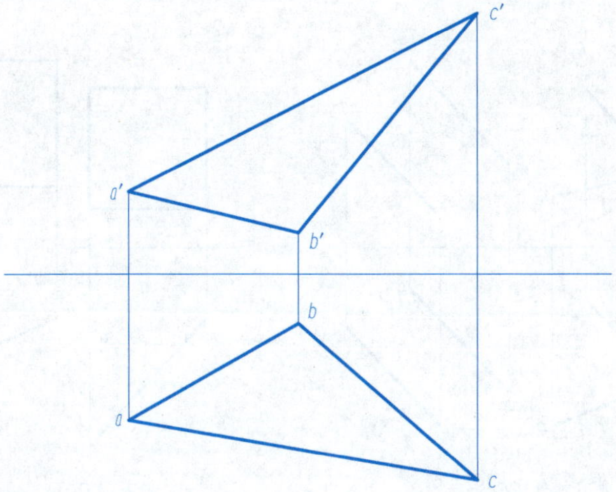


2-35　在平面△$ABC$内作一点$K$，使其距$H$面的距离与点$A$距$H$面的距离相同，距$V$面的距离与点$C$距离$V$面的距离相同。

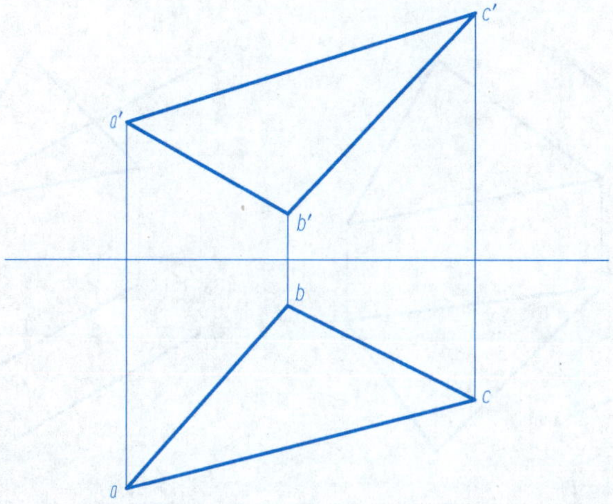


2-36　过直线作特殊位置平面（均用迹线表示）。

（1）作正平面。

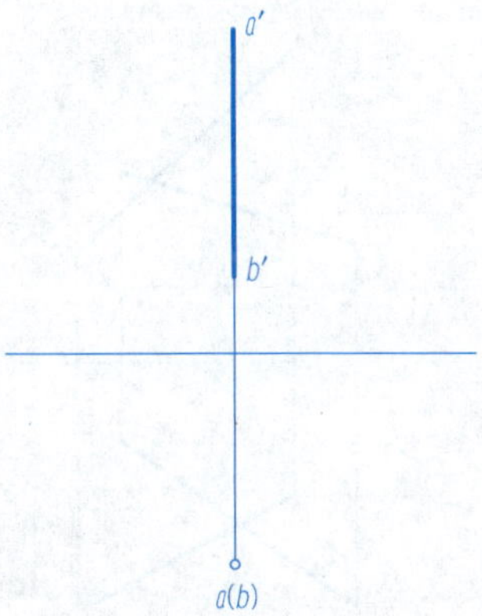


（2）作水平面。

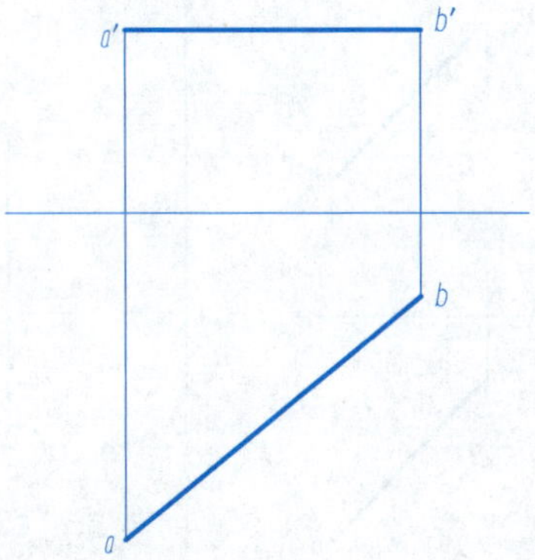


（3）作正垂面。

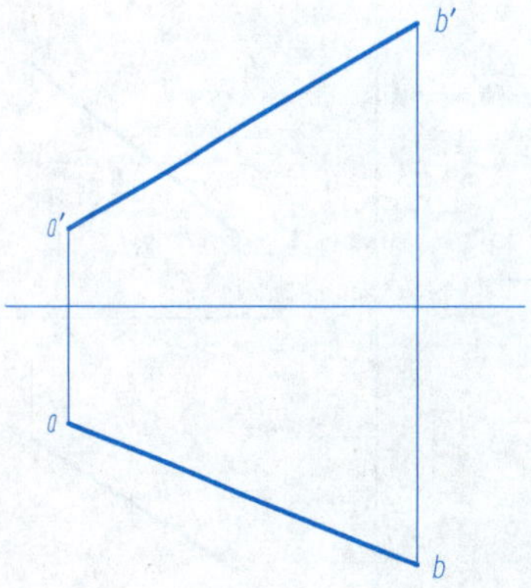


（4）作铅垂面。

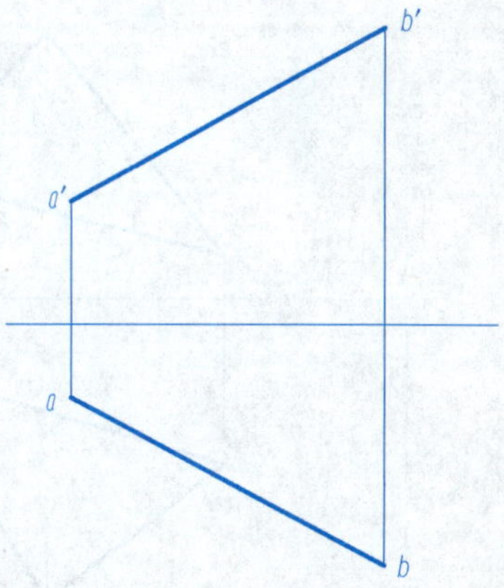

# 第三章　直线与平面、平面与平面的相对位置

3-1　判别直线与平面是否平行。

(1)

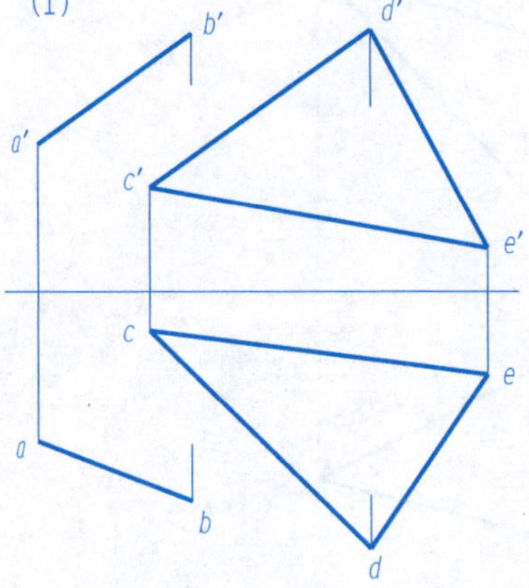

AB与CDE ______

(2)

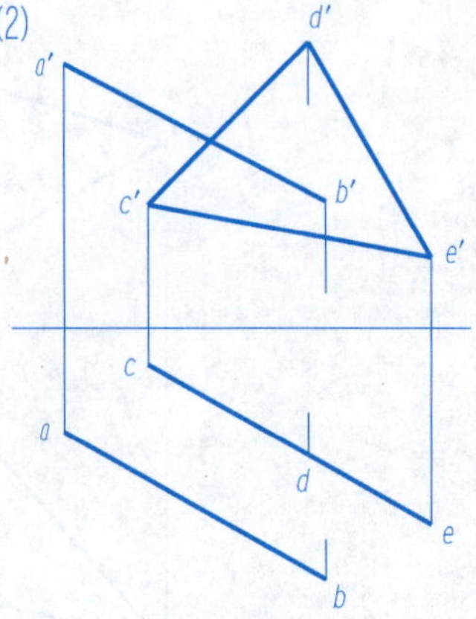

AB与CDE ______

3-2　判别平面与平面是否平行。

(1)

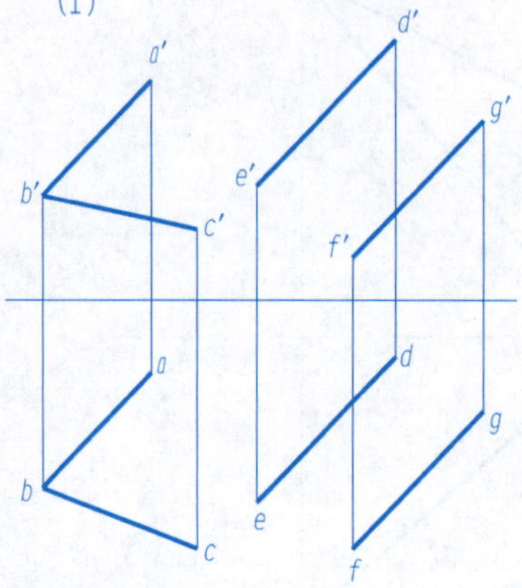

ABC与DEFG ______

(2)

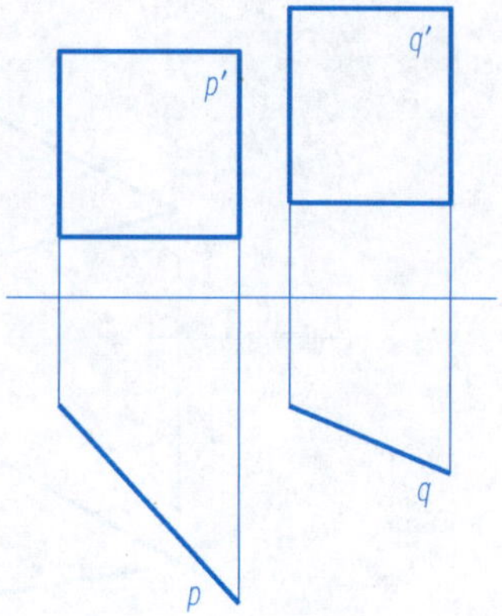

P面与Q面 ______

3-3　过点 $M$ 作正平线与平面 $ABC$ 平行，且使 $MN=25\text{mm}$。

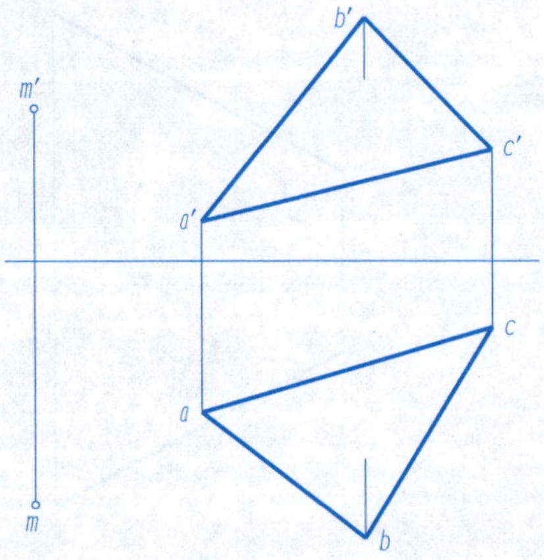

3-4　过直线 $AB$ 作平面与已知直线平行。

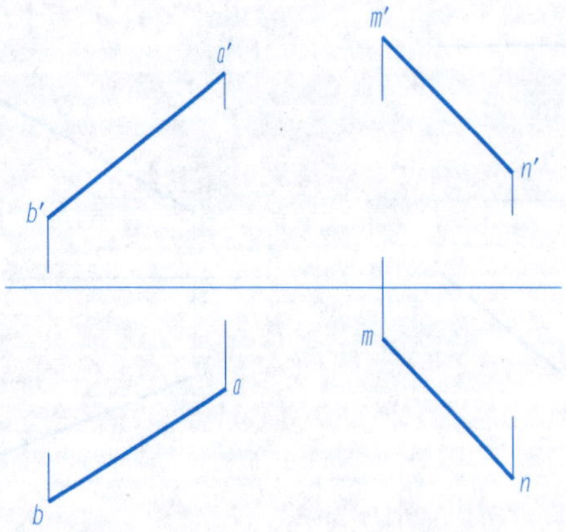

3-5　过点 $M$ 作平面与直线 $AB$、$CD$ 都平行。

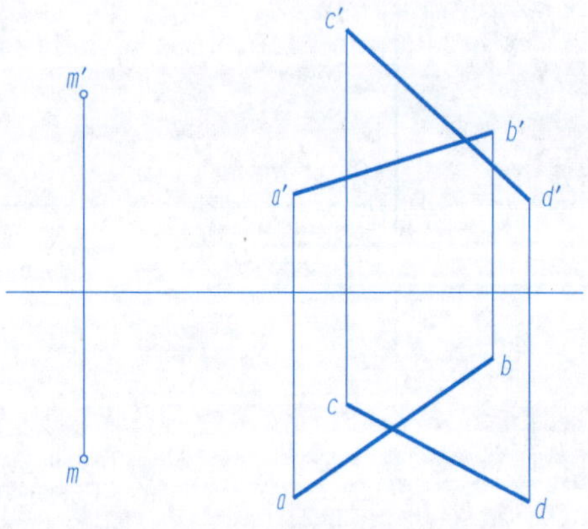

3-6 已知线段 $MN$=30mm，点 $N$ 在点 $M$ 之后，且线段 $MN$ 与△$ABC$ 平行，完成线段 $MN$ 与△$ABC$ 的另一投影。

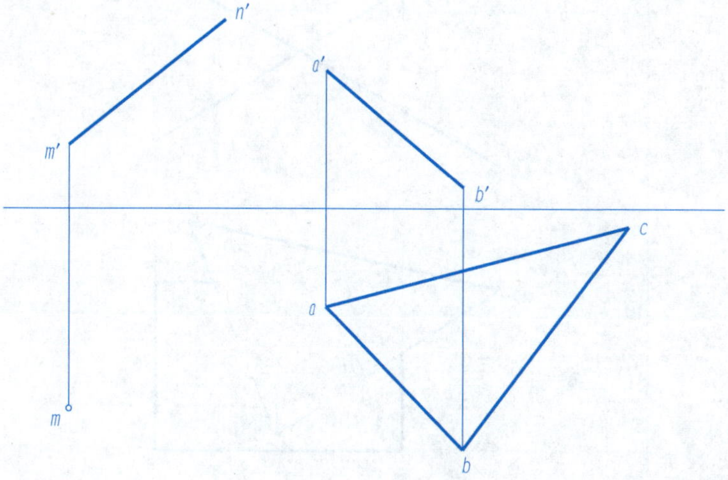


3-7 过点 $M$ 作直线与平面 $P$、$Q$ 都平行。

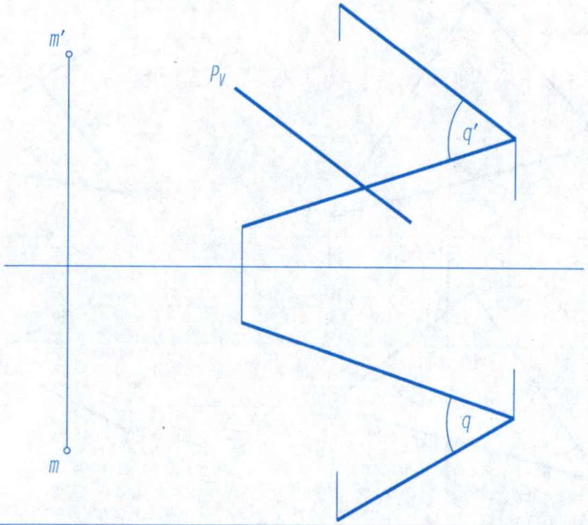


3-8 过点 $M$ 作平面与平面 $ABC$ 平行。

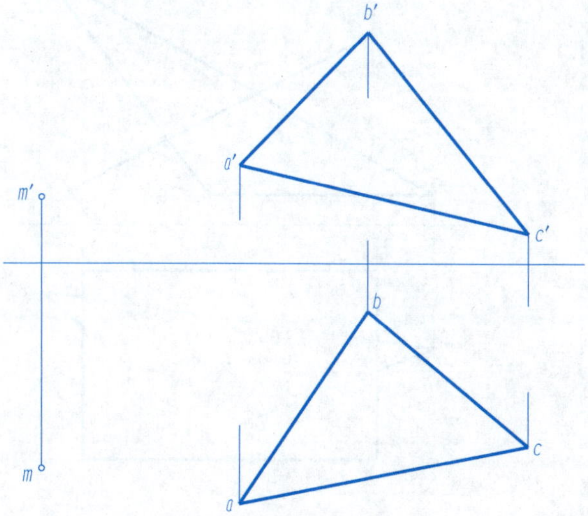


3-9 已知平面 $ABC$ 与平面 $DEFG$ 平行，求平面 $ABC$ 的正面投影。

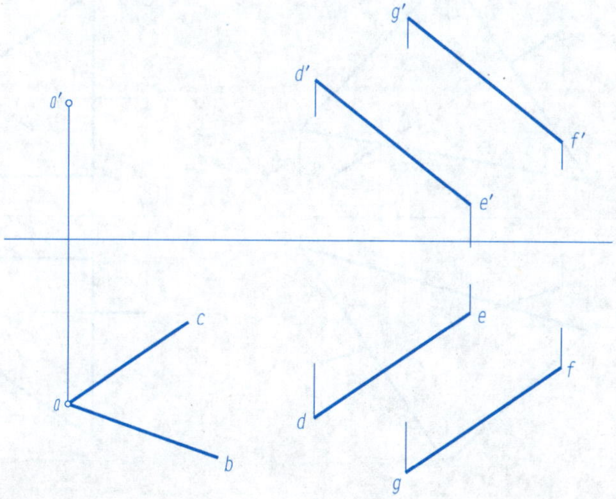

3-10　求直线与平面的交点，并判别直线的可见性。

(1)

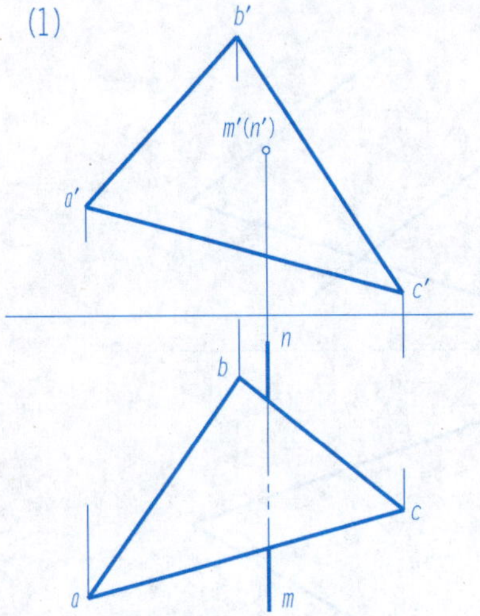


(2)

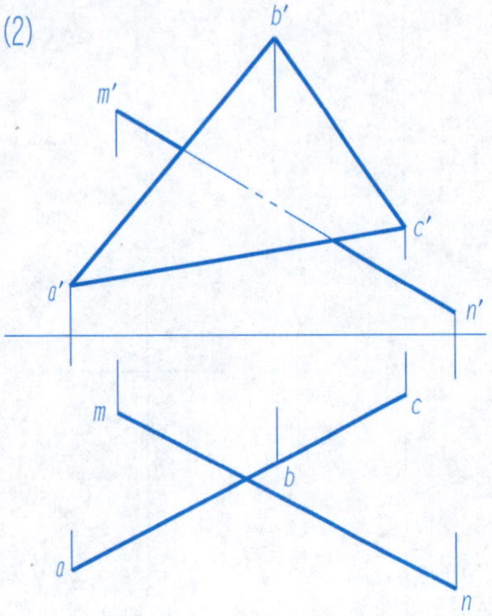


(3)

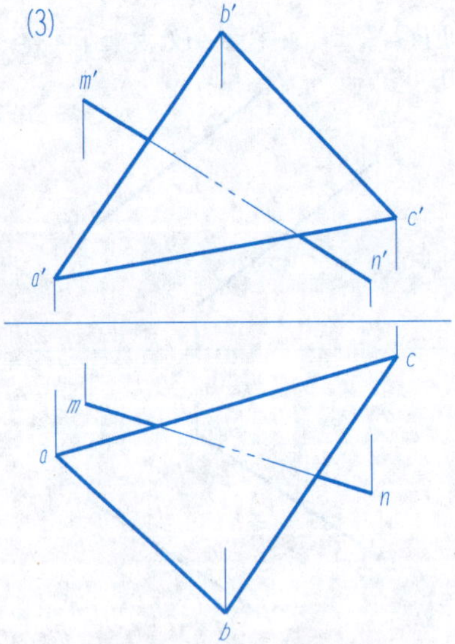


(4)

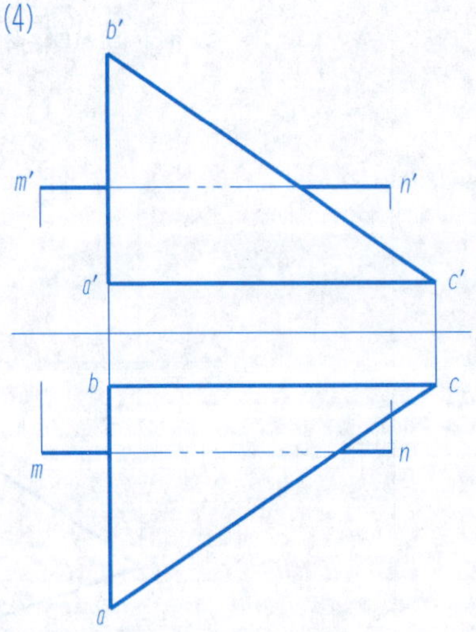


3-11　求两平面的交线，并判别可见性。

(1)

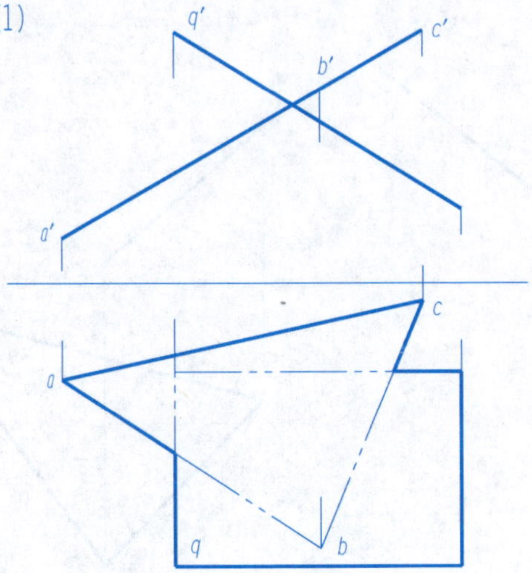


(2)

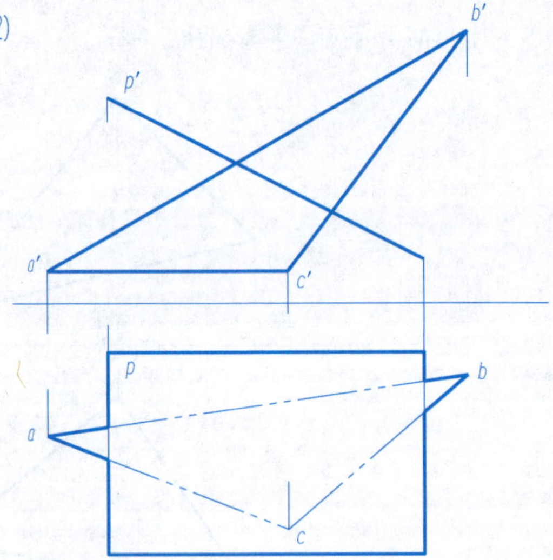

(3)

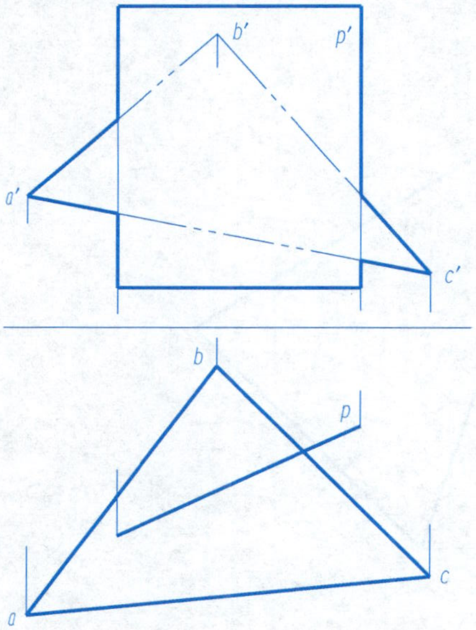


(4)

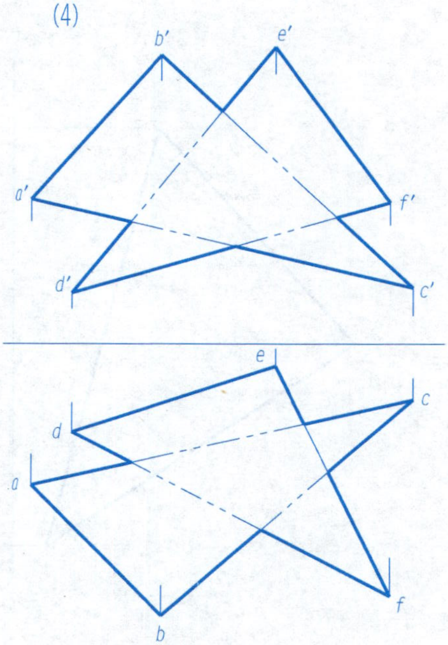


3-12 判别下列直线与平面、平面与平面是否垂直。

(1)

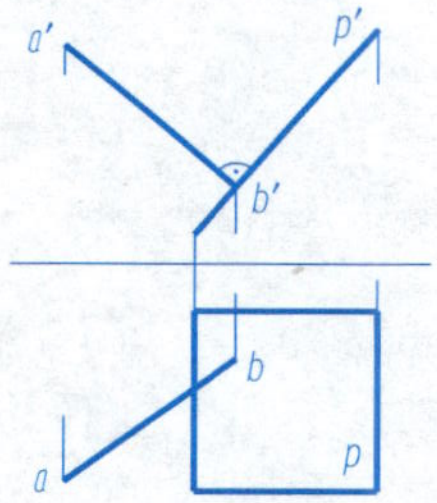


(2)

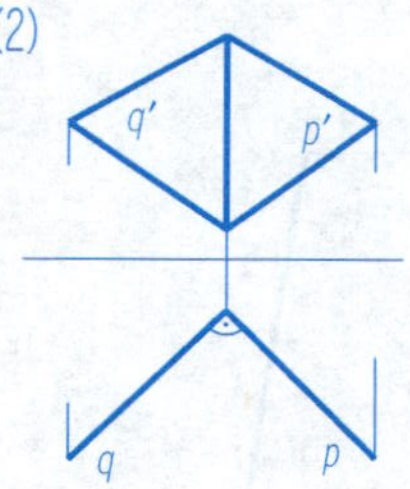


(3)

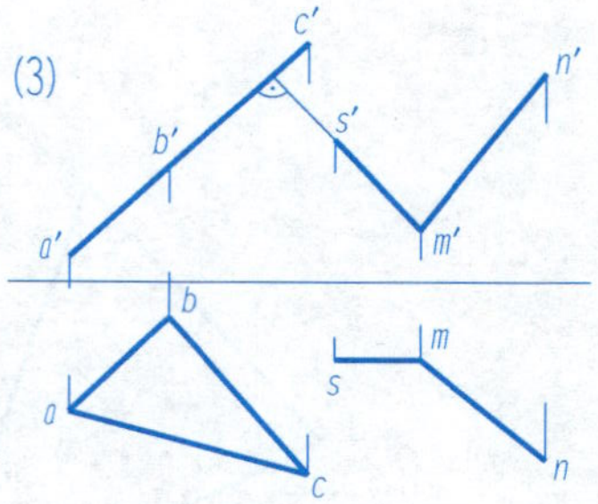


(4)

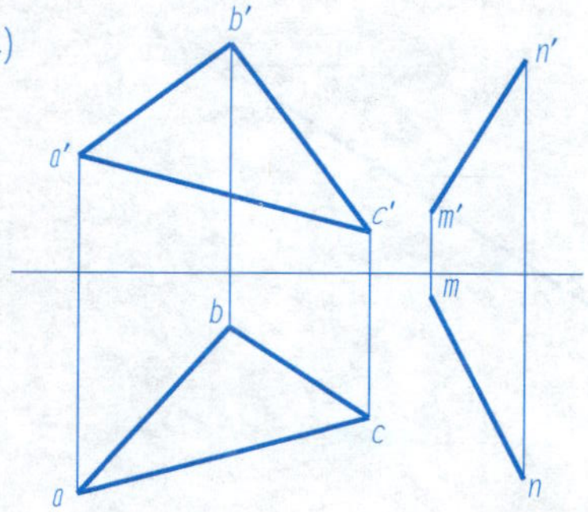


(5)

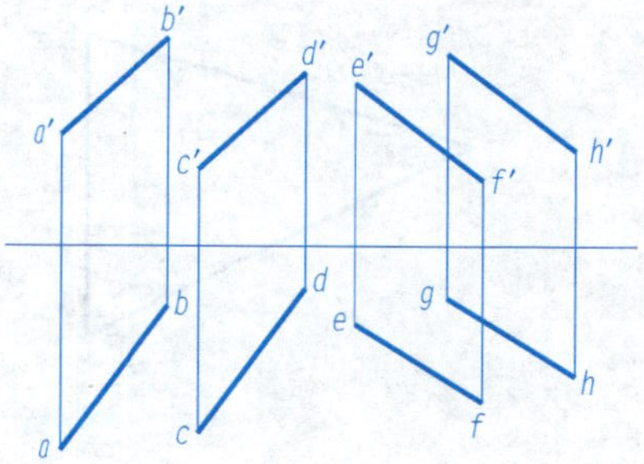

3-13 已知平面△*EFG* 与平面△*ABC* 垂直，画全△*EFG* 的水平投影。

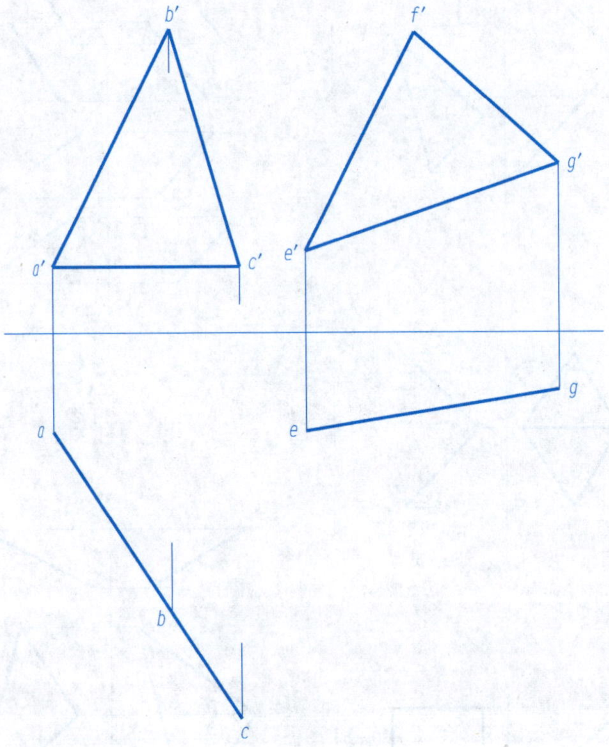


3-14 求点 *M* 到平面△*ABC* 的距离。

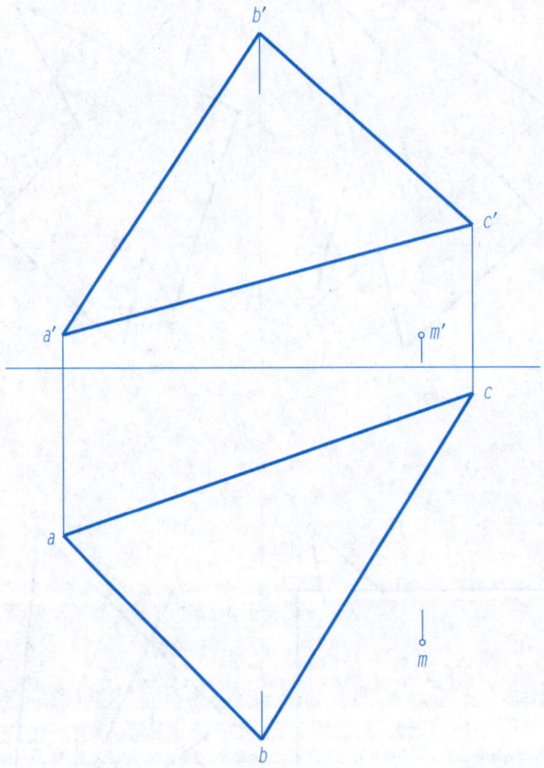

4-1 用换面法求直线 $AB$ 的实长及对 $H$、$V$ 面的倾角 $\alpha$、$\beta$。

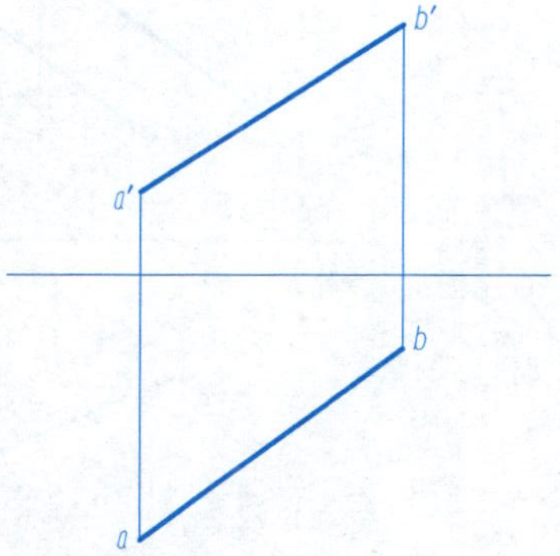


4-2 用换面法求平面 $ABC$ 与投影面的倾角 $\alpha$ 和 $\beta$。

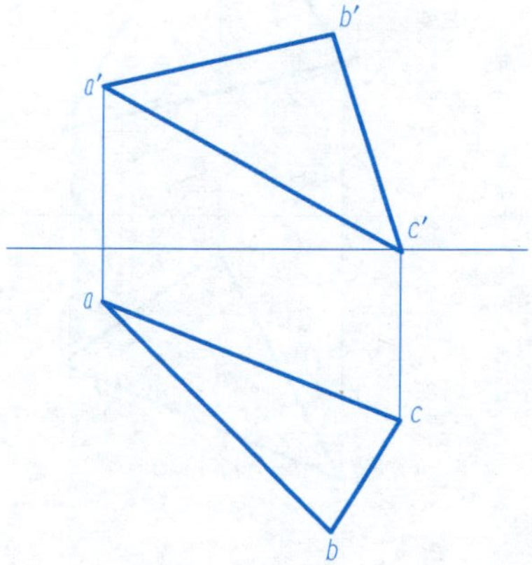


4-3 用换面法确定 $C$ 点到直线 $AB$ 间的距离。

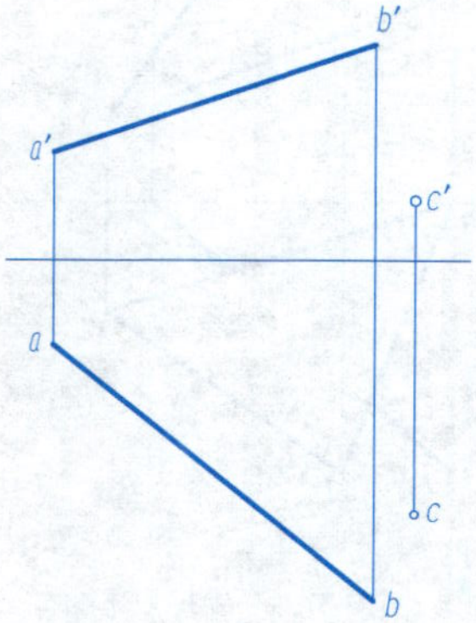


4-4 已知矩形 $ABCD$，用换面法完成其两面投影。

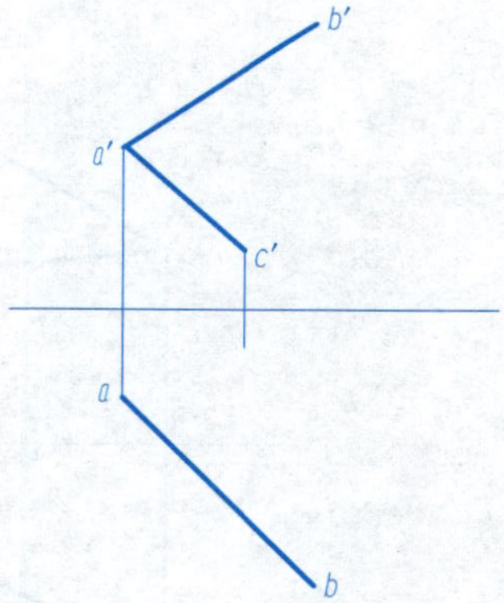

4-5 用换面法求直线 $AB$ 与平面 $CDE$ 的交点。

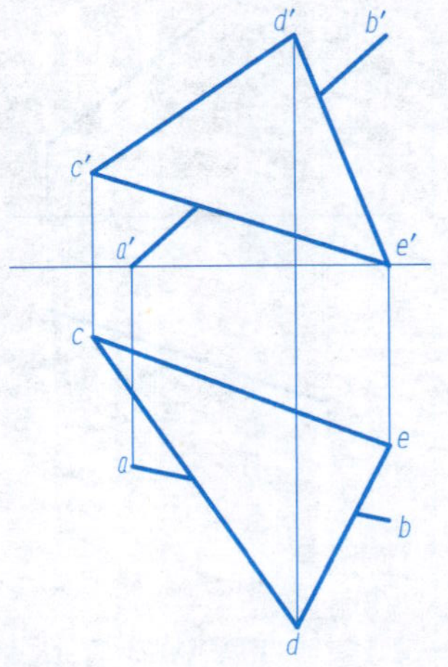


4-6 在平面 $ABC$ 上过 $A$ 点作直线与 $AB$ 成 30°角。

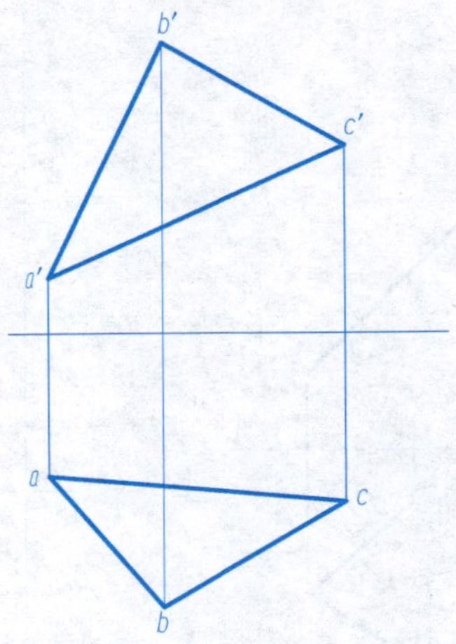


4-7 已知两平行线 $AB$、$CD$ 的距离为 10mm，用换面法求 $CD$ 的正面投影。

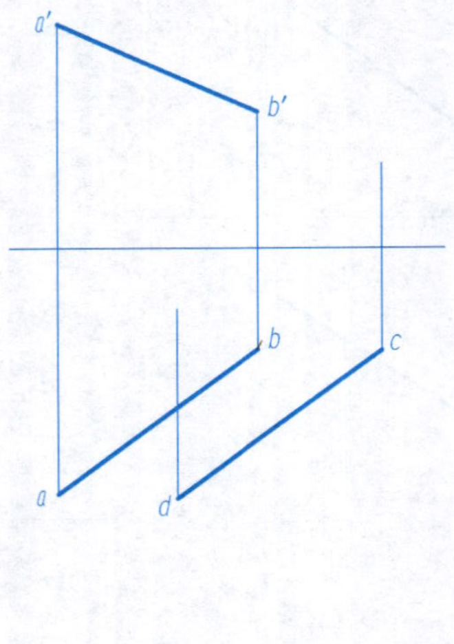


4-8 已知 $D$ 点到平面 $ABC$ 的距离为 20mm，用换面法作出 $D$ 点的正面投影。

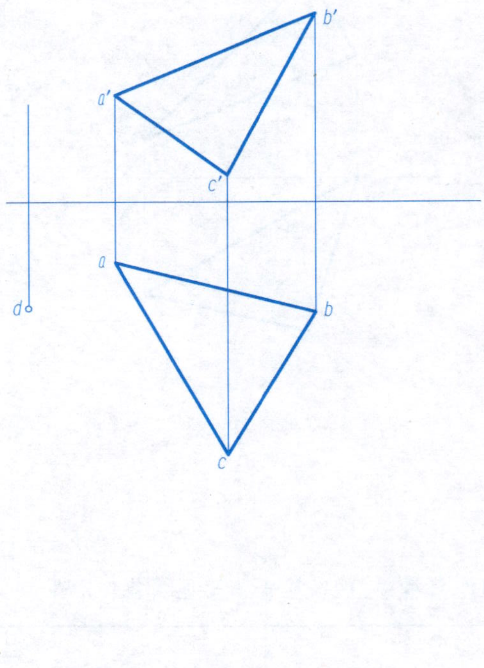

4-9 用换面法求出两交错直线 $AB$、$CD$ 的距离，并作出公垂线的投影。

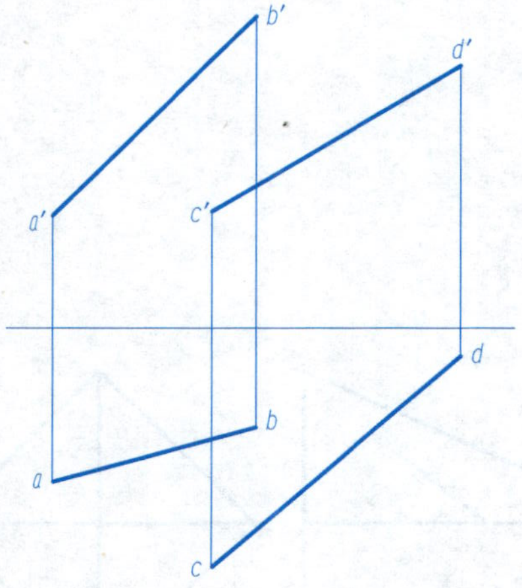


4-10 用换面法求梯形漏斗两相邻平面的夹角。

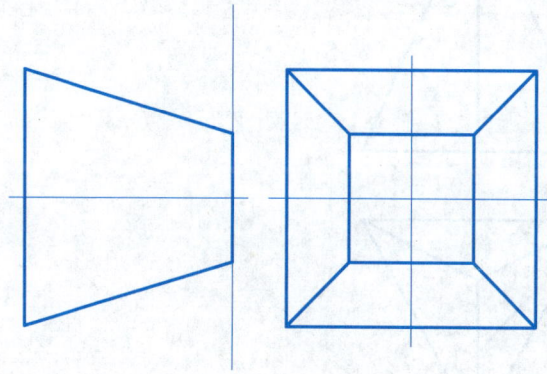

# 第五章　基本几何体的投影

5-1　求下列各平面立体的第三面投影及其表面上各点、线的另外两个投影。

(1)

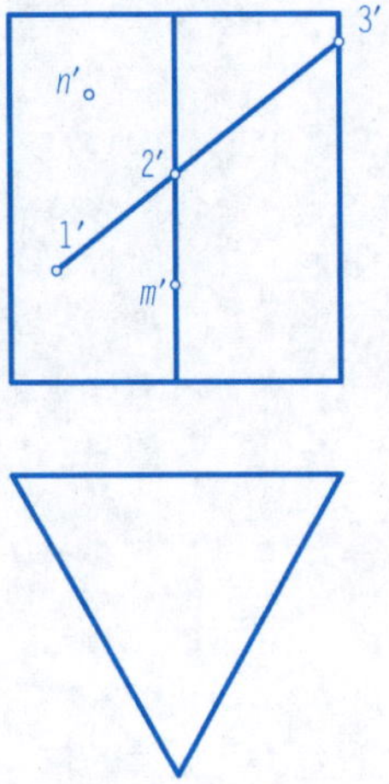


(2)

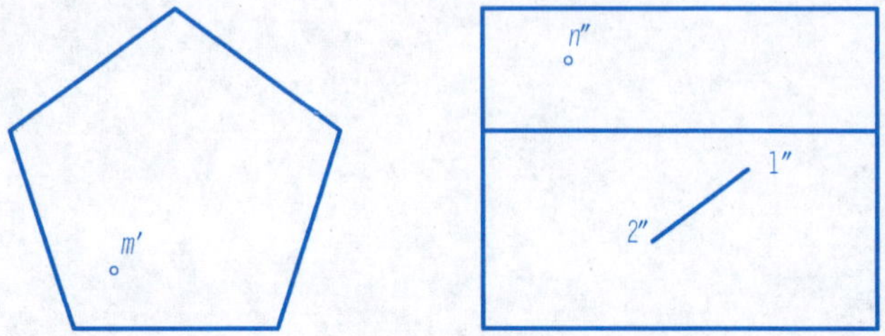


(3)

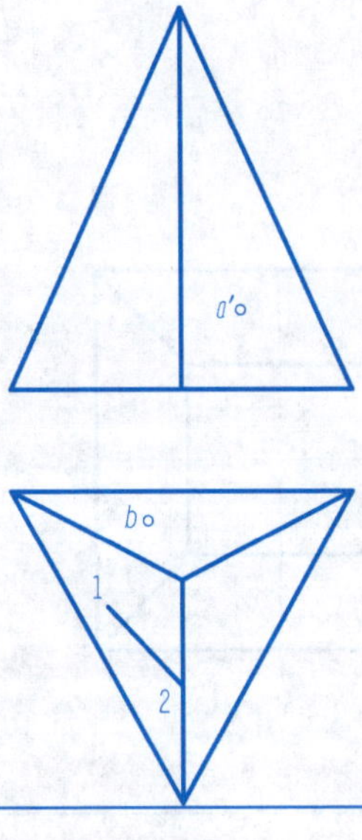


(4)

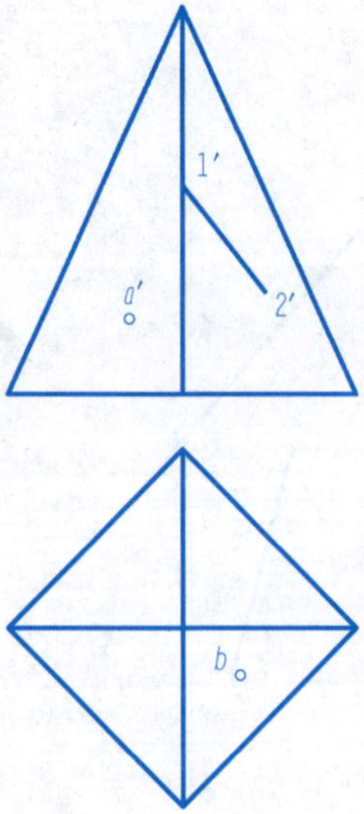

5-2 求下列各回转体的第三面投影及其表面上各点、线的另外两个投影。

(1)

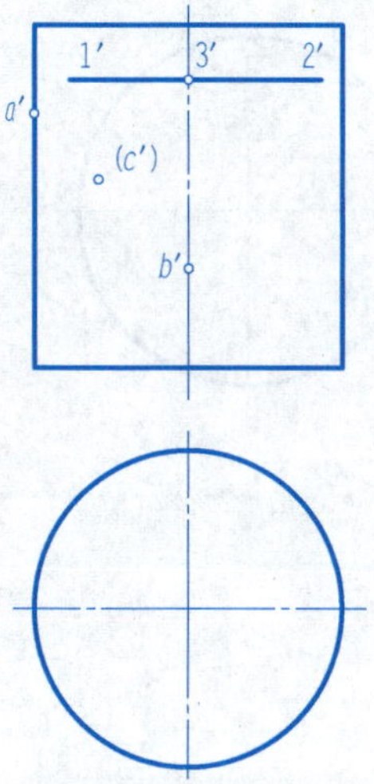


(2)

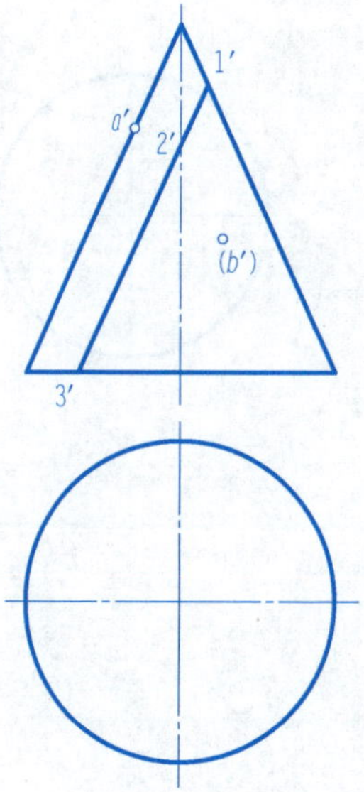


(3)

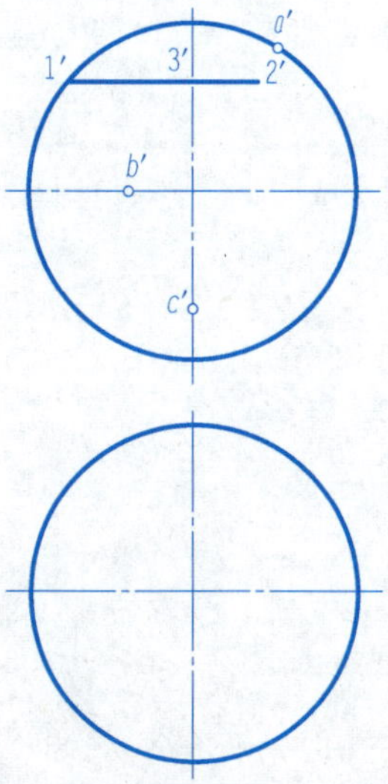


(4)

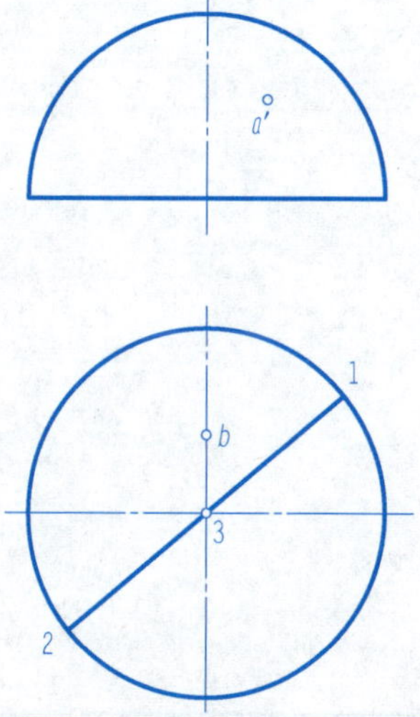

5-3 求下列各回转体的第三面投影及其表面上各点、线的另外两个投影。

(1)

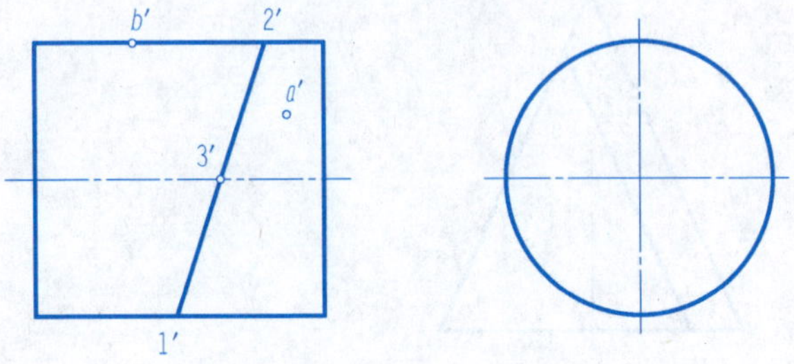


(2)

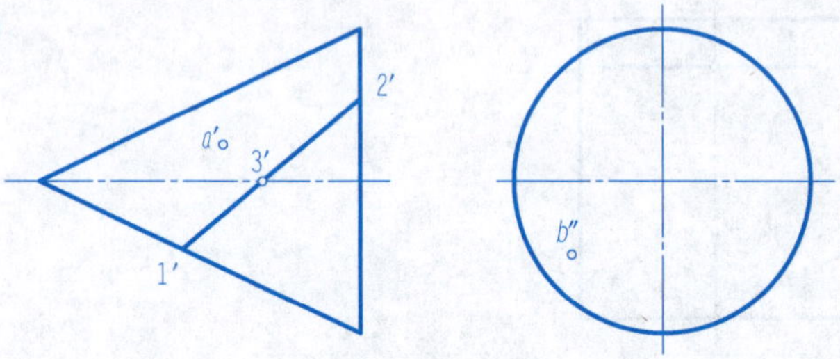


(3)

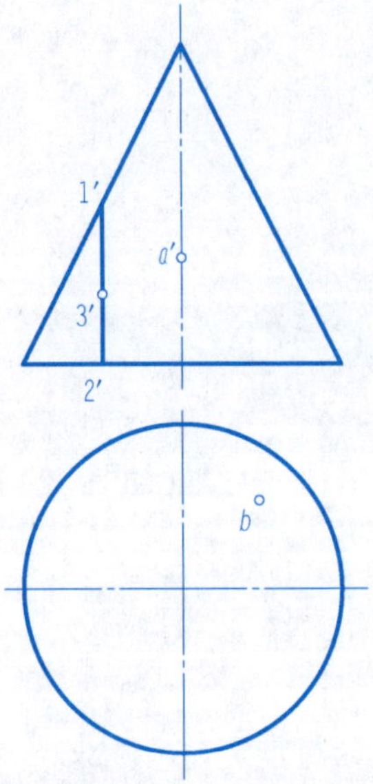


(4)

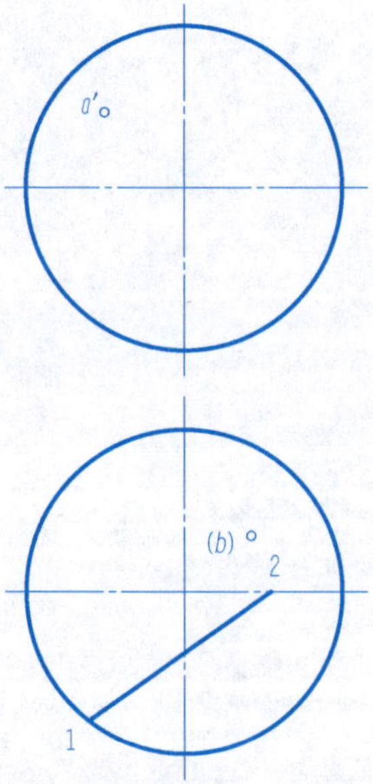

6-1　求下列各棱柱切割体的另外两面投影。

(1)

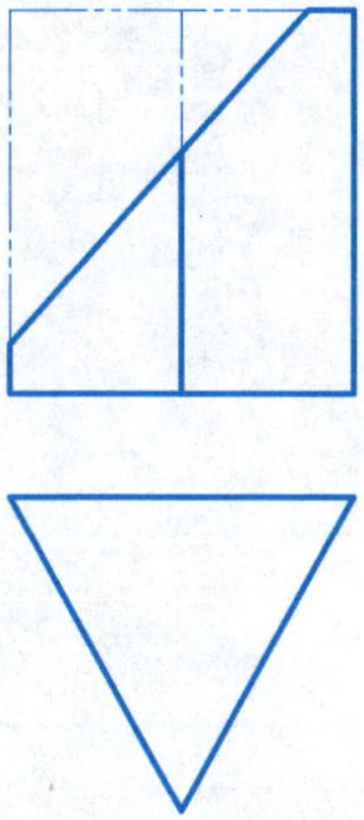

(2)

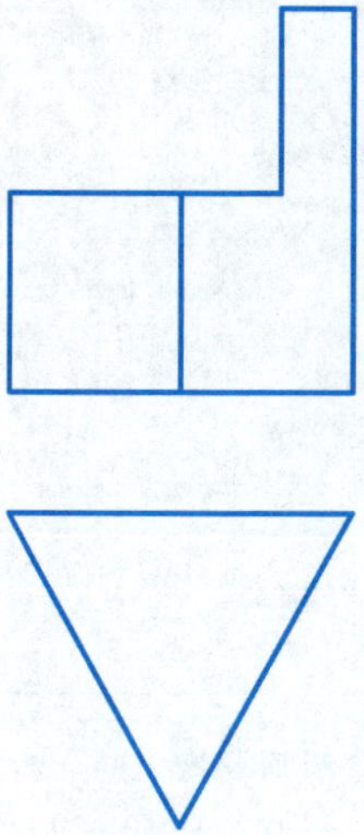

(3)

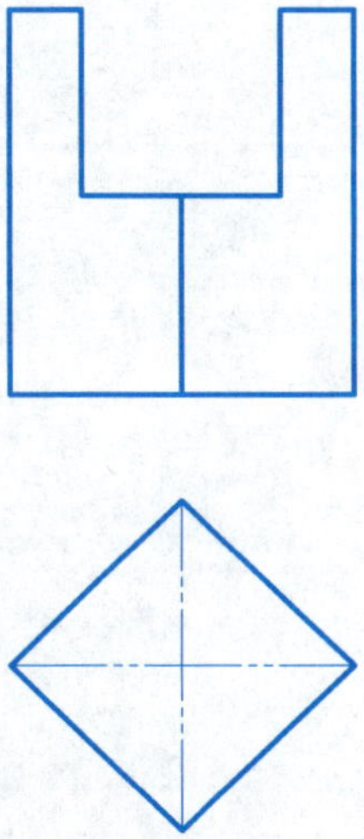

(4)

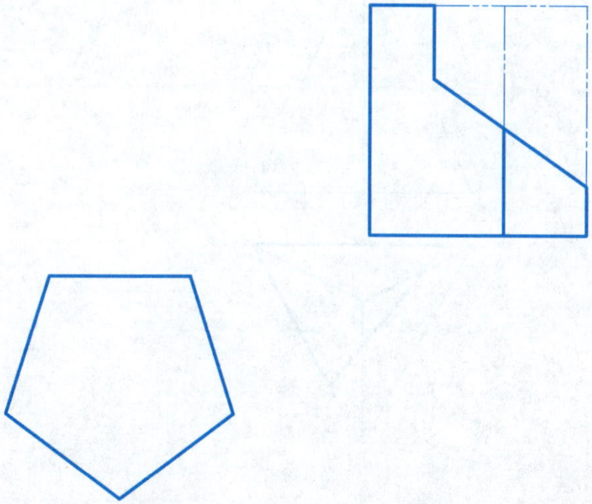

(5)

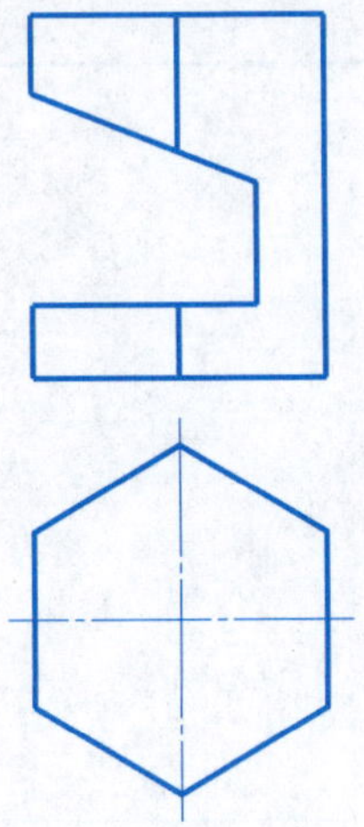

(6)

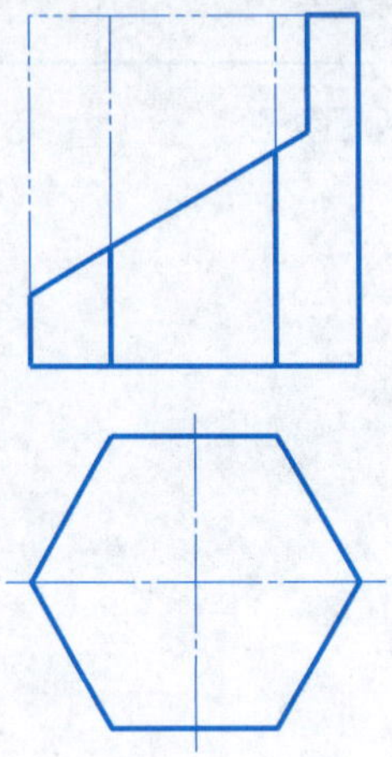

6-2　求下列各棱锥切割体的另外两面投影。

(1)

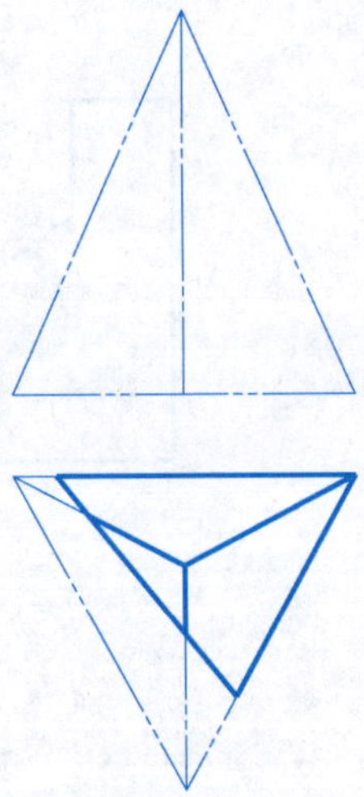

(2)

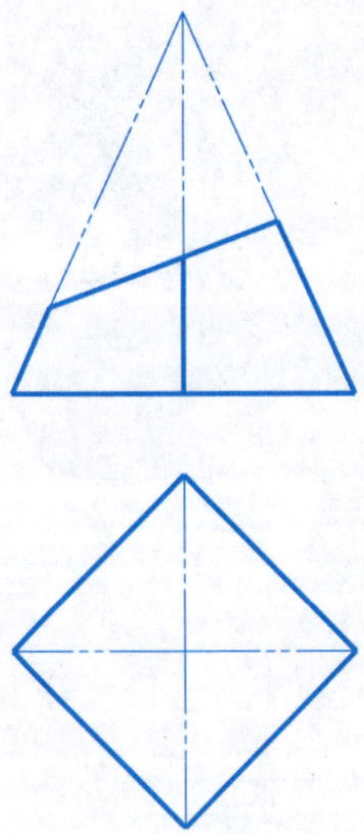

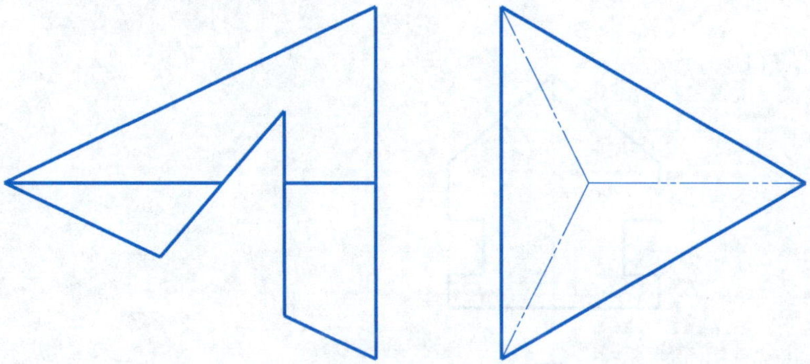

(3)

(4)

6-3　求下列各圆柱切割体的另外两面投影。

(1)

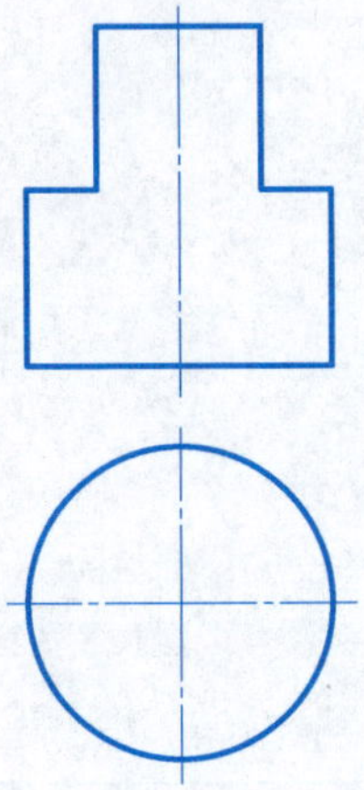

(2)

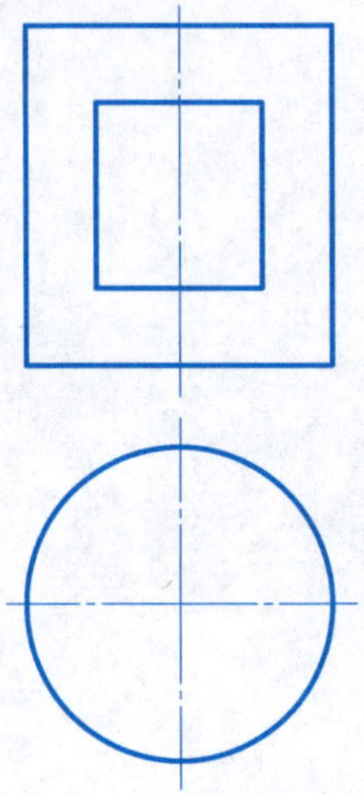

(3)

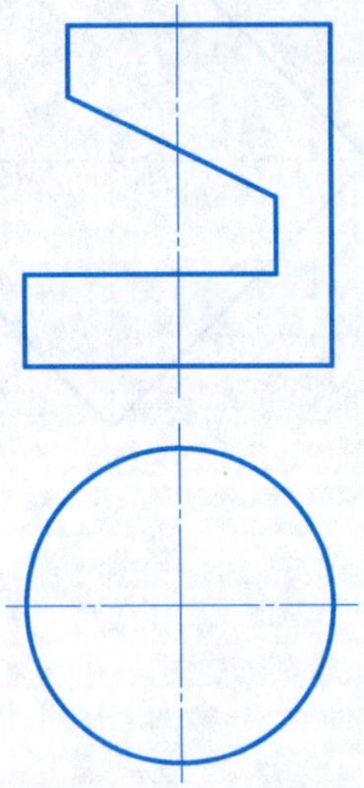

(4)

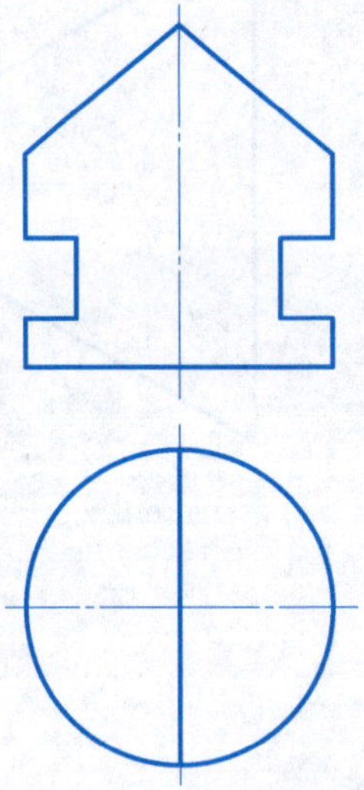

6-4 求下列各圆锥切割体的另外两面投影。

(1)

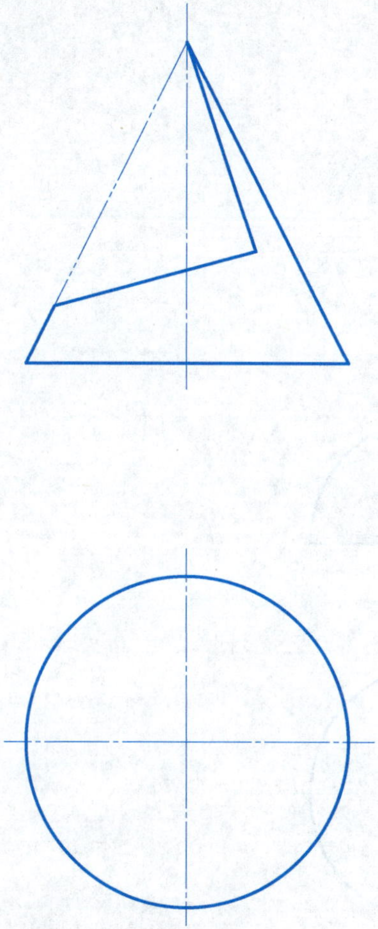

(2)

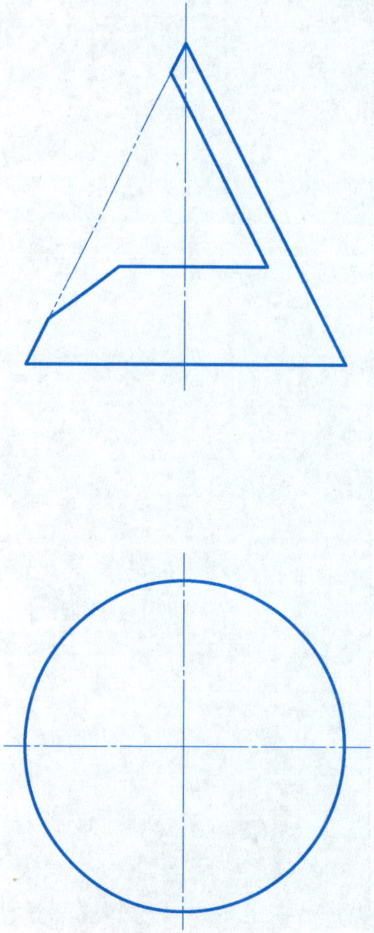

6-5 求下列各半球切割体的另外两面投影。

(1)

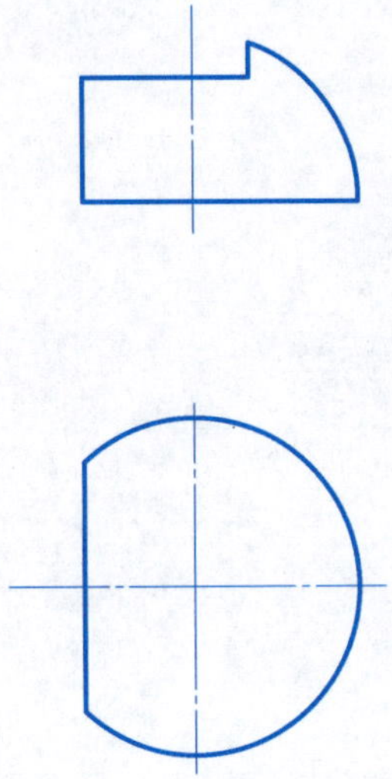

(2)

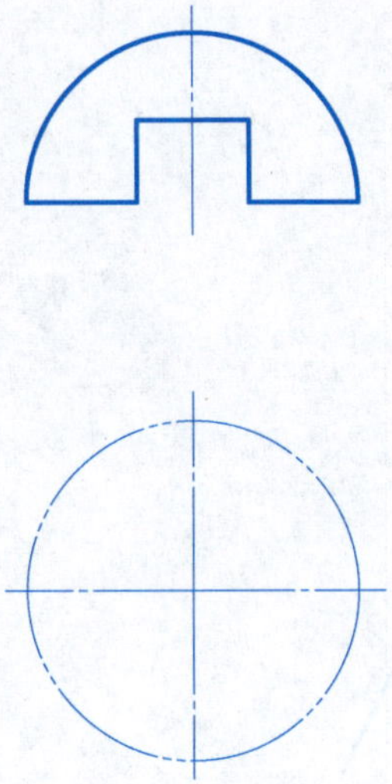

(3)

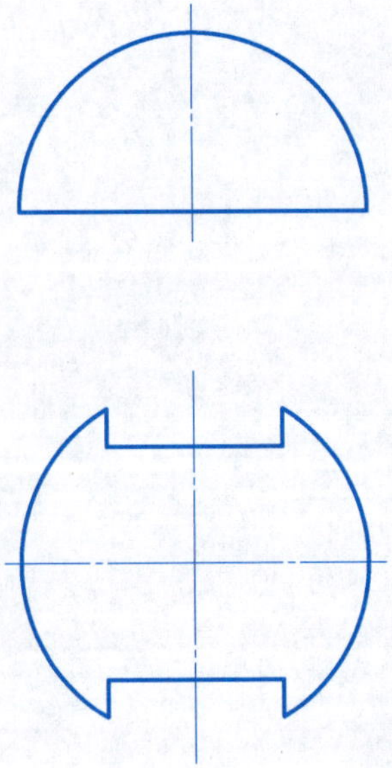

(4)

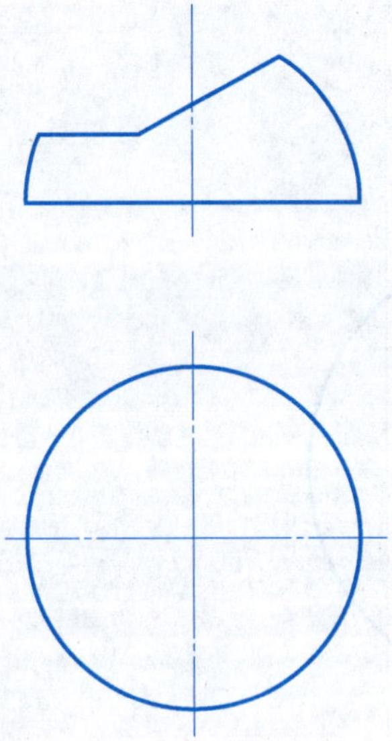

7-1　求两平面立体相贯线。

(1)

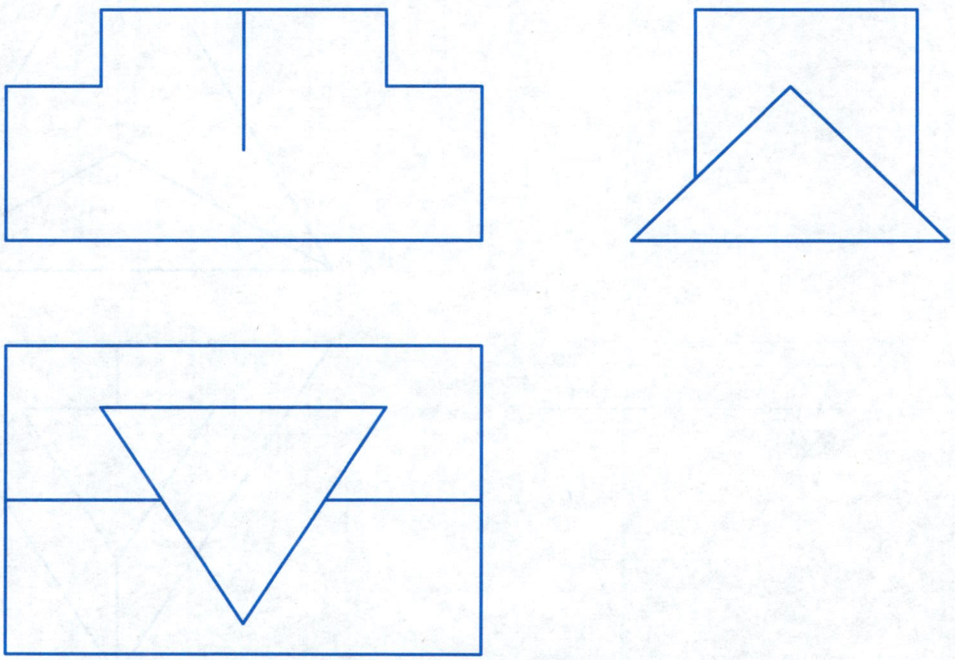

(2)

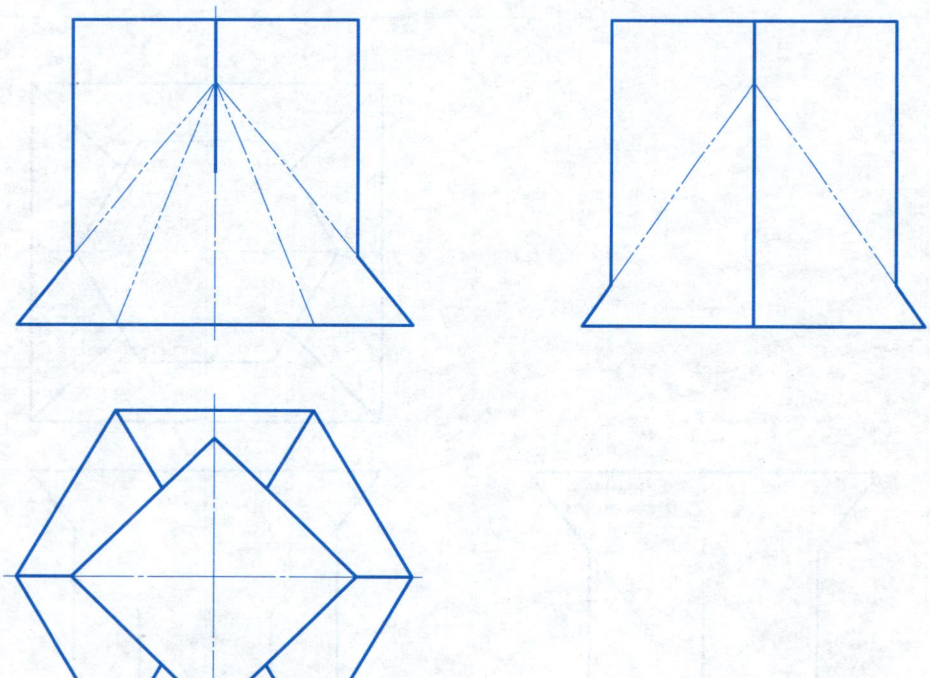

(3)

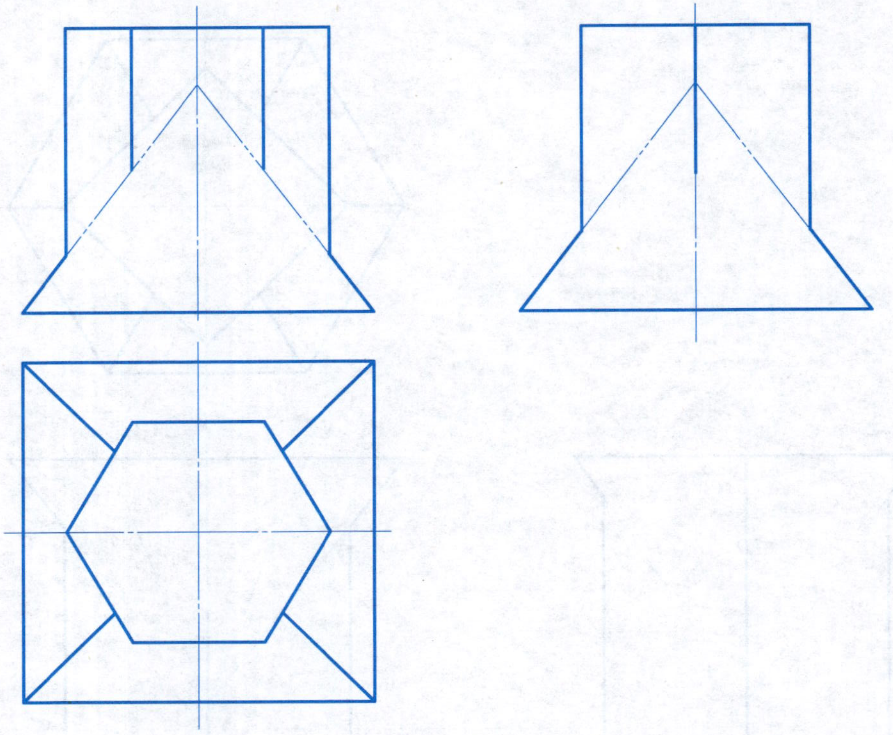

7-2 完成穿孔体的投影。

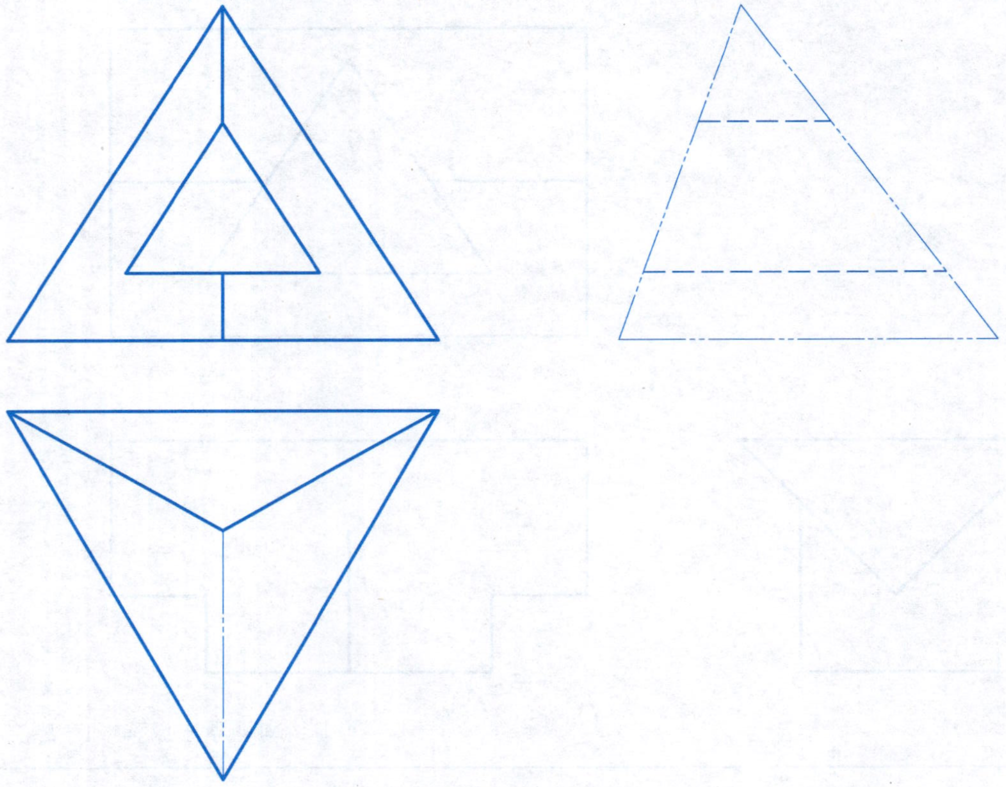

7-3 求平面立体与曲面立体的相贯线。

(1)

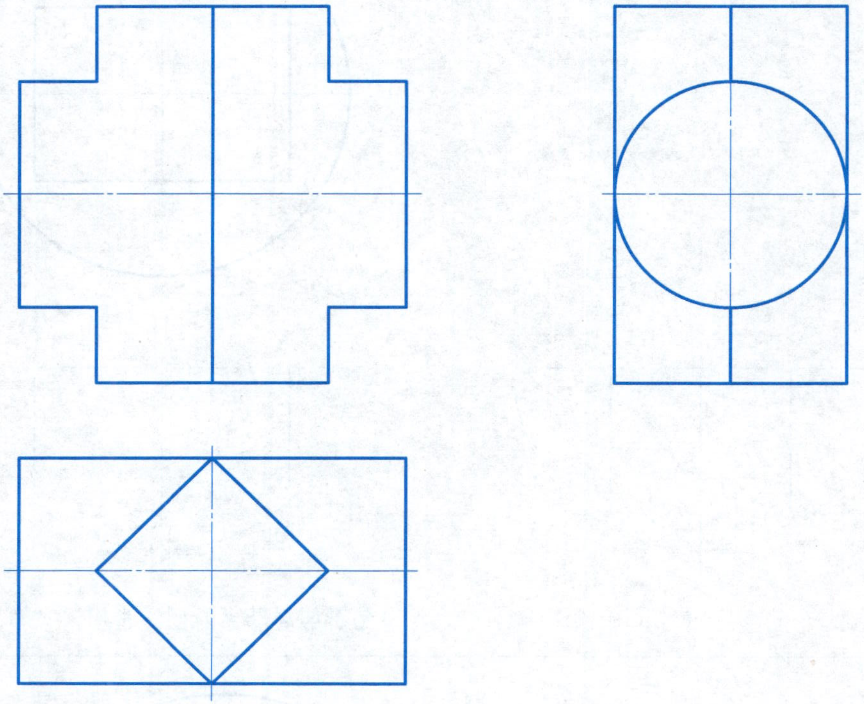

(2)

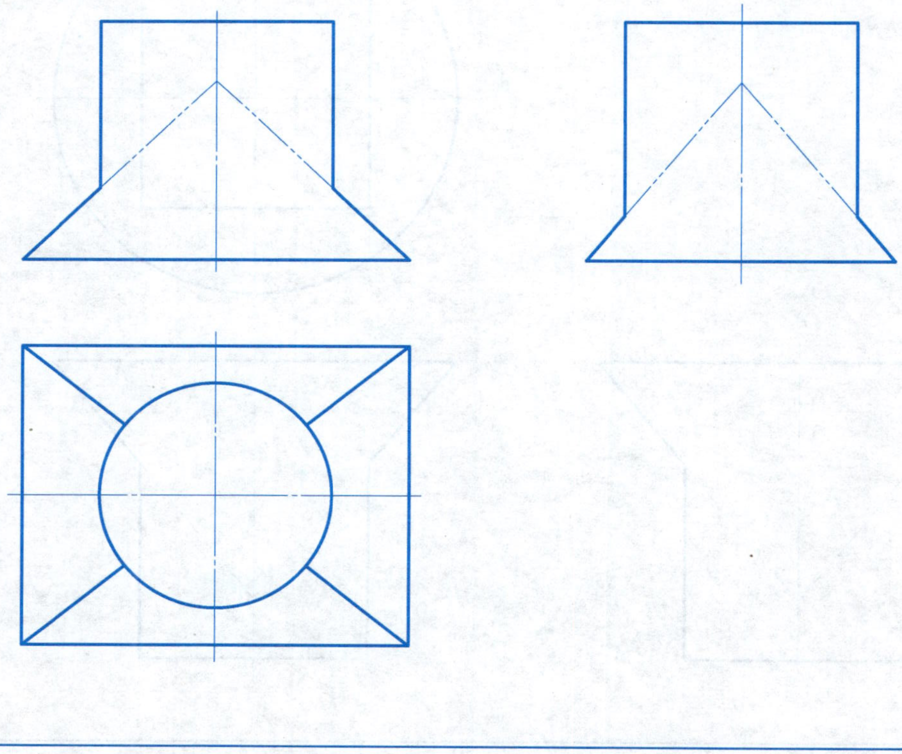

(3)

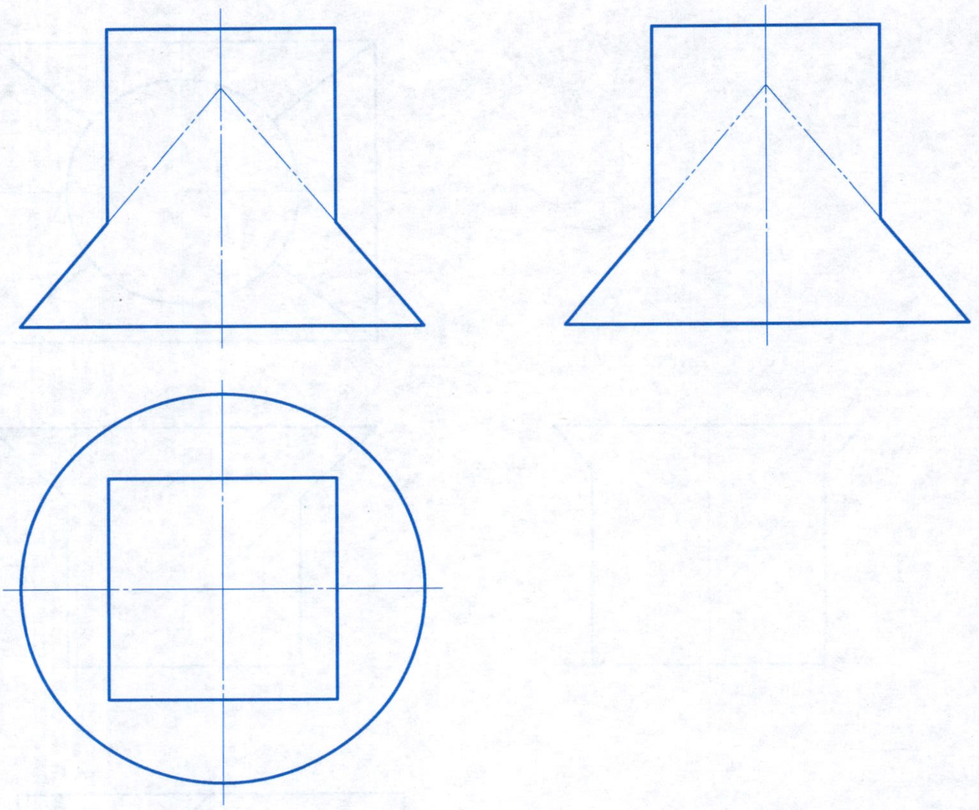

7-4　完成球、圆锥、圆柱穿孔体的投影。

(1)

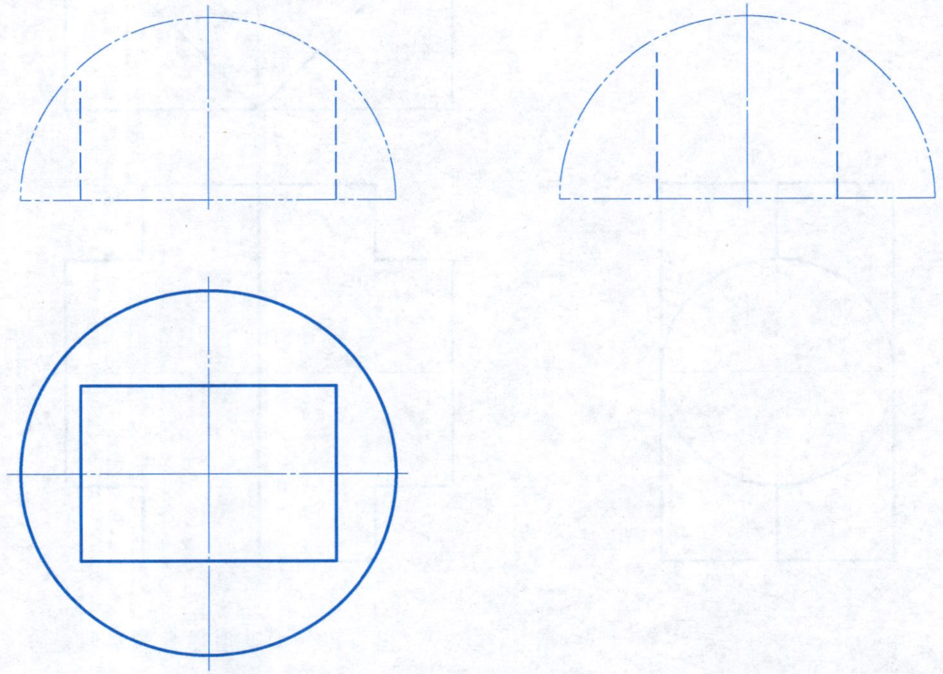

(2)

(3)

7-5　求两曲面立体相贯线。

(1)

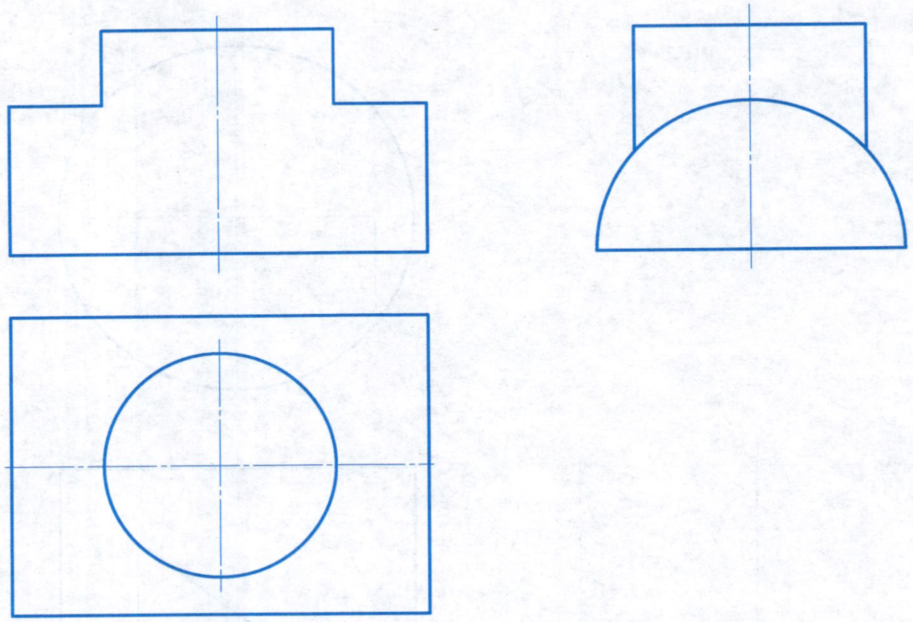

(2)

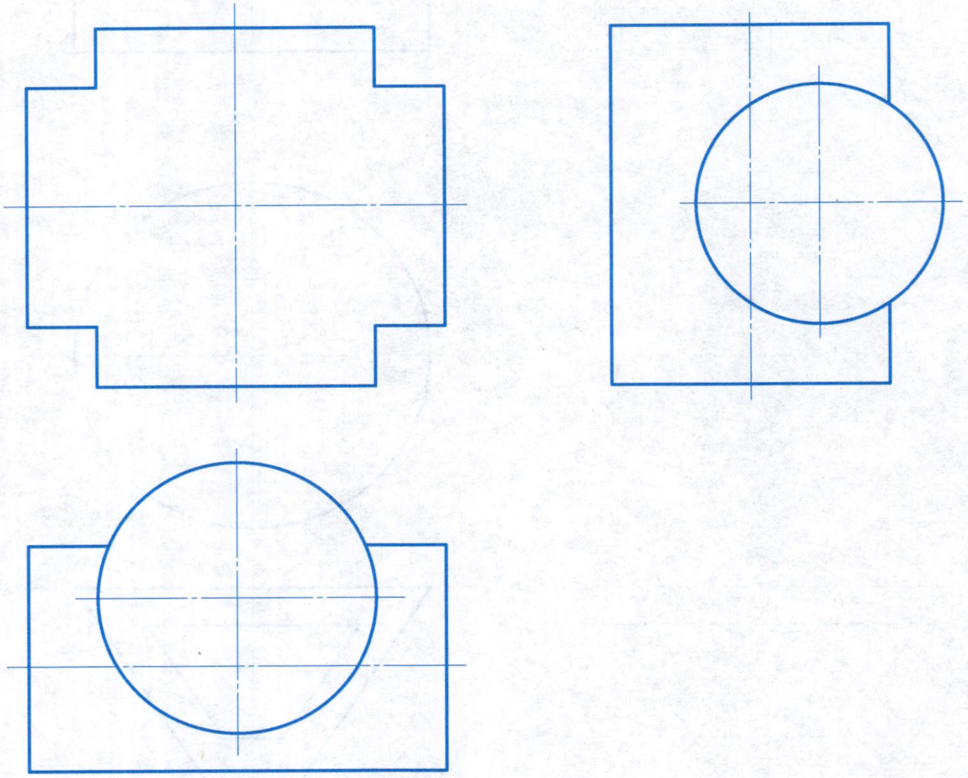

(3)

(4)

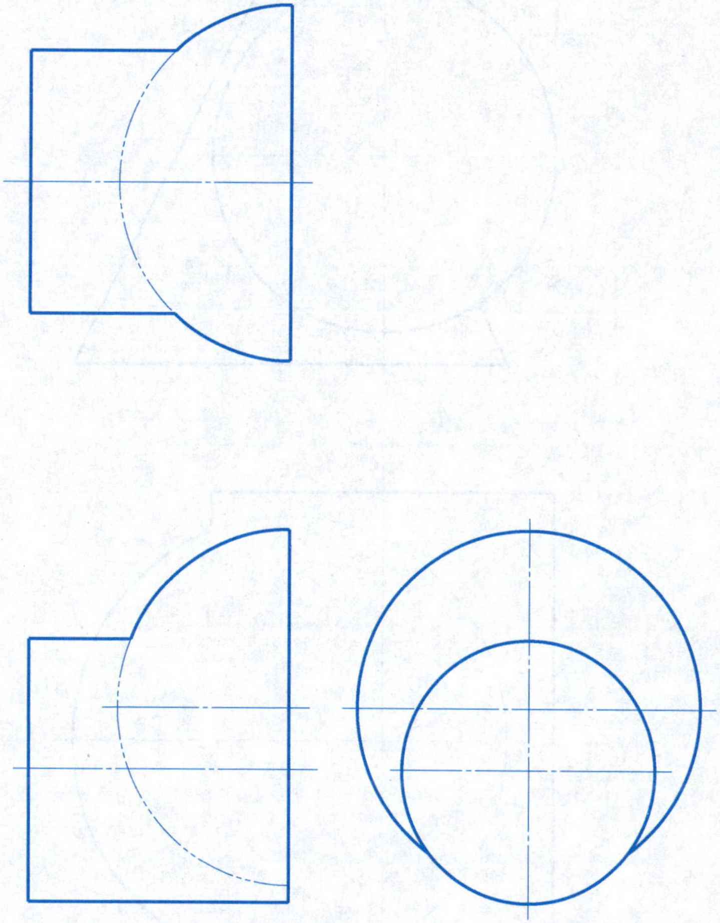

(5)

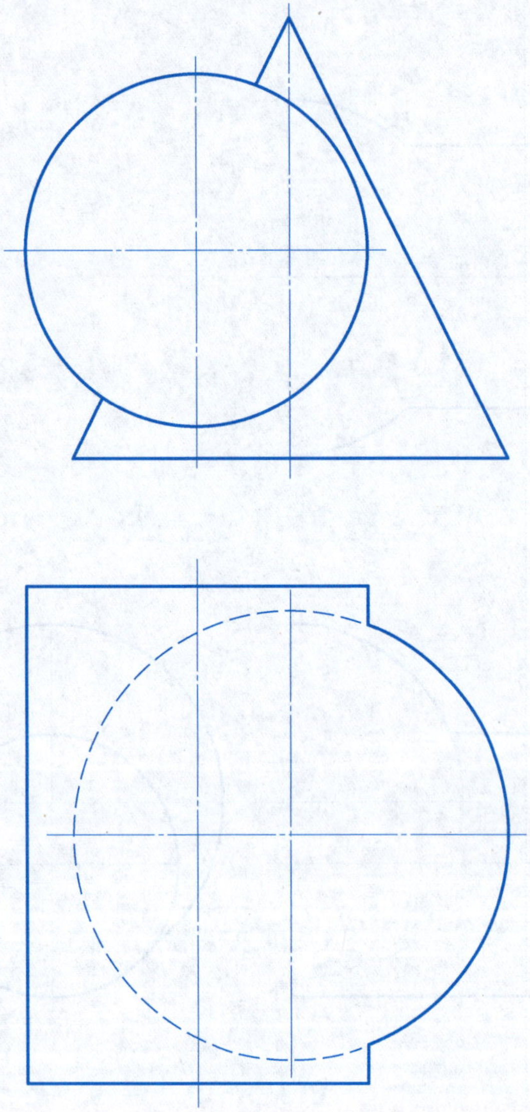

(6)

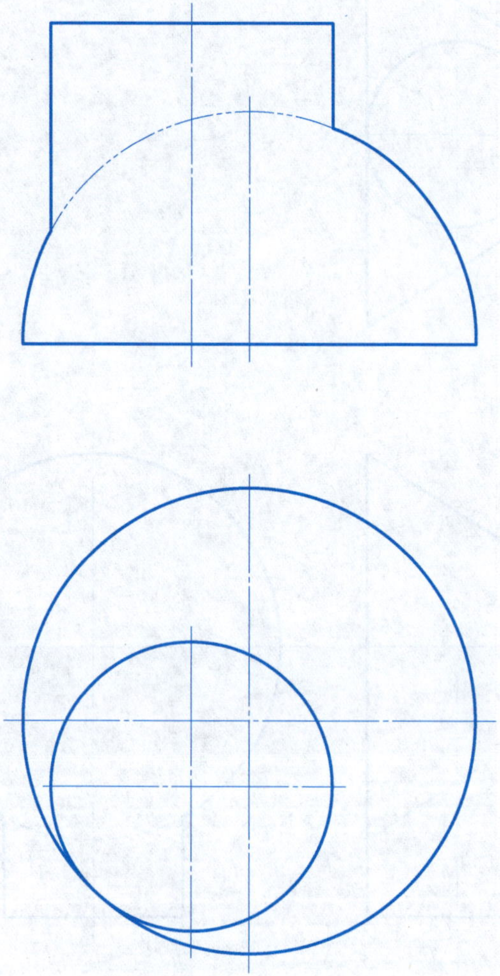

7-6 完成穿孔体的投影。

(1)

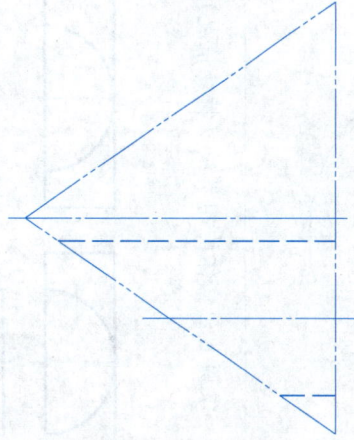

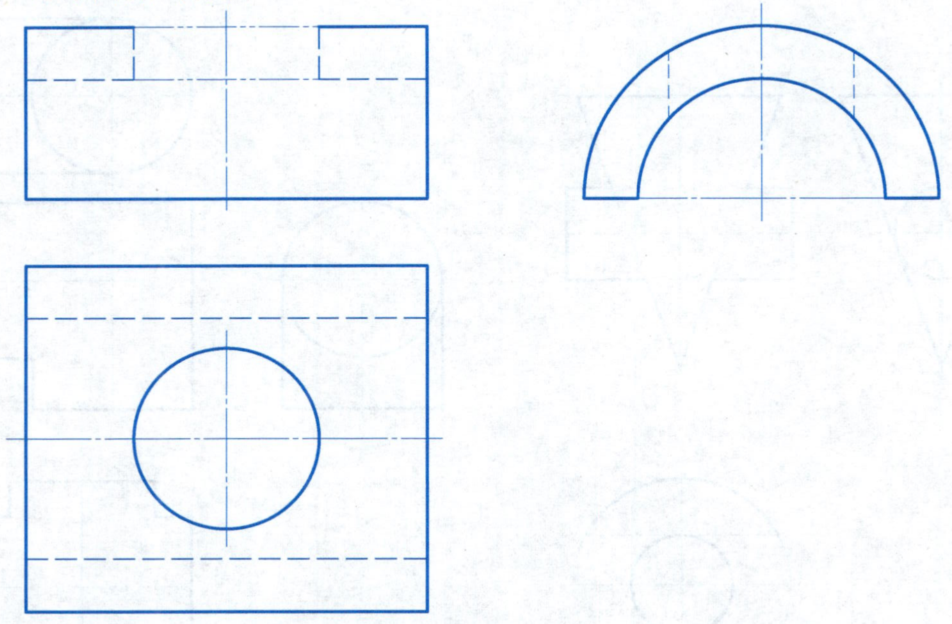

(2)

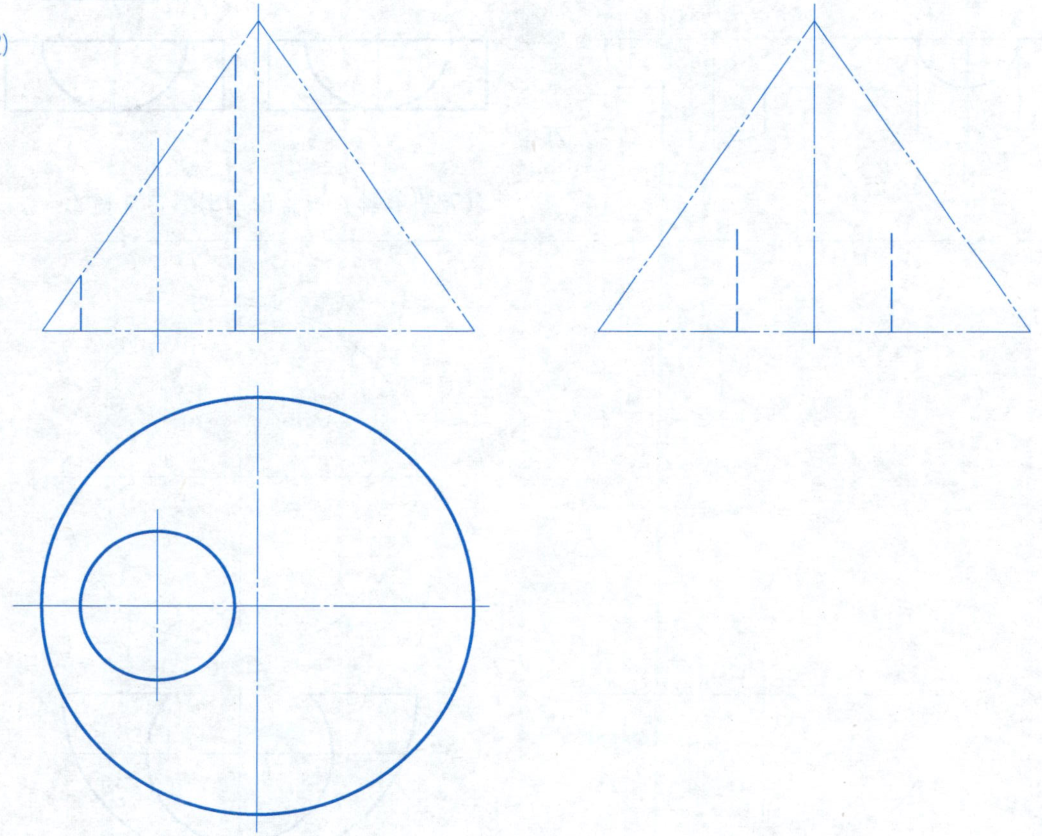

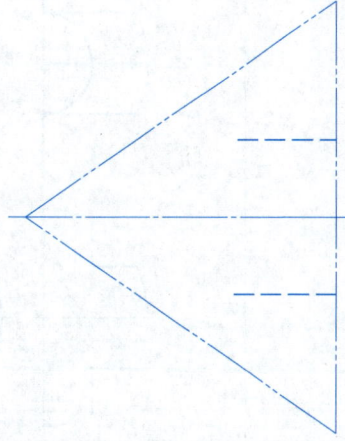

(3)

7-7 求两曲面立体的相贯线（特殊情况）。

(1)

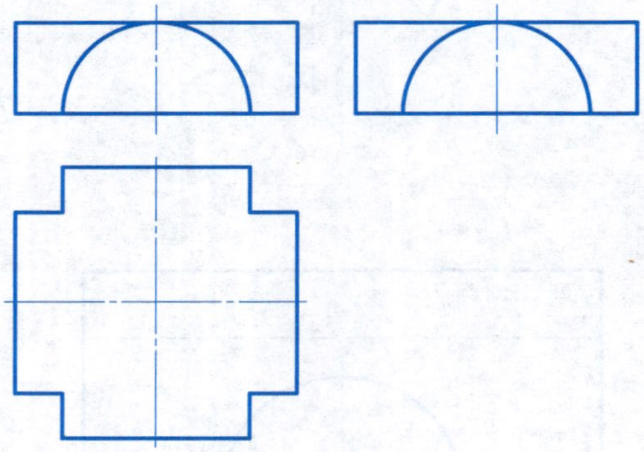

(2)

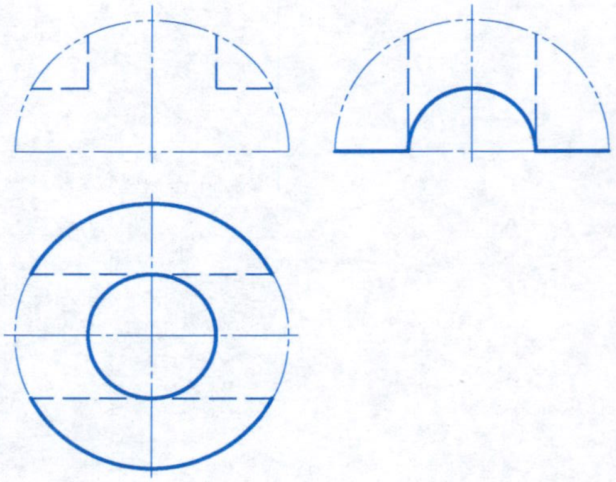

(3)

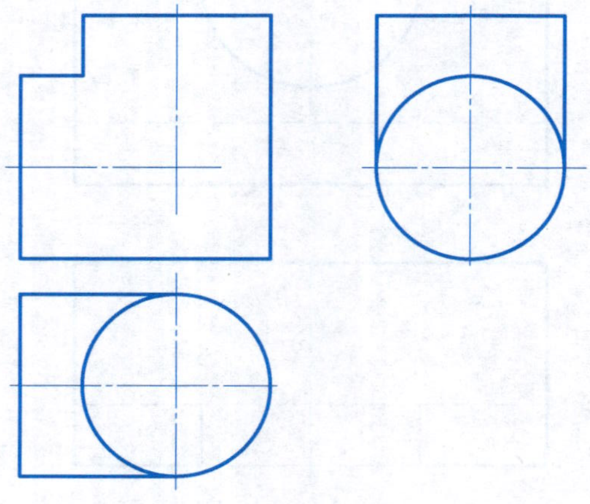

(4)

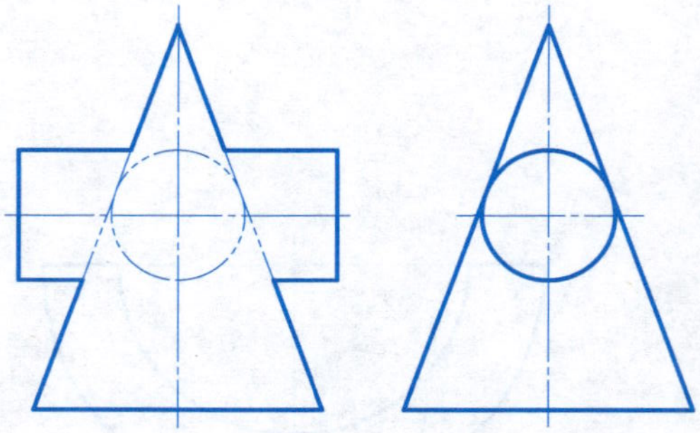

8-1　作出下列各形体的正等轴测图。

(1)

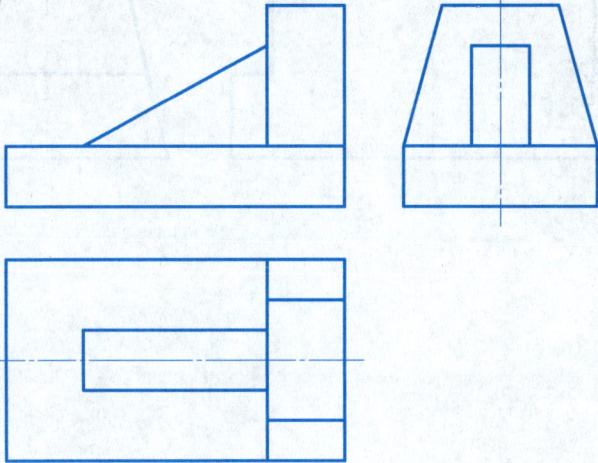

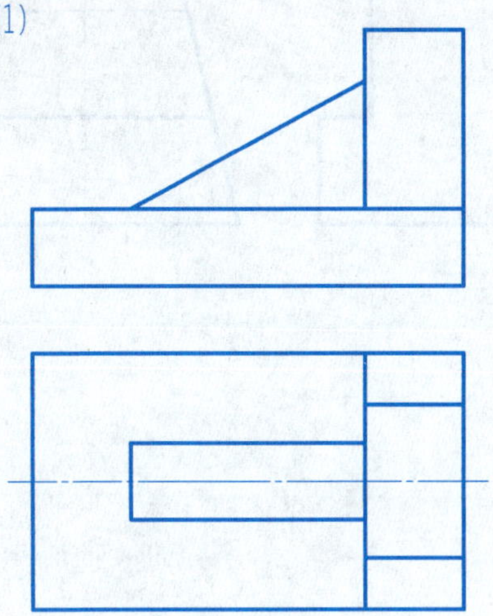

(2)

(3)

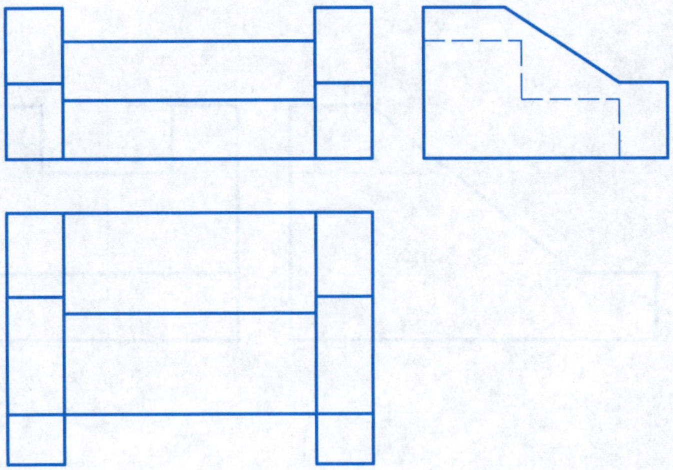

(4)

(5)

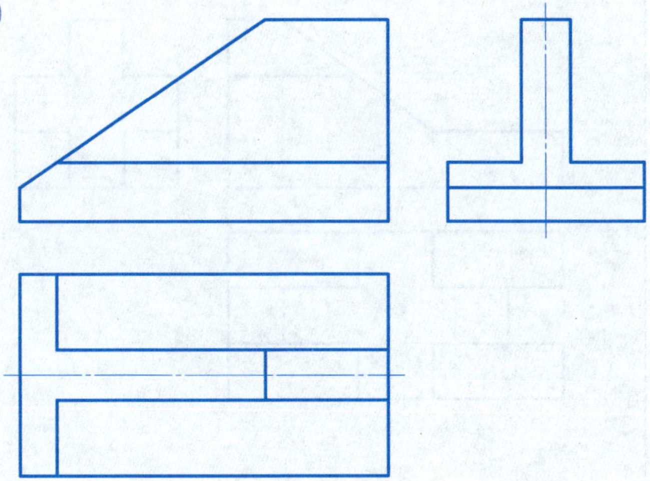

(6)

(7)

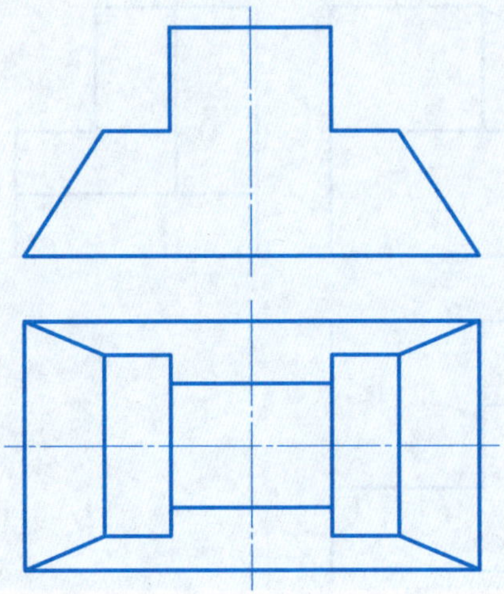

(8)

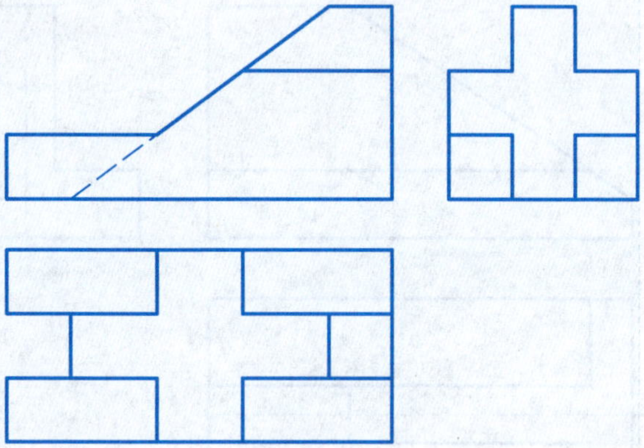

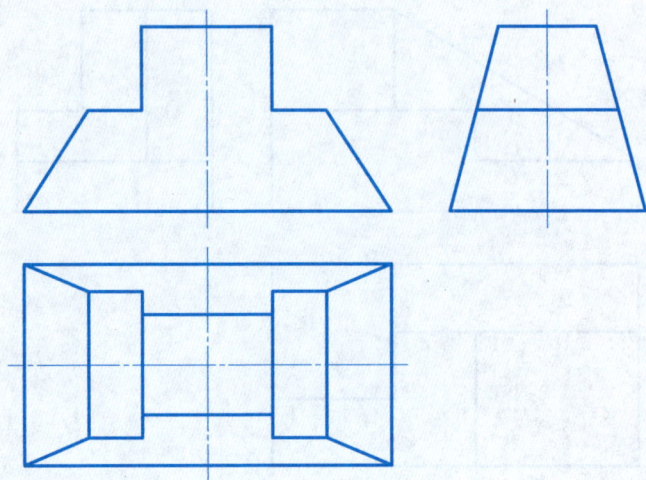

8-2 作出下列各形体的正二测。

(1)

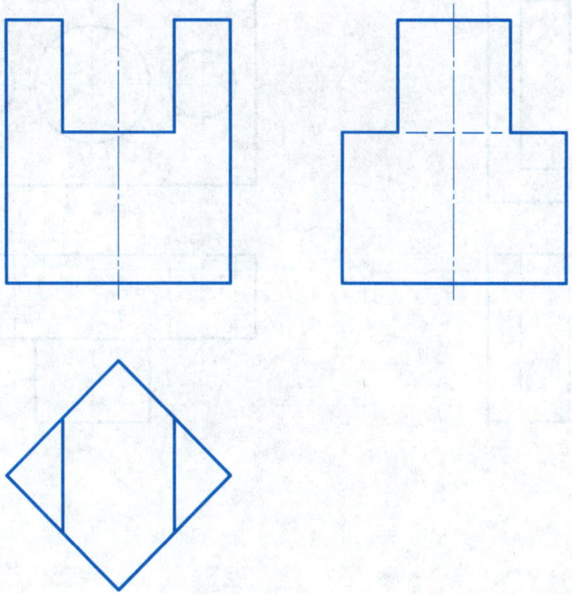

(2)

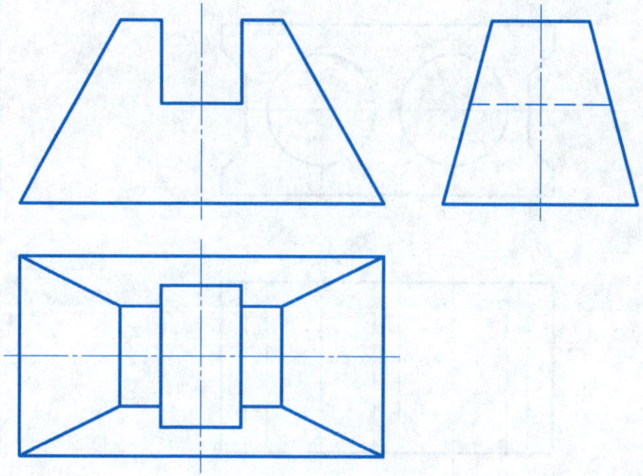

8-3 作出下列各形体的正面斜二测。

(1)

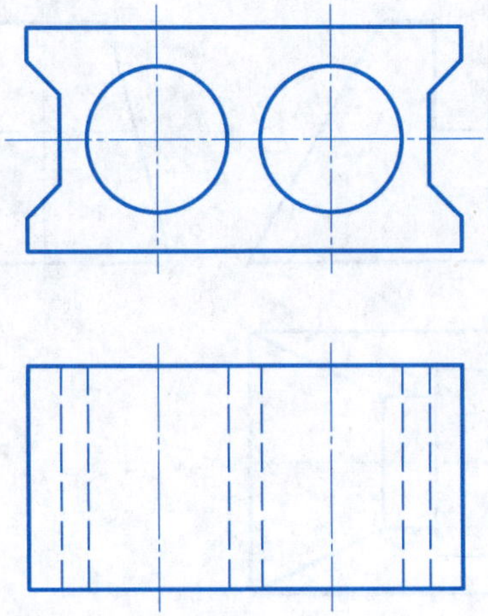

(2)

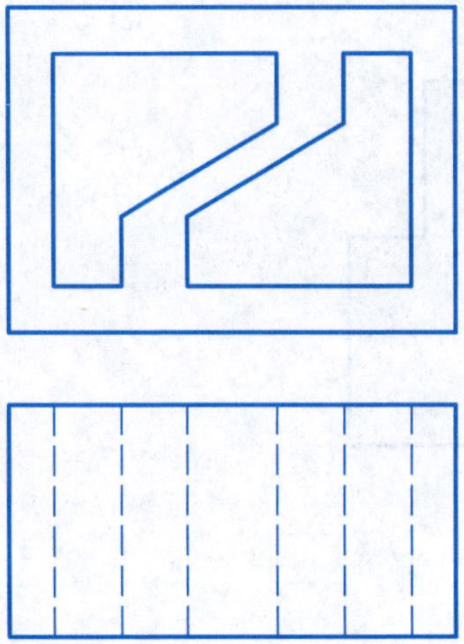

(3)

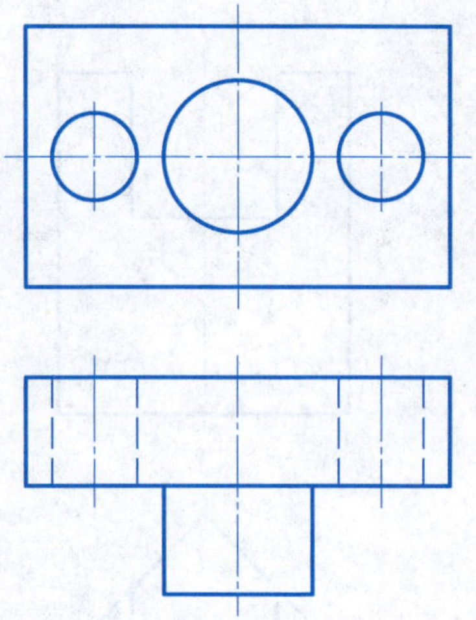

(4)

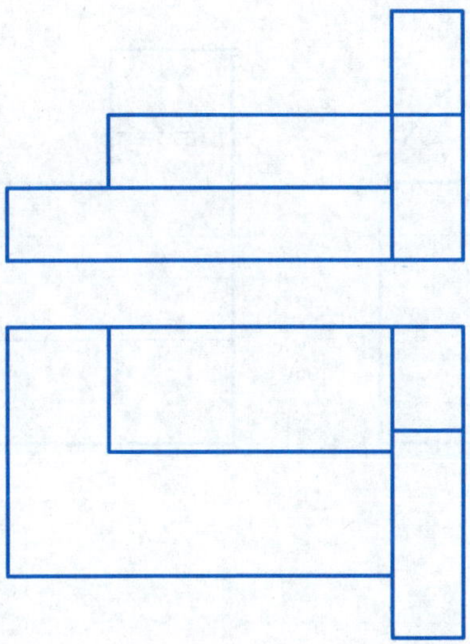

(5)

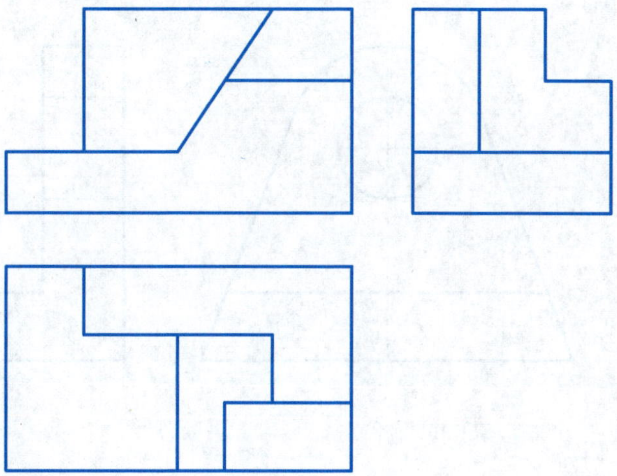

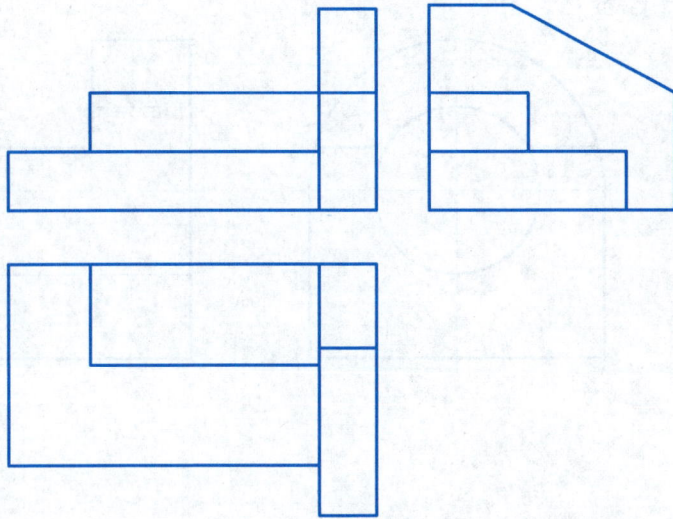

(6)

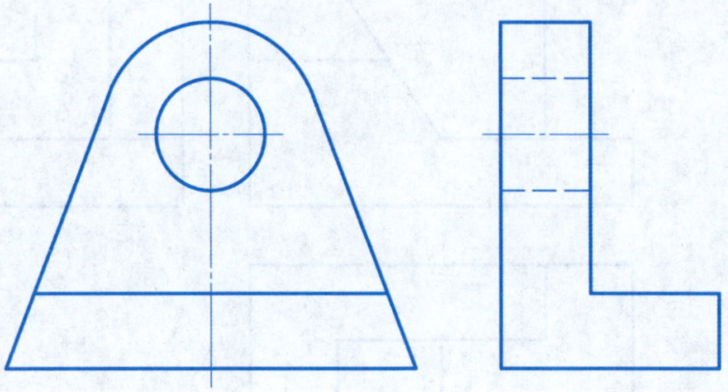

(7)

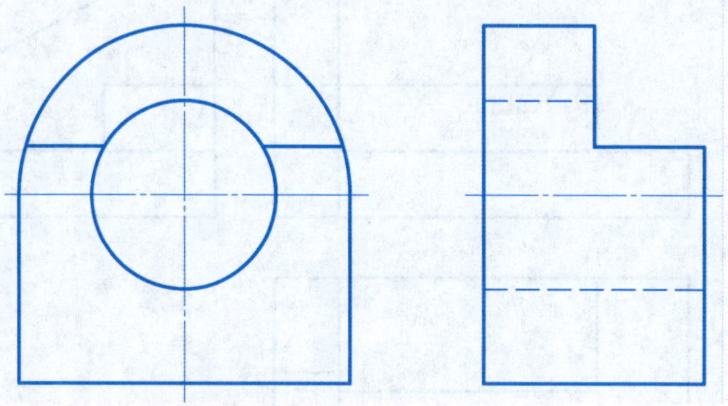

8-4 作出某区域总平面的水平斜二测。

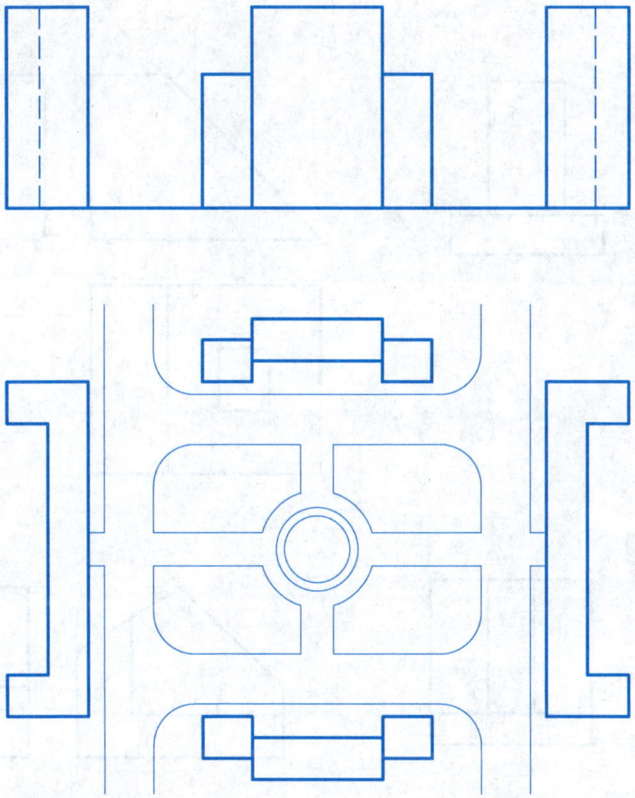

9-1　根据形体的三视图，想象其空间形状，并补画出三视图中的漏线。

(1)

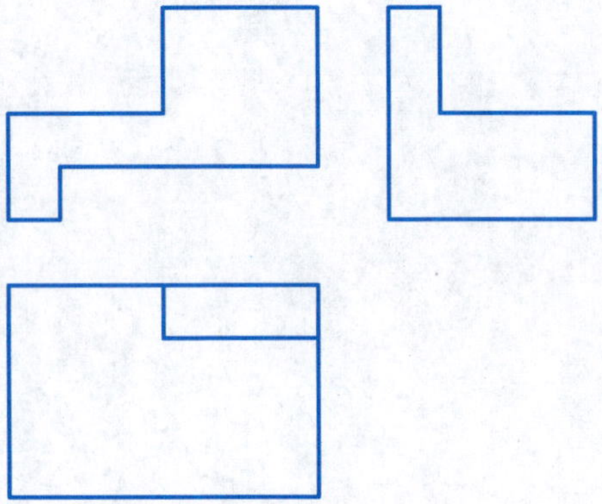

(2)

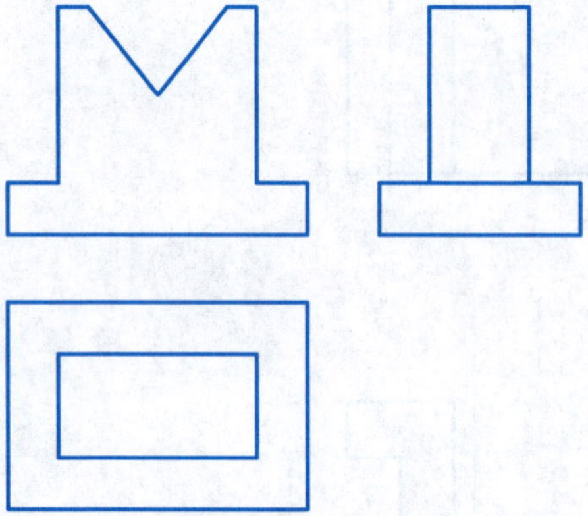

(3)

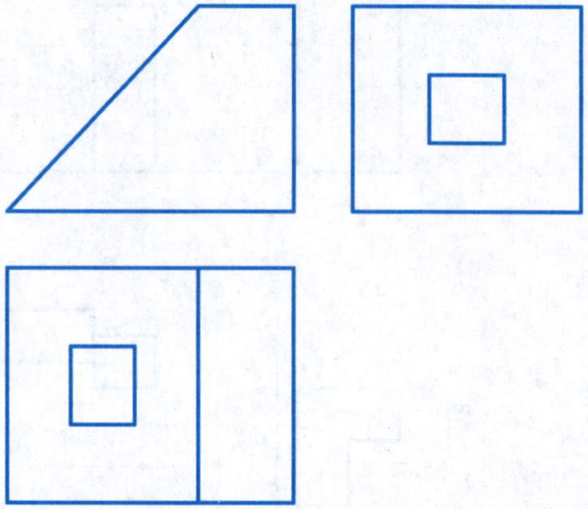

(4)

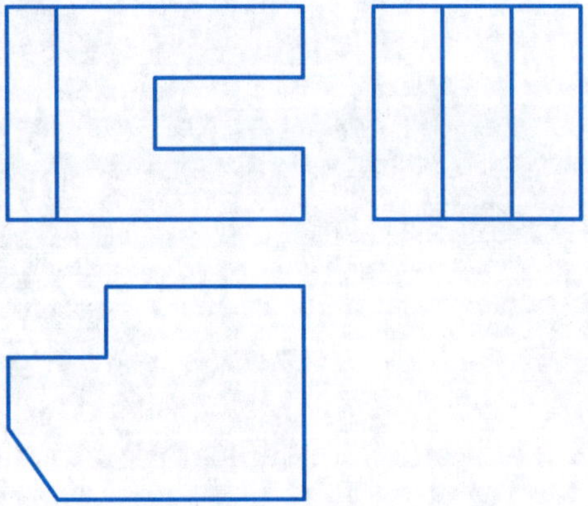

(5)

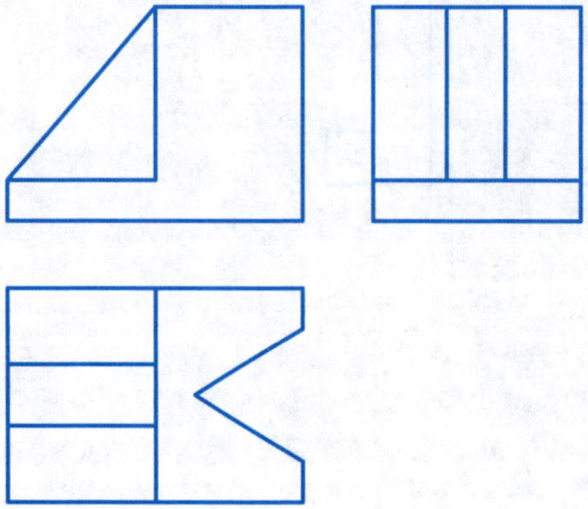

(6)

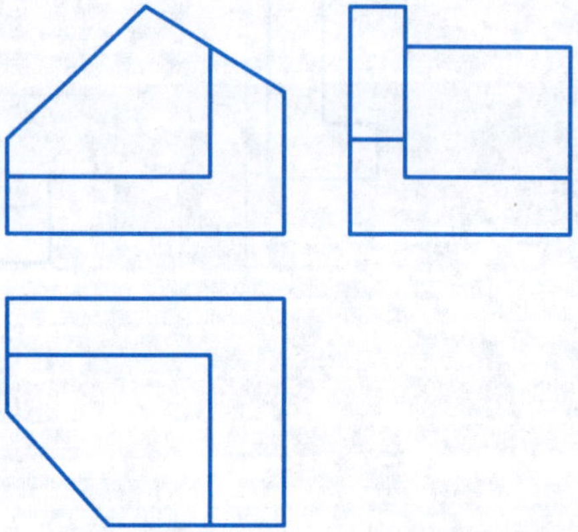

9-2 根据组合体的两面视图，补出第三面视图，并作出其正等轴测图。

(1)

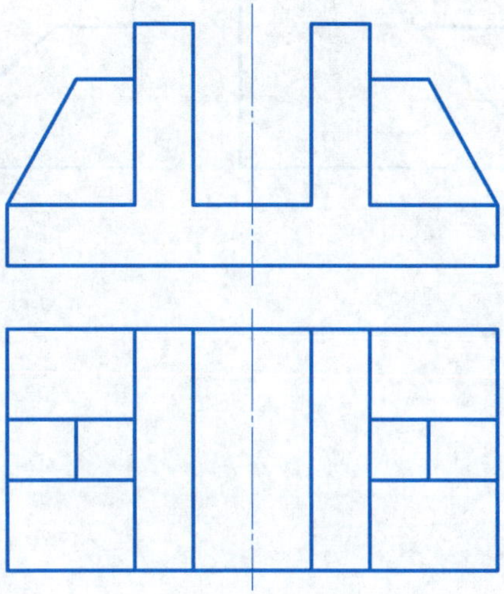

(2)

(3)

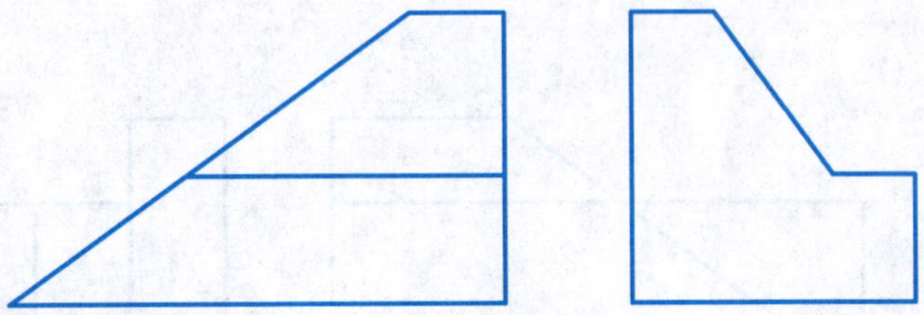

(4)

(5)

(6)

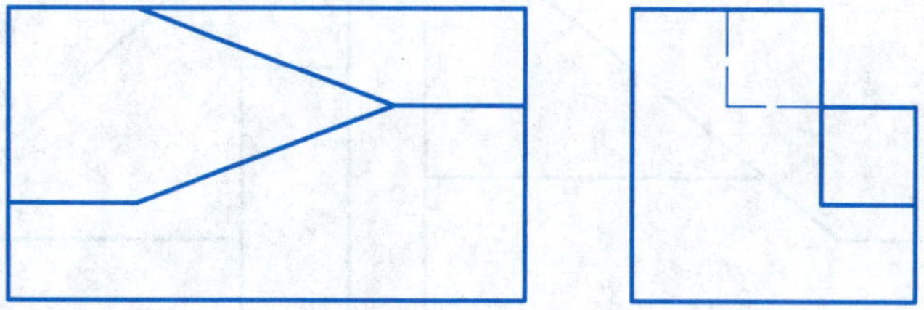

(7)

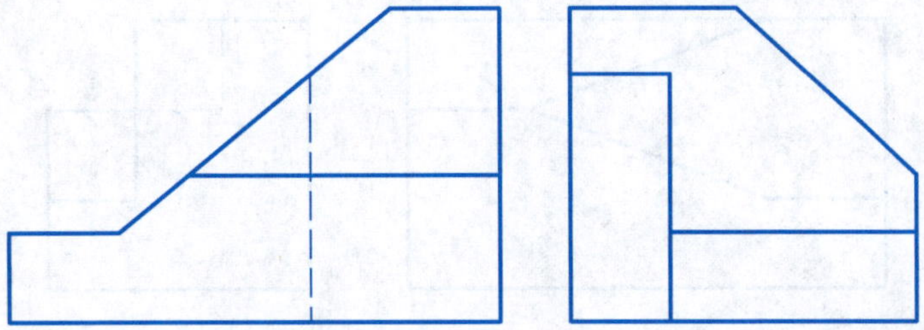

(8)

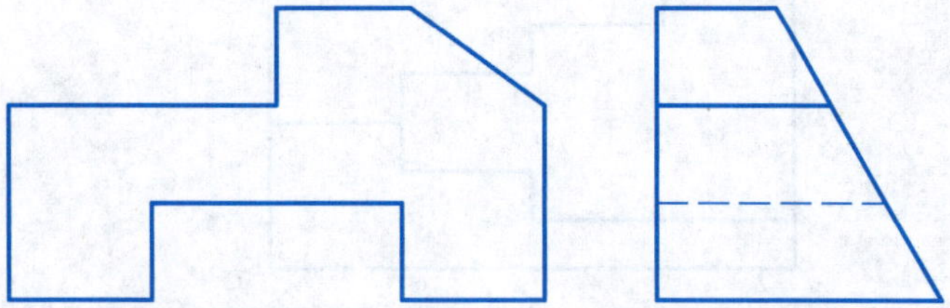

(9)

(10)

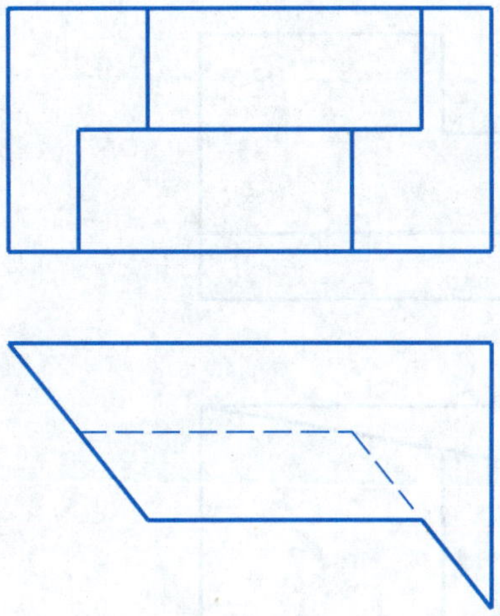

(11)

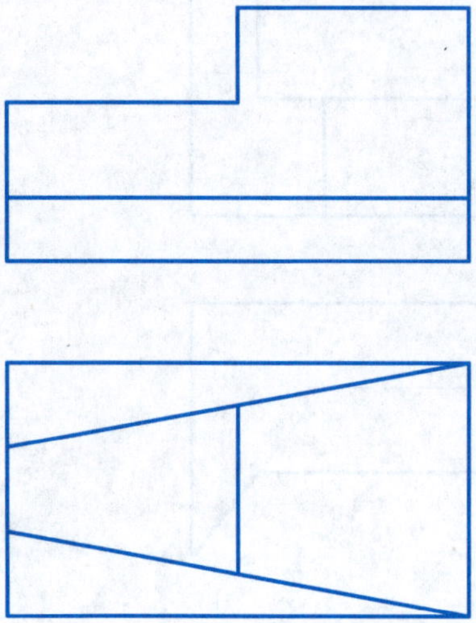

(12)

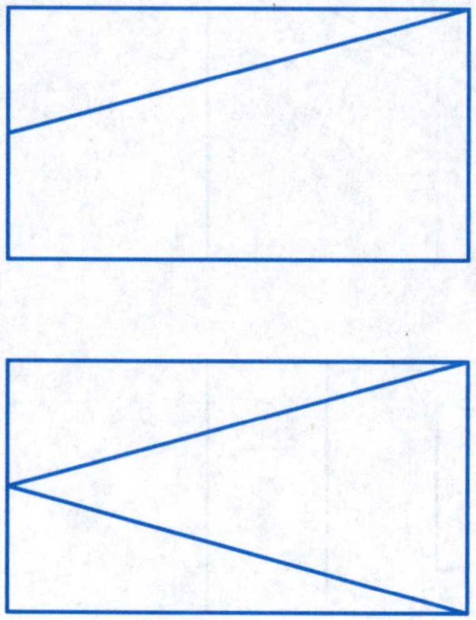

# 第十章　标高投影

10-1　已知直线 $AB$ 的标高投影，求直线上整数标高的点和直线的坡度。

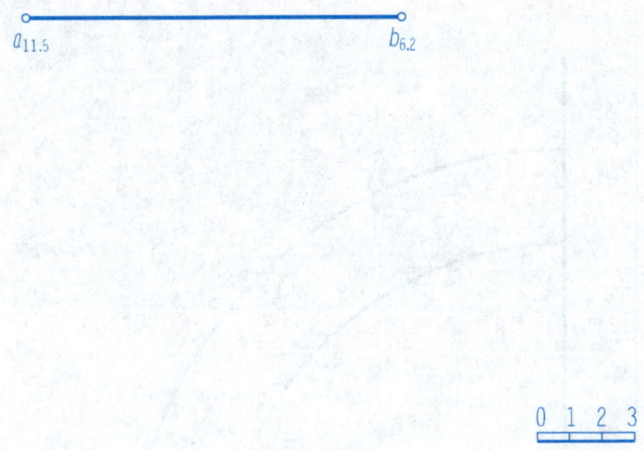


10-2　求直线 $AB$ 的坡度、平距、实长和对水平面的倾角。

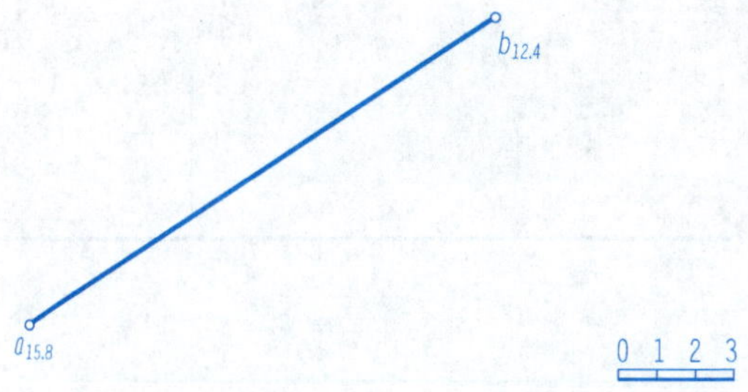


10-3　已知平面 $ABC$ 的标高投影，求平面上整数标高的等高线和平面的坡度。

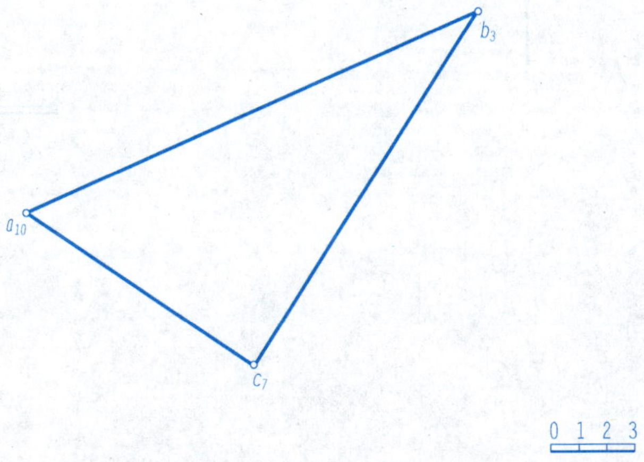


10-4　求两平面的交线。

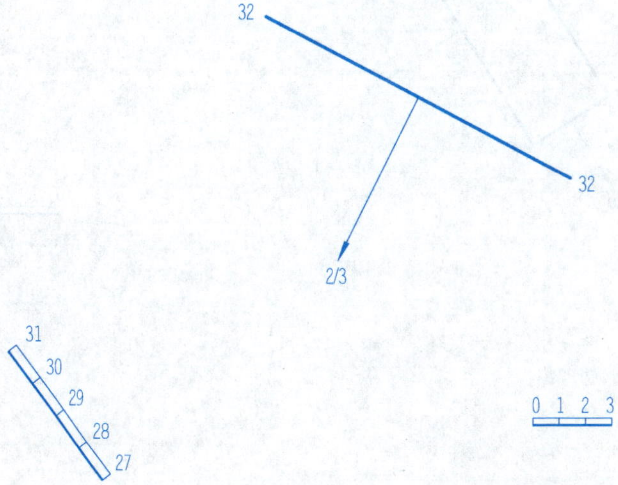

10-5 两堤顶的标高及各边坡坡度如图所示，求各边坡与标高为±0.000的地面的交线及各边坡间的交线。

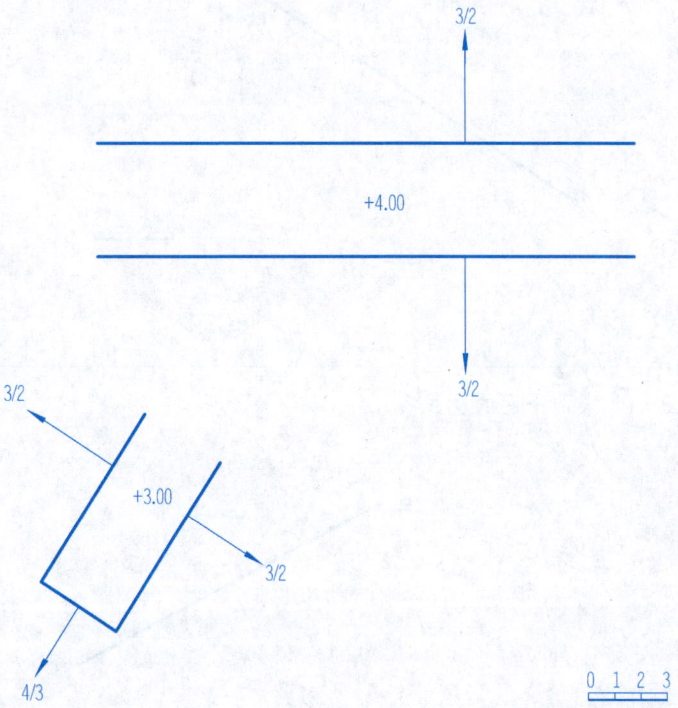


10-6 平台和地面的高程如图所示，用一弯道相连，各坡面的坡度为1∶1.5，求坡面之间、坡面与地面的交线，并画出各坡面上部分示坡线。

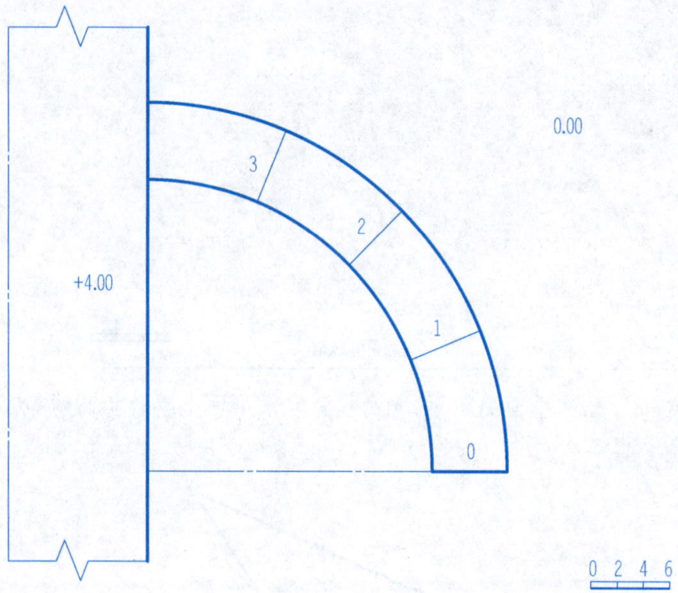

10-7　已知坑底的标高为20.00，坑底的大小和各坡面的坡度见图示，地面标高为24.00，求作开挖线和坡面交线。

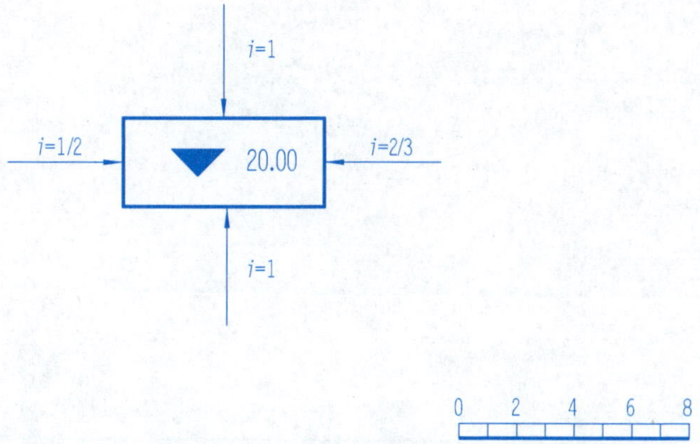


10-8　已知管线两端的高程分别为19.5和20.5，求管线与地形面的交点。

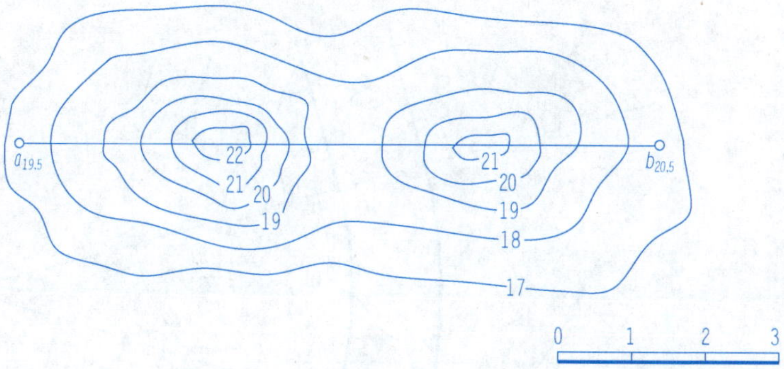

10 - 9　路面标高为 62，挖方坡度 $i=1$，填方坡度 $i=2/3$，求挖方、填方的边界线。

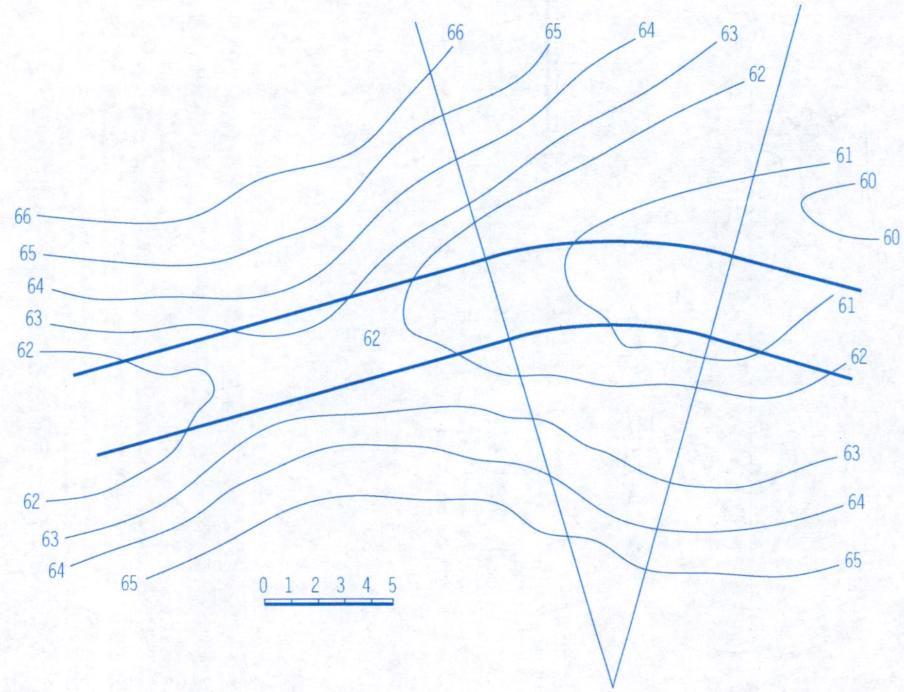

11-1　字体练习（一）。

沈阳建筑大学管理房地产造价土地城市信息平立剖

土木安全力学材料高分子无机给排水设备环境工程

11-2 字体练习（二）。

*0 1 2 3 4 5 6 7 8 9 0 1 2 3 4 5 6 7 8 9 abcdefghijklmnopqrstuvwxyz*

*ABCDEFGHIJKLMNOPQRSTUVWXYZ Ⅰ Ⅱ Ⅲ Ⅳ Ⅴ* $\alpha\ \beta\ \gamma\ \varphi=45^{\circ}$

11-3　补全图线。

粗实线

中粗实线

细实线

特细线

点画线

虚线4

双点画线

折断线

11-4　用四心圆法作椭圆（长轴65，短轴40）。

11-5　求作圆内接正六边形。

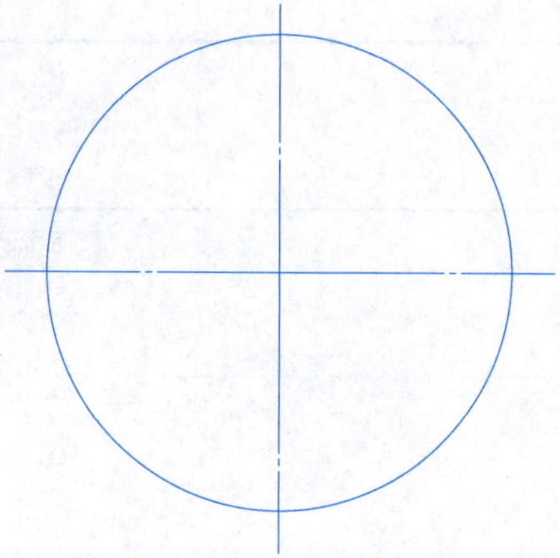

11-6　参照图例，绘制圆弧连接。

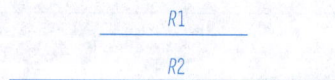

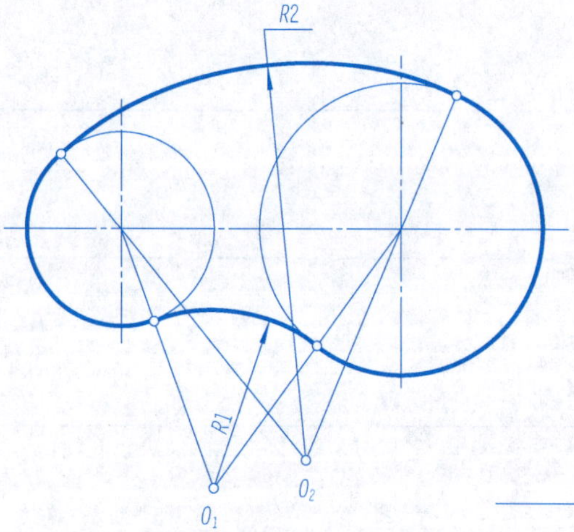


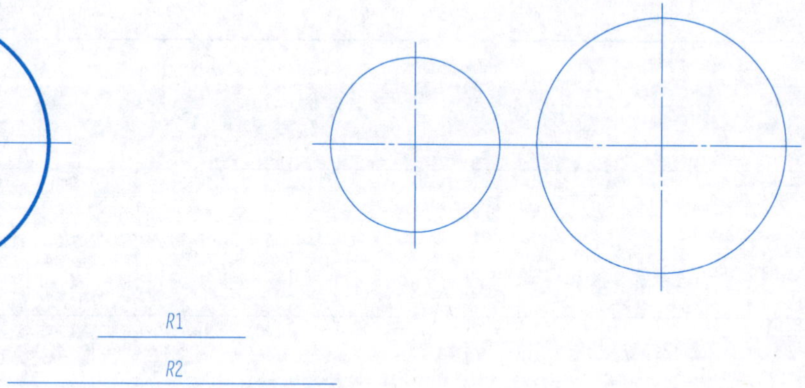

11-7 按适当的比例抄画所给图样。

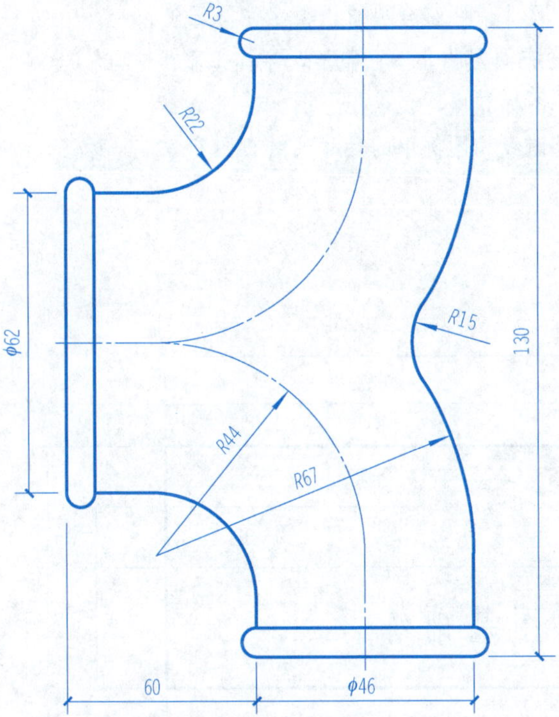


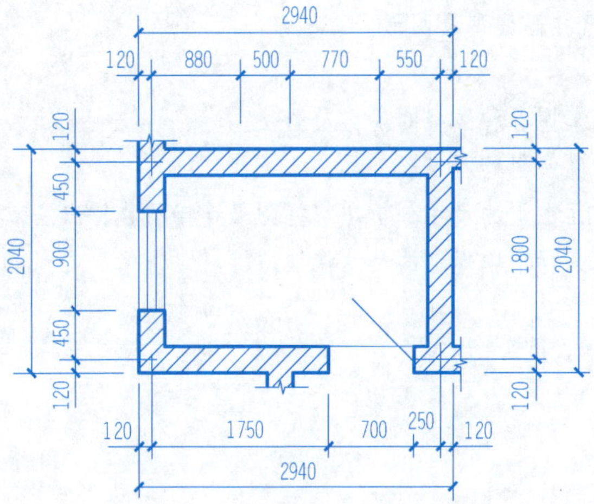


卫生间大样图 1:50

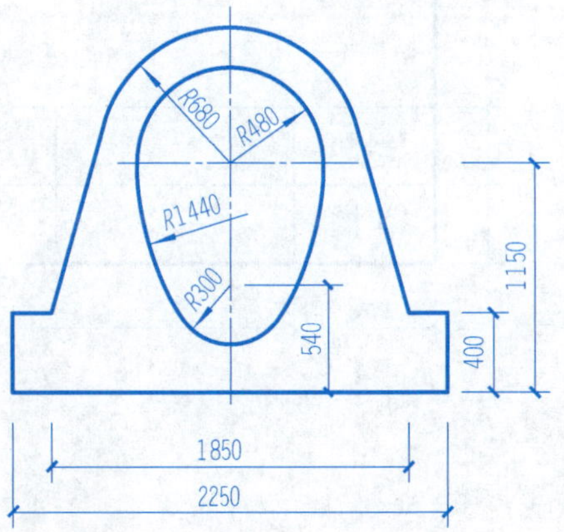

作业一：制图基础练习

一、内容

用 A3 图纸抄画线型及图形。

二、目的

1. 熟悉并掌握各种线型的规格及画法。
2. 学会正确使用绘图仪器工具。
3. 学习平面图形的尺寸分析，掌握圆弧连接的作图方法。
4. 贯彻国家标准中规定的尺寸注法。

三、要求

1. 遵守国家标准中有关图幅、线型规定，不得任意变动。
2. 图线光滑均匀，同类图线粗细一致。
3. 图形准确，作图方法正确。
4. 尺寸箭头符合要求，数字注写正确。
5. 布图匀称，图面整洁，字体工整。
6. 图标和填写要求见下图。
7. 图线和图例中的尺寸只做布图参考，不标注。

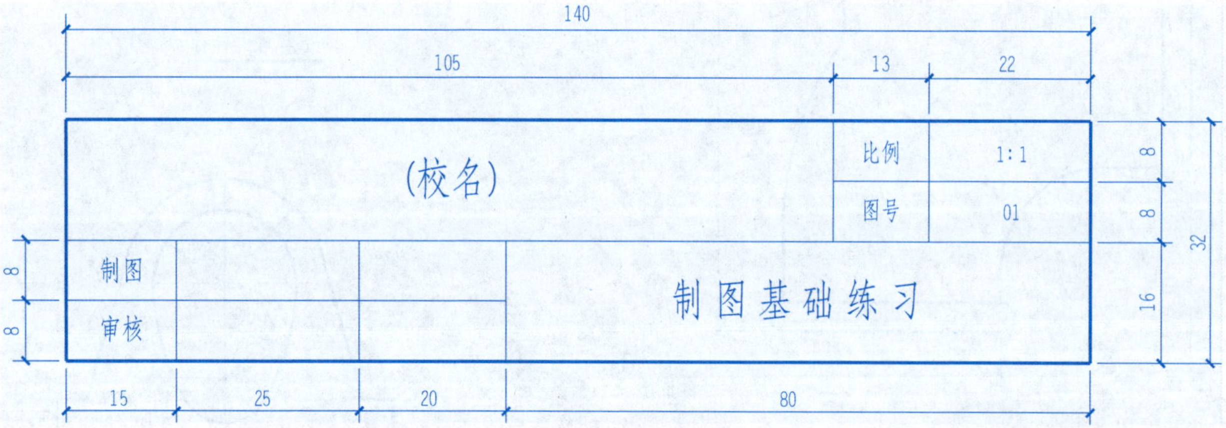

窗花

花饰

| | | | | |
|---|---|---|---|---|
| | | | 比例 | 1:1 |
| | | | 图号 | 01 |
| 制图 | | | 制图基础练习 | |
| 审核 | | | | |

12-1　根据轴测图画三视图（尺寸由轴测图量取）。

(1)

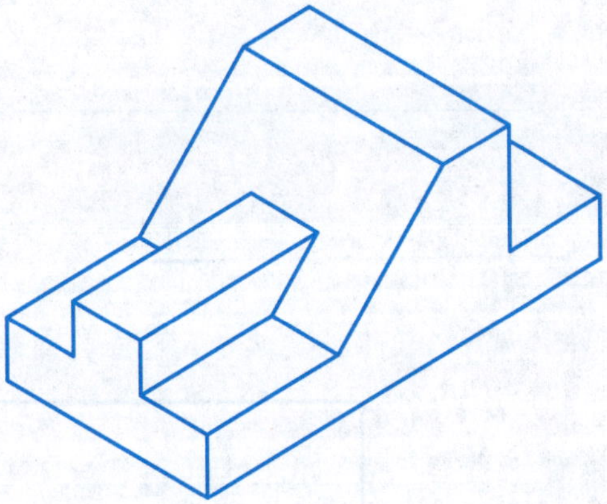

(2)

(3)

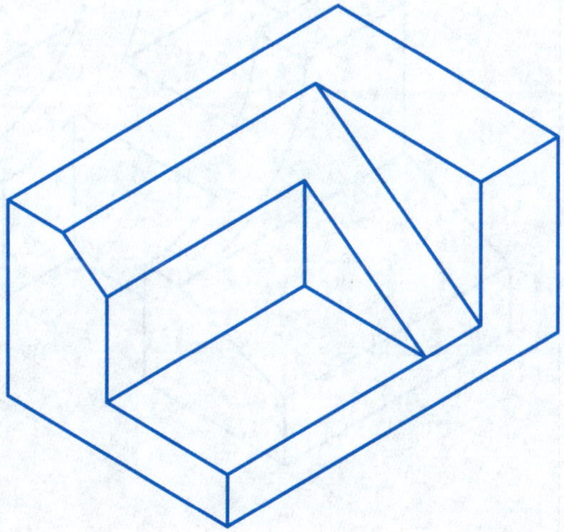

(4)

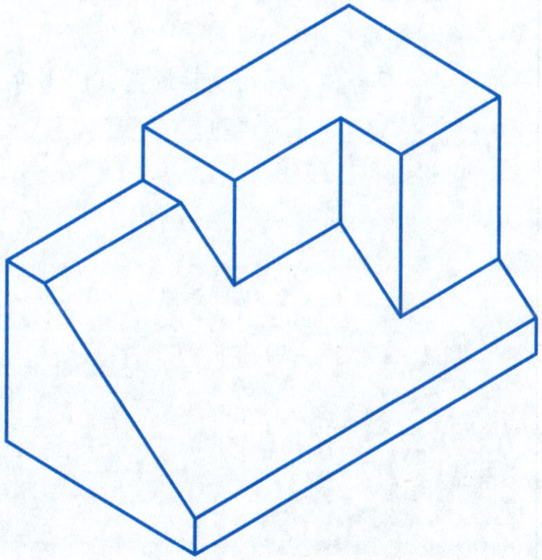

作业二：画出组合体轴测图及三视图，并在三视图上标注尺寸。

一、目的

(1) 熟悉正投影法原理，掌握用视图表达组合体三视图的画法。

(2) 掌握组合体正等轴测图的画法。

(3) 掌握组合体的尺寸标注方法。

二、内容

根据给出的形体轴测图及尺寸，在 A3 图纸上用 1∶1 的比例完成绘图内容。

(1) 根据轴测图画出形体三视图。

(2) 合理标注形体尺寸。

(3) 画出正等轴测图。

三、要求

(1) 画底稿定位时，应使各视图间留有适当的空间，以便标注尺寸。

(2) 图线应符合线型要求。

(3) 尺寸标注应符合尺寸标注的有关规定。

(4) 填写标题栏：

1) 图名：组合体三视图及轴测图（10 号字）。

2) 图号：A3.02（5 号字）。

3) 比例：1∶1（5 号字）。

(1)

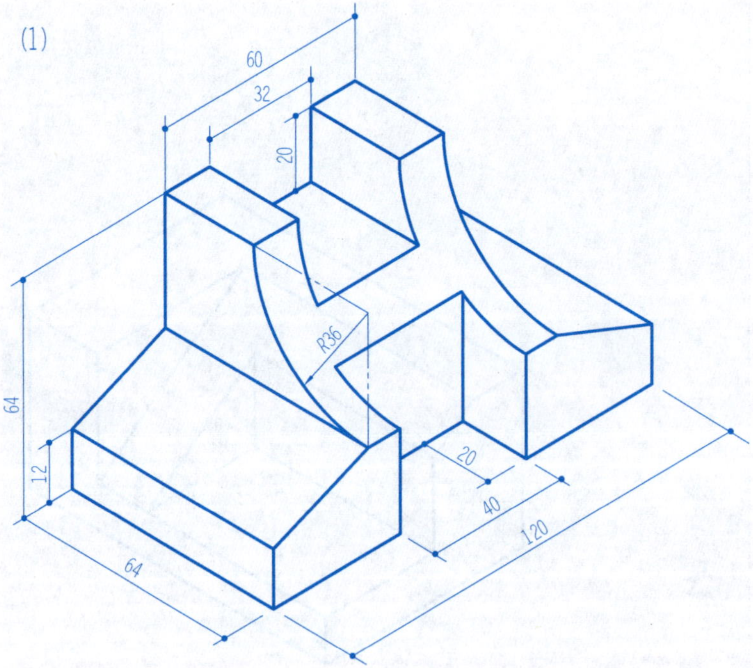

(2)

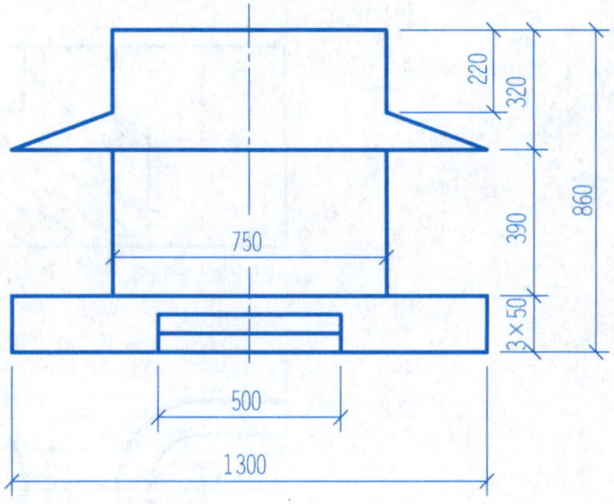
220
320
390
860
3×50
750
500
1300

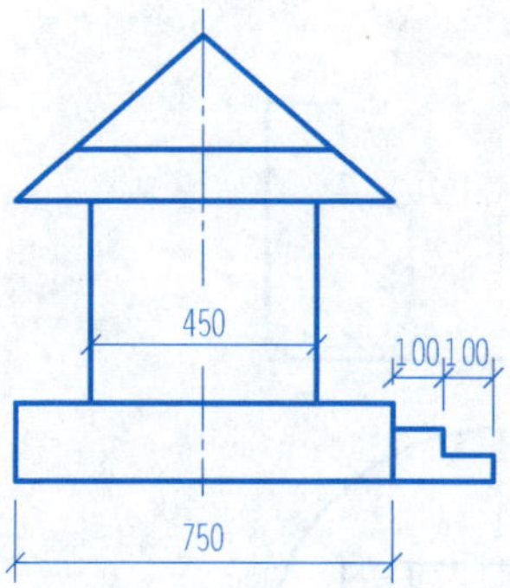
450
100
100
750

(3)

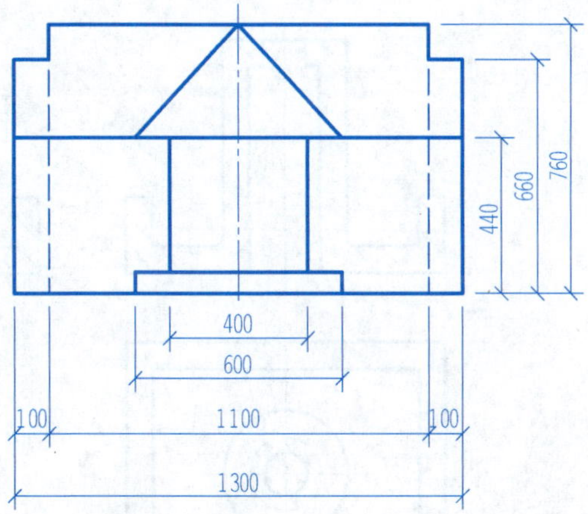
440
660
760
400
600
100
1100
100
1300

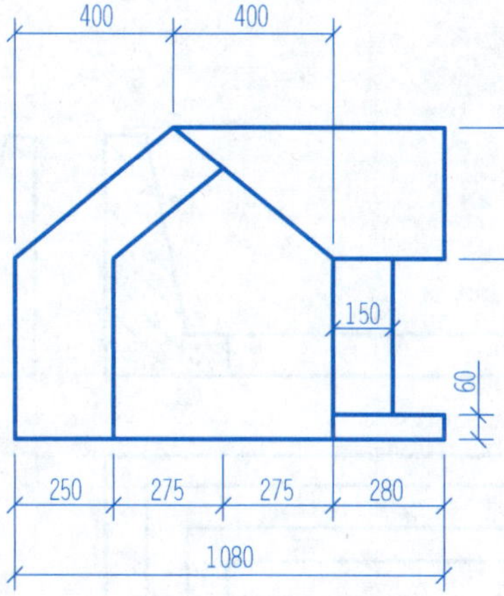
400
400
320
150
60
250
275
275
280
1080

12-2 补画剖面图中遗漏的图线。

(1)

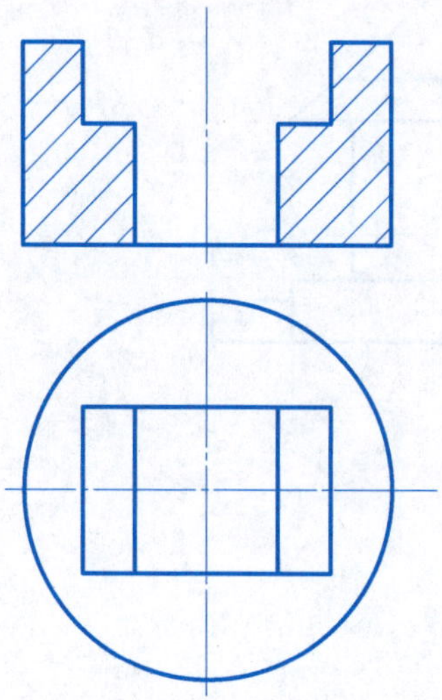

(2)

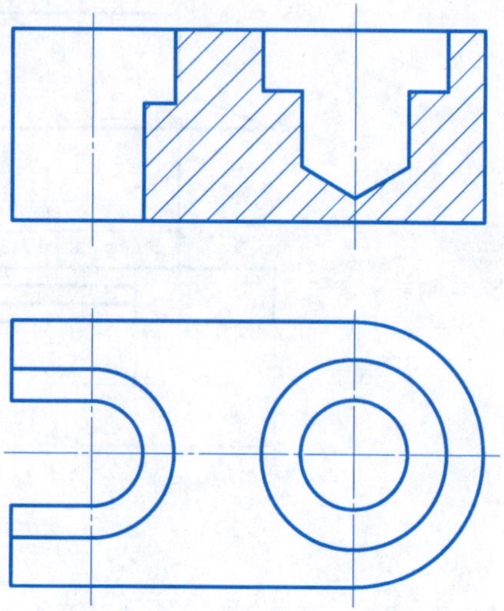

(3)

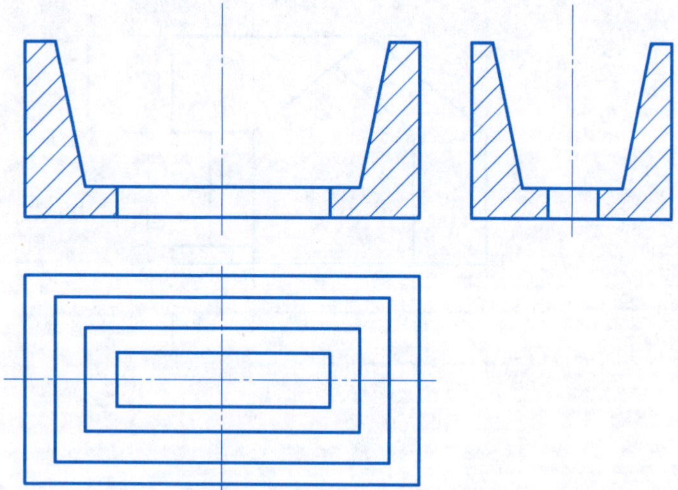

(4)

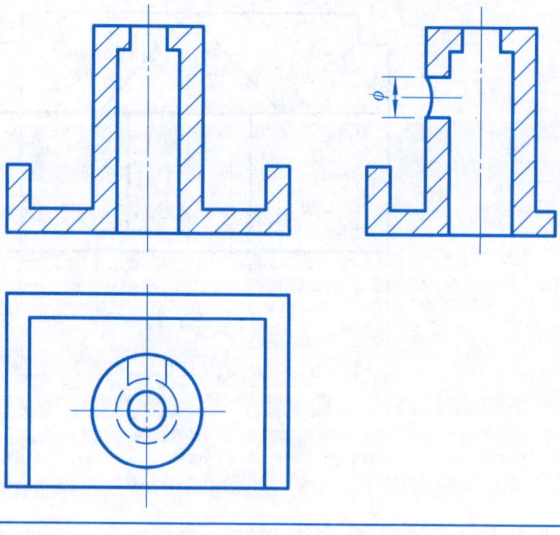

12-3 在指定位置将主视图改画成全剖面图，左视图补绘成半剖面图。

(1)

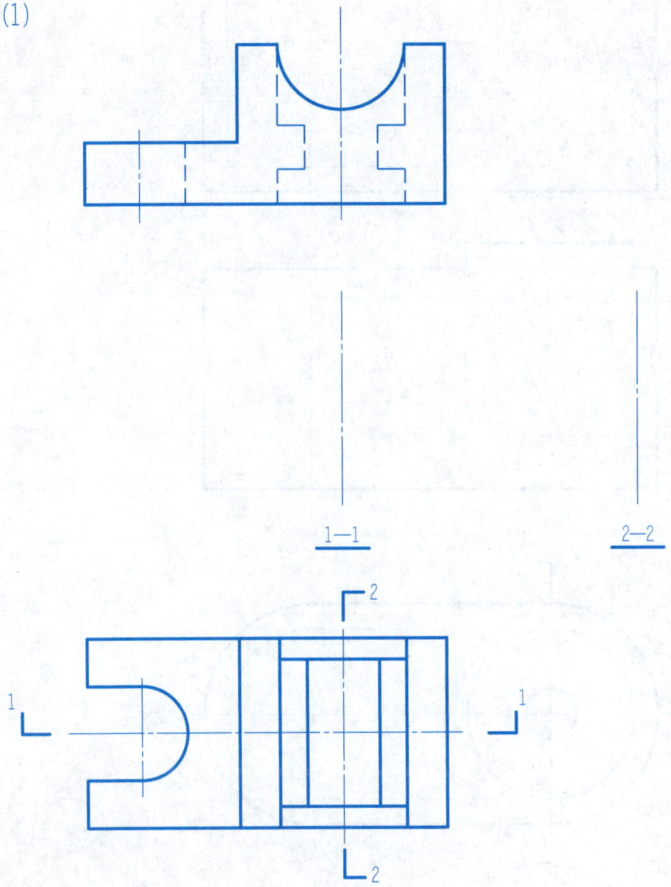


(2)

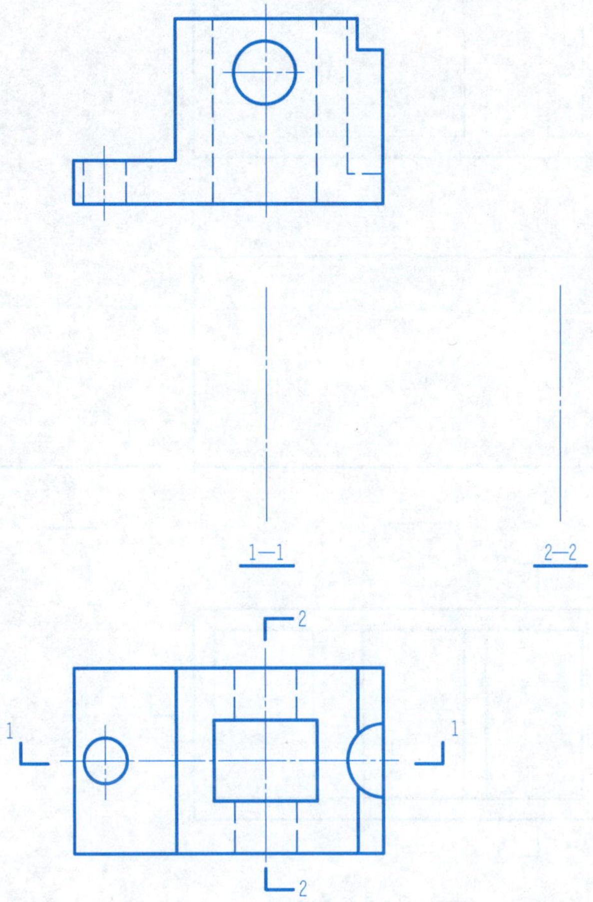

(3)

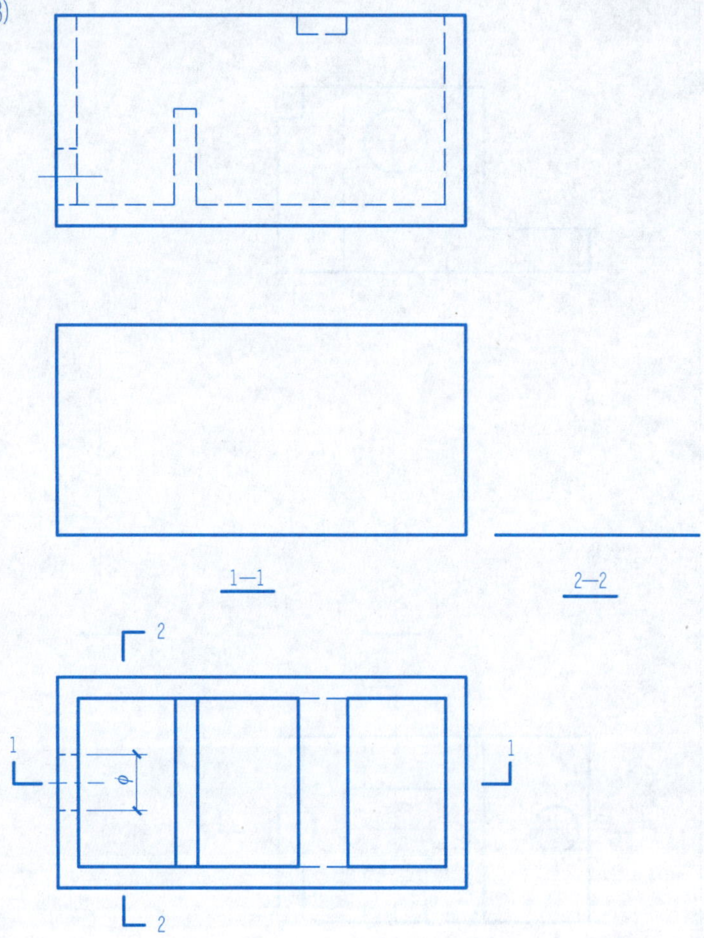


(4)

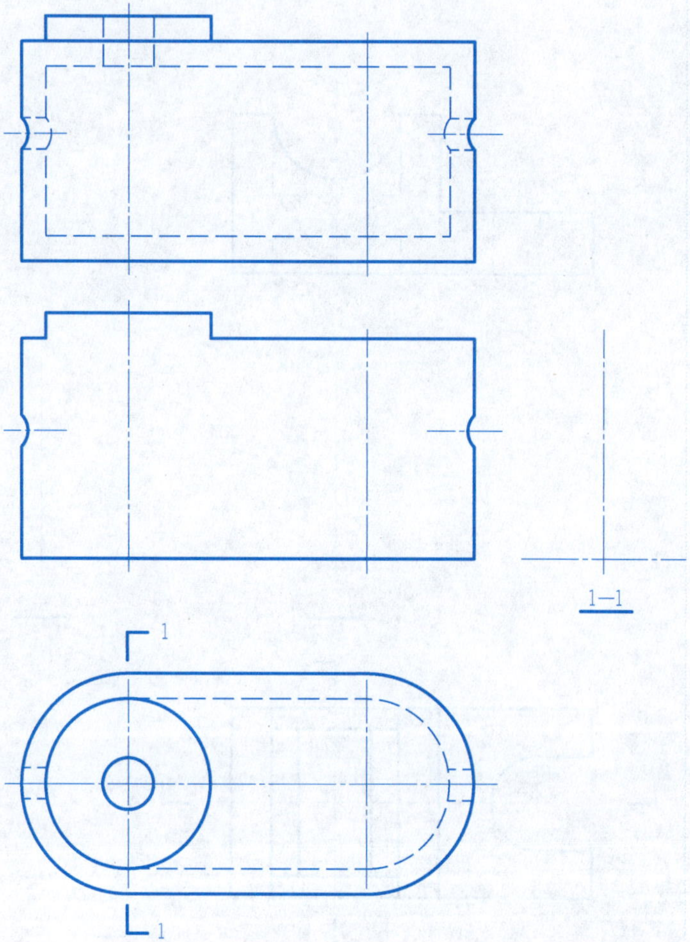

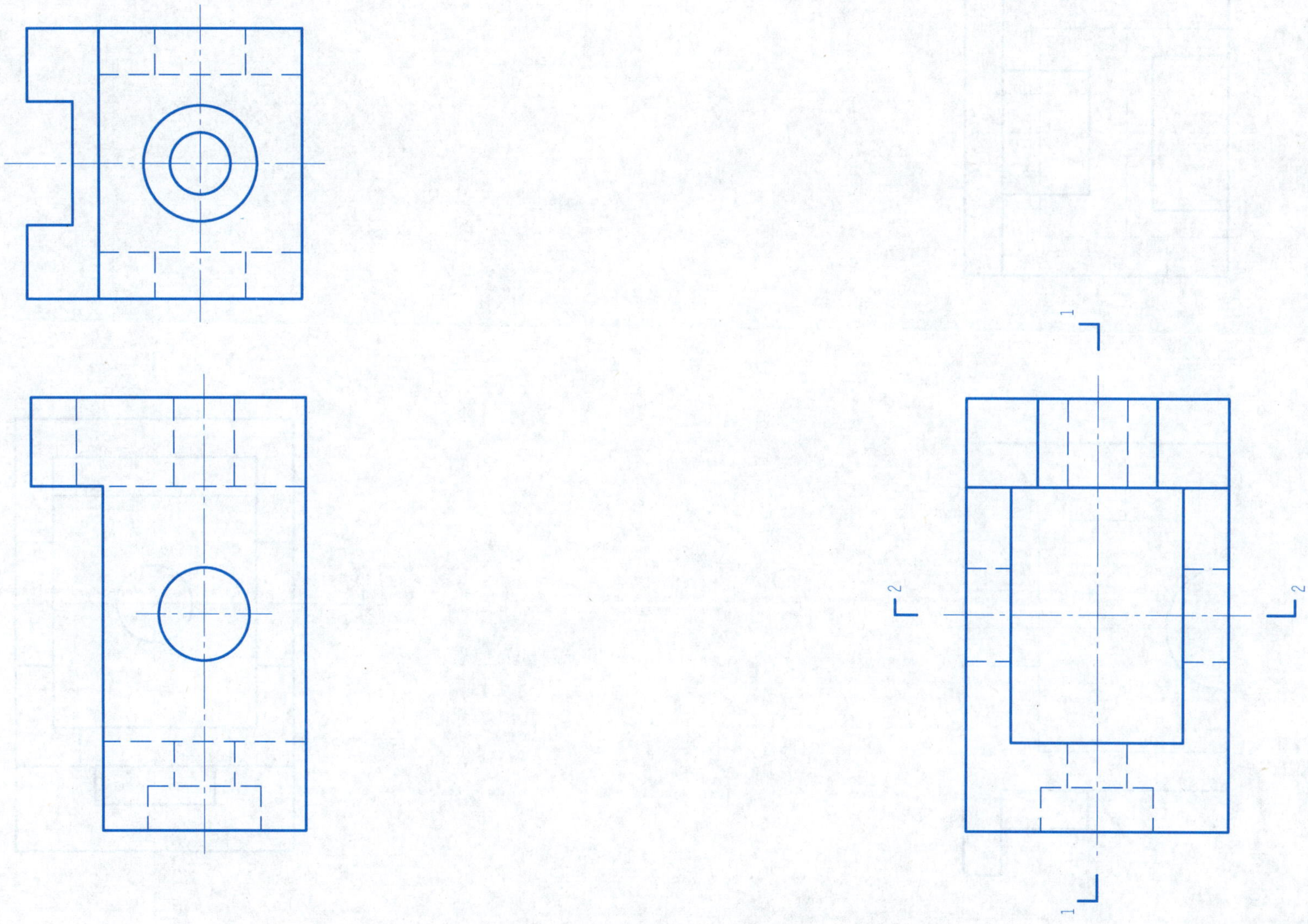


(5)

(6)

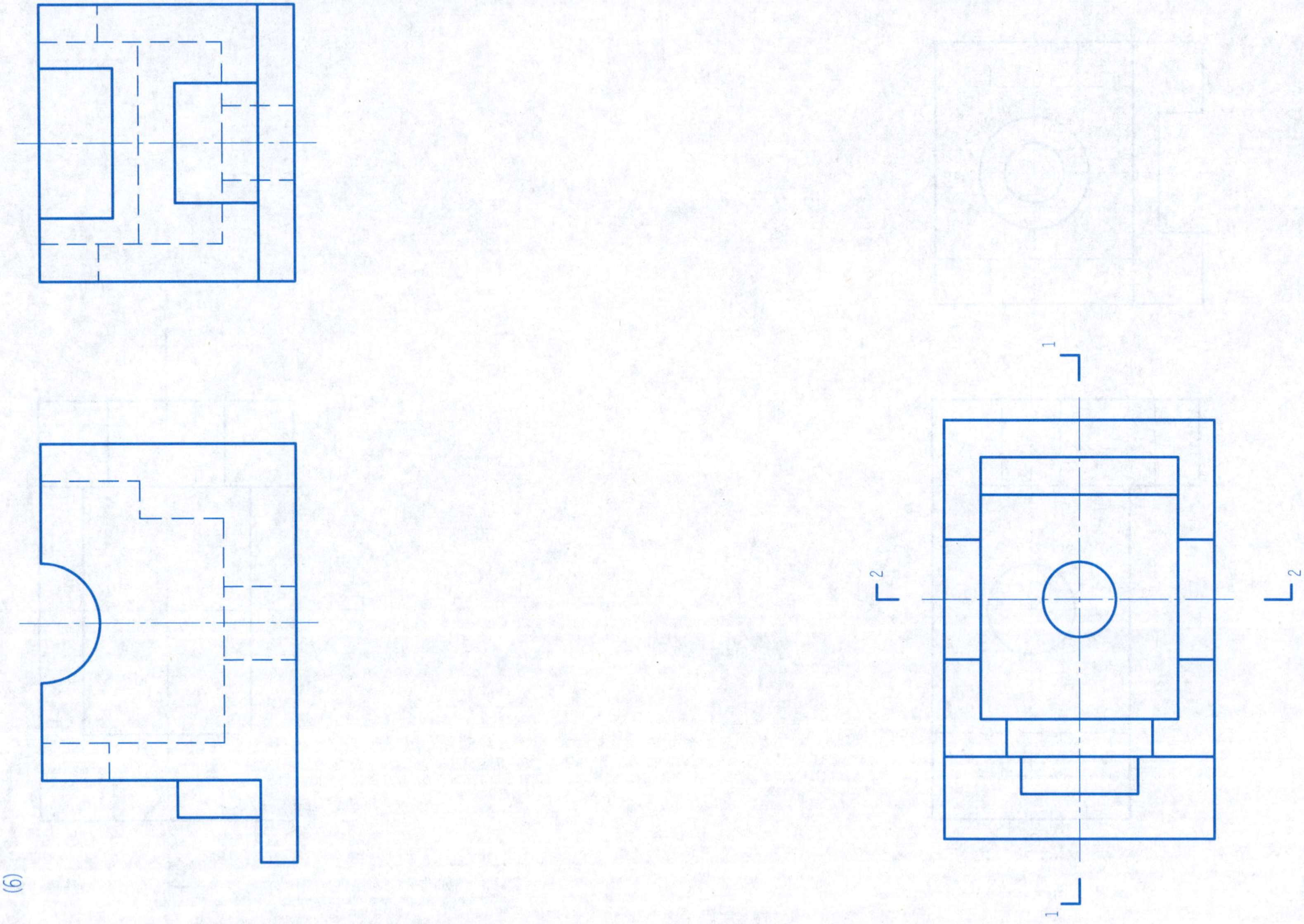

12-4　补全主视图中所缺少的图线，并画出全剖的左视图。

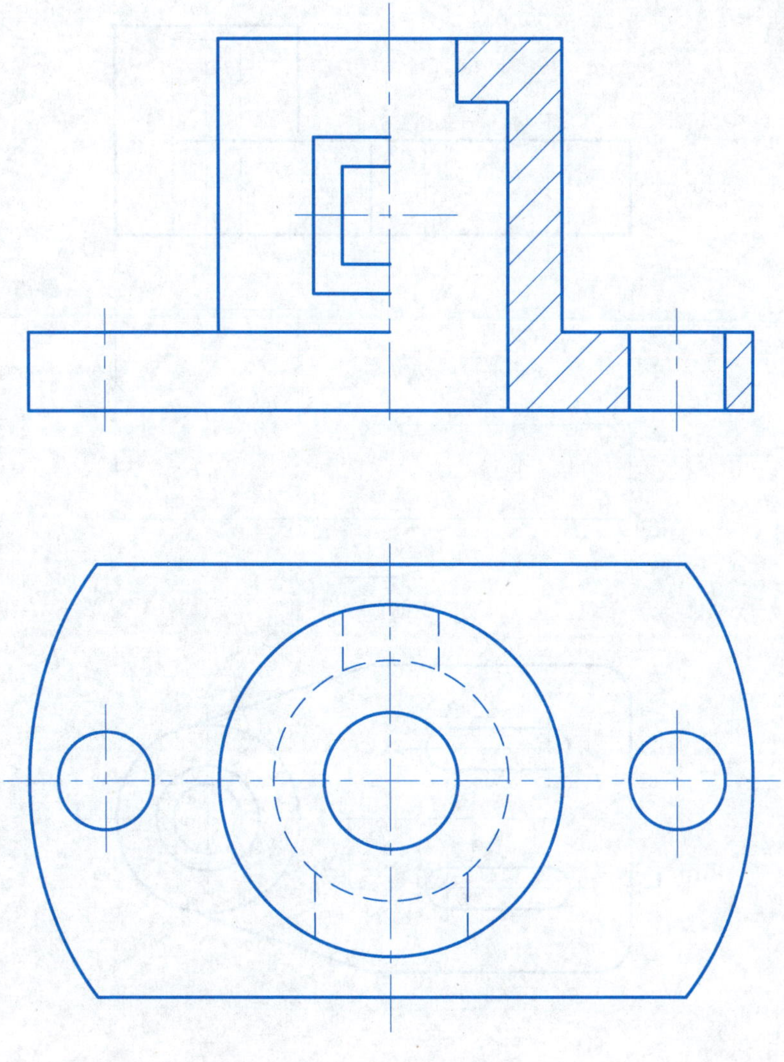

12-5　作指定剖切位置的剖面图。

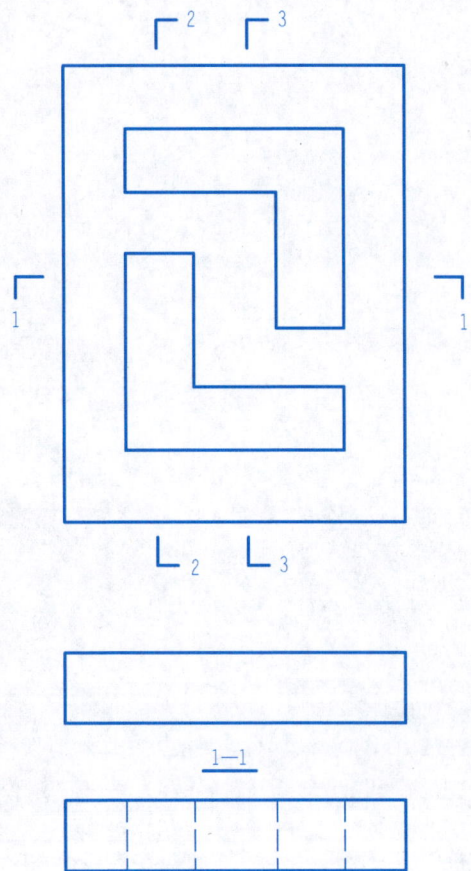

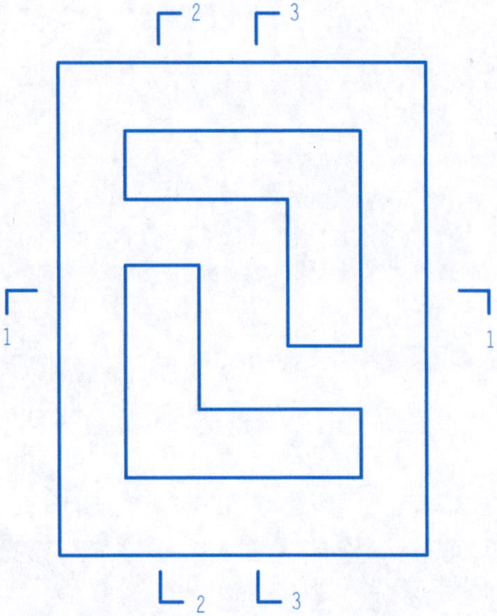

2—2

3—3

1—1

12-6　在指定位置将主视图作阶梯剖面图。

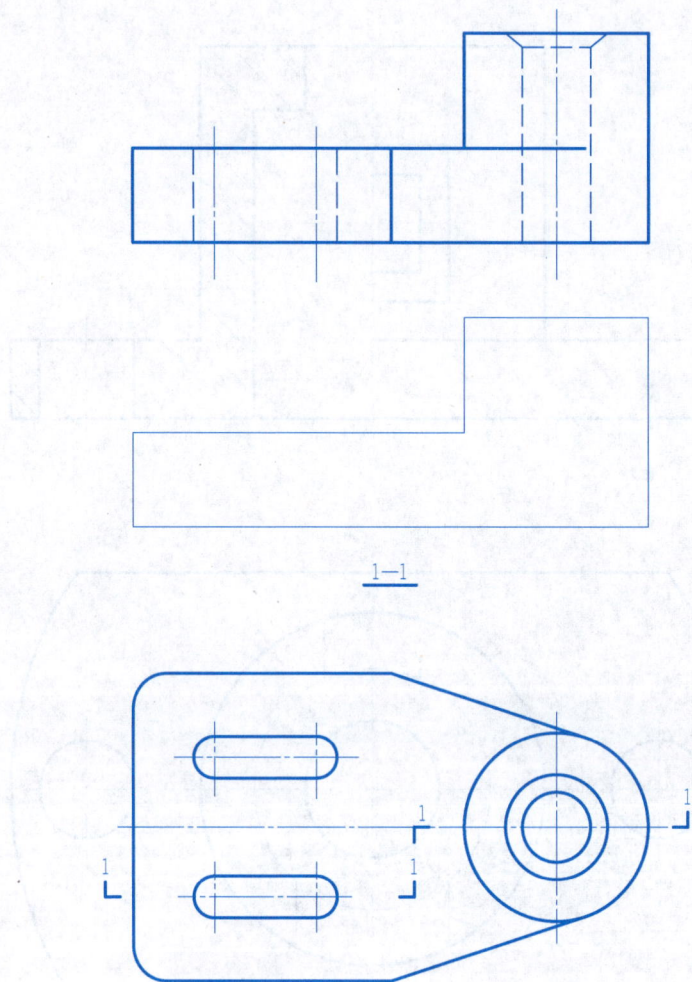

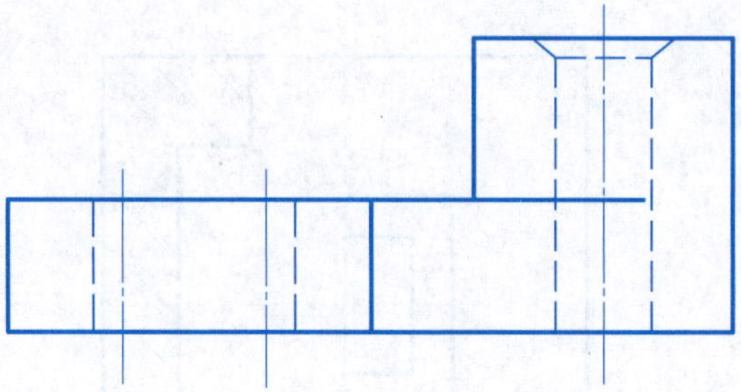

1—1

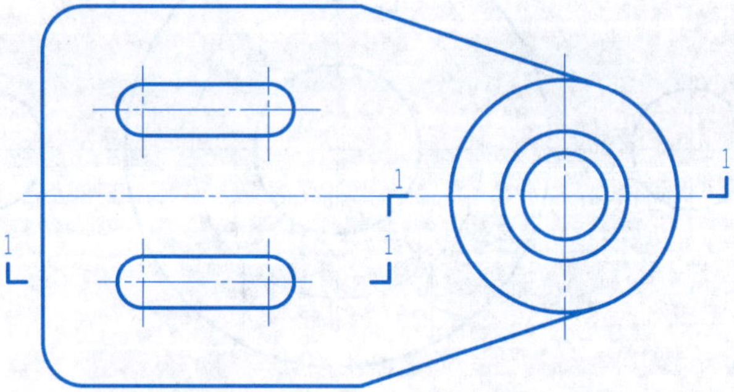

作业三：剖面图

一、目的

(1) 提高读图能力。

(2) 掌握组合体剖面图的画法。

(3) 掌握组合体剖面图的尺寸标注方法。

二、内容

根据给出的组合体三视图和尺寸，在 A3 或 A2 图纸上用 1∶1 的比例完成绘图内容。

(1) 将各视图改画适当的剖面图。

(2) 合理标注剖面图尺寸。

(3) 画出轴测剖面图（用 A2 图幅）。

三、要求

(1) 选择组合体的剖切位置。

(2) 剖面线为 45°细线，剖面线间隔 3mm。

(3) 各种图线要符合国家制图标准。

(4) 尺寸标注应符合尺寸标注的有关规定。

(5) 先作草图，经检查无误后再完成加深。

四、注意事项

(1) 严格按尺寸要求绘图。

(2) 选择正确的剖面进行剖切，半剖后对于表达清楚的结构不画虚线。

(3) 轴测剖面图上不标注尺寸，并注意轴测剖面图上剖面线的方向。

(4) 填写标题栏应用仿宋体字书写：

1) 图名：组合体剖面图（10 号字）。

2) 图号：A3.03（5 号字）。

3) 比例：1∶1（5 号字）。

(1)

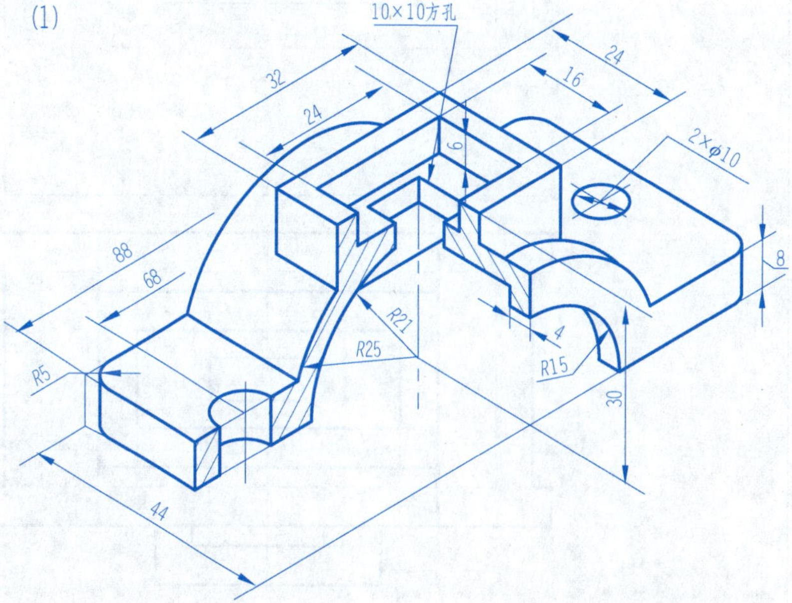

(2)

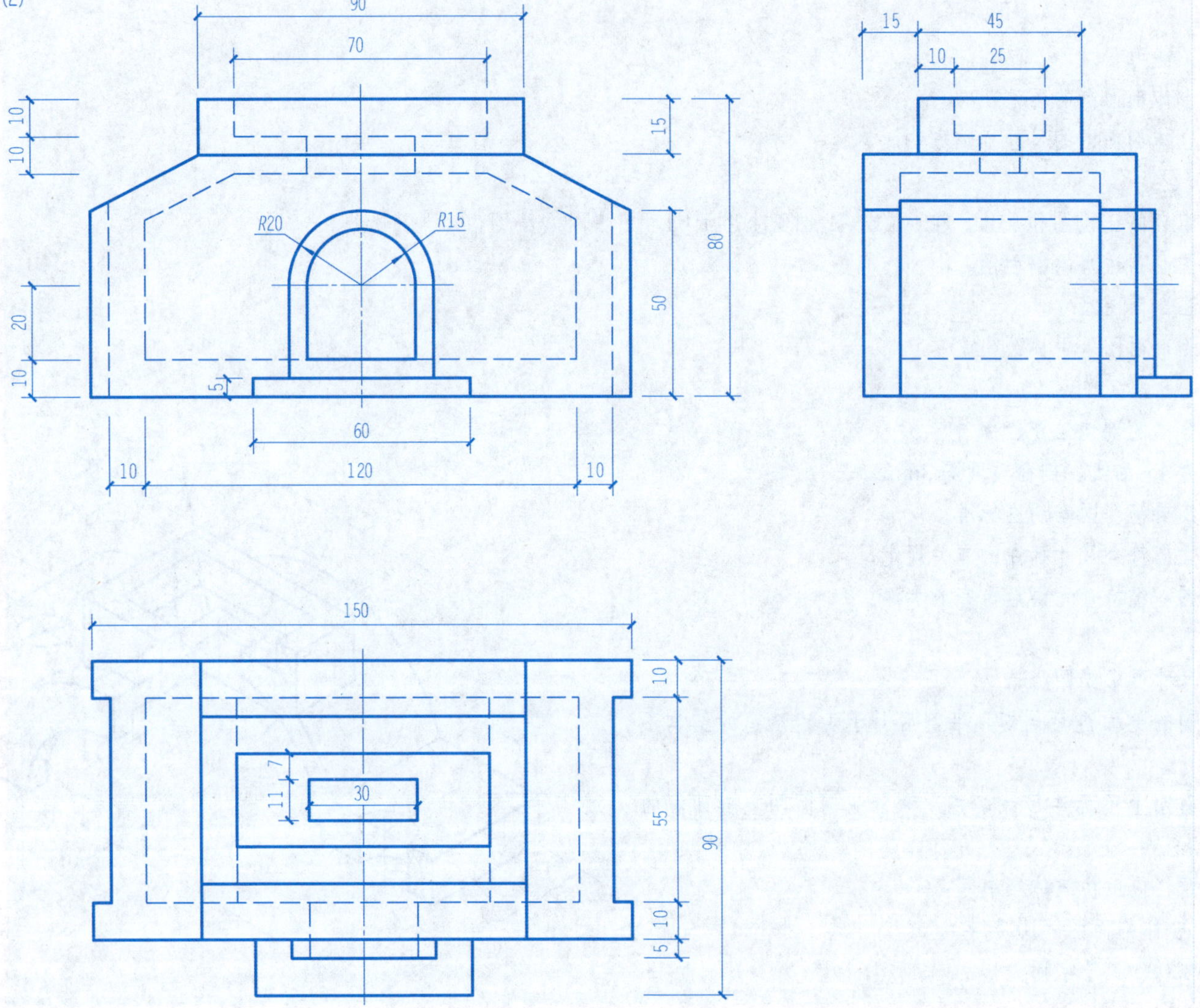
90
70
10
10
R20
R15
20
10
5
60
10
120
10
15
80
50
15
45
10
25
150
10
7
11
30
55
90
10
5

12-7　作出各指定位置的移出断面图。

(1)

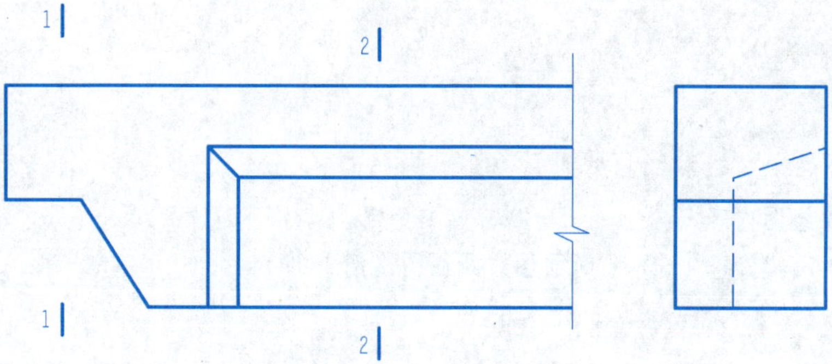


(2)

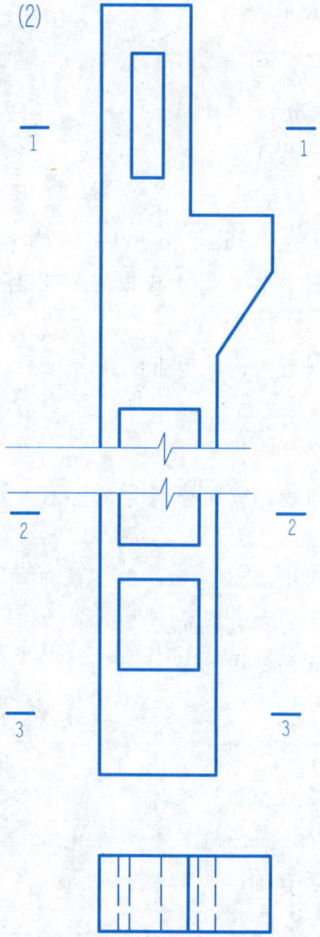

作业四：剖面图、断面图及轴测图

一、目的

(1) 提高读图能力。

(2) 掌握形体断面图的画法。

(3) 掌握形体轴测剖面图的画法。

(4) 掌握形体轴测剖面图上剖面线的画法。

二、内容

根据给出的楼板视图和尺寸，在A3图纸上用1∶10的比例完成绘图内容。

(1) 抄绘楼板1-1剖面图和平面图，补出楼板的2-2剖面图和3-3、4-4、5-5断面图（断面图比例1∶5）。

(2) 合理标注楼板尺寸。

(3) 画出楼板仰视正等轴测剖面图，比例1∶10。

三、要求

(1) 楼板材料为钢筋混凝土。

(2) 视图中图例线、钢筋为细线，方向分别为剖面图上45°、线间隔4mm；轴测图上*XOZ*面60°、*YOZ*面120°、*XOY*面水平方向，间隔4mm，石子为细线空心。

(3) 各种图线要符合国家制图标准。

(4) 尺寸标注应符合尺寸标注的有关规定。

(5) 先作草图，经检查无误后再完成加深。

四、注意事项

(1) 严格按给定剖面和尺寸要求绘图。

(2) 剖切后对于表达清楚的结构不画虚线。

(3) 轴测剖面图上不标注尺寸，并注意轴测剖面图上剖面线的画法。

(4) 填写标题栏应用仿宋体字书写：

1) 图名：楼板（10号字）。

2) 图号：A3.04（5号字）。

3) 比例：1∶10（5号字）。

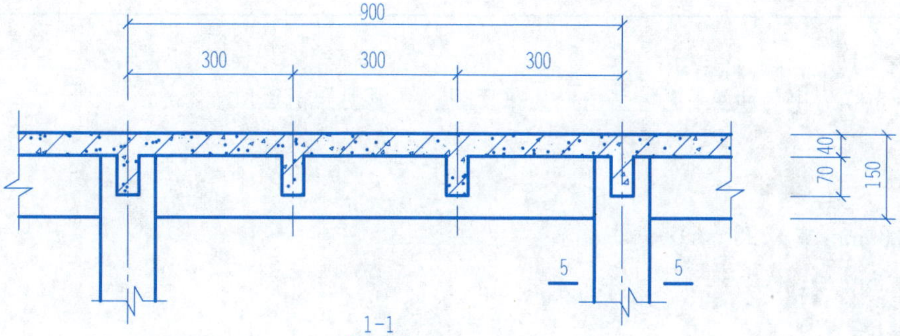


1-1

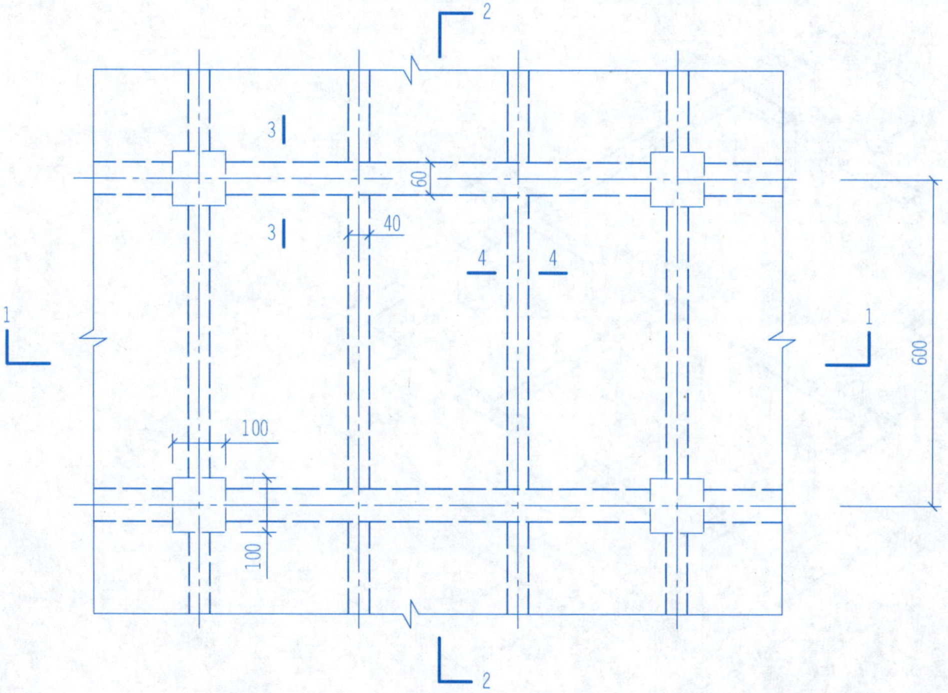

作业五：绘制房屋的平、立、剖面图

根据房屋的轴测剖面图（见本页和下一页），用 1∶100 的比例和 A3 图幅画出它的平面图、立面图和剖面图。

其中平面图、剖面图的图线要求：

(1) 被剖到的墙、柱轮廓线用粗实线（0.7mm）；

(2) 建筑构配件可见轮廓线用中实线或细实线（0.35mm 或 0.25mm）；

(3) 定位轴线、尺寸线、尺寸界线等用细实线（0.25mm）；

(4) 地平线用特粗实线（1～1.2mm）。

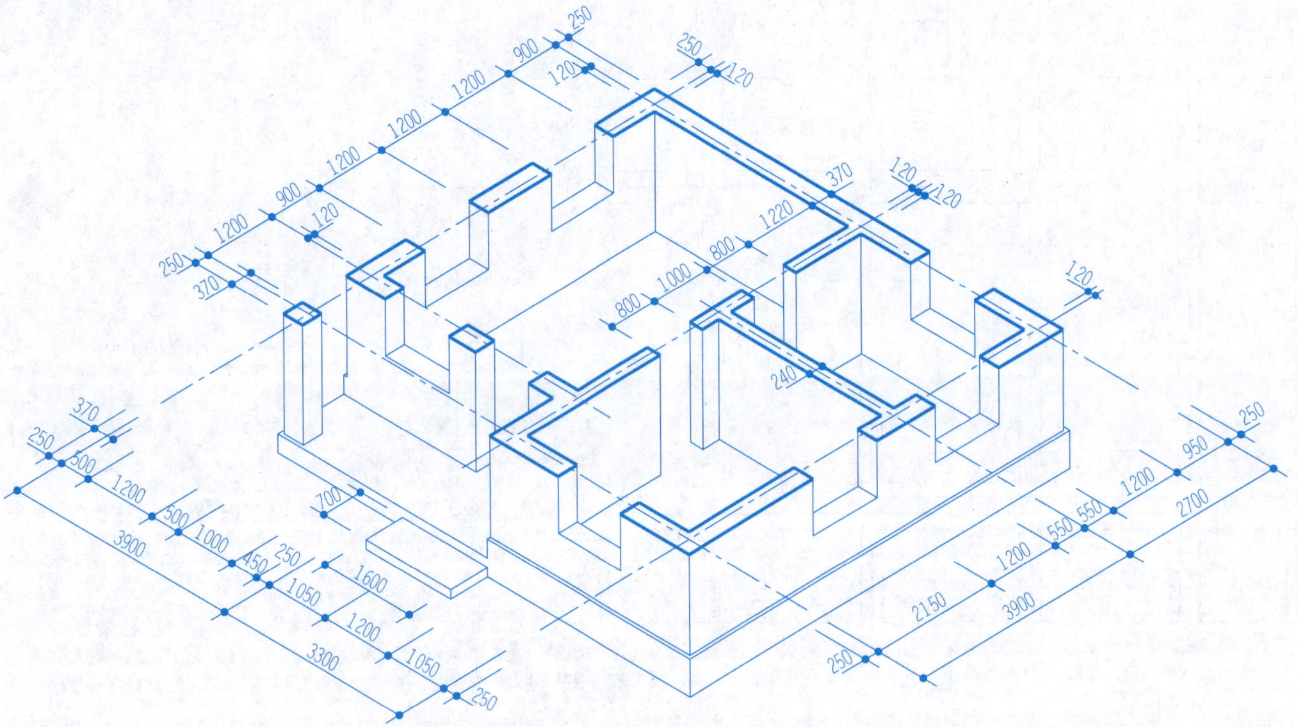

立面图的图线要求：

(1) 地平线为特粗实线 (1～1.2mm)；

(2) 最外轮廓线为粗实线 (0.7mm)；

(3) 勒脚、门窗洞口、雨篷、台阶等轮廓线为中实线或细实线 (0.35mm 或 0.25mm)；

(4) 尺寸界线、尺寸线为细实线 (0.25mm)。

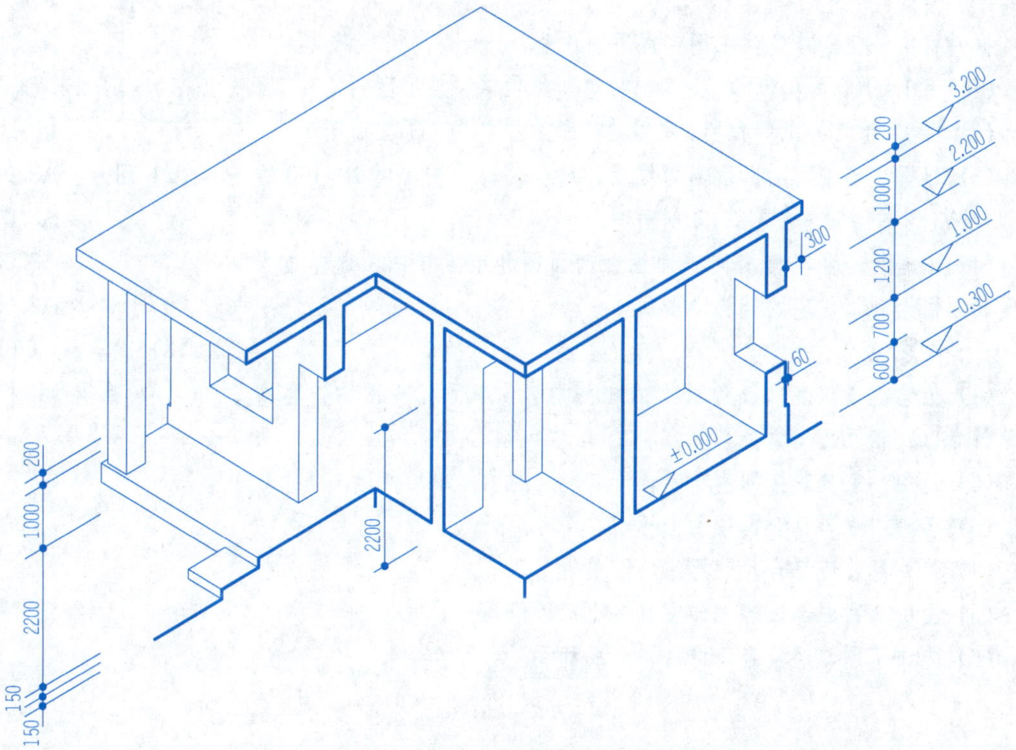

作业六：建筑平、立、剖面图和楼梯详图。

一、目的

（1）了解建筑施工图的组成和特点。

（2）熟悉建筑平、立、剖面图和楼梯详图的内容和表示方法。

（3）掌握建筑平、立、剖面图和楼梯详图彼此的关系和图示重点。

（4）掌握建筑平、立、剖面图和楼梯详图的画法和步骤。

二、内容

据教材所给住宅建筑施工图完成下面作业：

（1）用 1∶100 的比例和 A3 图幅抄绘所给住宅一层平面图。

（2）用 1∶100 的比例和 A3 图幅抄绘所给住宅⑨～①立面图。

（3）根据一层平面图所示剖切位置，结合楼梯详图，用 1∶100 的比例和 A3 图幅绘制该住宅 3-3 剖面图。

（4）根据所给住宅楼梯间平面图、剖面图和节点详图，选择适当比例和图幅绘制该住宅的楼梯详图。

三、要求

（1）抄绘前请认真阅读教材上的相关内容，熟悉各视图的内容和图示特点以及相互之间的关系。

（2）设备、家具等按图例绘制，没有规定的图例单独列出。

（3）各种图线要符合国家制图标准。

（4）尺寸标注应符合尺寸标注的有关规定。

（5）图中有些细部，若无详图可按比例近似画出。

（6）先作草图，经检查无误后再完成加深。

四、注意事项

（1）严格按给定尺寸和要求绘图。

（2）注意指北针、定位轴线、标高、索引和详图等符号的尺寸和画法要求。

（3）绘图时注意各视图的对应关系，并注意尺寸的一致性。

（4）填写标题栏应用仿宋体字书写：

1）图名：建筑平面图（10 号字）。
　　　　建筑立面图（10 号字）。
　　　　建筑剖面图（10 号字）。
　　　　楼梯详图（10 号字）。

2）图号：A3.06（5 号字）。
　　　　A3.07（5 号字）。
　　　　A3.08（5 号字）。
　　　　A2.09（5 号字）。

3）比例：1∶100（5 号字）。

（5）其他参照相关标准执行。

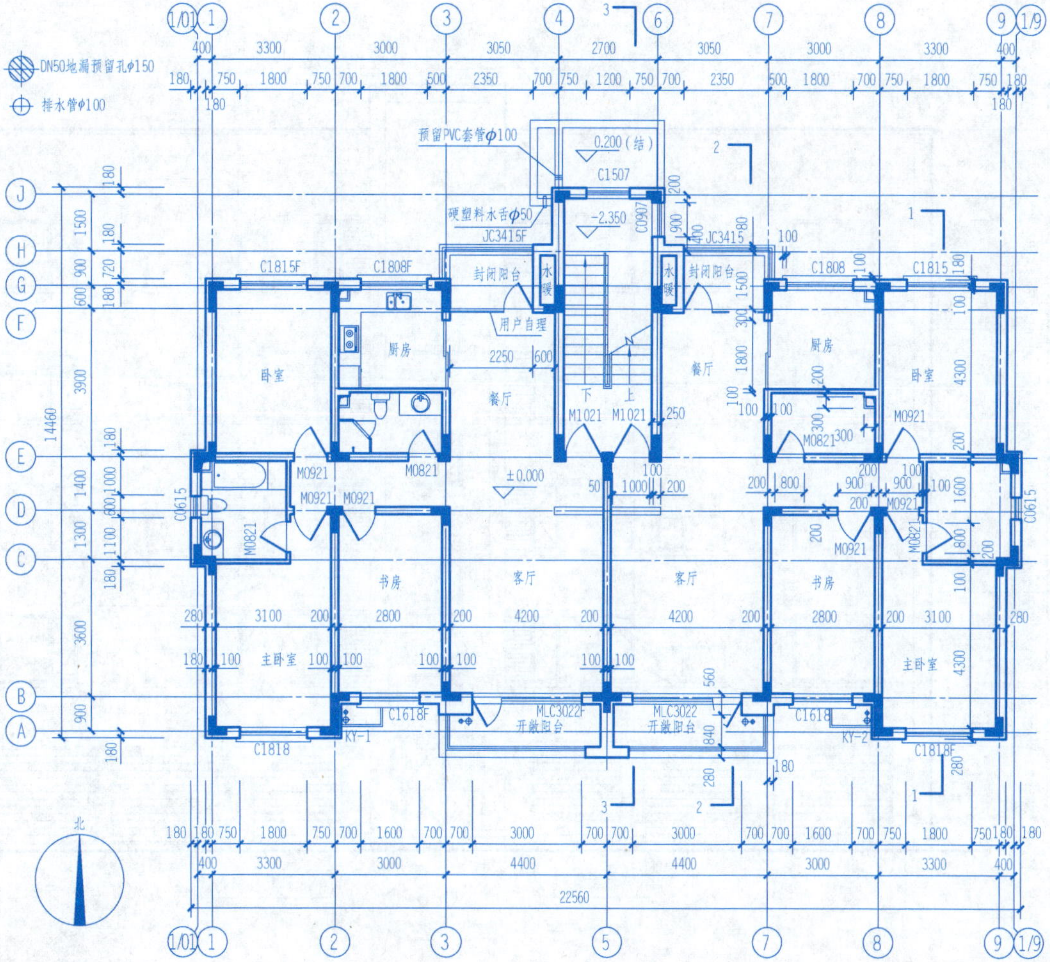
DN50地漏预留孔φ150
排水管φ100
预留PVC套管φ100
硬塑料水舌φ50
卧室
厨房
餐厅
书房
客厅
主卧室
封闭阳台
开敞阳台
用户自理
北

一层平面图 1:100

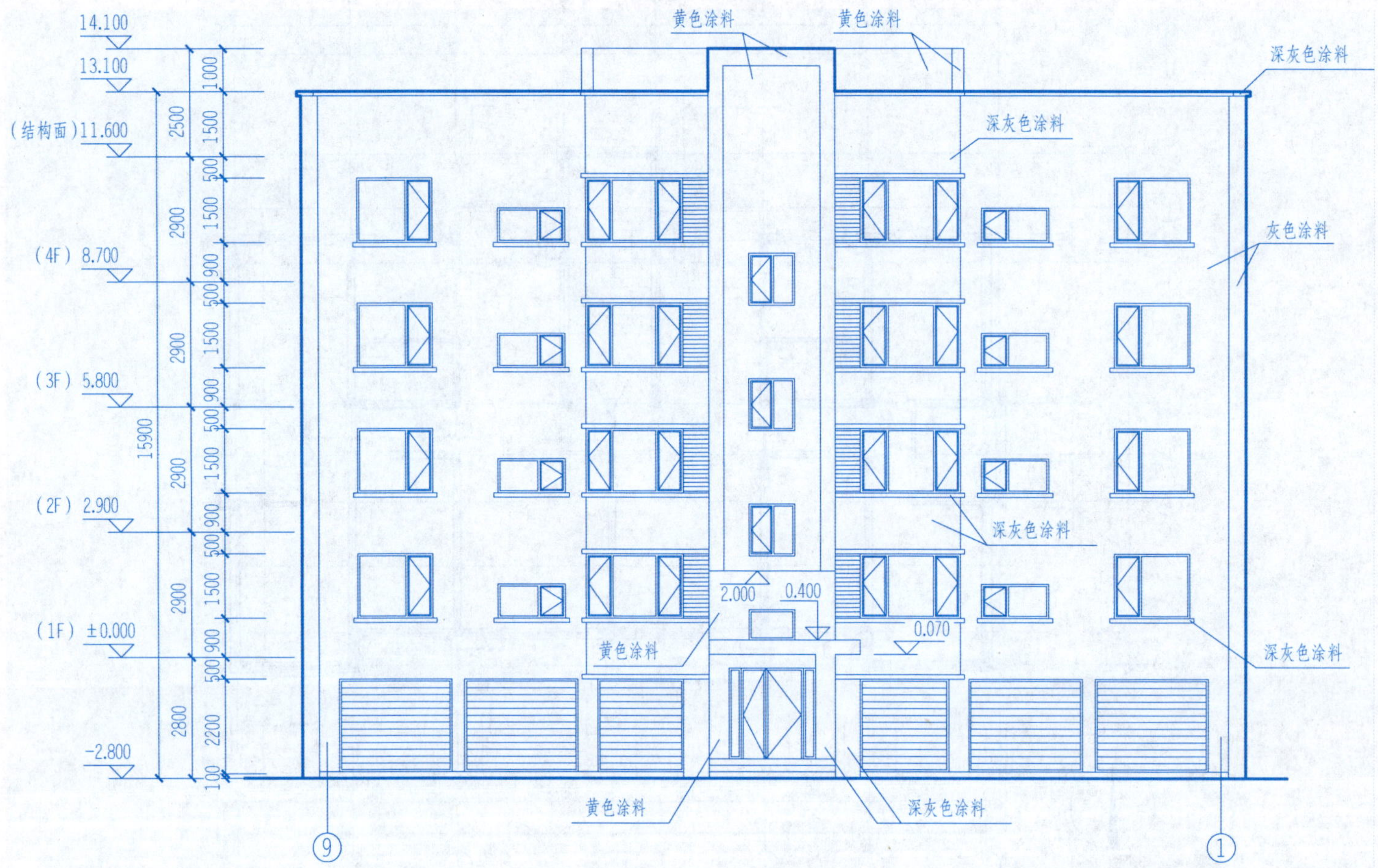

14.100
13.100
(结构面)11.600
(4F) 8.700
(3F) 5.800
(2F) 2.900
(1F) ±0.000
-2.800
1000
2500
1500
500
2900
1500
900
500
2900
1500
900
500
15900
2900
1500
900
500
2900
1500
900
500
2800
2200
100
黄色涂料
黄色涂料
深灰色涂料
深灰色涂料
灰色涂料
深灰色涂料
2.000
0.400
0.070
黄色涂料
深灰色涂料
黄色涂料
深灰色涂料
9
1


⑨～① 立面图 1:100

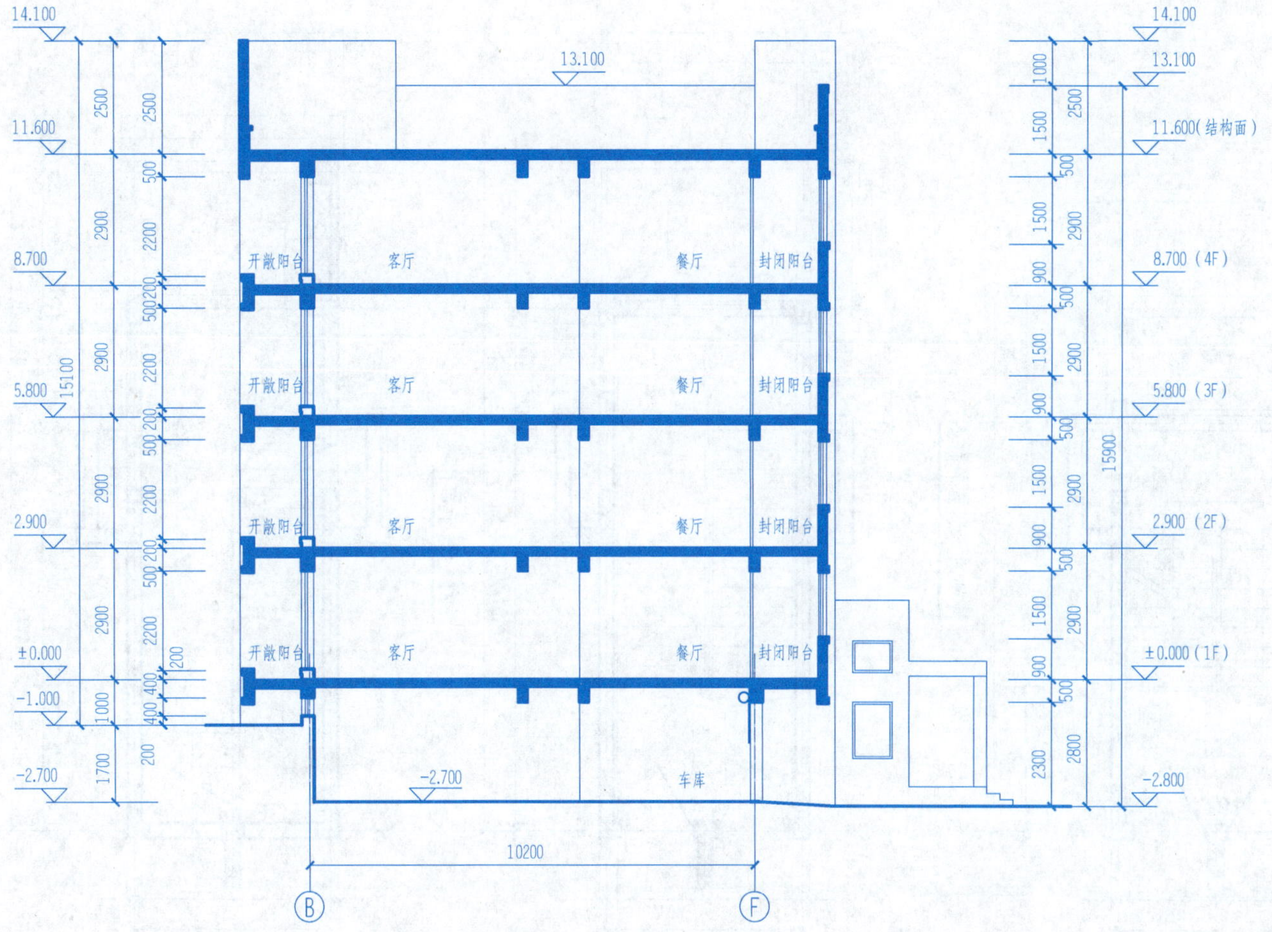
14.100
13.100
11.600
8.700
5.800
2.900
±0.000
-1.000
-2.700
15100
15900
11.600(结构面)
8.700（4F）
5.800（3F）
2.900（2F）
±0.000（1F）
-2.800
开敞阳台
客厅
餐厅
封闭阳台
车库
10200
B
F

2—2剖面图 1:100

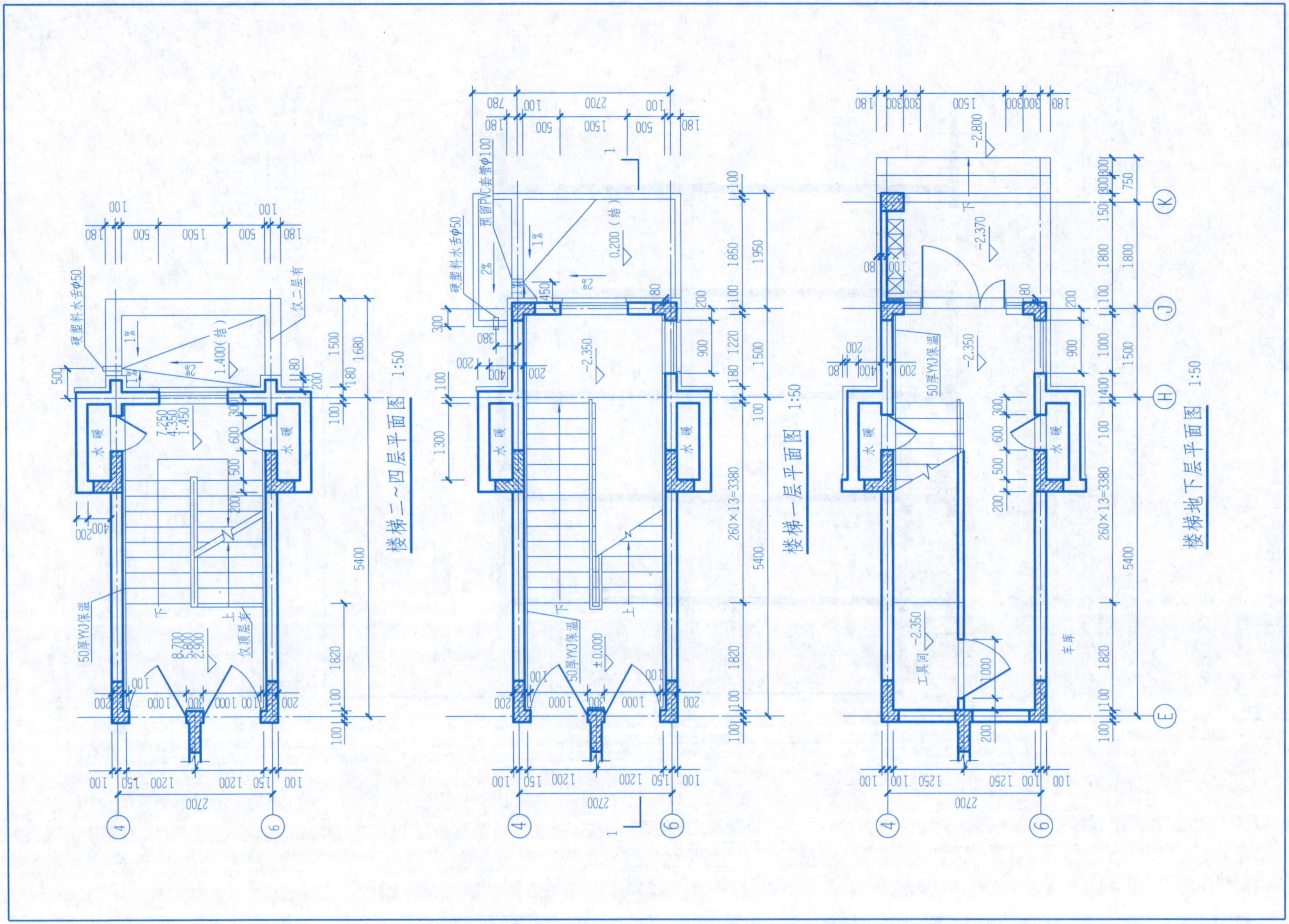
楼梯二～四层平面图 1:50
楼梯一层平面图 1:50
楼梯地下层平面图 1:50
硬塑料水舌φ50
仅二层有
50厚YYJ保温
仅顶层有
预留PVC套管φ100
工具间
车库
水
暖
260×13=3380
5400
2700

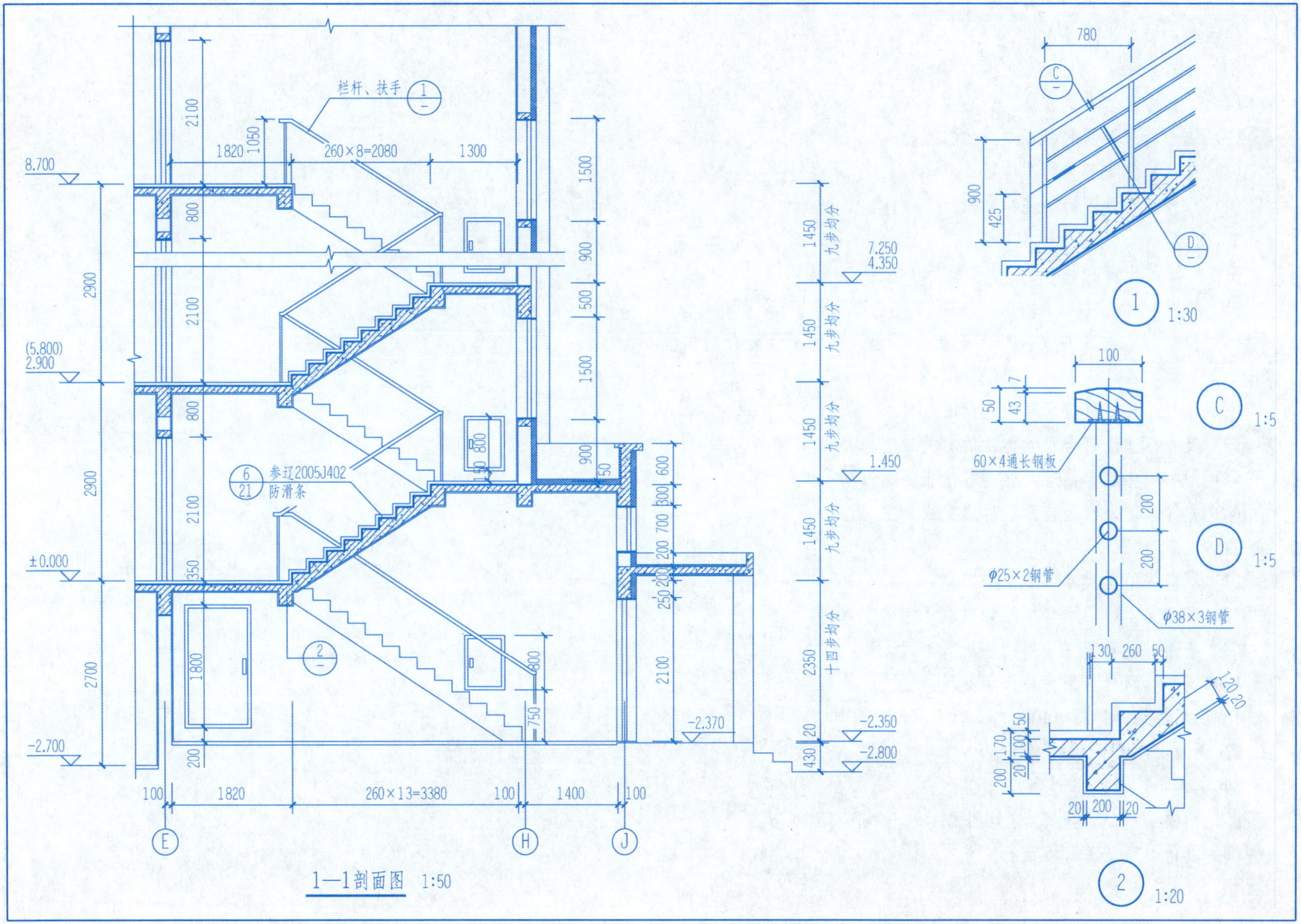
栏杆、扶手
1
1820
260×8=2080
1300
1050
2100
8.700
800
2900
2100
(5.800)
2.900
1500
900
500
1500
900
1450
九步均分
7.250
4.350
1.450
6
21
参辽2005J402
防滑条
±0.000
350
2
2700
1800
800
750
200
-2.700
2100
-2.370
2350
十四步均分
-2.350
-2.800
430
100
1820
260×13=3380
100
1400
100
E
H
J
780
C
D
900
425
1:30
100
50
7
43
60×4通长钢板
1:5
200
φ25×2钢管
φ38×3钢管
130
260
50
120
20
170
100
20
200
20
200
20
1:20

1—1剖面图 1:50

作业七：墙身详图。

一、目的

(1) 了解墙身的表达方法。

(2) 熟悉墙身详图的内容和图示特点。

(3) 进一步熟练各种绘图技巧。

(4) 掌握墙身详图的画法和步骤。

二、内容

用1∶20的比例和A3图幅抄绘所给住宅外墙身详图。

三、要求

(1) 抄绘前请认真阅读教材上的相关内容，熟悉所绘墙身的位置和作用。

(2) 各种图线要符合国家制图标准。

(3) 尺寸标注应符合尺寸标注的有关规定。

(4) 图中有些细部，若无详图可按比例近似画出。

(5) 先作草图，经检查无误后再完成加深。

四、注意事项

(1) 严格按给定尺寸和要求绘图。

(2) 注意文字的书写应按国标要求写仿宋字体。

(3) 绘图时注意窗户采用的是折断画法。

(4) 填写标题栏应用仿宋体字书写：

1) 图名：墙身详图（10号字）。

2) 图号：A3.10（5号字）。

3) 比例：1∶20（5号字）。

(5) 图幅采用A3竖幅，注意图幅、图框和图标的位置。

(6) 其他参照相关标准执行。

# 作业七参考答案

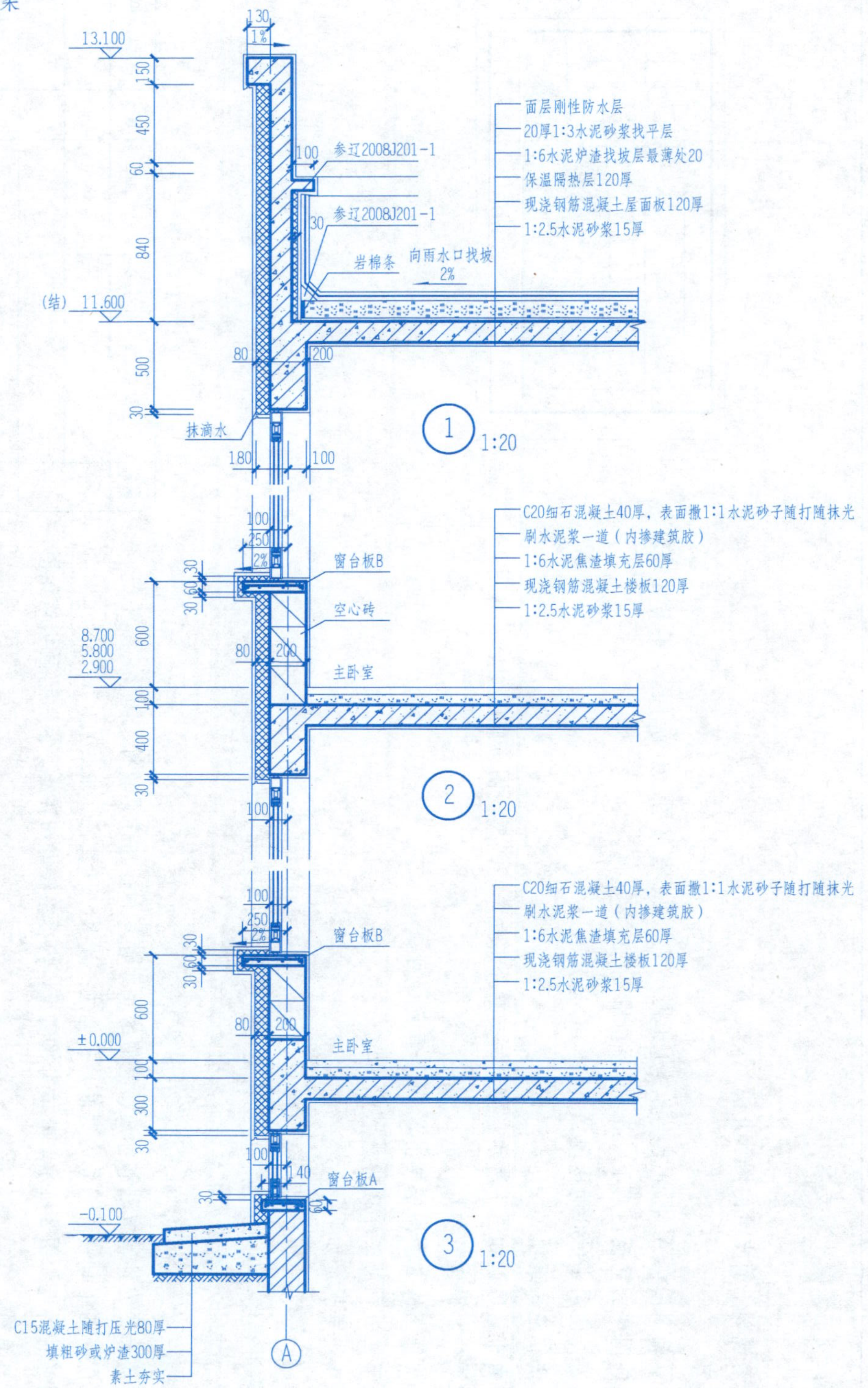
13.100
130
1%
150
450
60
840
(结) 11.600
500
30
100
参辽2008J201-1
参辽2008J201-1
30
岩棉条
向雨水口找坡
2%
面层刚性防水层
20厚1:3水泥砂浆找平层
1:6水泥炉渣找坡层最薄处20
保温隔热层120厚
现浇钢筋混凝土屋面板120厚
1:2.5水泥砂浆15厚
80
200
抹滴水
180
100
1 1:20
C20细石混凝土40厚，表面撒1:1水泥砂子随打随抹光
刷水泥浆一道（内掺建筑胶）
1:6水泥焦渣填充层60厚
现浇钢筋混凝土楼板120厚
1:2.5水泥砂浆15厚
250
2%
窗台板B
空心砖
8.700
5.800
2.900
600
80
200
主卧室
100
400
2 1:20
C20细石混凝土40厚，表面撒1:1水泥砂子随打随抹光
刷水泥浆一道（内掺建筑胶）
1:6水泥焦渣填充层60厚
现浇钢筋混凝土楼板120厚
1:2.5水泥砂浆15厚
窗台板B
±0.000
主卧室
300
140
窗台板A
-0.100
3 1:20
C15混凝土随打压光80厚
填粗砂或炉渣300厚
素土夯实
A

住宅外墙身详图 1:20

作业八：钢筋混凝土简支梁

一、目的

掌握钢筋混凝土简支梁的图示方法。

二、内容

参照下页轴测图在 A3 图纸上绘出其施工图：模板图、配筋图、钢筋详图、钢筋材料表。

(1) 配筋图中的立面图用 1∶30，断面图用 1∶20 的比例。

(2) 钢筋详图用 1∶30 的比例。

三、画法和注意事项

(1) 图面布置建议如图 1 所示。由于简支梁外形简单，把模板图与配筋图合并（用一个立面图和三个位置的断面图表示）。

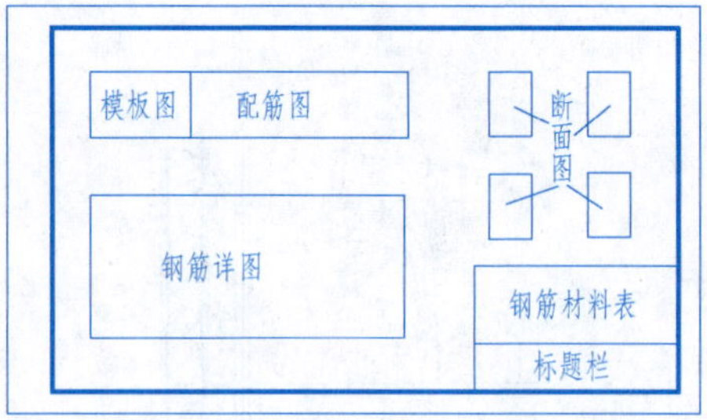


图1

(2) 在配筋图的立面图中画出 3～4 个箍筋即可。

(3) 梁中受力钢筋的净保护层取 25mm。

(4) 图线线宽规定如下：

1) 受力筋及架立筋用粗实线表示。

2) 箍筋用粗线，但在配筋图的立面图中规定用中实线表示。

3) 在配筋图中，结构外形轮廓用细实线表示。

4) 尺寸线、尺寸界线、引出线等用细实线。

(5) 弯筋长度的计算方法和标注、箍筋的尺寸计算和标注详见教材。

(6) 在配筋图中每一种编号的钢筋，只标注一次尺寸（直径、根数）。

(7) 钢筋材料表如图 2 所示，外框用粗实线，内框格线用细实线。因为已画钢筋详图，简图中尺寸可省略。

钢筋材料表

| 编号 | 简 图 | 直径 | 长度(mm) | 根数 | 总长(mm) |
|---|---|---|---|---|---|
| | | | | | |
| | | | | | |
| | | | | | |
| | | | | | |
| | | | | | |

图2

(8) 字号。

1) 尺寸数字、钢筋编号为 3.5 号字。

2) 材料表中的汉字、断面编号用 5 号字。

3) 图名用 7 号字。

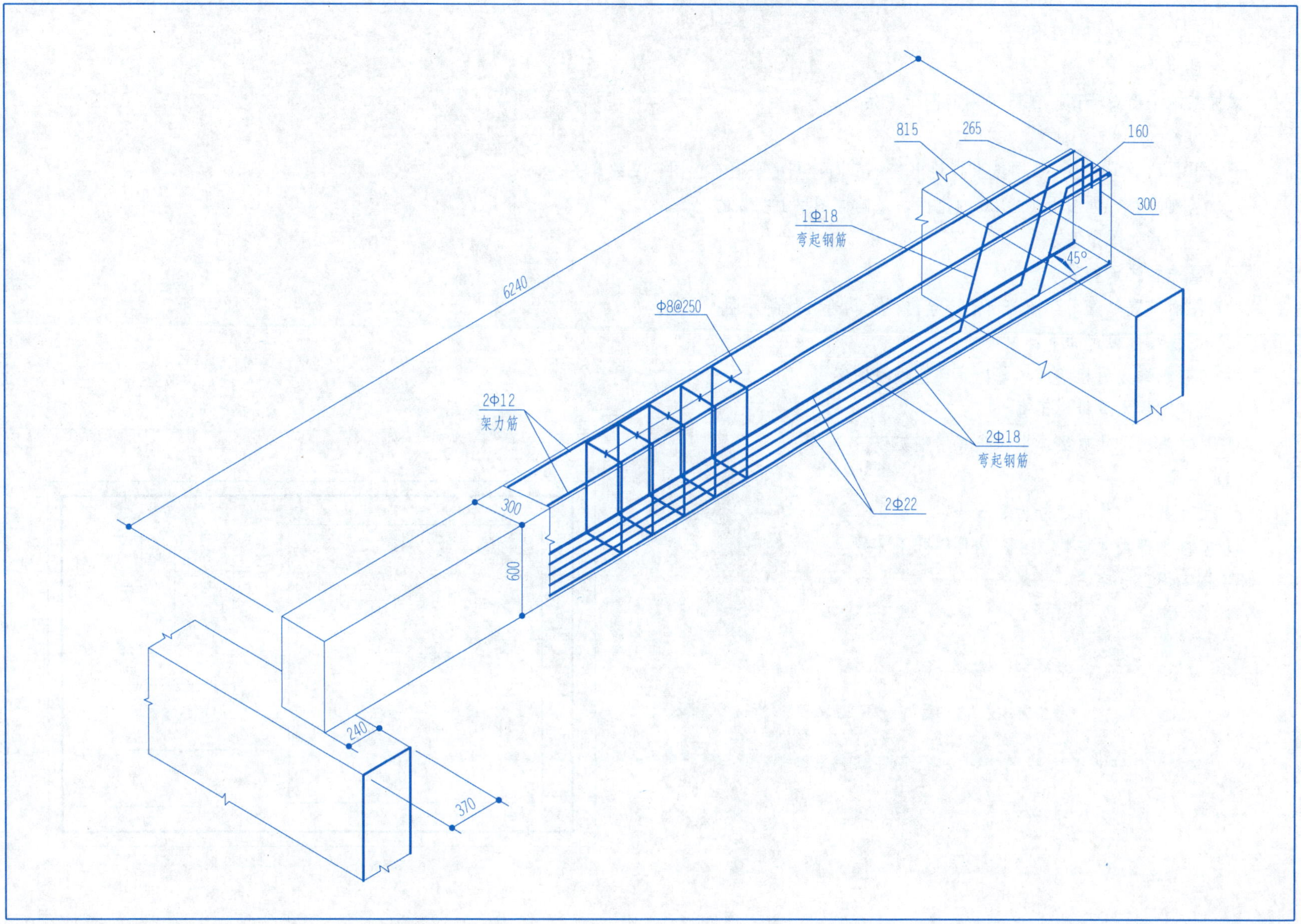

6240
815
265
160
300
1Φ18
弯起钢筋
45°
Φ8@250
2Φ12
架力筋
2Φ18
弯起钢筋
2Φ22
300
600
240
370

作业九：基础结构施工图

一、目的

掌握基础平面布置图、基础详图的图示方法。

二、内容

根据下页已知条件在 A3 图纸上抄绘出其施工图：基础平面布置图、基础详图。

(1) 基础平面布置图用 1∶100 的比例，基础详图用 1∶20 的比例。

(2) 两个断面图比例自定。

三、画法和注意事项

(1) 图面布置建议用如图 3 所示。绘出两个构造柱的断面图。

(2) 图线线宽规定如下：

1) 墙身轮廓线用粗实线，基础底部边线用细实线。

2) 大放脚的水平投影不画。

3) 尺寸线、尺寸界线、引出线等用细实线。

(3) 字号。

1) 尺寸数字、构件代号为 3.5 号字。

2) 基础细部尺寸中的汉字、构件编号用 5 号字。

3) 图名用 7 号字。

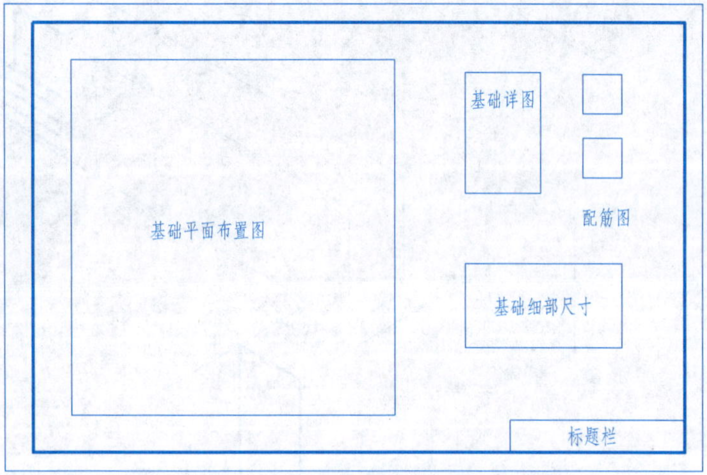


图3

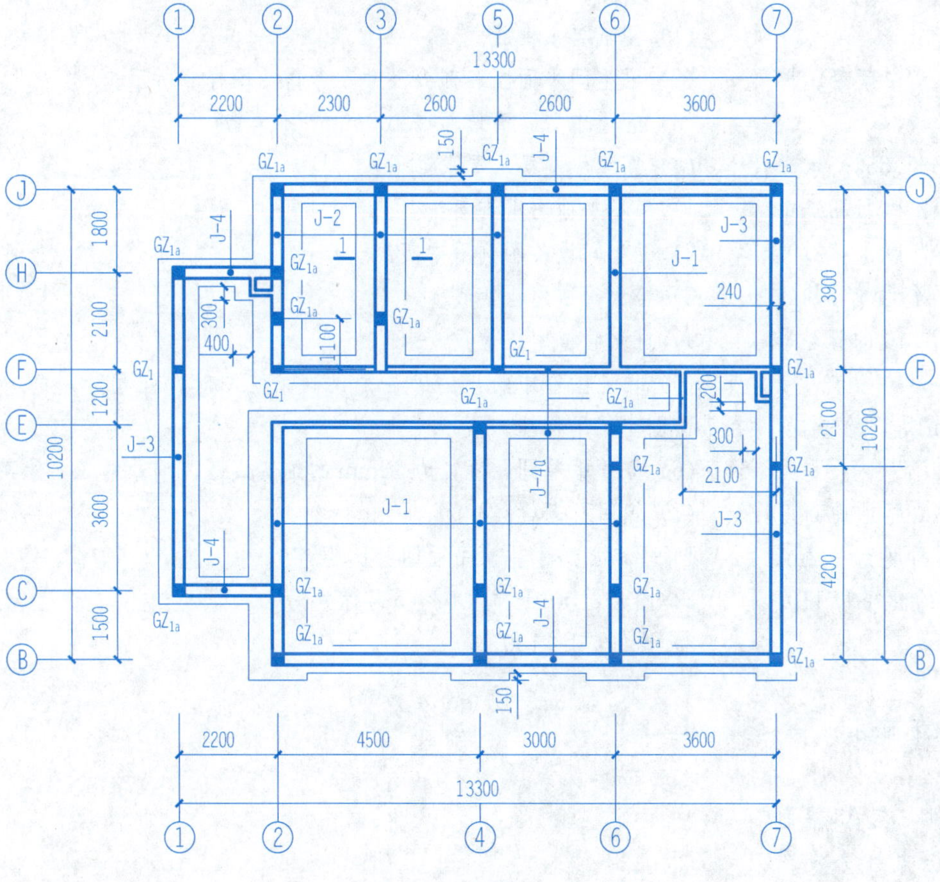


基础平面布置图 1:100

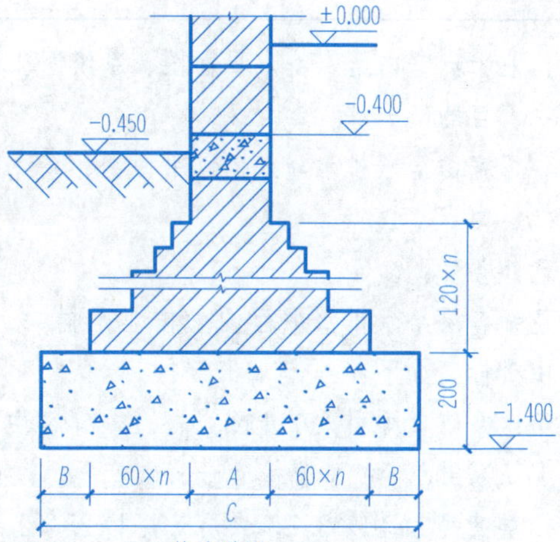


基础详图 1:20

基础细部尺寸

| 编号 | A | B | C | n | 备注 |
|---|---|---|---|---|---|
| J-1 | 240 | 170 | 1300 | 6 | 上部三级高60 |
| J-2 | 240 | 190 | 1100 | 4 | |
| J-3 | 240 | 150 | 900 | 3 | |
| J-4 | 240 | 120 | 600 | 1 | |
| J-4a | 120 | 120 | 600 | 2 | |

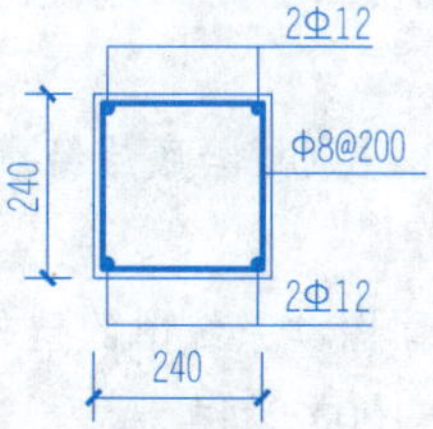


$GZ_1$

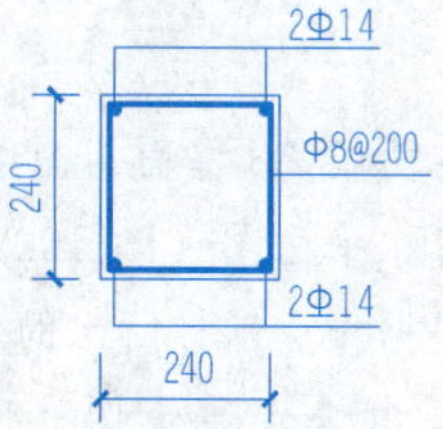


$GZ_{1a}$

作业十：室内给水排水平面图、系统图、详图

一、目的

学习室内给水排水施工图（平面图、系统图）的内容和画法。

二、内容

已知条件：

已知各层给水排水平面图如作业图样一、二所示，其中管径、坡度、中心标高如下：

给水系统室外引入管 De90×8.2，管径中心高程为－1.850。水平干管 D75×6.8，中心高程为－0.600。立管（JL-1、JL-2 和 JL-3）中一、二层管径 De40×3.7，六层管径 De25×2.3，中间层为 De32×2.9。

排水系统室外引出管中心标高均为－1.550，流向检查井有 2%的坡度。10 根立管中 PL-1、PL-3、PL-5、PL-6、PL-9 和 PL-10 的管径是 De110，PL-2、PL-4、PL-7 和 PL-8 管径为 De75。

在排水立管上，距离一、三和五层地（楼）面高 1m 处设检查口，高出层面 0.7m 设有风帽。

在厨卫详图中，坐便器高位水箱横管 De20，管径中心距地面高度为 0.8m。向洗涤槽、污水池的横管 De20，中心距地面高度为 1.2m。连接地漏的排水横管的管径 De63，连接坐便的排水横管的管径 De110，中心距地（楼）面以下 0.3m，流向立管有 2%的坡度。

要求：

(1) 在两张 A3 幅面的图纸上分别抄绘底层给水排水平面图和二～六层给水排水平面图（1∶100）。

(2) 根据作业图样所示的平面图和系统图的已知条件，在 A3 幅面的图纸上画出给水系统图（1∶100）和在 A2 纸上画出排水系统图（1∶100）。

(3) 在 A2 幅面的图纸上画出四个户型的厨卫详图：平面详图和系统详图（1∶50）。

三、绘图方法及注意事项

1. 给水排水平面图

(1) 图纸要求横放。

(2) 卫生间平面图各部分尺寸参考作业图样 3 所示。

(3) 管道中心距离墙面按 100mm 近似绘制。

(4) 图线线宽层次要求如下：

1) 房屋平面图用细实线。

2) 卫生间设备图例用中实线。

3) 给水管道用粗实线。

4) 排水管道用粗虚线。

(5) 作业图样中给出的管径是供画系统图时标注尺寸用的，因此在平面图中不用标注。

(6) 立管编号圆圈直径为 12mm 的细实线圆，编号用 3.5 号字。

(7) 填写标题栏：

1) 图名：给水排水平面图（10 号字）。

2) 图号：水 01 和水 02（5 号字）。

3) 比例：1∶100。

2. 给水排水系统图

(1) 图纸要横放，左半部画给水系统图，右半部画排水系统图。

(2) 系统图应画成正面斜等测。

(3) 系统图的绘图比例与平面图的比例相同。*OX* 与 *OY* 方向的尺寸应从平面图中直接量取，*OZ* 方向的尺寸要根据管径中心标高或高度确定。

(4) 管道在图中交叉时，要把后面的断开。

(5) 在绘制给水和排水系统图时，管材和管径均用粗实线表示。

(6) 标注尺寸。

(7) 填写标题栏：

1) 图名：给水排水系统图。

2) 图号：水 03 和水 04。

3) 比例：1∶100。

3. 厨卫详图

(1) 绘图要求同给水排水平面图和系统图。

(2) 填写标题栏：

1) 图名：厨卫详图。

2) 图号：水 05。

3) 比例：1∶50。

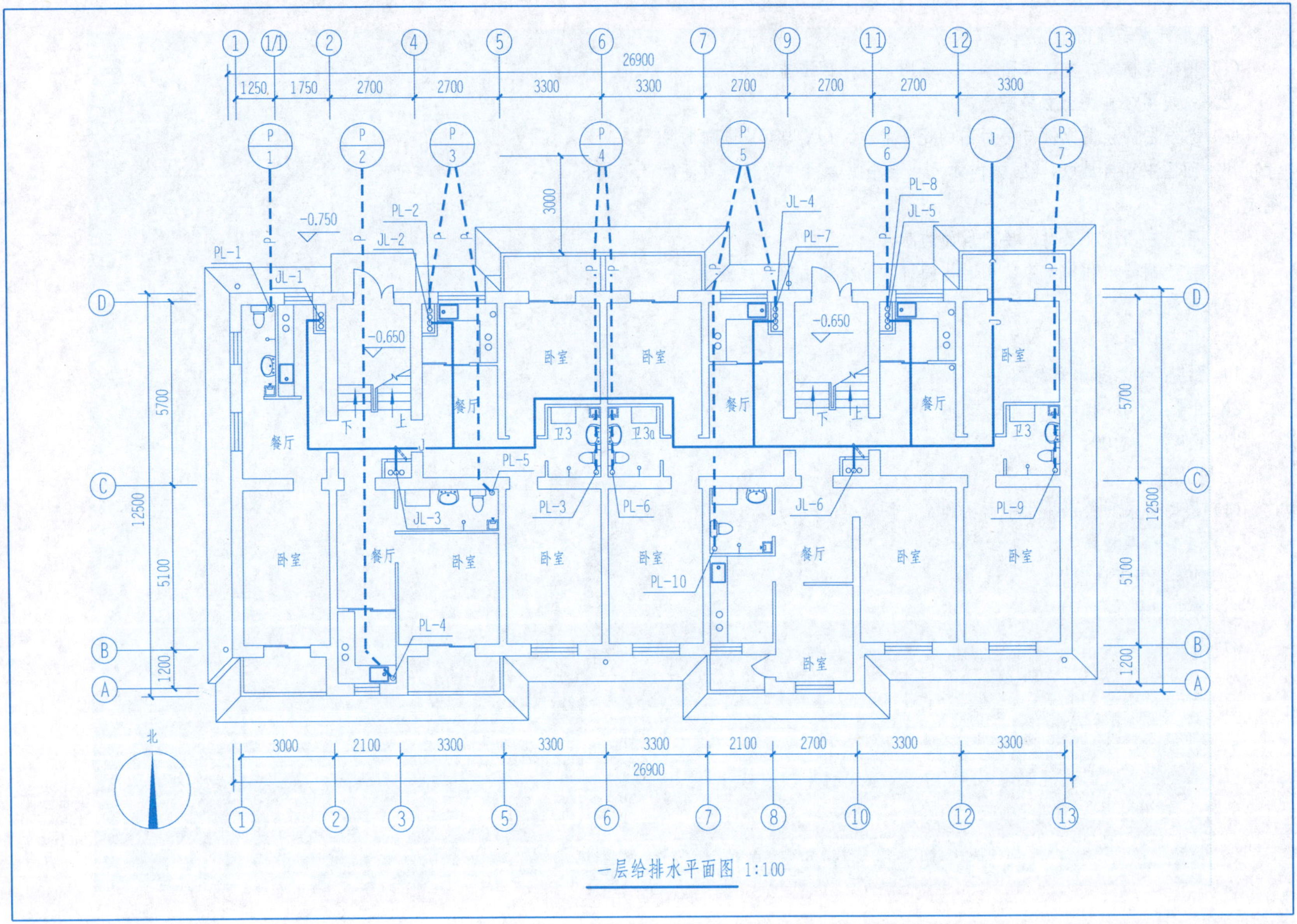


一层给排水平面图 1:100

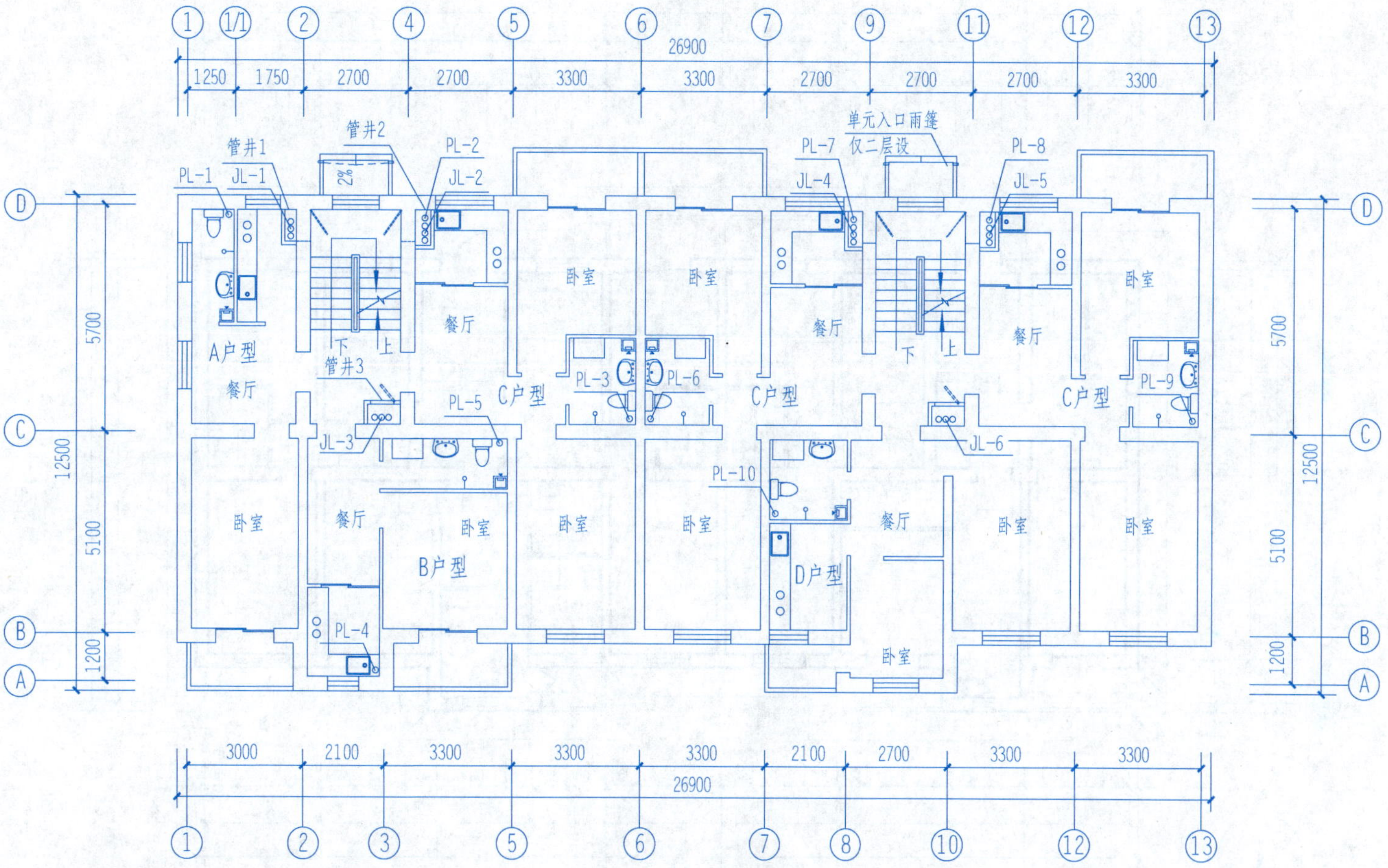


二~六层给排水平面图 1:100

① 1/1 ② ④ ⑤ ⑥ ⑦ ⑨ ⑪ ⑫ ⑬

26900

1250 1750 2700 2700 3300 3300 2700 2700 2700 3300

250 1250 250 900 600 700 1300 700 700 1500 500 900 1500 900 900 1500 900 500 1500 700 700 1300 700 700 1500 500 900 1500 900 250

−0.750

800　800　800

D　D

250 960 1000 1490 1200 1050

5700　5700

−0.650　卧室　卧室　−0.650　卧室

1500 895　1700　1700　895 1500　1500 895

C　C反　C

餐厅　餐厅　餐厅　餐厅

12500　12500

C　C

±0.000　±0.000

A　B　D

卧室　餐厅　卧室　卧室　卧室　餐厅　卧室　卧室

5100　5100

卧室

B　B

1200 1200

A　A

250

800　800　800　800　800

北

250 750 1500 750 650 800 650 900 1500 900 900 1500 900 900 1500 900 1000 980 750 1200 750 900 1500 900 900 1500 900 250

3000 2100 3300 3300 3300 2100 2700 3300 3300

26900

① ② ③ ⑤ ⑥ ⑦ ⑧ ⑩ ⑫ ⑬

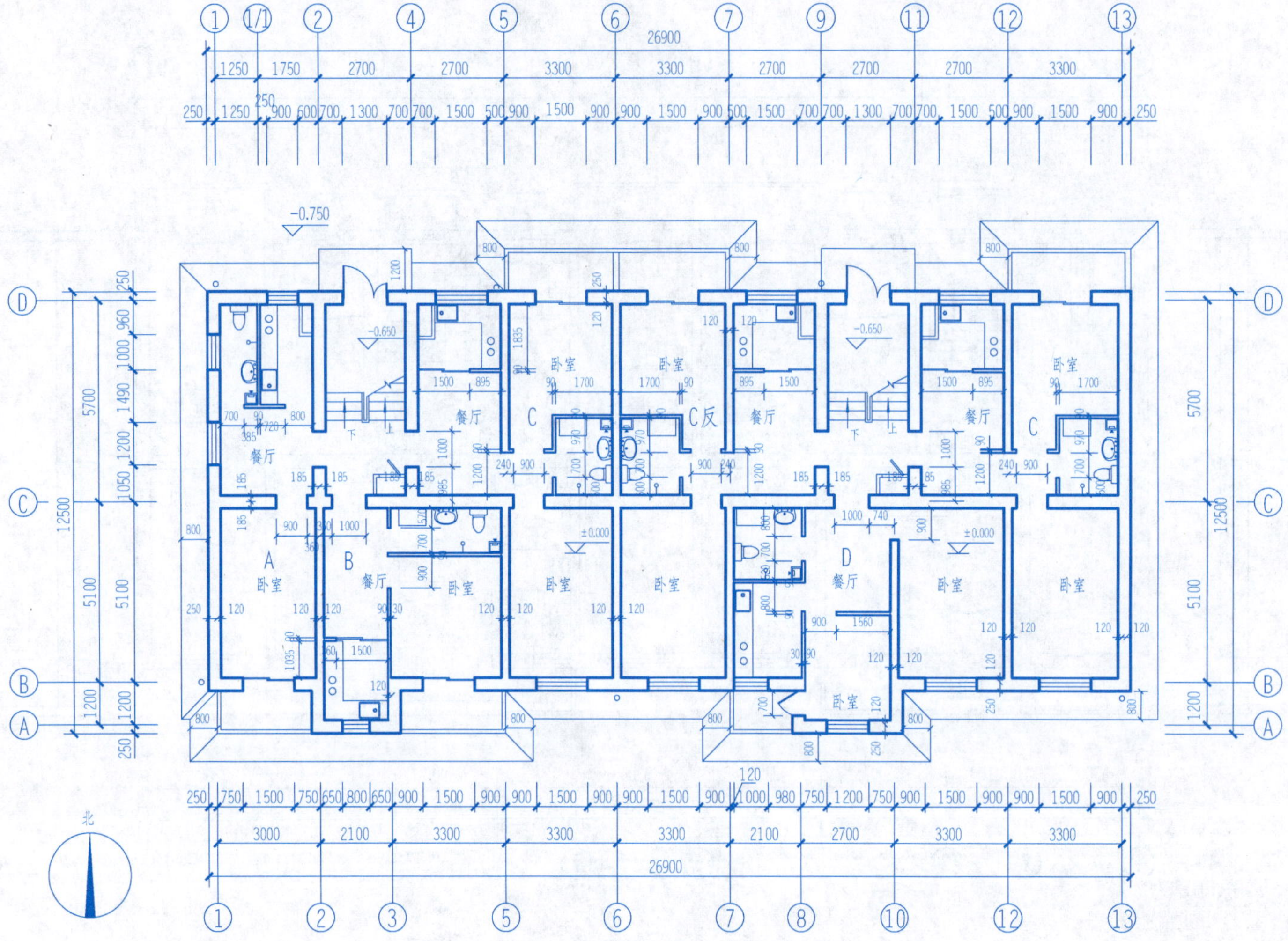

一层平面图 1:100

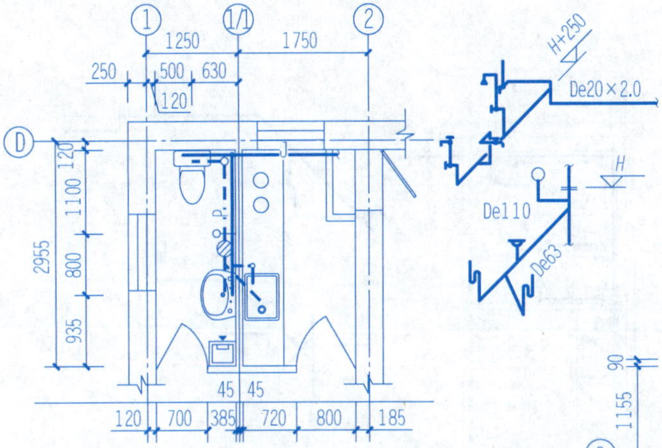


A户型厨卫详图 1:50

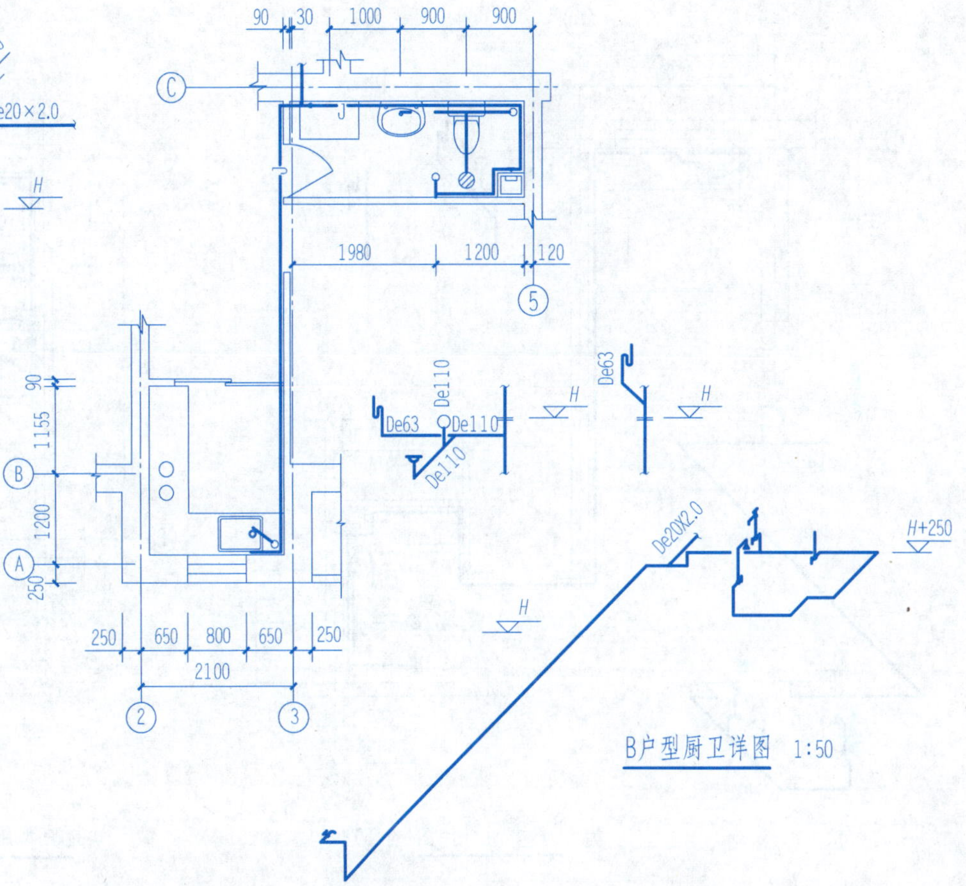


B户型厨卫详图 1:50

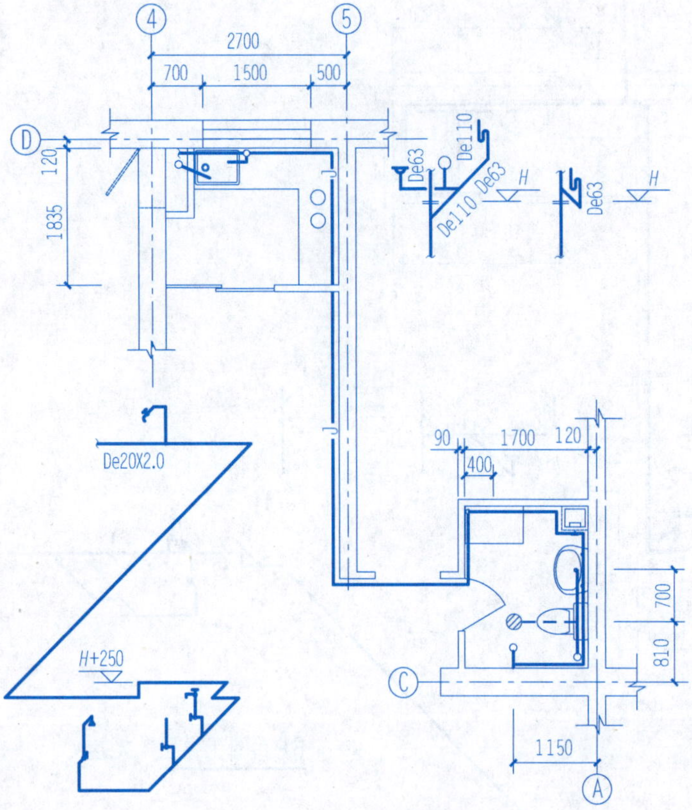


C户型厨卫详图 1:50

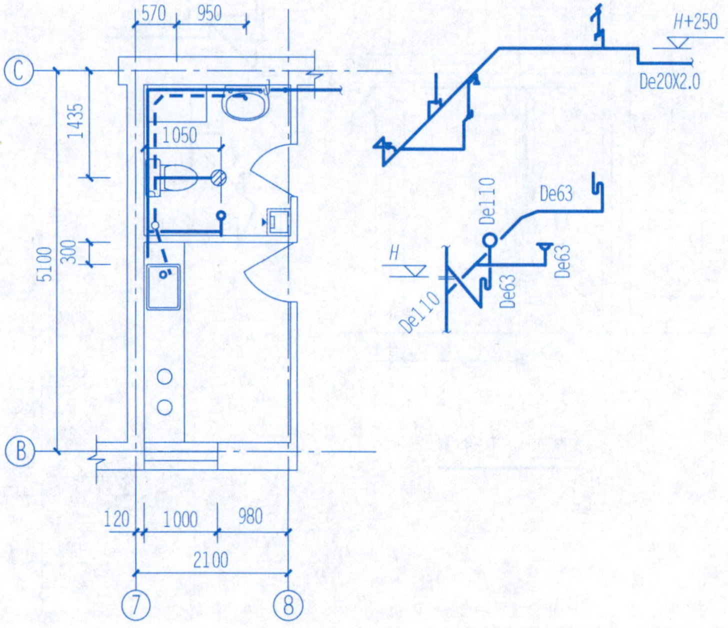


D户型厨卫详图 1:50

作业十一：室内采暖平面图、系统图、详图

一、目的

学习室内采暖施工图（平面图、系统图）的内容和画法。

二、内容

已知条件：

给出各层采暖平面图（如作业图样一、二），其中管径、坡度、中心标高的数据如下：

管道系统的最高点配置集气罐，采用卧室集气罐DN150×300。

供水系统室外供水引入管标高为－1.600m，由住宅北面楼梯间地下进入室内，竖直向上升至－0.500m处后再分别进入6个管道井，采用双管单侧顺流式为各房间供暖。在顶层各立管设置集气罐，排出系统中的空气。管径依次为DN32、DN25、DN20。支管管径均为DN20，每根立管上部距干管500mm处，下部回水支管上各安装截止阀。系统图中各立管编号与平面图对应，从上到下分别接至各供水水平干管、回水水平干管，各立管在各楼层接有散热器，散热器的片数与各层采暖平面是一致的。各立管经支管向散热器供水，散热器中的热水放热后，在房间内实现大循环之后，再经回水支管、立管将热水送入底层回水管，并以0.003的坡度汇入水平回水干管（标高为－0.800m），向下（标高为－2.350m）穿墙至供暖入口。

要求：

在A3幅面的图纸上抄绘采暖平面图并完成采暖系统图（1∶100），在A2图纸上绘制四个户型的采暖系统详图（1∶50）。

三、绘图方法及注意事项

（1）图线线宽层次要求如下：

1）采暖设备图例用中实线。

2）供水管道用粗实线。

3）回水管道用粗虚线。

（2）作业图样中给出的管径是供画系统图时标注尺寸时用的。

（3）立管编号圆圈直径为12mm的细实线圆，编号用5号字。

（4）系统图应画成正面斜等测。

（5）系统图的绘图比例与平面图的比例应该相同。*OX*与*OY*方向的尺寸，应按平面图尺寸，根据所选比例画出，*OZ*方向的尺寸，要根据管径中心标高或高度确定。

（6）管道在图中交叉时，要把后面的断开。

（7）标注尺寸。

（8）填写采暖平面图标题栏：

1）图名：一层采暖平面图和二～六层采暖平面图。

2）图号：暖通01和暖通02。

3）比例：1∶100。

（9）填写采暖系统图标题栏：

1）图名：采暖系统图。

2）图号：暖通03。

3）比例：1∶100。

（10）填写采暖系统详图标题栏：

1）图名：采暖系统详图。

2）图号：暖通04。

3）比例：1∶50。

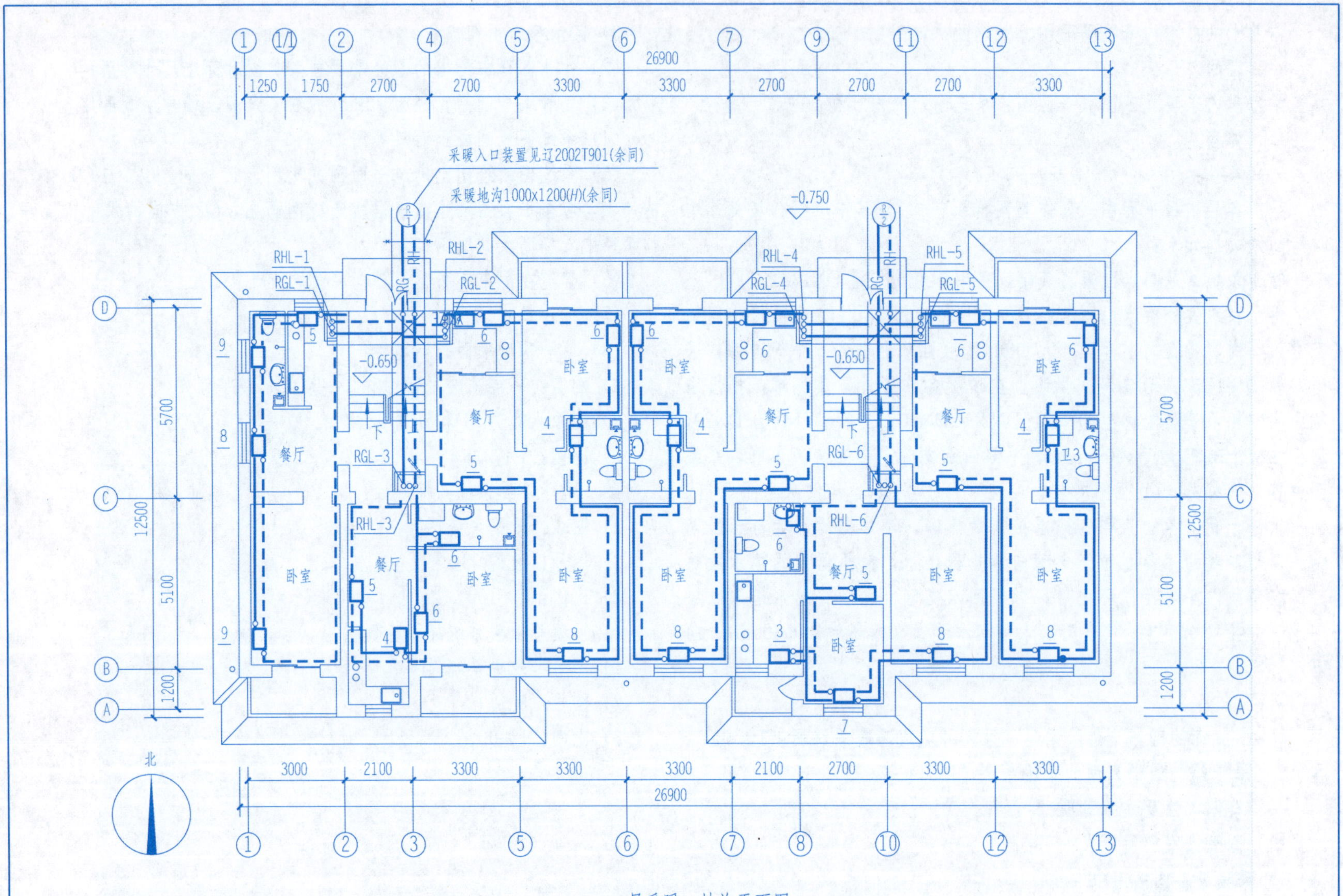


一层采暖、地沟平面图 1:100

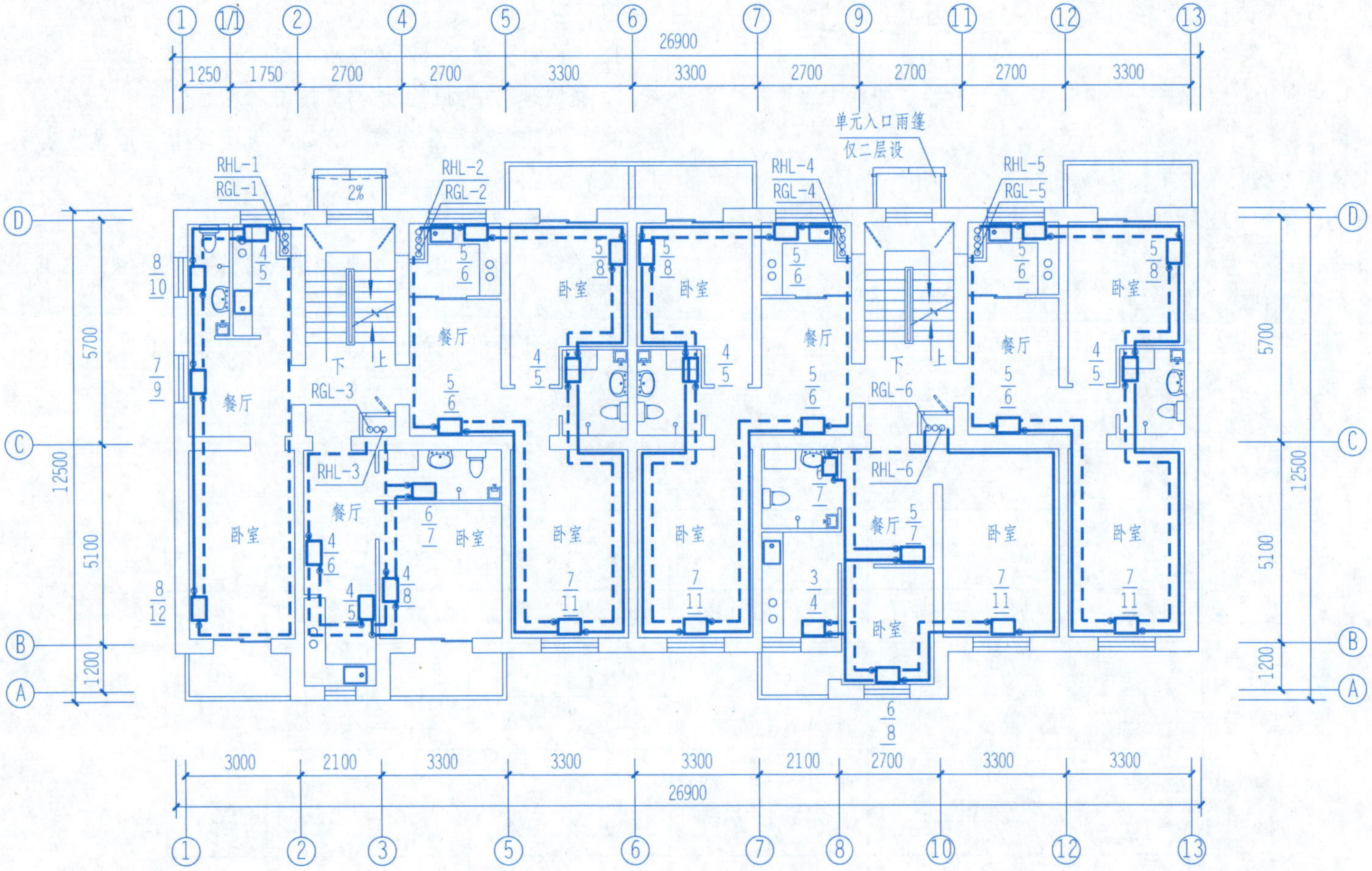


注:二~五层为A;
六层为B。

## 二~六层采暖平面图 1:100

作业十二：重力式桥墩构造图

一、内容

参照尺寸表选一组合适的尺寸用 A3 图纸抄绘，并标注尺寸。

二、目的

1. 熟悉重力式桥墩的规格及画法。

2. 提高绘图和识图能力。

三、要求

1. 图的比例自定。

2. 半平面中的虚线可以不画。

3. 要标注尺寸和书写标注。

四、注意事项

1. 抄绘前参照教材看懂所给图形。

2. 画图时图中的剖面结构应按图例表示。

3. 可见轮廓线用粗实线表示，不可见轮廓线用虚线表示，图例等用细线表示。

4. 尺寸数字用 3.5 或 2.5 号字。

5. 半纵剖面图、半平面图等名称用 7 号或 5 号字。其他汉字用 5 号或 3.5 号字。

6. 其他参照相关标准执行。

尺寸表

| 墩高 $H$ / 项目 | 8000 | 8500 | 9000 | 9500 | 10000 | 10500 | 11000 | 11500 | 12000 |
|---|---|---|---|---|---|---|---|---|---|
| $a_1$ | 1280 | 1310 | 1350 | 1380 | 1410 | 1450 | 1480 | 1510 | 1550 |
| $a_2$ | 1880 | 1910 | 1950 | 1980 | 2010 | 2050 | 2080 | 2210 | 2550 |
| $a_3$ | 2480 | 2510 | 2550 | 2580 | 2610 | 2650 | 2680 | 2910 | 3550 |
| $b_1$ | 4680 | 4710 | 4750 | 4780 | 4810 | 4850 | 4880 | 4910 | 4950 |
| $b_2$ | 5080 | 5110 | 5150 | 5180 | 5210 | 5250 | 5280 | 5310 | 5350 |
| $b_3$ | 5480 | 5510 | 5550 | 5580 | 5610 | 5650 | 5680 | 5710 | 5750 |
| $f$ | 300 | 300 | 300 | 300 | 300 | 300 | 300 | 350 | 500 |

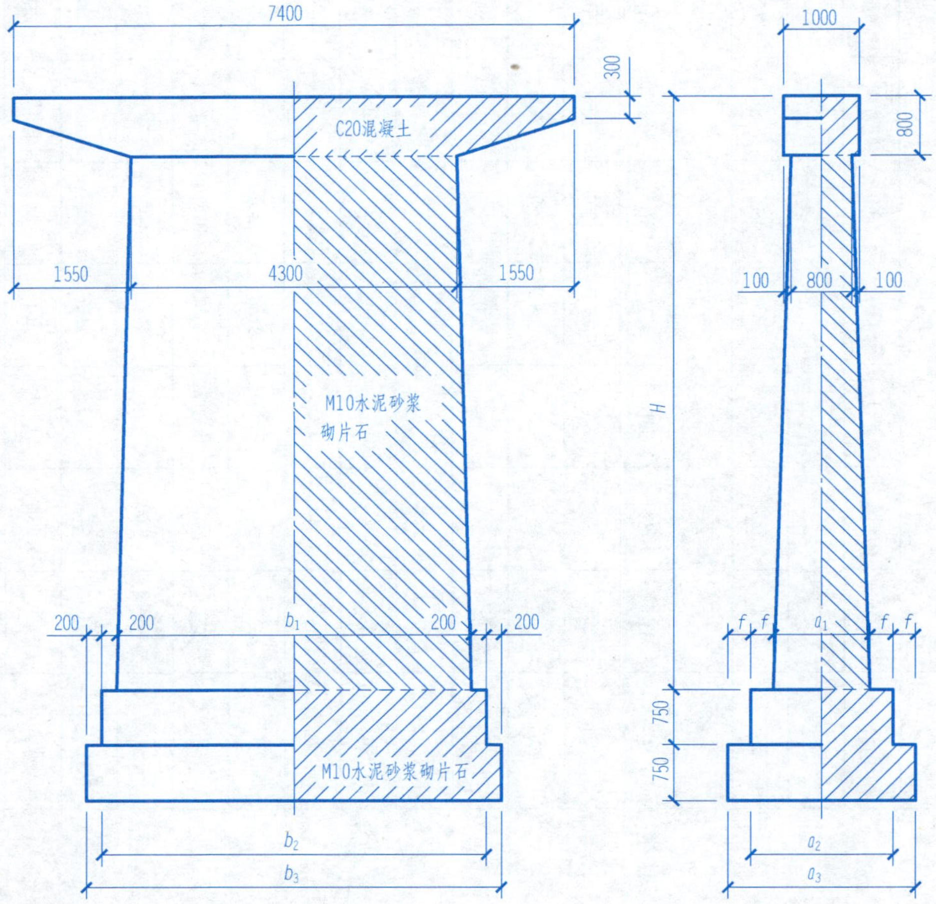


半正面　半1—1剖面　　半侧面　半2—2剖面

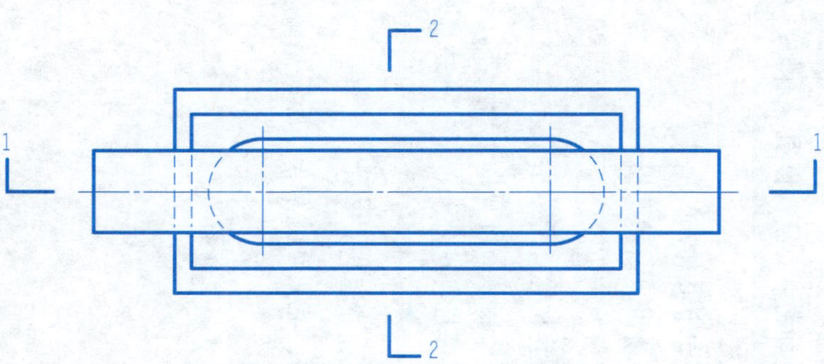


平面图

（平面图中省略了墩身与墩帽的交线）

尺寸表见上页

作业十三：U形桥台图

一、内容

参照尺寸表选一组合适的尺寸用A3图纸抄绘。

二、目的

1. 熟悉并掌握U形桥台规格及画法。

2. 提高绘图和识图能力。

三、要求

1. 图的比例自定。

2. 把立面图改画成中心纵剖面图（剖切平面通过桥台的对称平面）。

3. 要标注尺寸和书写标注。

4. 图纸的右下画出正等轴测图。

四、注意事项

1. 抄绘前参照教材看懂所给图形。

2. 图中的剖面结构画图时应按图例表示。

3. 可见轮廓线用粗实线表示，不可见轮廓线用虚线表示，图例等用细线表示。

4. 尺寸数字用3.5或2.5号字。

5. 半纵剖面图、半平面图等名称用7号或5号字。其他汉字用5号或3.5号字。

6. 其他参照相关标准执行。

尺寸表

| 台宽 $B$ | 7800，8800 | | | | | | |
|---|---|---|---|---|---|---|---|
| 台高 $H$ | 3000 | 3500 | 4000 | 4500 | 5000 | 5500 | 6000 |
| $h_1$ | 9100 | | | | | | |
| $h_2$ | 1820 | 2320 | 2820 | 3320 | 3820 | 4320 | 4820 |
| $d_1$ | 640 | | | | | | |
| $d_2$ | 3310 | 3810 | 4310 | 4810 | 5310 | 5810 | 6310 |
| $d_3$ | 280 | 500 | 670 | 910 | 1260 | 1380 | 1510 |
| $d_4$ | 2030 | 2180 | 2390 | 2520 | 2550 | 2800 | 3050 |
| $d_5$ | 500 | 630 | 750 | 880 | 1000 | 1130 | 1250 |
| $n$ | 1.0 | | | | | | |
| $n_1$ | 11 | 7 | 6 | 5 | 4 | 4 | 4 |
| $n_2$ | 5 | 4 | 4 | 4 | 3 | 3 | 3 |
| $A$ | 1220 | 1440 | 1610 | 1850 | 2200 | 2320 | 2450 |
| $A_1$ | 3250 | 3620 | 4000 | 4370 | 4750 | 5120 | 5500 |
| $f$ | 1110 | 1380 | 1510 | 1630 | 2180 | 2340 | 2510 |
| $B$=7800 $C$ | 200 | 200 | 200 | 200 | 200 | 200 | 200 |
| $B$=8800 $C$ | 300 | 200 | 200 | 200 | 200 | 200 | 200 |

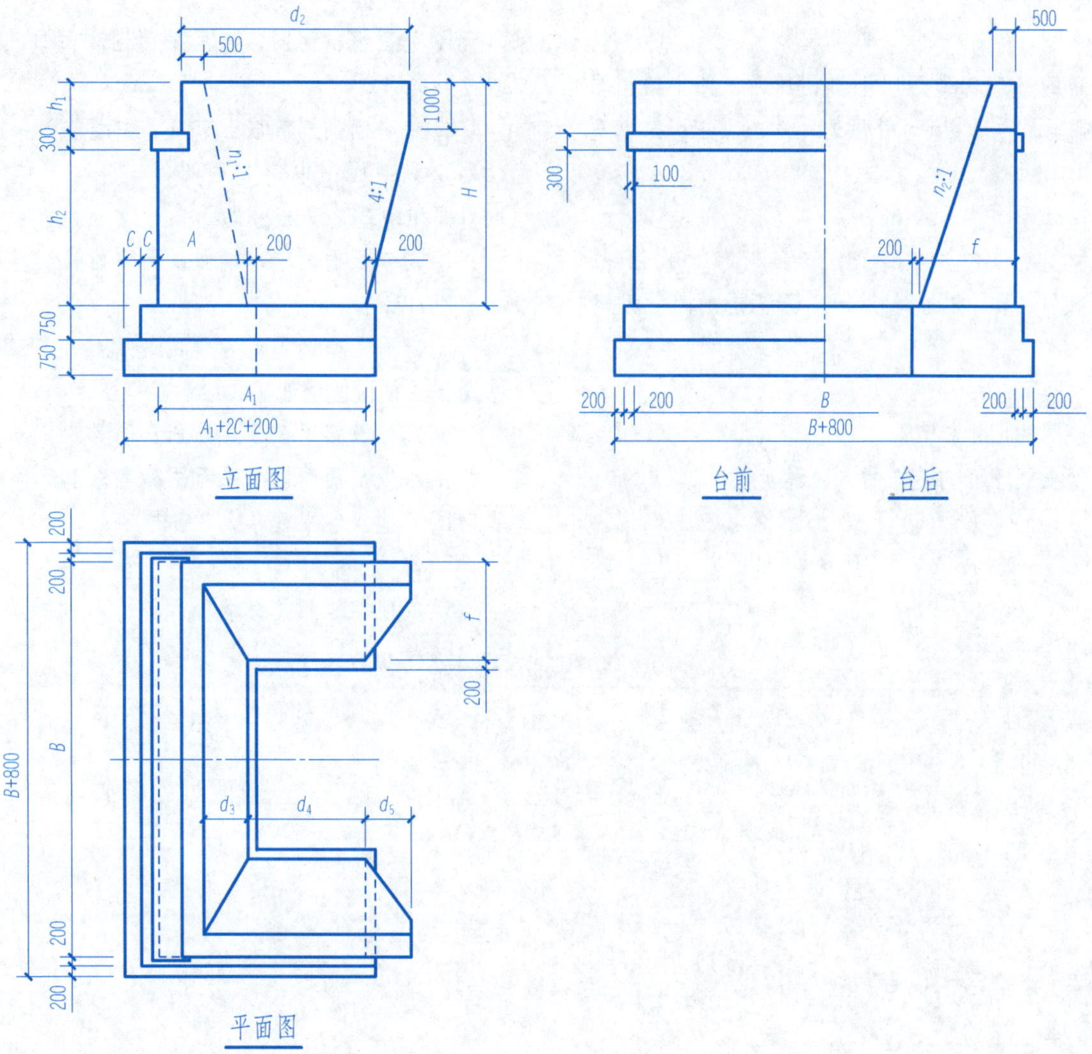

d2
500
h1
300
1000
n1:1
4:1
H
h2
C C
A
200
200
750
750
A1
A1+2C+200
立面图
500
300
100
n2:1
200
f
200
200
B
200
200
B+800
台前
台后
200
200
f
200
B+800
B
d3
d4
d5
200
200
平面图

作业十四：钢筋混凝土圆管涵

一、内容

1. 钢筋混凝土圆管涵的一般构造参照下页图所示。图中给出当圆管孔径为0.75m、基础埋深为0.8m时管涵的尺寸。其中：路基宽度为8m。

圆管长度：端截取1.3m、中截取1m。

其余尺寸见图样所示。

2. 用A3幅面图纸按1∶50的比例抄绘钢筋混凝土圆管涵各视图。

二、目的

1. 熟悉涵洞一般构造图的图示特点。

2. 掌握绘制钢筋混凝土圆管涵构造图的方法和步骤。

三、画图步骤

1. 先画纵剖面图，再画平面图和洞口正立面图，注意三者之间的投影关系。

2. 半个涵洞圆管取五节（其中端节为一节）。

3. 纵剖面图中应先画圆管，再画洞口，然后按路基边坡坡度1∶1.5和路基宽度画出路堤填土。

4. 洞口正面图中，地面以下只画截水墙及墙基础。

四、要求

1. 剖面图中剖到或可见的轮廓线用粗实线绘制，尺寸线、尺寸界线、各种图例用细实线绘制。

2. 尺寸数字用3.5号或2.5号字。

3. 半纵剖面图、半平面图等名称用7号或5号字。

4. 其他汉字用5号或3.5号字。

5. 比例1∶50。

6. 其他参照相关标准执行。

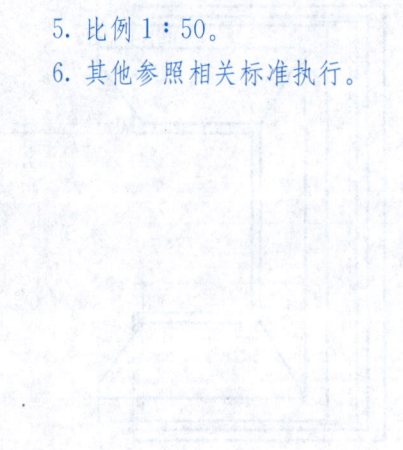

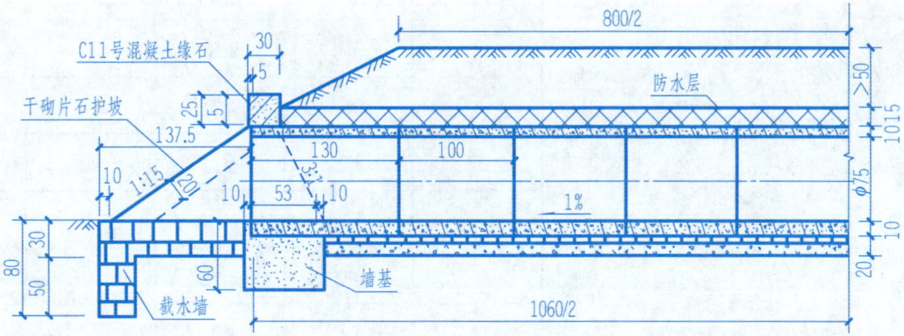


半纵剖面图

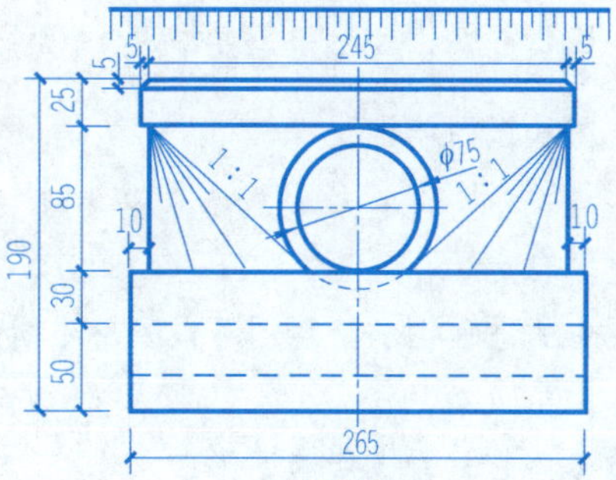


侧面图

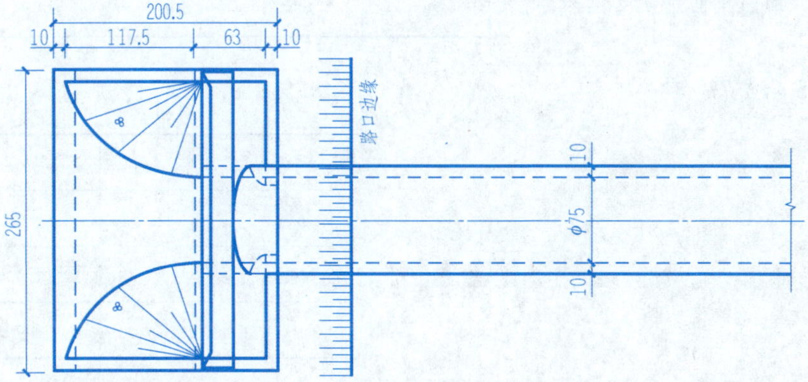


半平面图

洞口工程数量表(一端)

| 工程数量 项别 / 管径(cm) | C11号混凝土缘石 ($m^3$) | M3号砂浆砌片石墙身 ($m^3$) | M3号砂浆砌片石基础 ($m^3$) | 干砌片石护坡 ($m^3$) |
|---|---|---|---|---|
| 75 | 0.191 | 0.552 | 2.200 | 0.275 |

说明：1.图中尺寸以厘米(cm)为单位。

2.洞口工程数量指一端，即一个进水口或一个出水口。

作业十五：墩帽钢筋布置图

一、内容

用 A2 或 A3 图纸抄绘墩帽钢筋布置图并标注尺寸。

二、目的

1. 熟悉并掌握墩帽钢筋布置图的画法。

2. 提高绘图和识图能力。

三、要求

1. 图的比例自定。

2. 配筋图中的立面图和断面图可以采用不同的比例。

四、注意事项

1. 抄绘前参照教材看懂所给图形。

2. 断面图中上下小方格子内的数字代表钢筋编号。

3. 模板的外轮廓线用中实线表示，钢筋用粗实线表示，钢筋断面用实心圆表示。

4. 尺寸数字和钢筋编号用 3.5 号字。

5. 材料表中的汉字和断面编号用 5 号字。其他汉字用 5 号或 7 号字。

6. 其他参照相关标准执行。

钢筋明细表

| 钢筋编号 | 长度/cm | 直径/mm | 根 数 | 总长/m |
|---|---|---|---|---|
| 1 | 933 | Φ20 | 6 | 56.0 |
| 2 | 1006 | Φ20 | 2 | 20.2 |
| 3 | 940 | Φ20 | 2 | 18.8 |
| 4 | 430 | Φ20 | 4 | 17.2 |
| 5 | 940 | Φ20 | 4 | 37.6 |
| 6 | 362 | Φ8 | 62 | 224.4 |
| 7 | 平均302 | Φ8 | 32 | 96.6 |
| 8 | 893 | Φ8 | 2 | 17.9 |

材料表

| 直径/mm | 总长度/m | 总质量/kg |
|---|---|---|
| Φ20 | 149.8 | 369.4 |
| Φ8 | 418.7 | 165.4 |
| 合 计 | | 534.8 |

说明：本图尺寸除钢筋直径以mm计外，其余均以cm为单位。

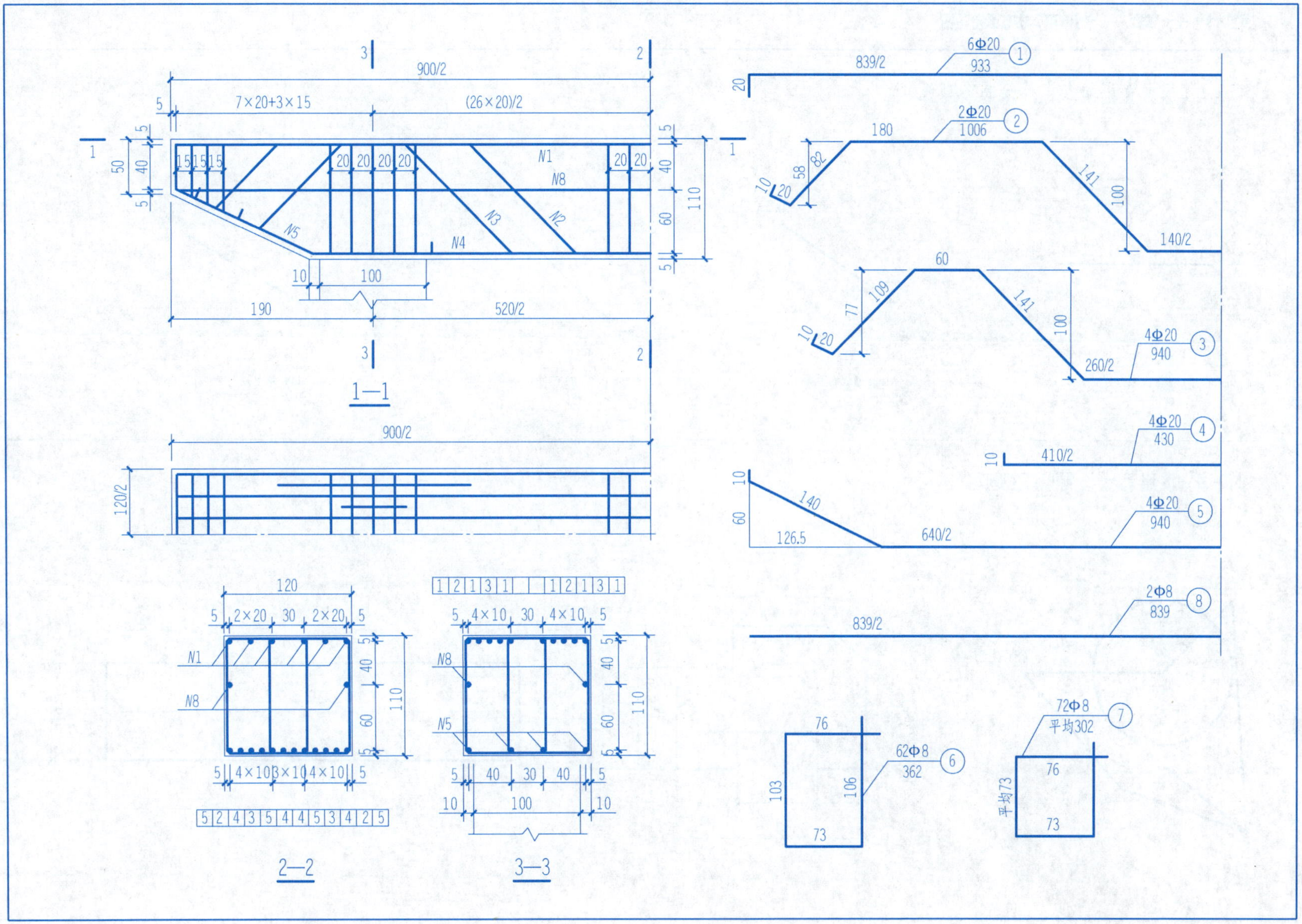
1—1
2—2
3—3
6Φ20
933
2Φ20
1006
4Φ20
940
4Φ20
430
4Φ20
940
2Φ8
839
62Φ8
362
72Φ8
平均302
平均73
N1
N2
N3
N4
N5
N8

17-1　根据直线端点坐标绘制各直线。

(1)

绝对直角坐标

(2)

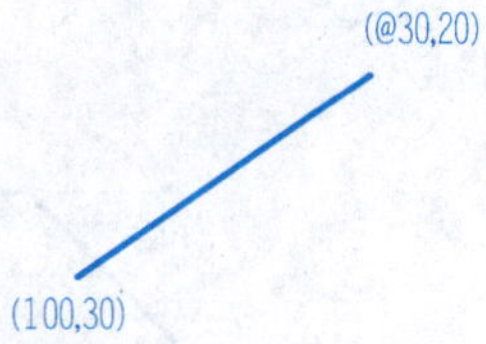


相对直角坐标

(3)

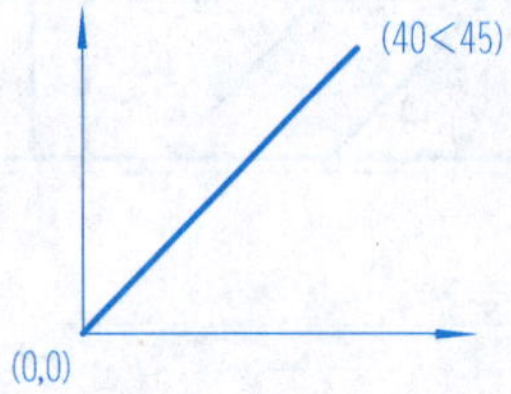


绝对极坐标

(4)

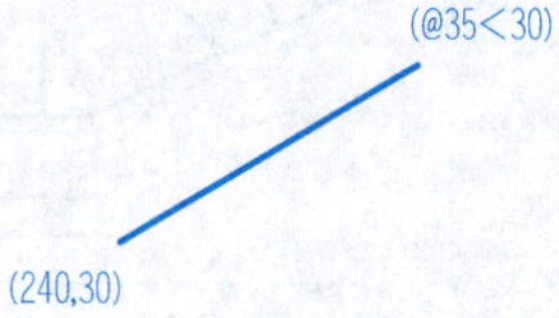


相对极坐标

17-2　按照尺寸绘制以下图形。

(1)

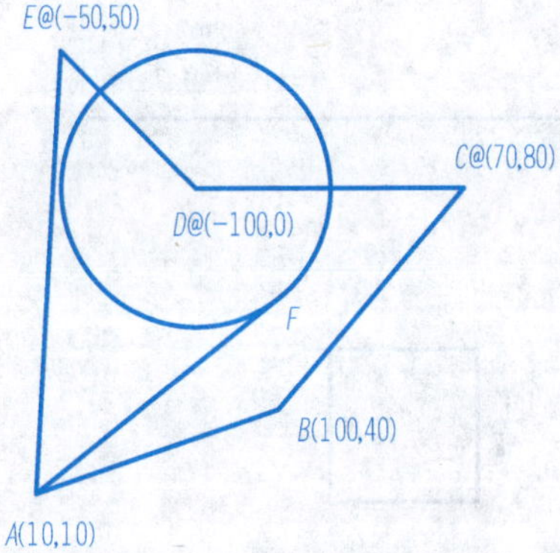


(2)

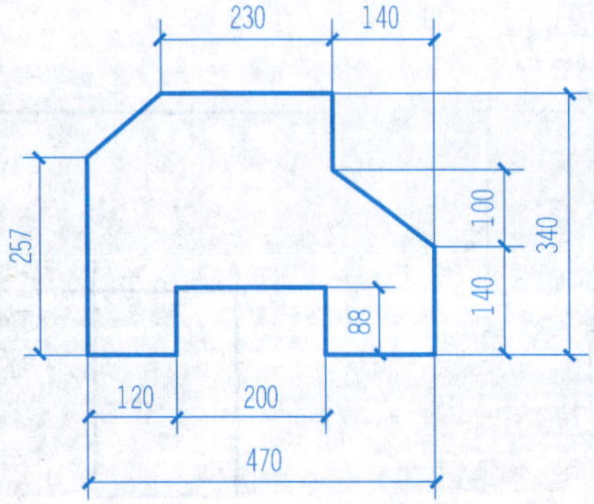


(3)

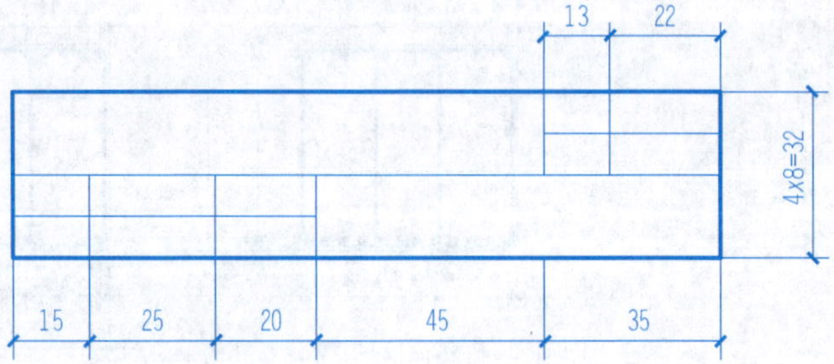

(4)

4
5
110
5
120

(5)

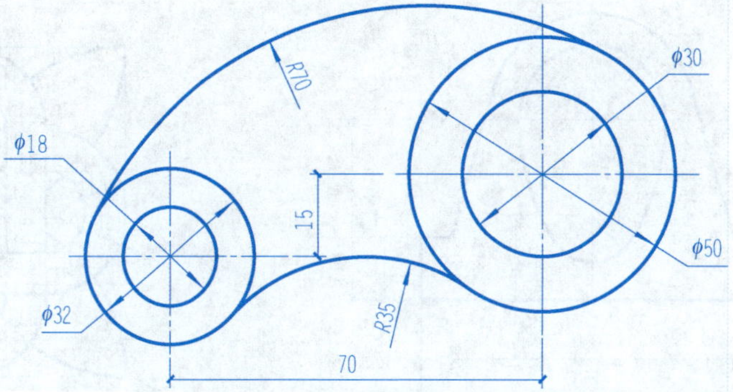
R70
φ30
φ18
15
φ50
φ32
R35
70

(6)

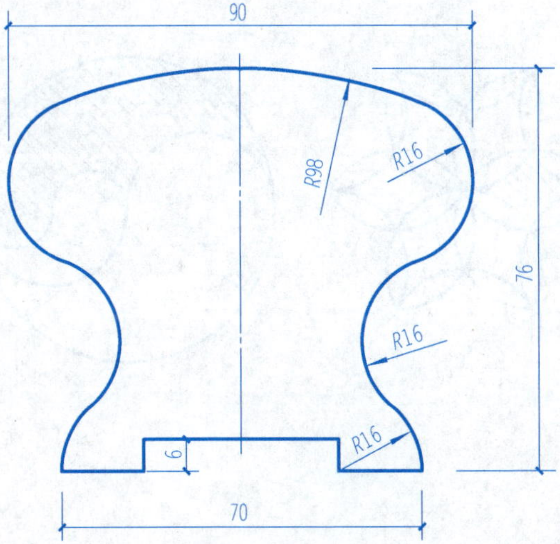
90
R98
R16
76
R16
6
R16
70

(7)

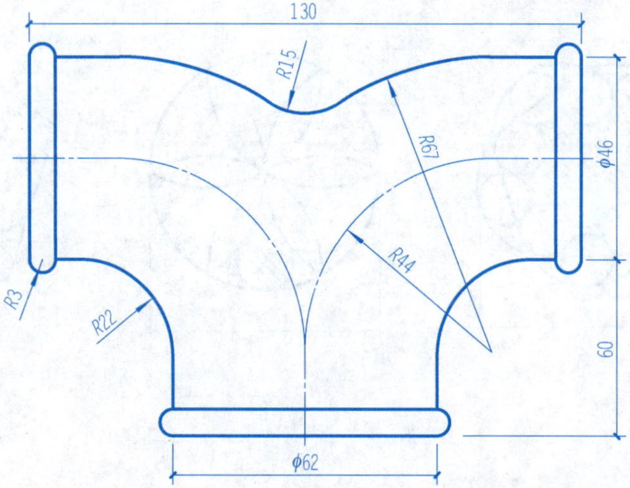
130
R15
R67
φ46
R44
R3
R22
60
φ62

(8)

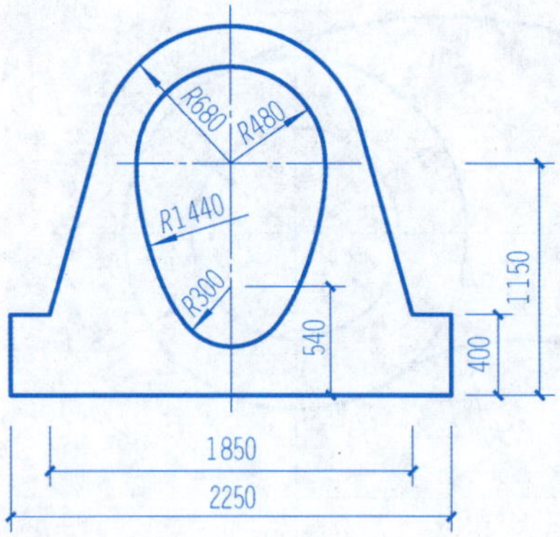


(9)

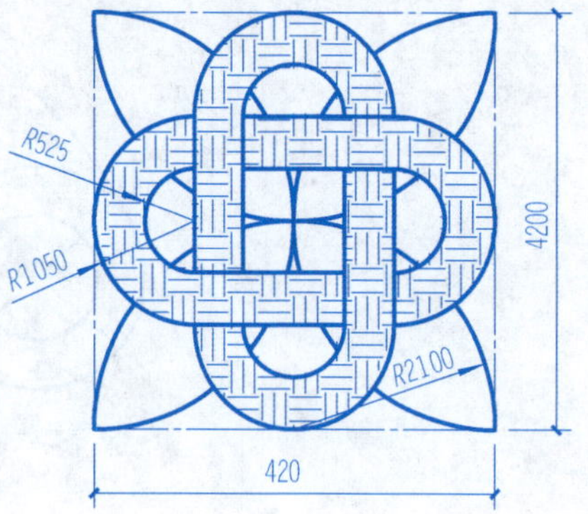


(10)

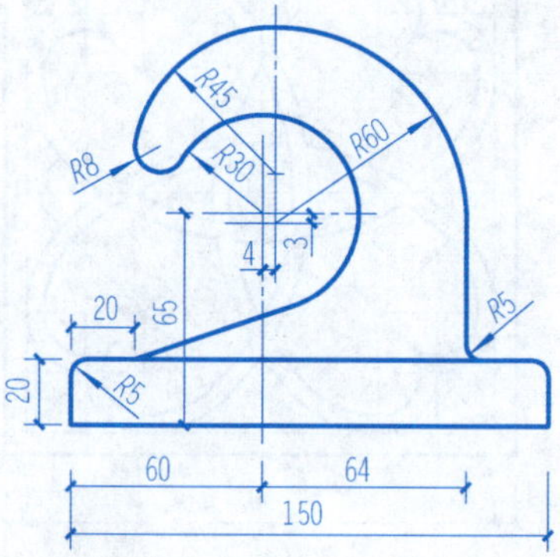


17-3 绘制以下图形。

(1)

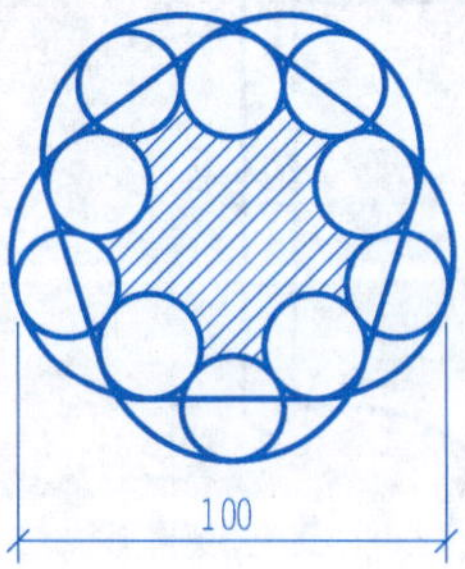


(2)

(3)

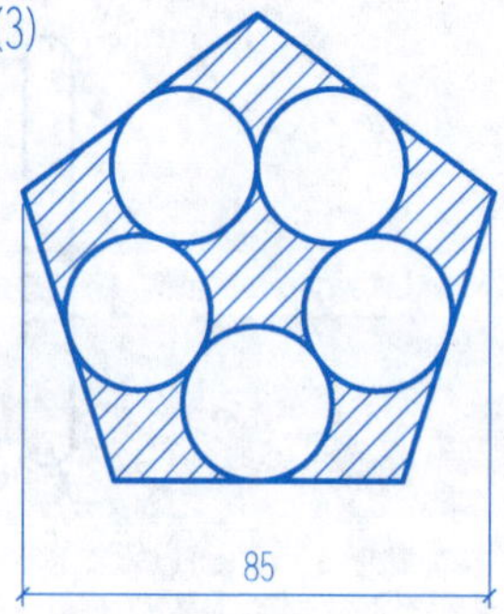


(4)

(5)

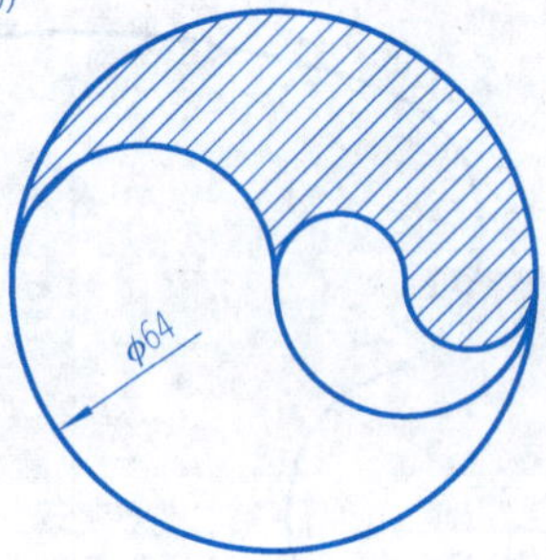

17-4 练习镜像命令及图层、颜色和线型设置。

画出下图：粗实线——图层 1、黑色、线型 Continuous、线宽 0.5；

虚 线——图层 2、蓝色、线型 DASHED2、线宽 0.3；

点划线——图层 3、红色、线型 CENTER2、线宽 0.05；

细实线——图层 4、粉色、线型 Continuous、线宽 0.05。

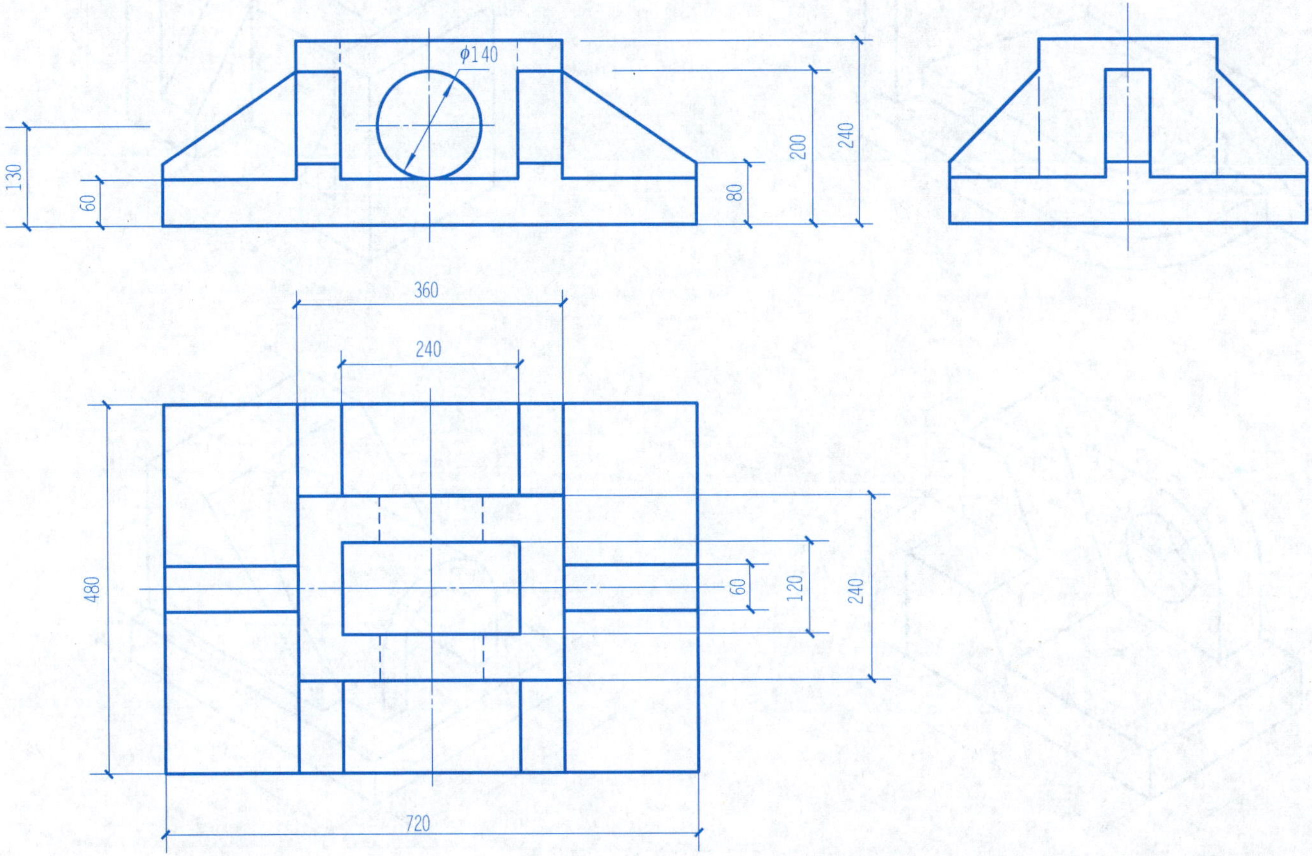

17-5 根据给定的正等轴测图和尺寸绘制三视图。

(1)

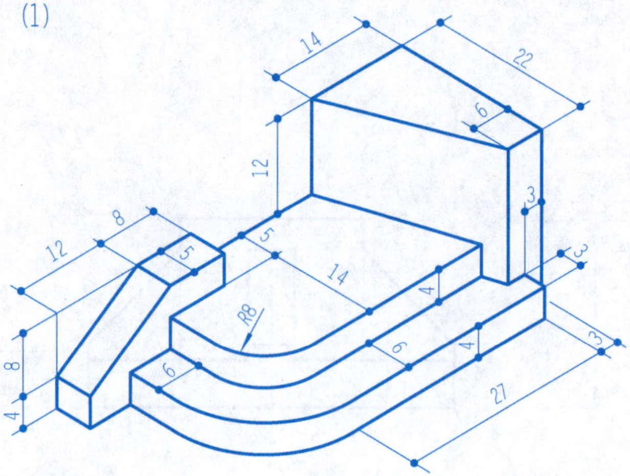


(2)

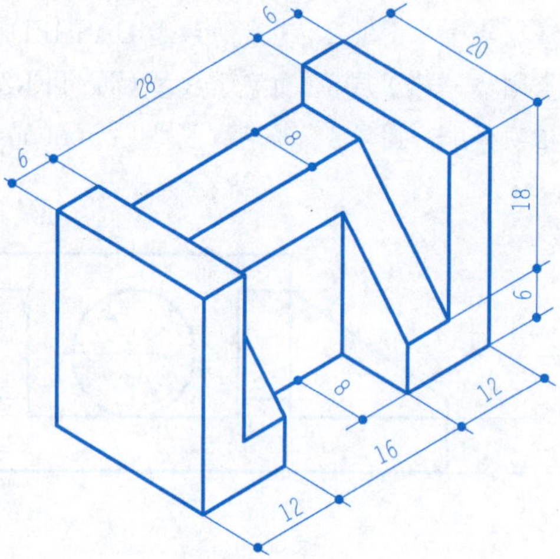


(3)

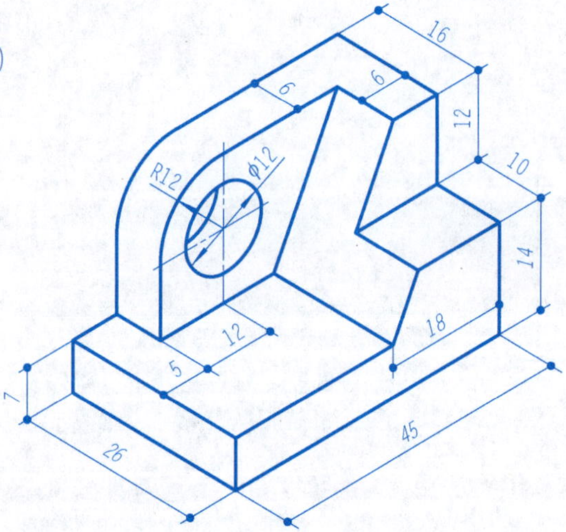


(4)

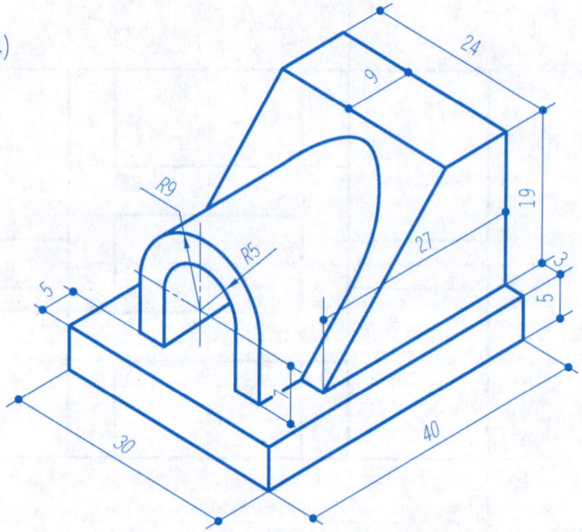

17-6 抄绘给定的三视图和尺寸标注并补画正等轴测图。

(1)

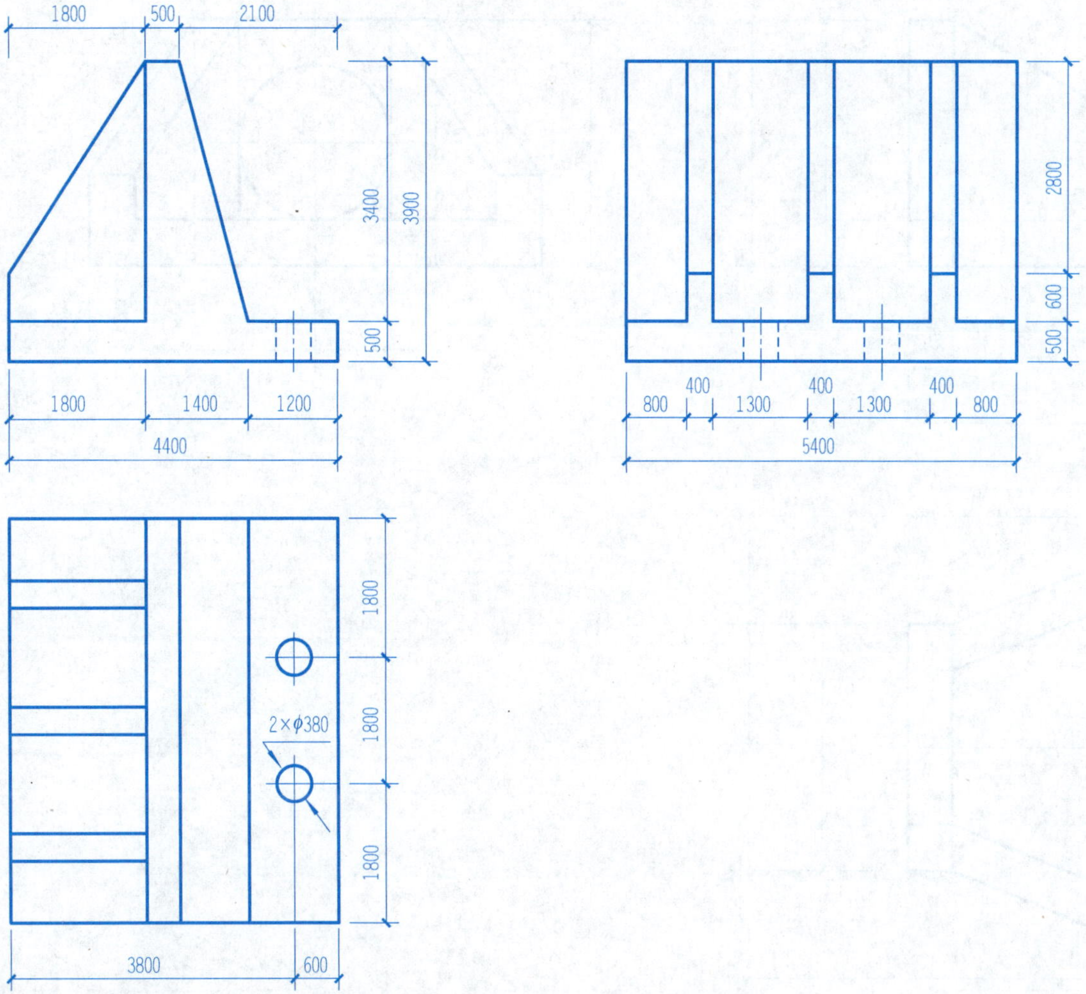

(2)

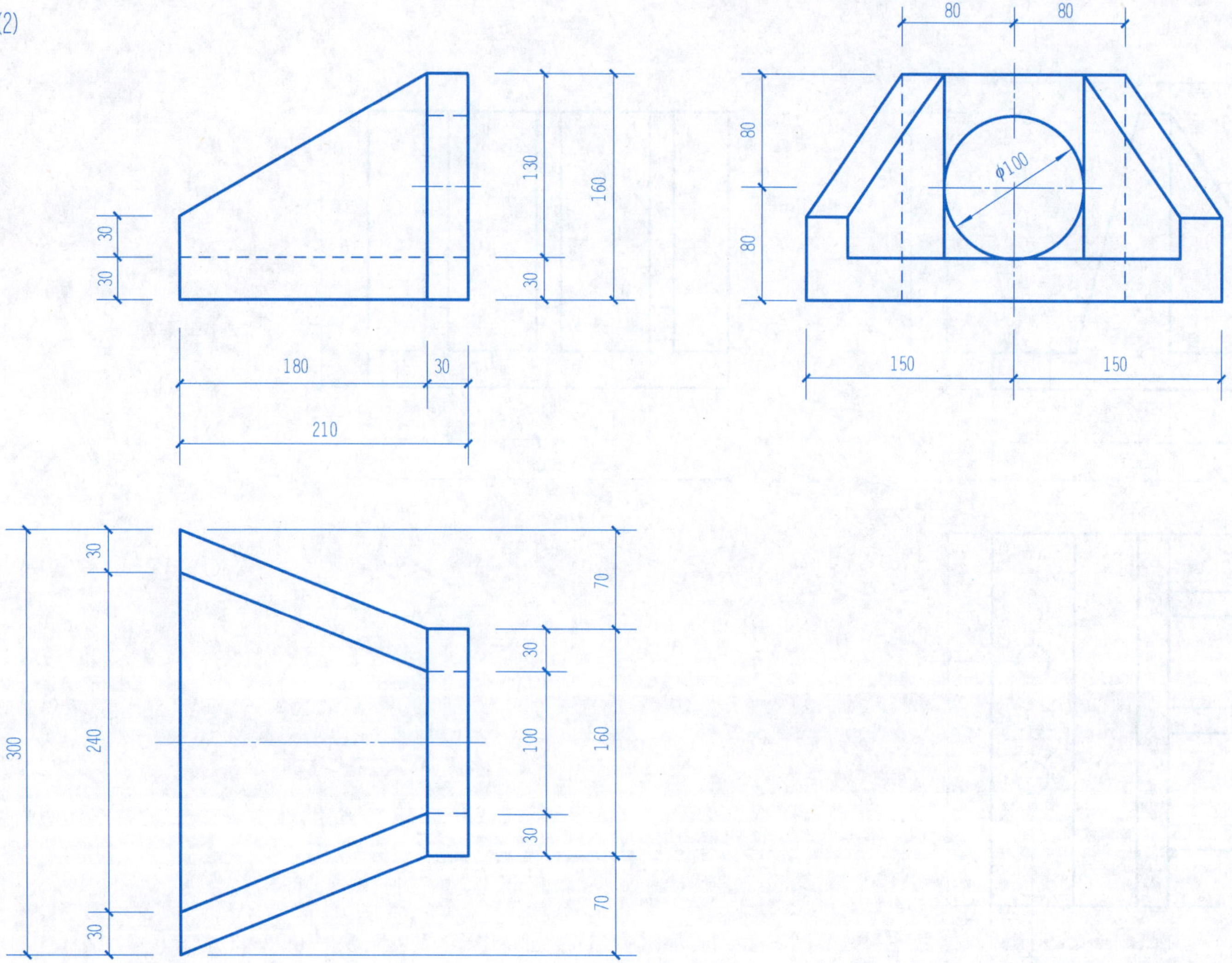

80
80
80
80
φ100
30
30
130
160
30
180
30
210
150
150
300
240
30
30
70
30
100
160
30
70
30

(3)

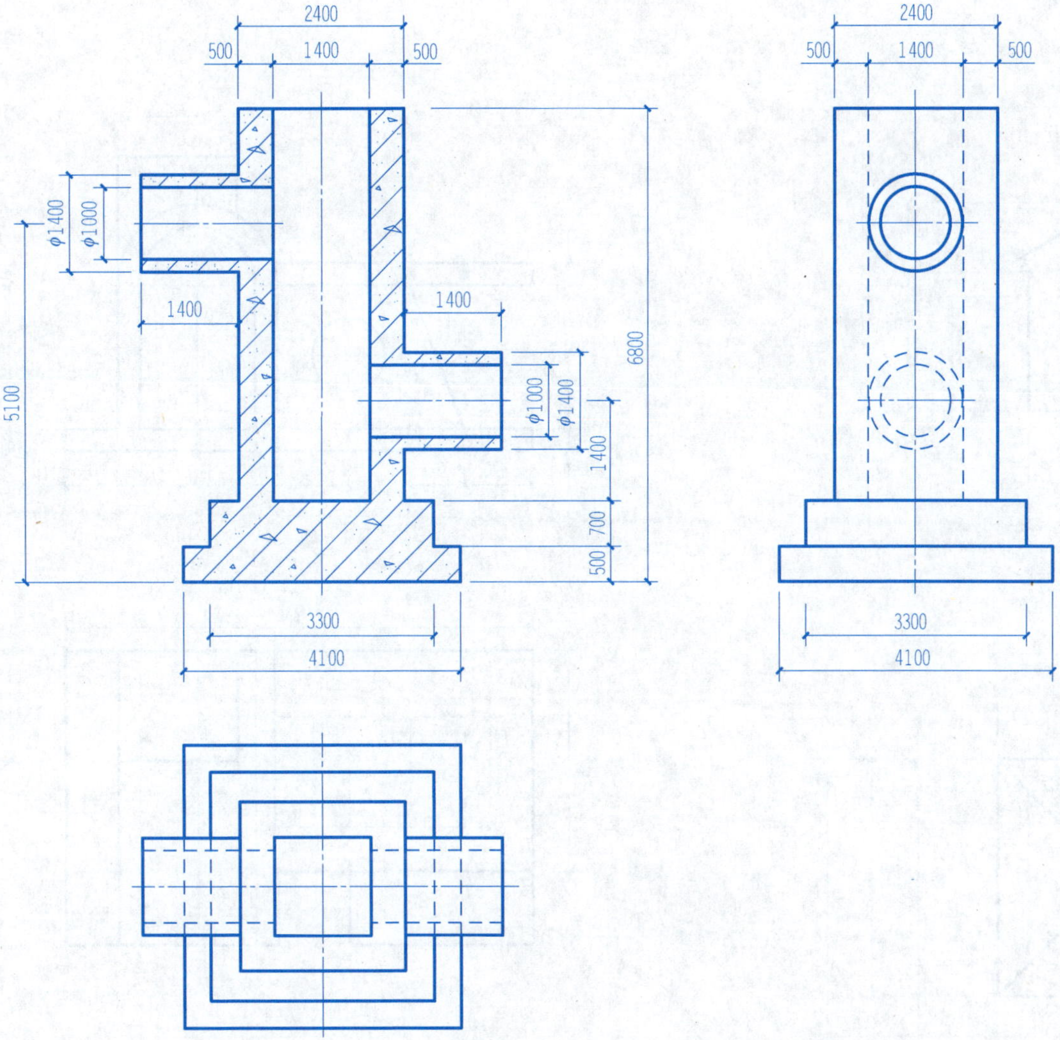
2400
500
1400
500
φ1400
φ1000
1400
1400
5100
6800
φ1000
φ1400
1400
700
500
3300
4100
2400
500
1400
500
3300
4100

17-7　补绘组合体的左视图和轴测图。

(1)

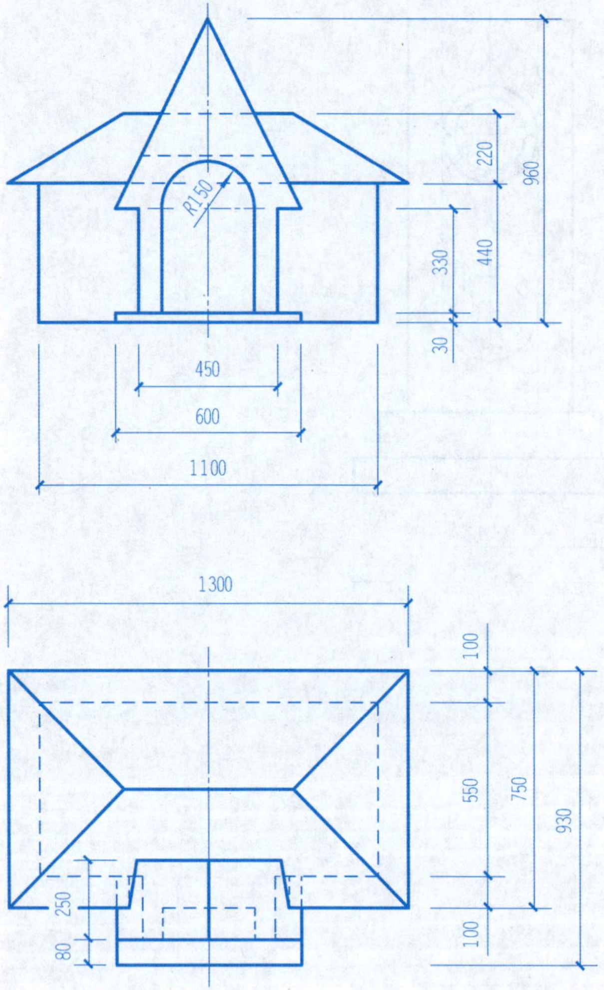


(2)

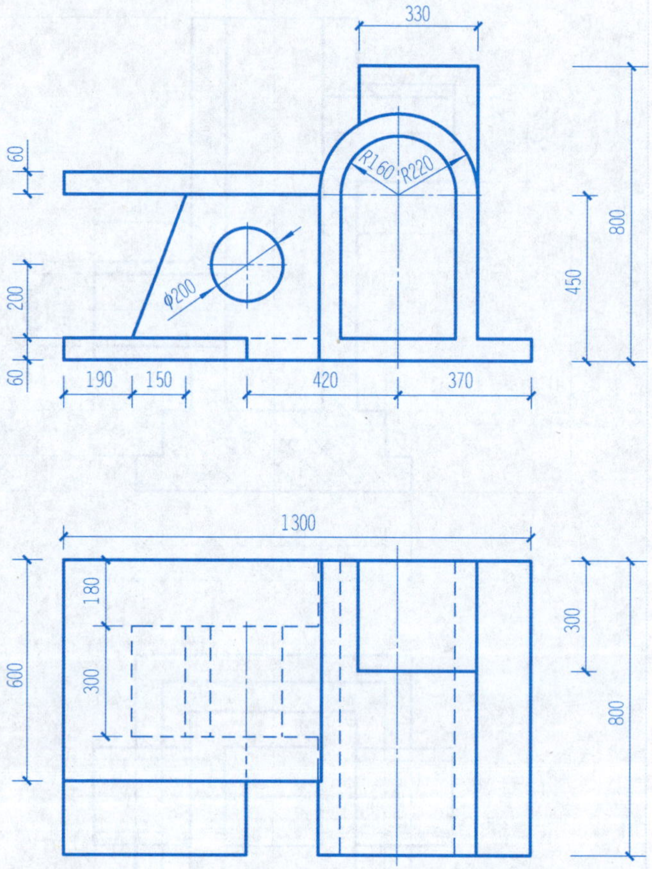

17-8　绘制平面图和立面图，补画剖面图，剖切位置自定（结构、尺寸不详之处可自行设计）。

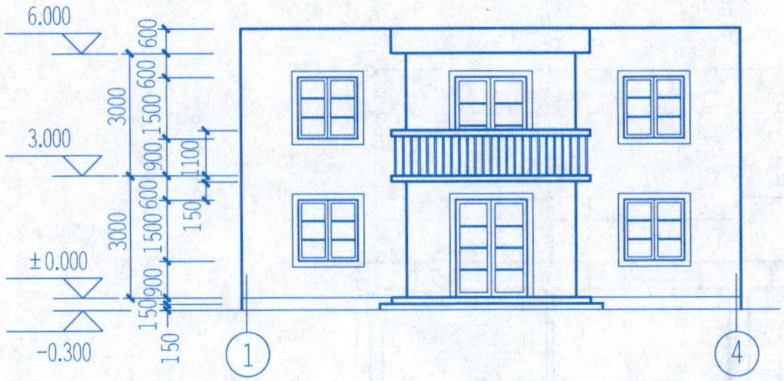


立面图　1:200

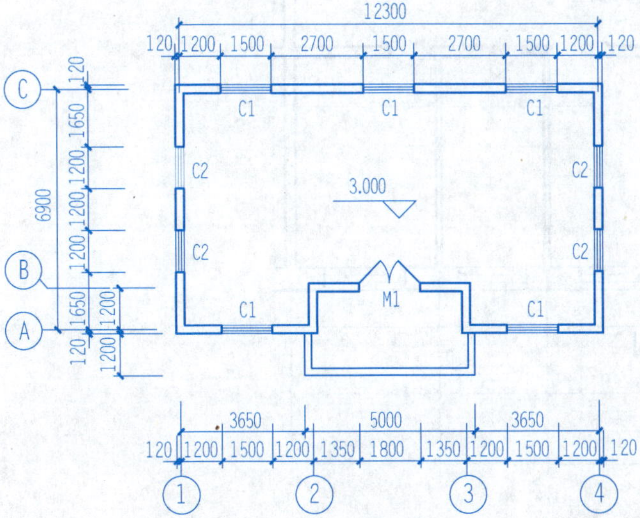


二层平面图　1:200

17-9　绘制住宅的平面图。

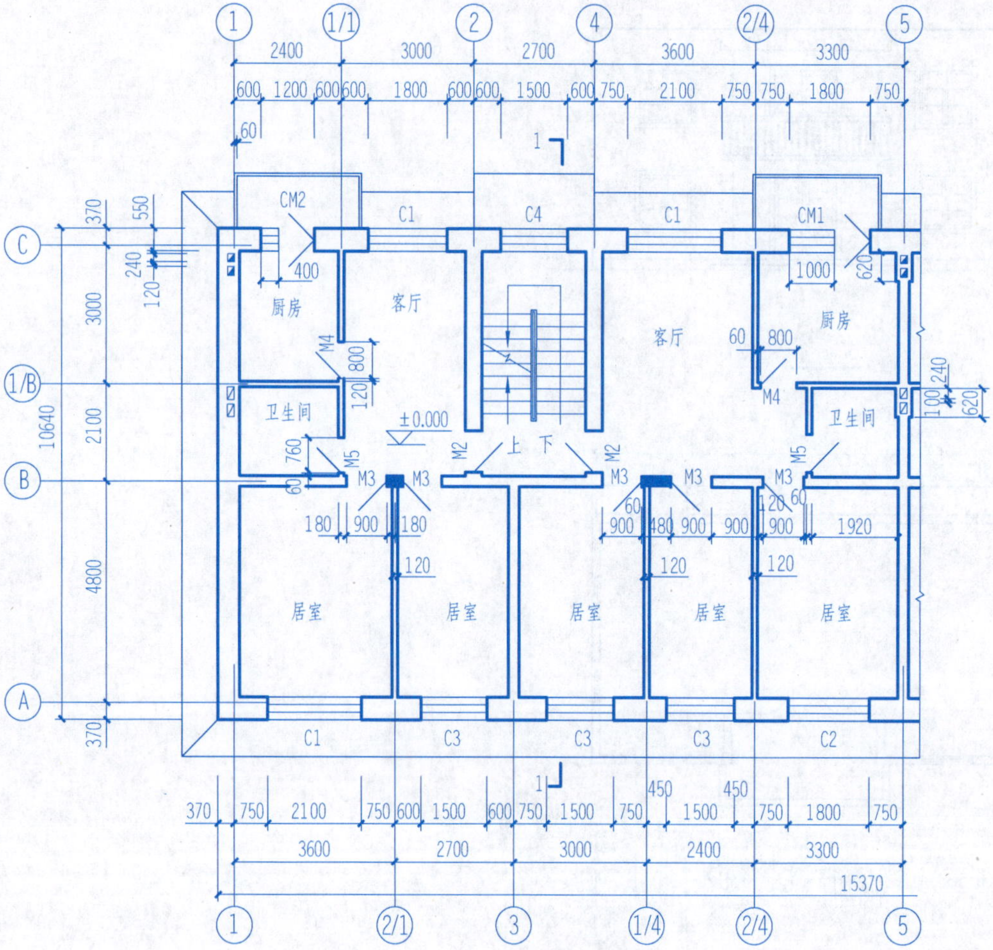


住宅平面图 1:100

17-10　绘制住宅的立面图（住宅的平面图见习题 17-9）。

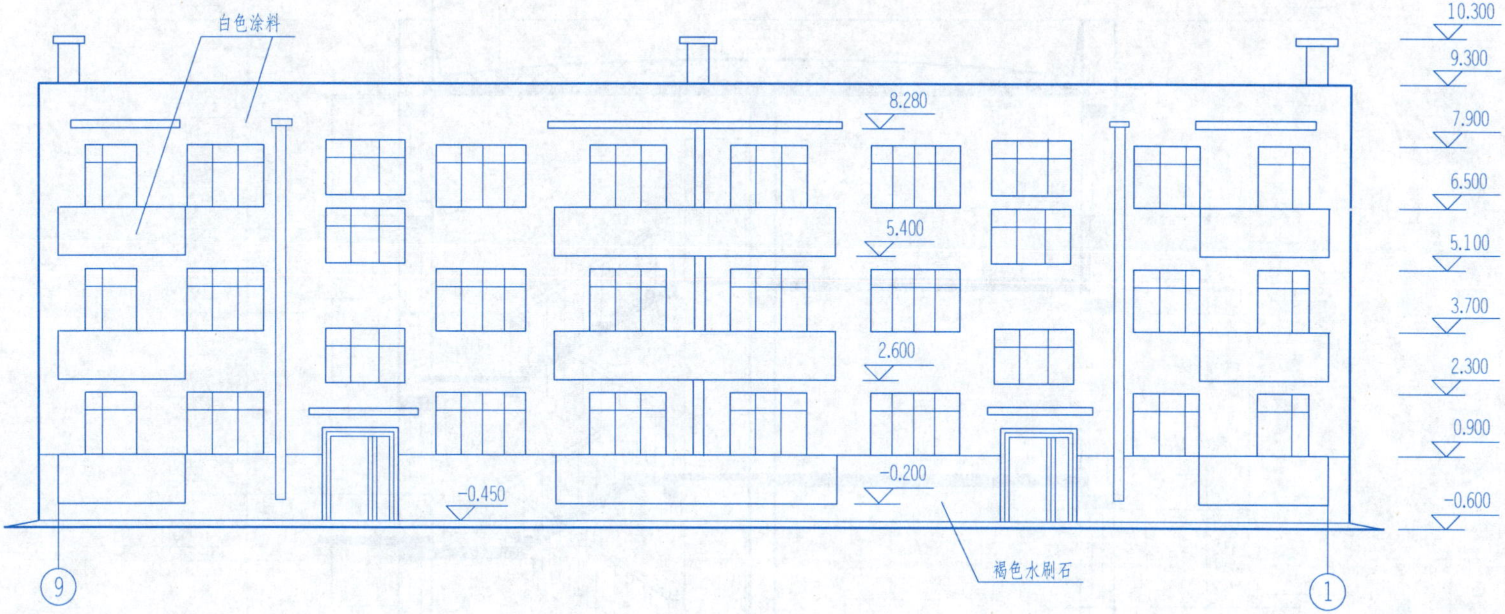


⑨ ~ ① 立面图 1:100

17-11 绘制住宅的剖面图（住宅的平面图、立面图分别见习题 17-9、17-10）。

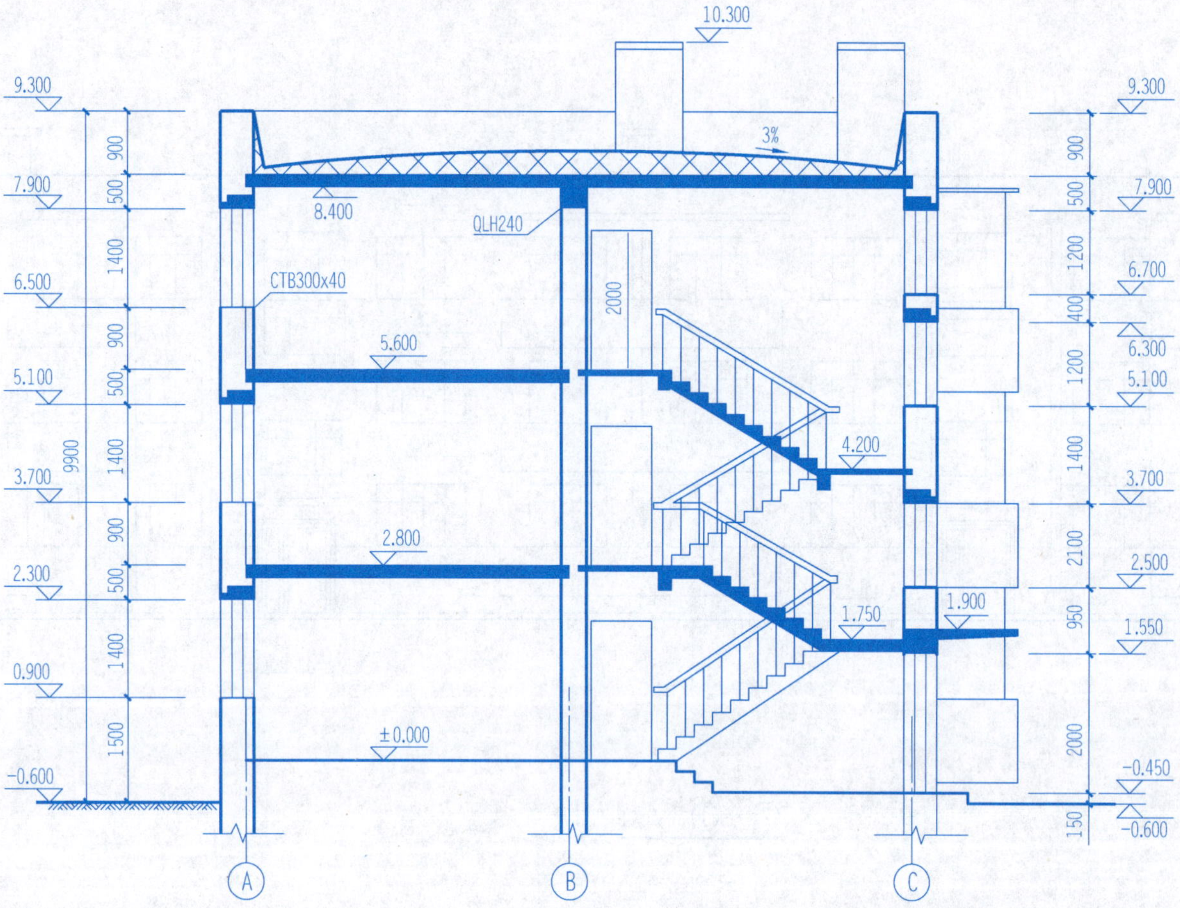


1—1剖面图 1:100

# 第二部分 模 拟 试 题

## 模拟试题

### 试卷一

要求：用铅笔作图，保留作图线。

一、判断题。(16 分)

1. 判断两直线的相对位置。(平行、相交、交错、垂直相交、垂直交错 2×4=8 分)

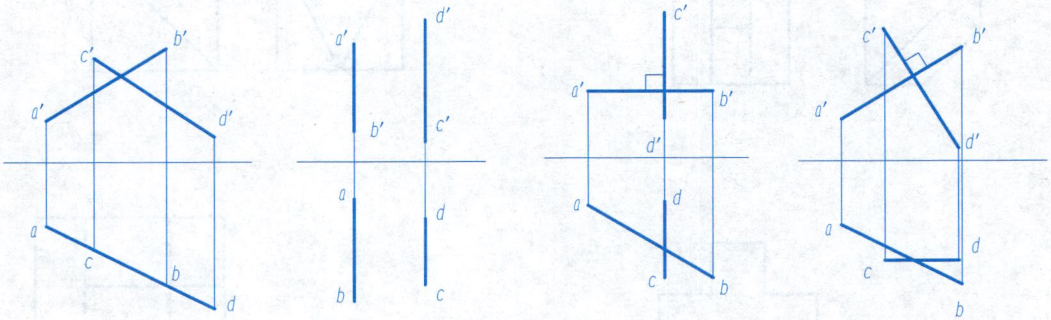


______ ______ ______ ______

2. 判断每题说法是否正确，并用“√、×”表示，填写在括号内。(2×4=8 分)

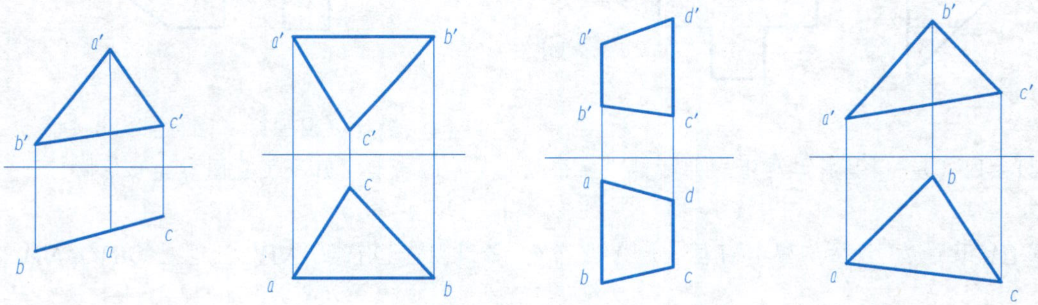


| | | | |
|---|---|---|---|
| 平面 ABC 是<br>正垂面<br>(　) | 平面 ABC 是<br>侧垂面<br>(　) | 平面 ABCD 是<br>一般位置平面<br>(　) | 平面 ABC 是<br>一般位置平面<br>(　) |

二、判断每题说法是否正确，并用“√、×”表示，将判断结果写在括号内。(3×4=12 分)

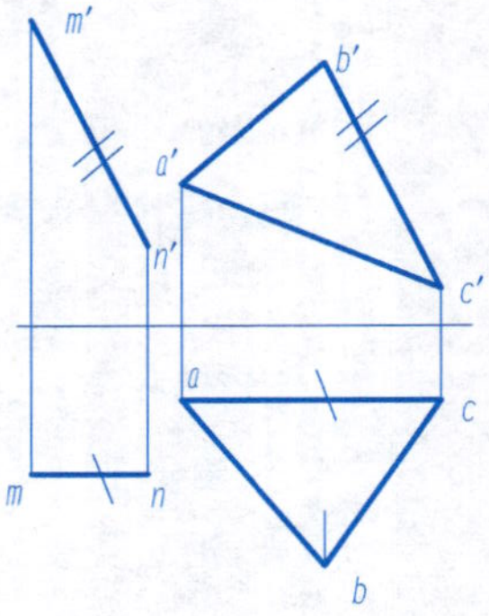


MN//ABC 平面

(　　)

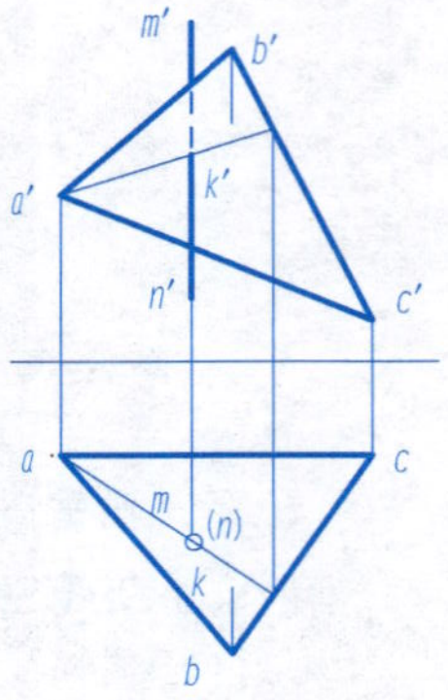


MN 与 ABC 平面相交

(　　)

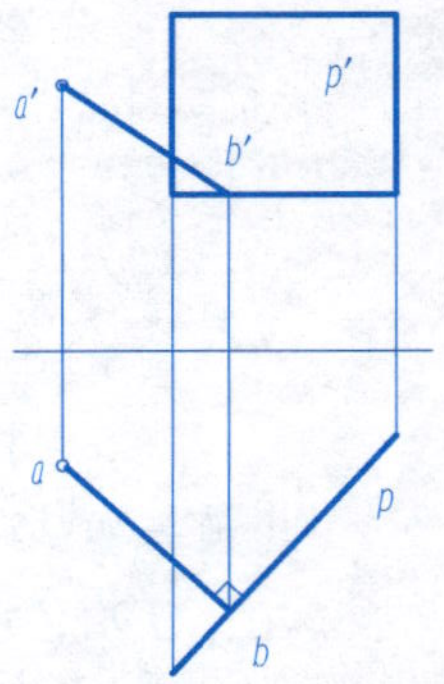


a′b′ 为 A 到平面 P 距离的实长

(　　)

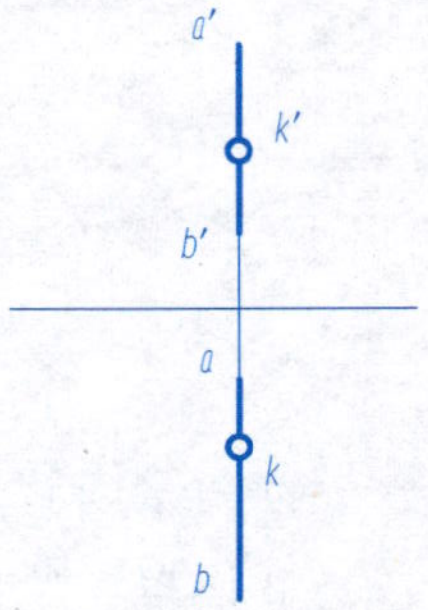


k 点在 AB 直线上

(　　)

三、判断每题作图是否正确，并用“√、×”表示，将判断结果写在括号内。(3×4=12 分)
(忽略作图过程，只判断图形对错)

(1)

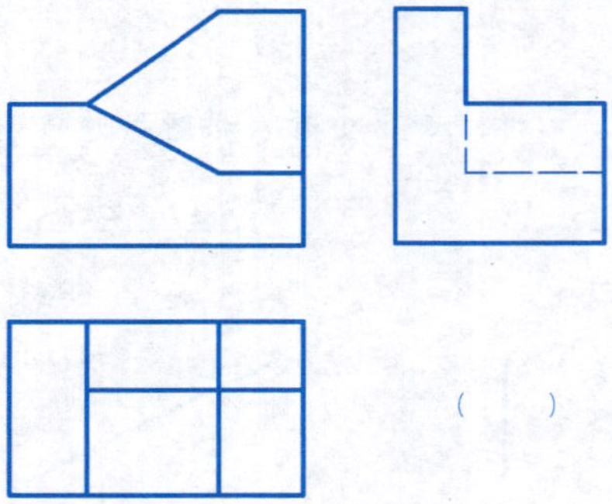

(　　)

(2)

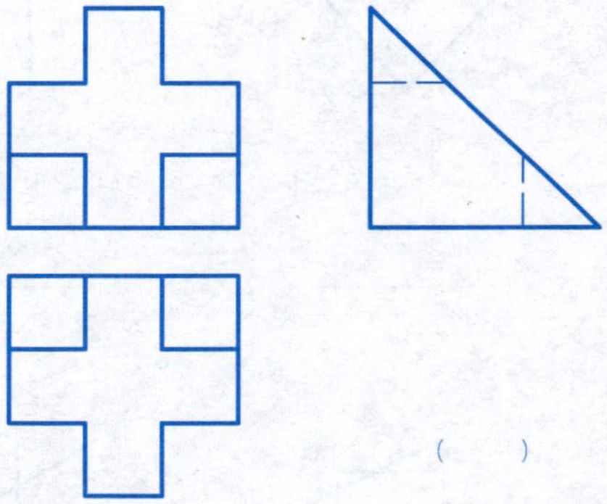

(　　)

(3)

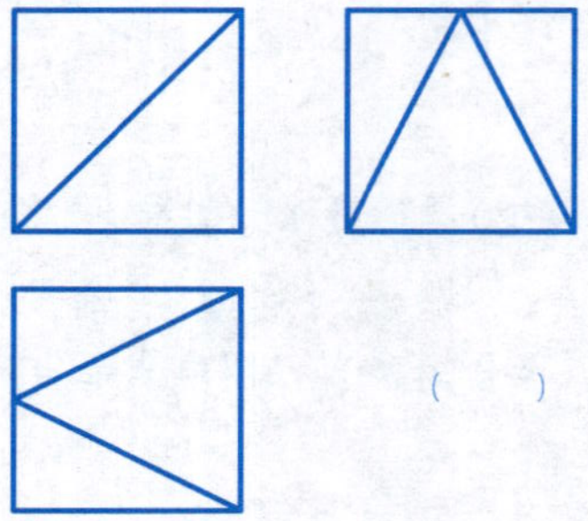

(　　)

(4)

(　　)

四、作图题，按要求完成下面两题。（6×2=12 分）

1. 补全平面多边形的投影。

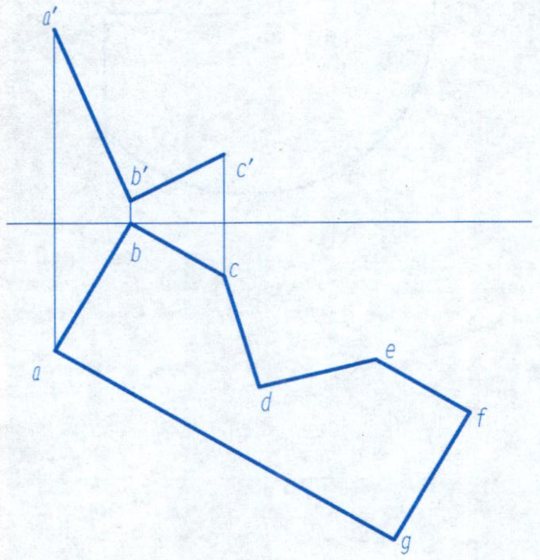


2. 做直线 $MN$ 与直线 $AB$ 平行，并与直线 $CD$、$EF$ 相交。

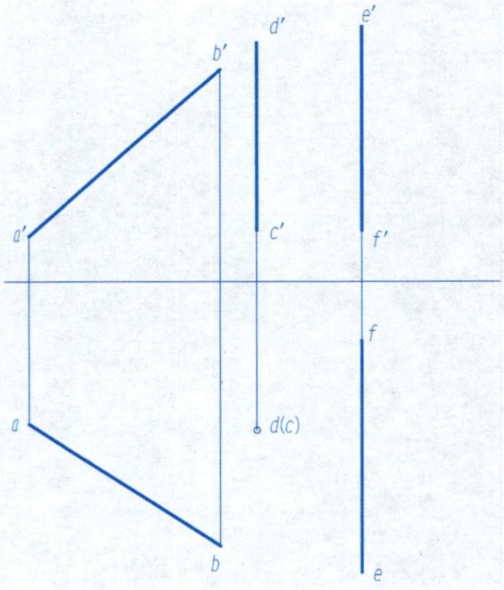


五、求两平面的交线，并判别可见性。（8 分）

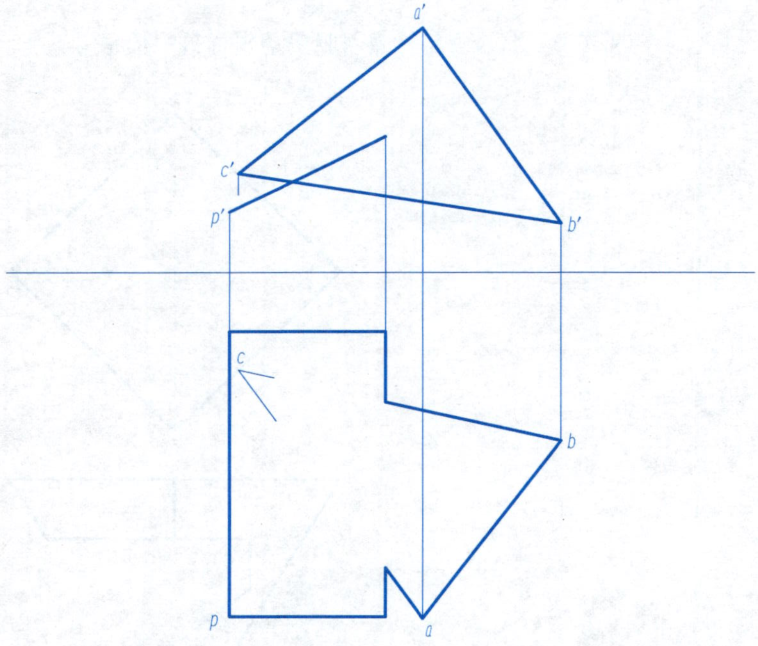

六、完成四棱锥切割体的水平投影和侧面投影。(10 分)

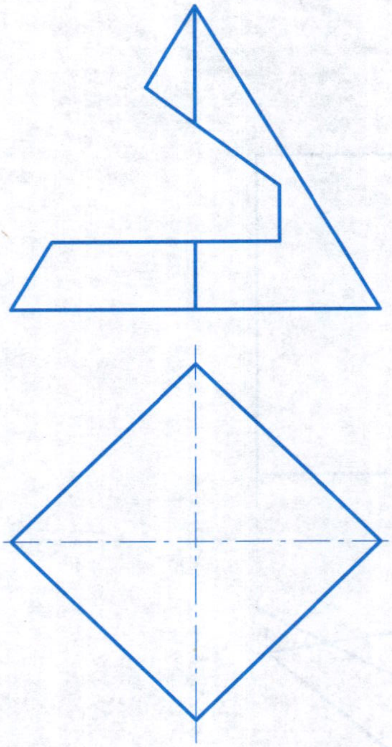

七、作出圆球切割体的正面投影和侧面投影。(10 分)

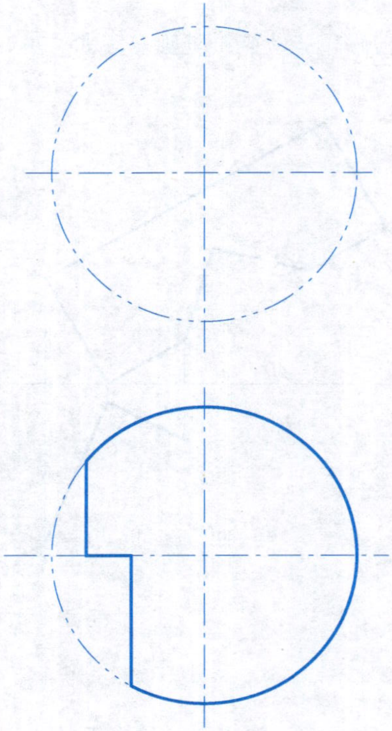

八、完成组合体的第三面投影及正等轴测图。（10分）

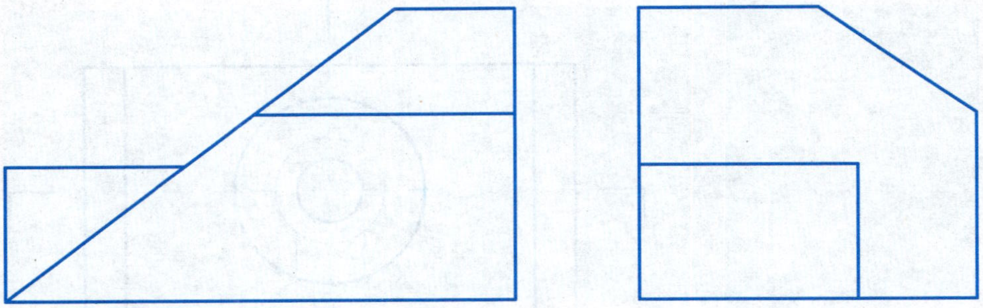

九、在指定位置作形体的1-1剖面图和2-2剖面图。(10分)

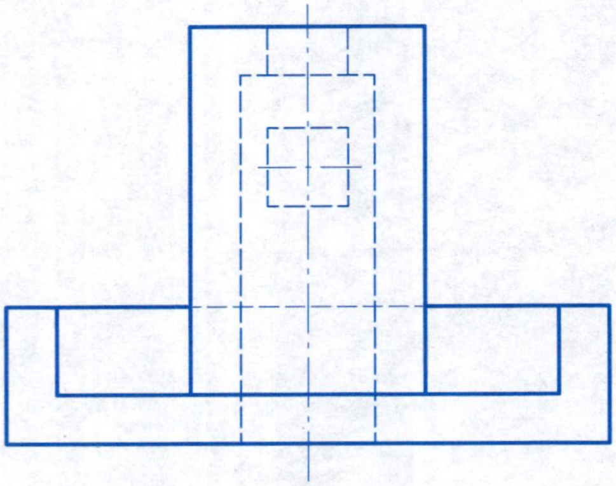

1-1剖面图

2-2剖面图

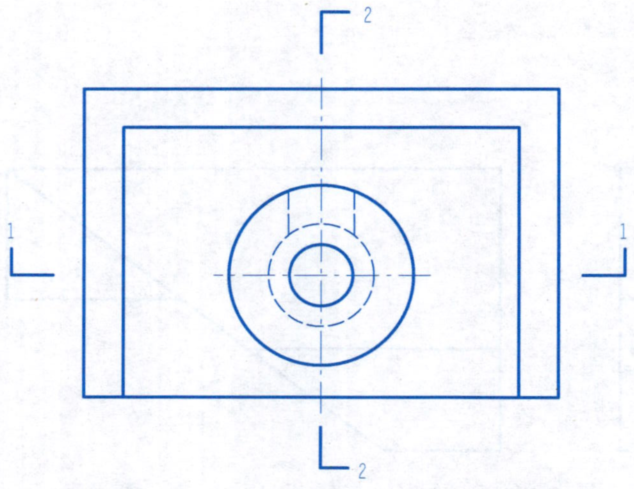

# 试卷二

要求：用铅笔作图，保留作图线。

一、选择题（可多选）。(12分)

1. 根据形体 $W$ 投影，选择形体 $V$、$H$ 面投影。

答（　　）

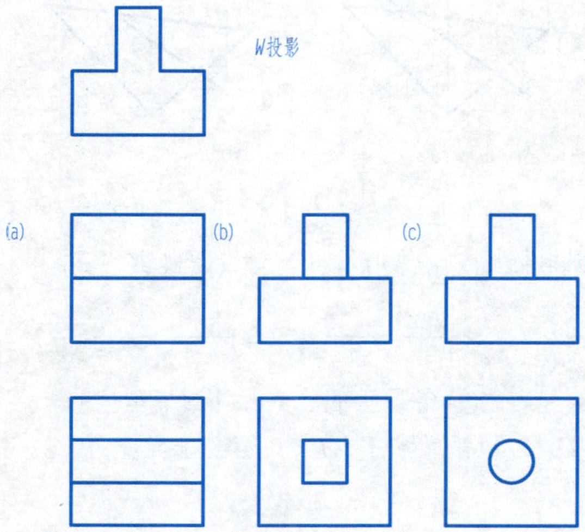


2. 根据形体 $W$ 投影，选择形体 $V$、$H$ 面投影。

答（　　）

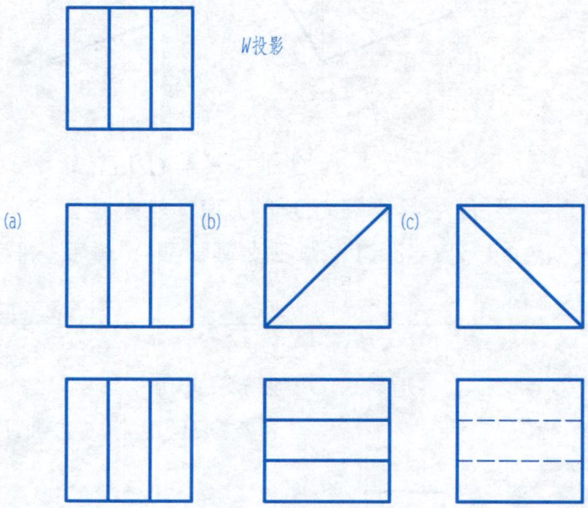


3. 根据形体 $V$、$H$ 投影，选择形体 $W$ 面投影。

答（　　）

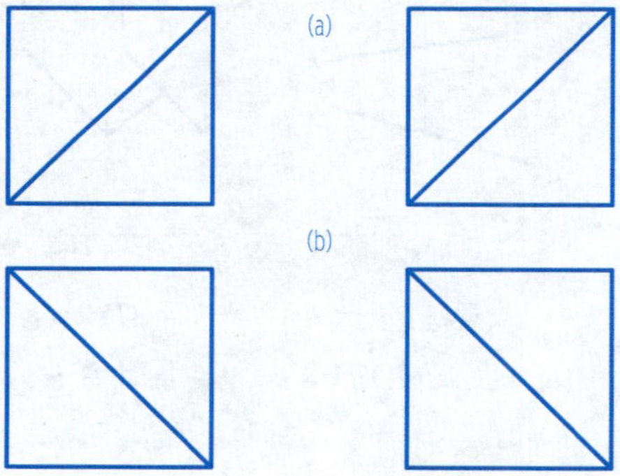


4. 根据形体 $V$、$H$ 投影，选择形体 $W$ 面投影。

答（　　）

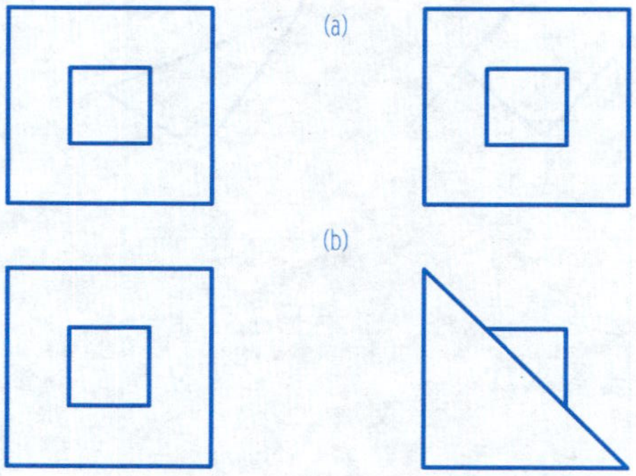

二、判别下列说法是否正确。(正确或不正确，2×10=20 分)

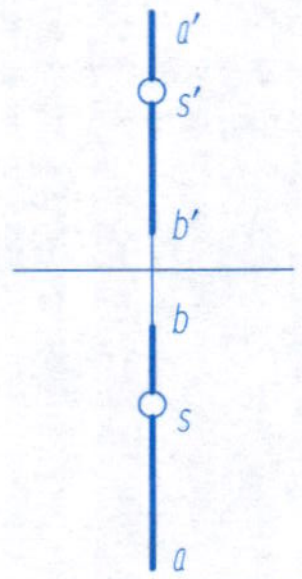


S 点在直线 AB 上

______

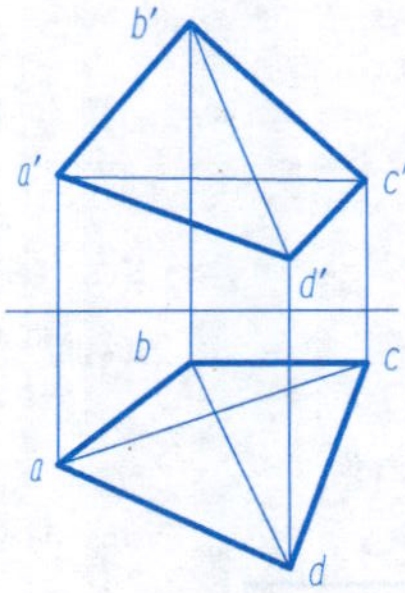


ABCD 表示一个平面

______

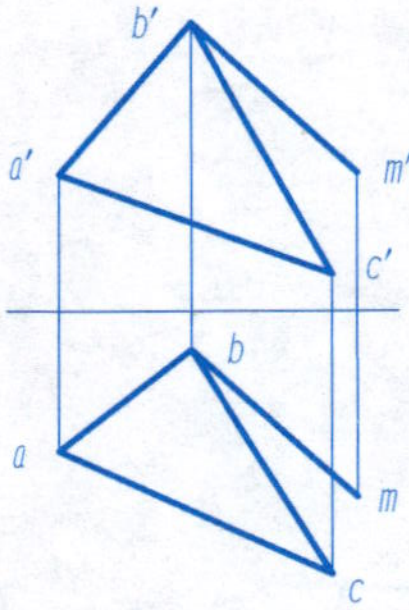


BM 属于平面 ABC

______

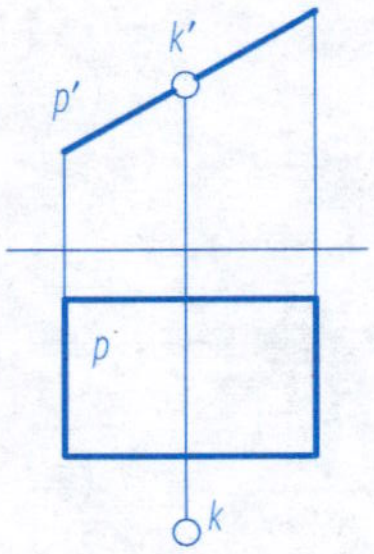


K 点不在平面 P 上

______

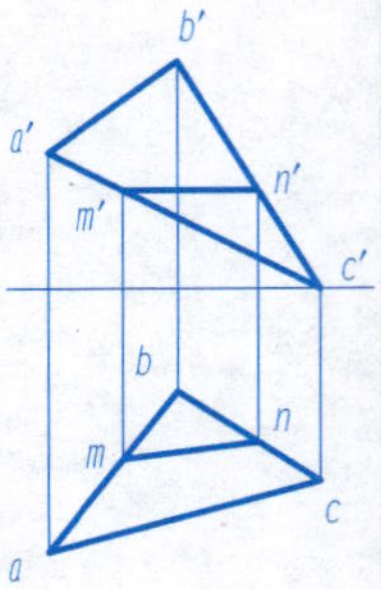


MN 是平面上的水平线

______

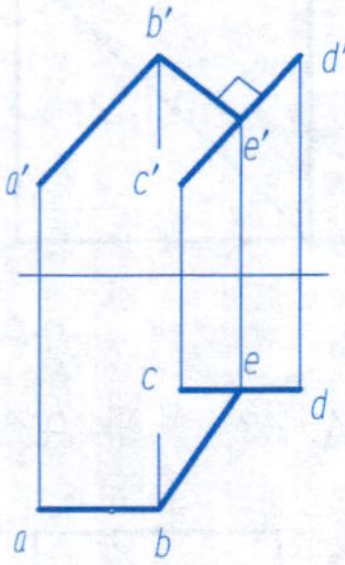


b′e′ 是两平行线间距离实长

______

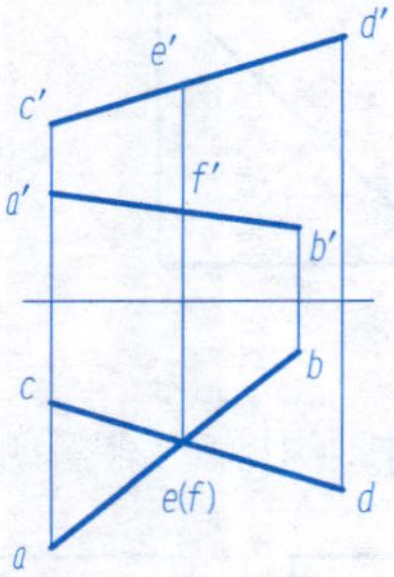


E、F 两点是正面重影点

______

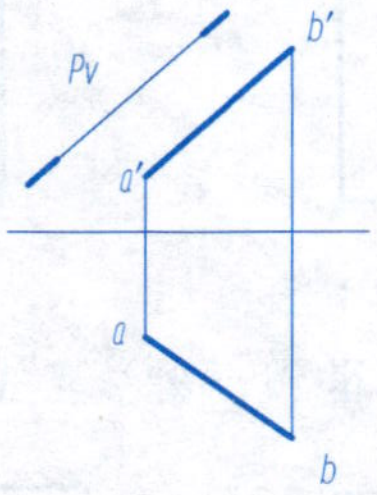


AB∥P 面

______

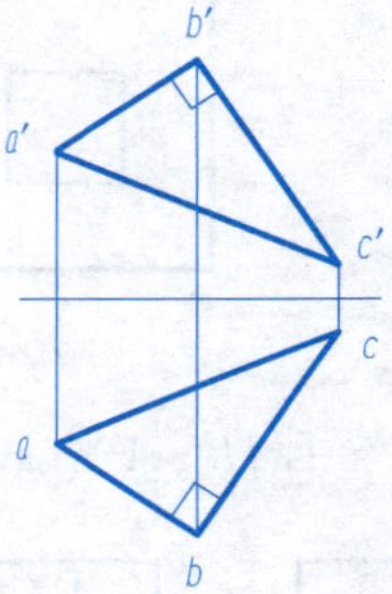


ABC 是直角三角形

______

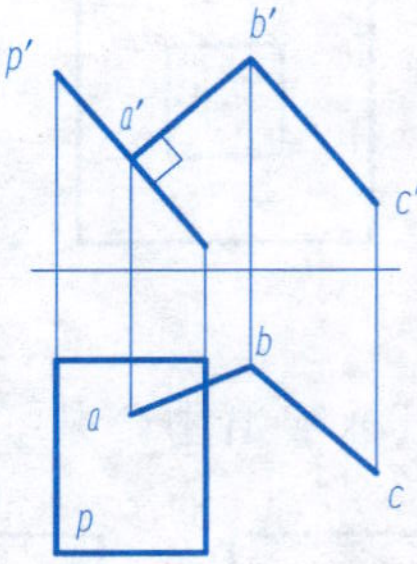


平面 ABC⊥P 面

______

三、根据题目要求和已知条件，判别作图结果是否正确。(正确或不正确，4×2=8 分)

1. 求两平面的交线，并判别可见性。

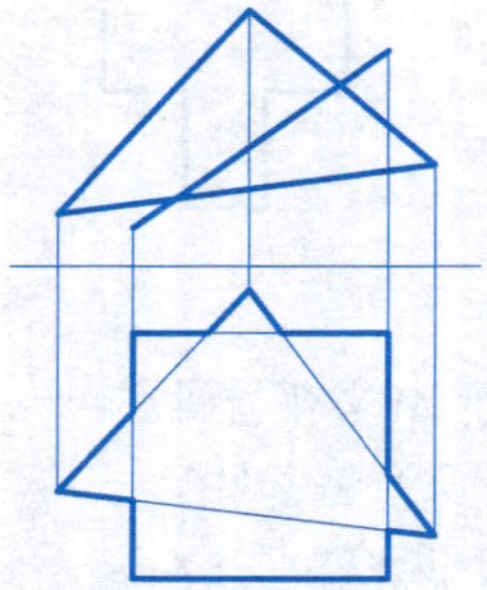

已知条件

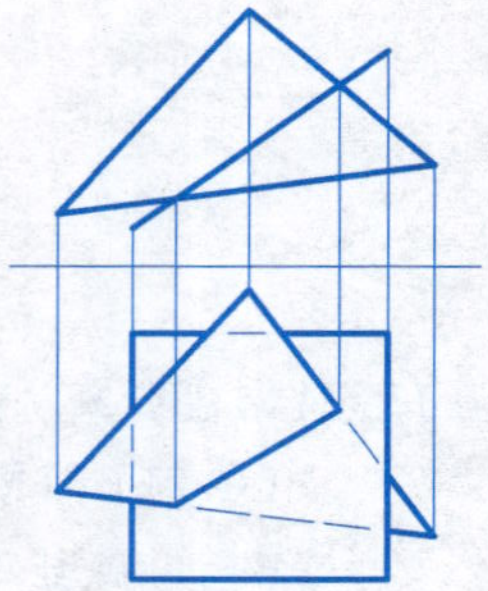

作图结果

______

2. 已知平面 ABCD 的 CD 边平行于 H 面，作出 ABCD 的正面投影。

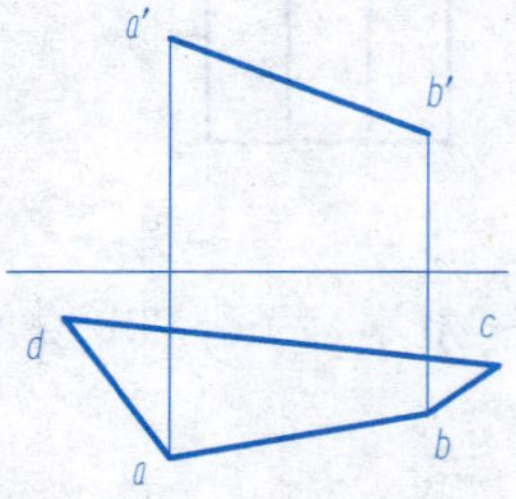


已知条件

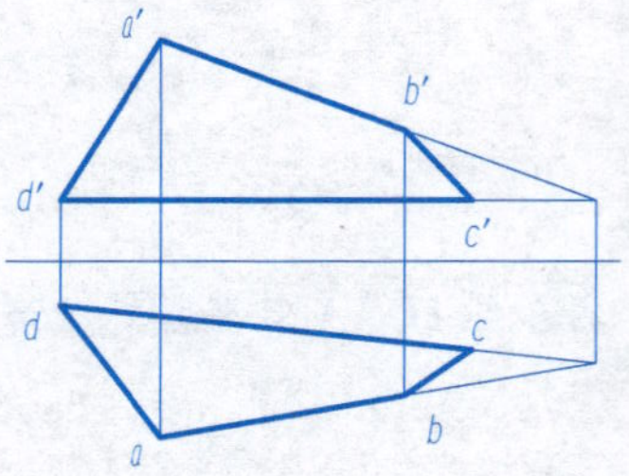


作图结果

______

四、作图题。(5×2=10分)

1. 作距 $H$ 面 20mm 的水平线，与直线 $AB$ 垂直相交。

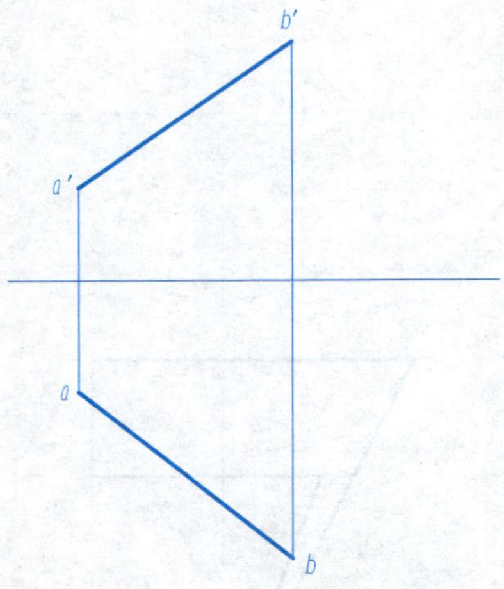


2. 已知 $AD$ 是平面 $ABC$ 内的正平线，$AE$ 是该平面内的水平线，求平面 $ABC$ 的水平投影。

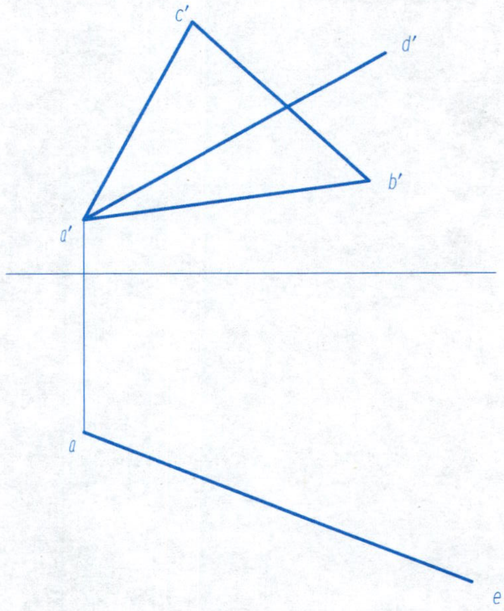


五、根据组合体正等轴测图和部分主视图，画出缺少的三视图。(尺寸直接从轴测图量取)(10分)

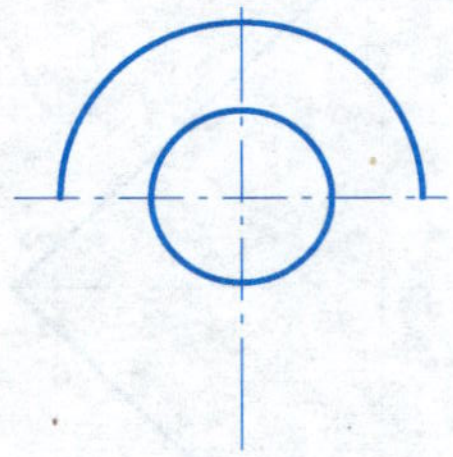

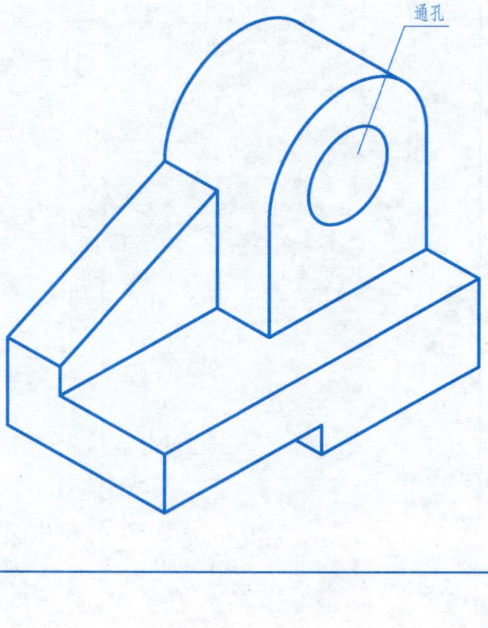

六、完成四棱锥切割体的水平投影和侧面投影。(10 分)

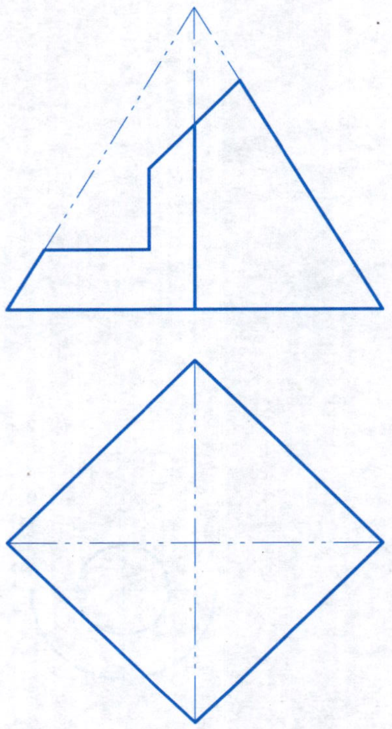

七、作出圆锥切割体的正面投影和侧面投影。(10 分)

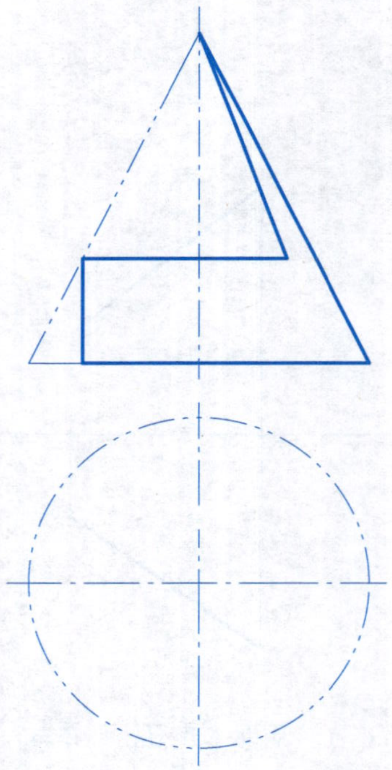

八、作出组合体第三面投影及其正等轴测图。(10 分)

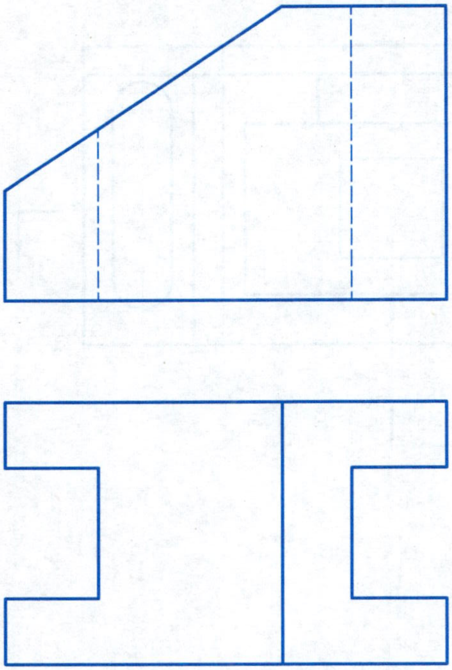

九、在空白处将主视图改画成半剖视图，左视图补画成全剖视图。(10分)

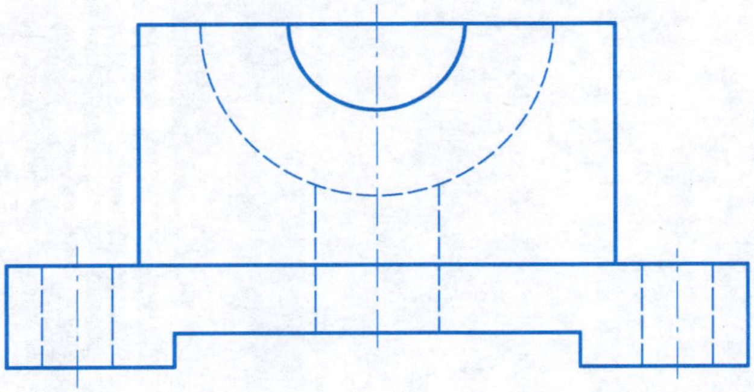

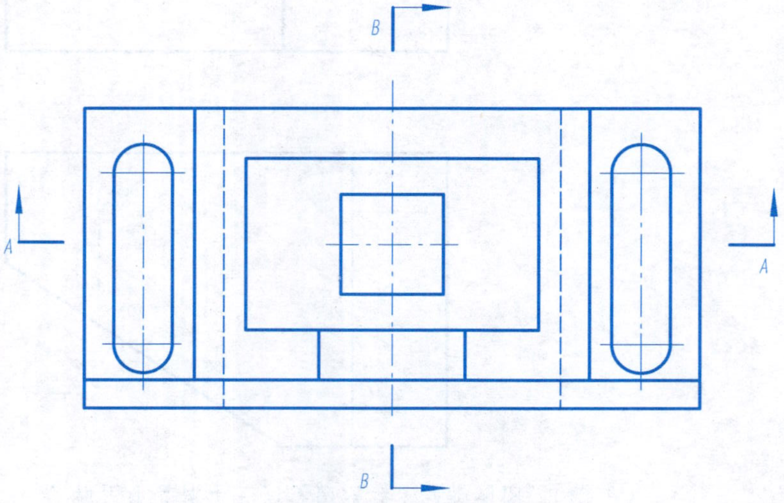

# 第三部分　习　题　解　答

## 第一章　投影的基本知识答案

1-1　根据轴测图找出对应投影图，并填写相应的编号。

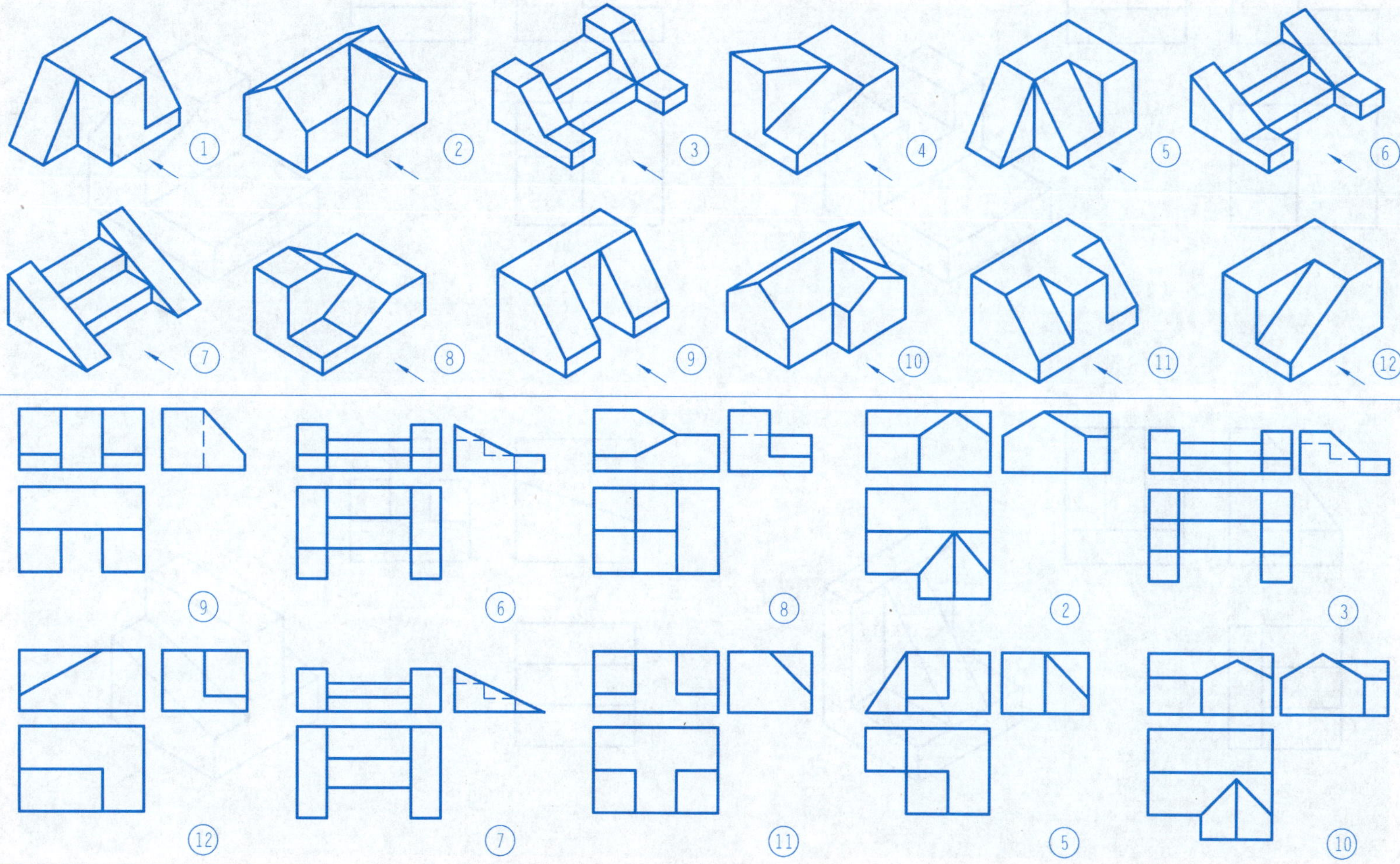

1-2 根据轴测图，在给定位置用 1∶1 的比例绘出三面投影图。

(1)

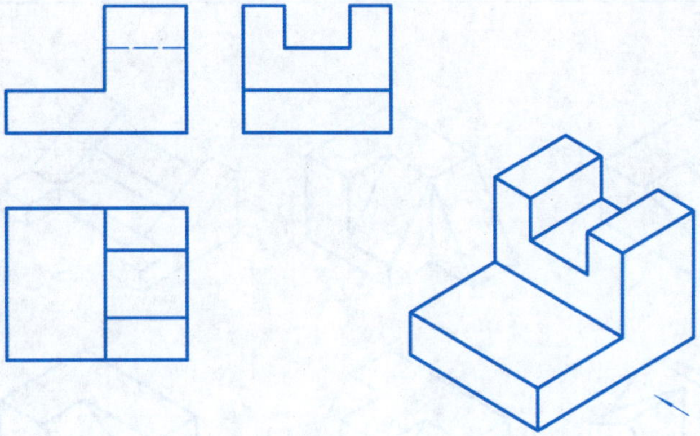

(2)

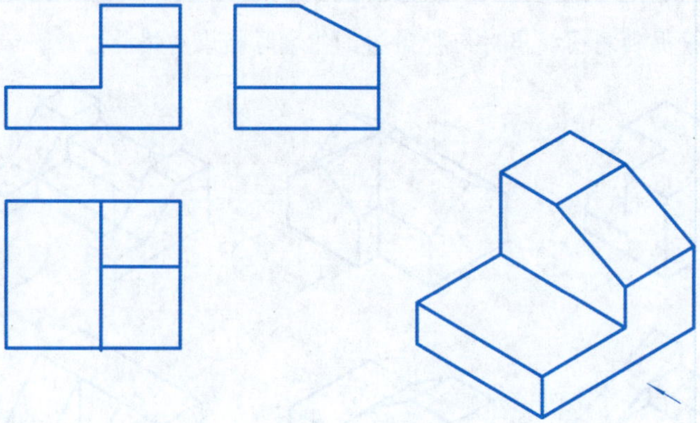

(3)

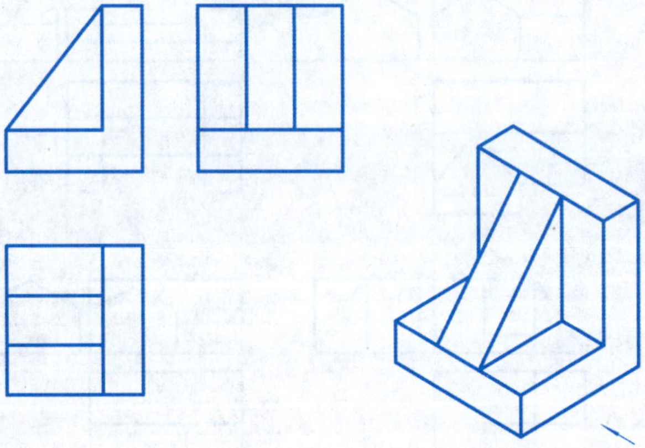

(4)

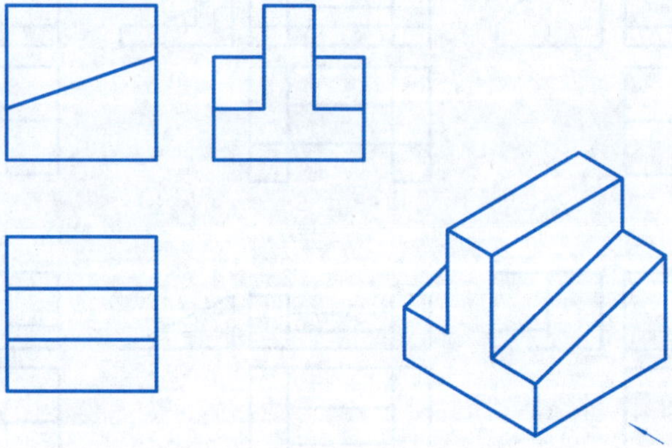

1-3 补绘物体的第三投影图。

(1)

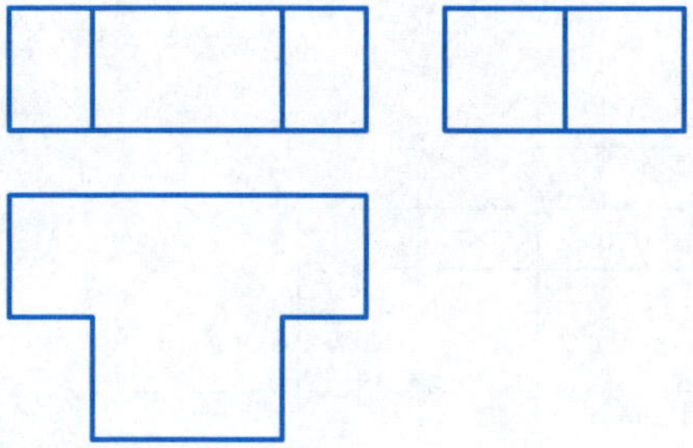

(2)

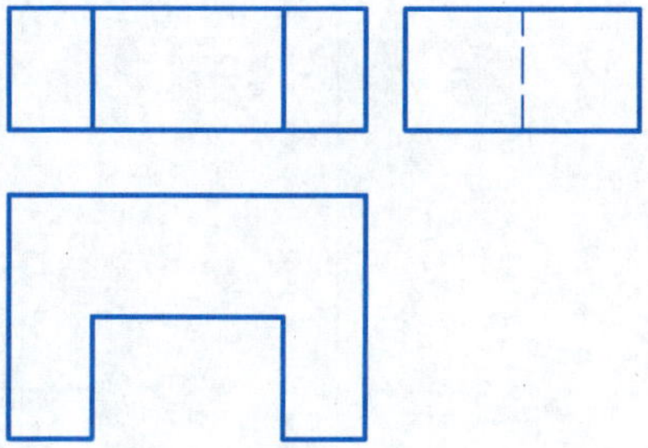

(3)

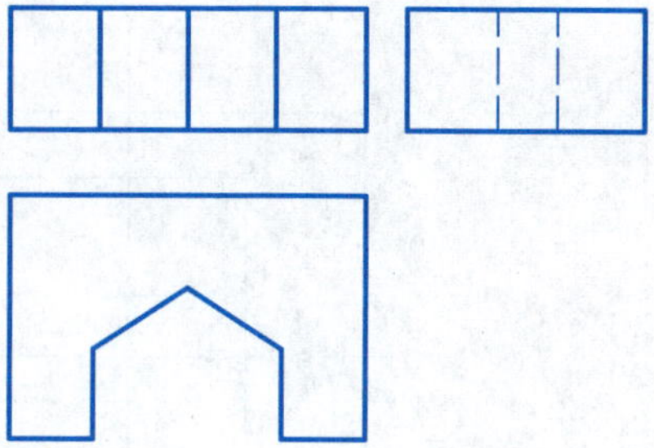

(4)

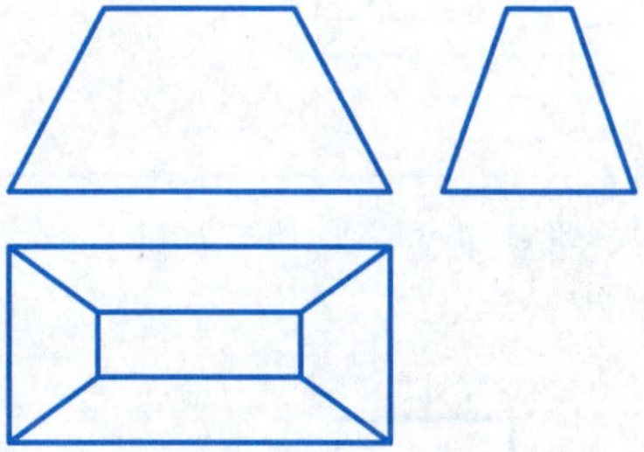

(5)

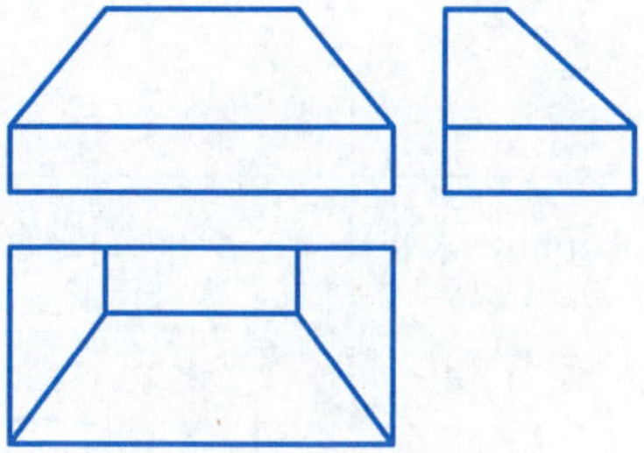

(6)

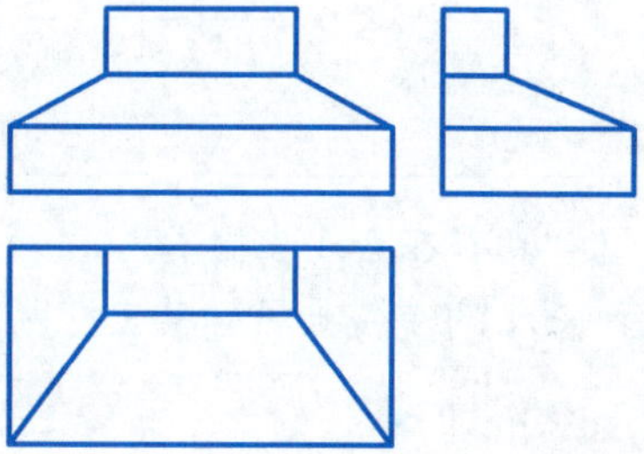

(7)

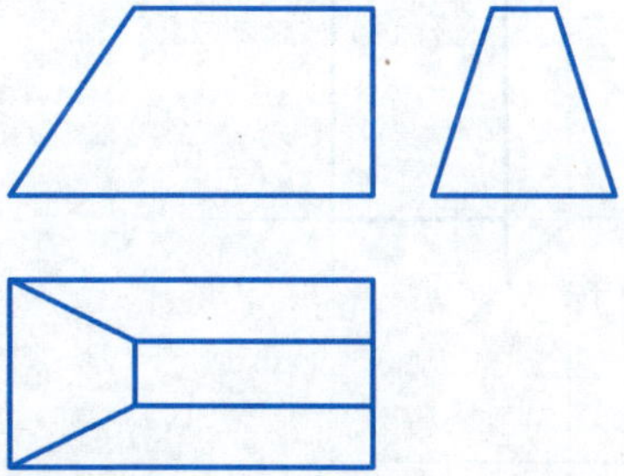

(8)

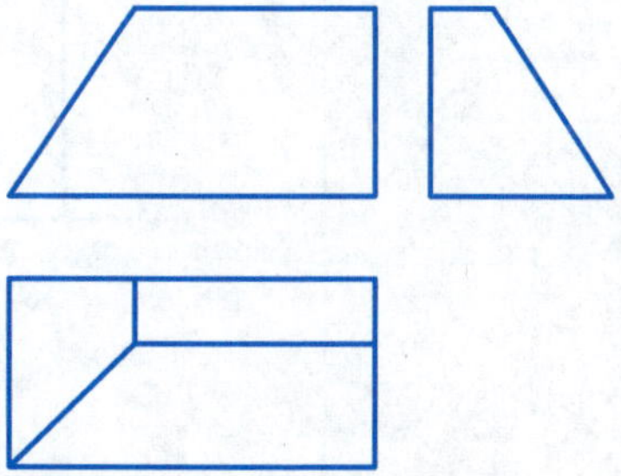

(9)

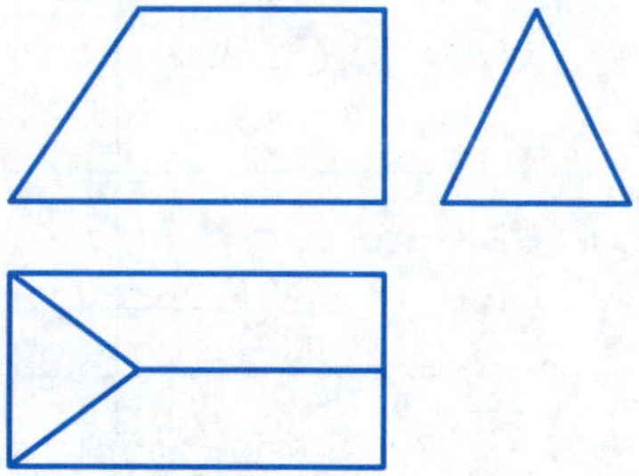

# 第二章　点、直线和平面的投影答案

2-1　已知点 $A$、$B$、$C$、$D$ 的两面投影，求作第三投影。

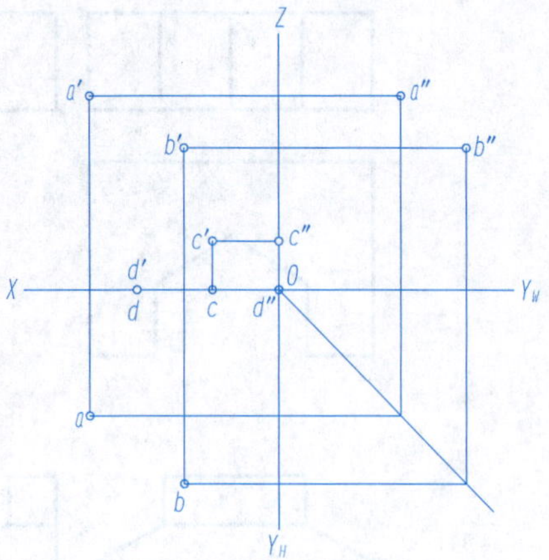


2-2　已知点 $A(30，15，10)$、$B(20，20，15)$、$C(15，10，20)$（mm）的坐标，求作 $A$、$B$、$C$ 三点的投影图。

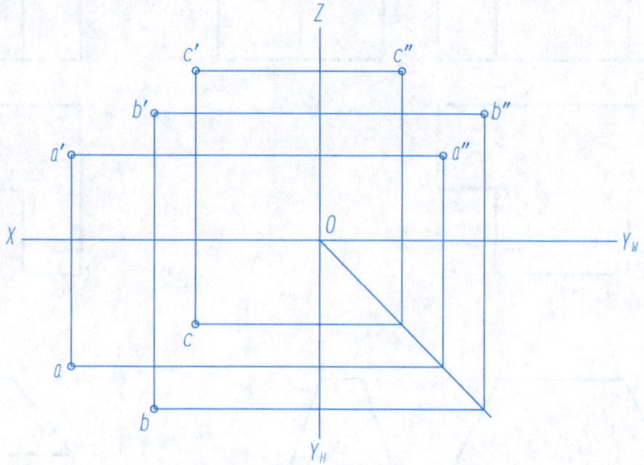


2-3　已知点 $B$ 在点 $A$ 左侧 20mm，上方 10mm，前方 5mm，求作点 $B$ 的三面投影，并完成点 $A$ 的第三投影。

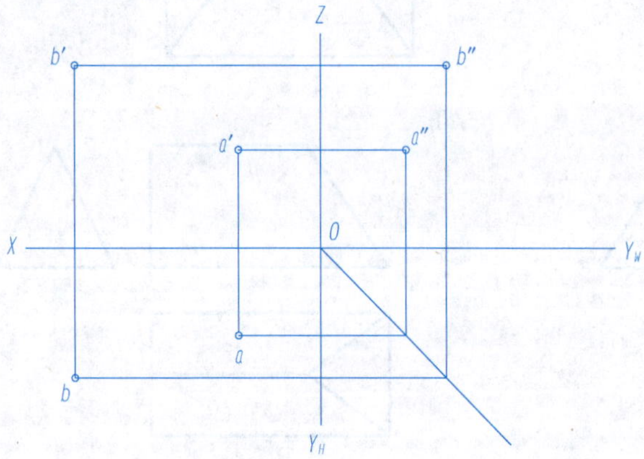


2-4　补绘物体的 $W$ 面投影，并判断重影点的可见性。

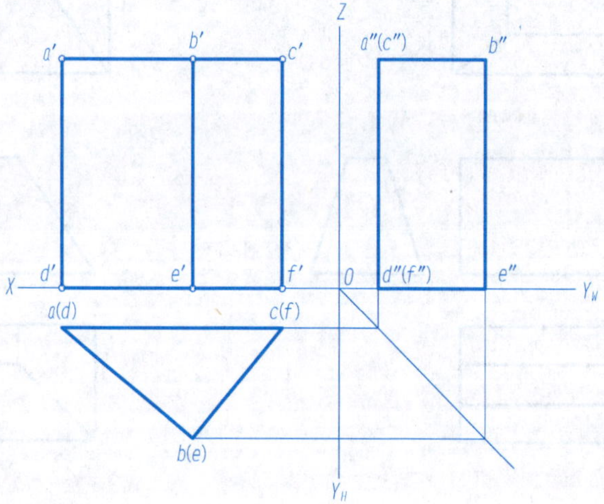

2-5 补出各直线的第三面投影，并标明是何种线段。

(1)

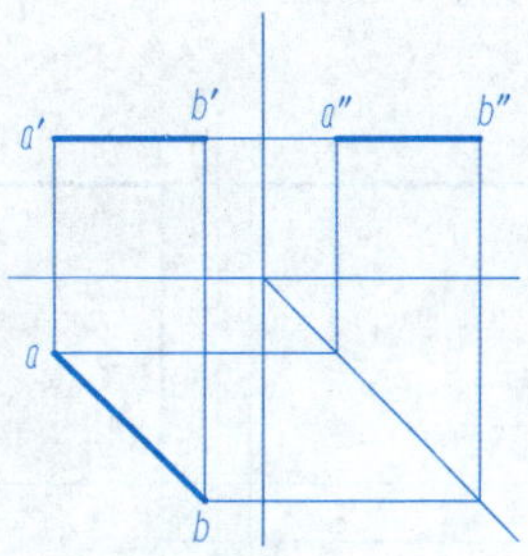


*AB* 是 水平 线

(2)

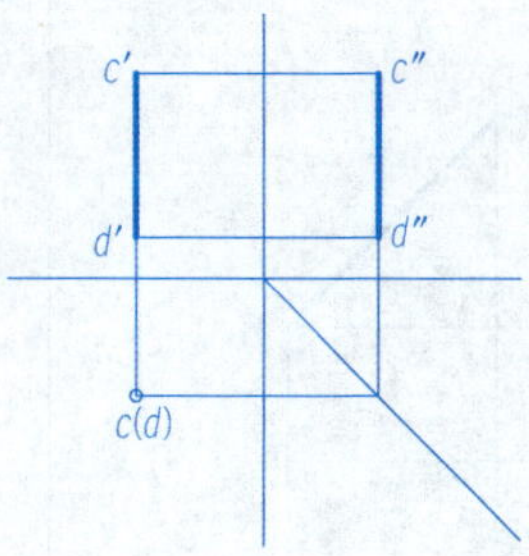


*CD* 是 铅垂 线

(3)

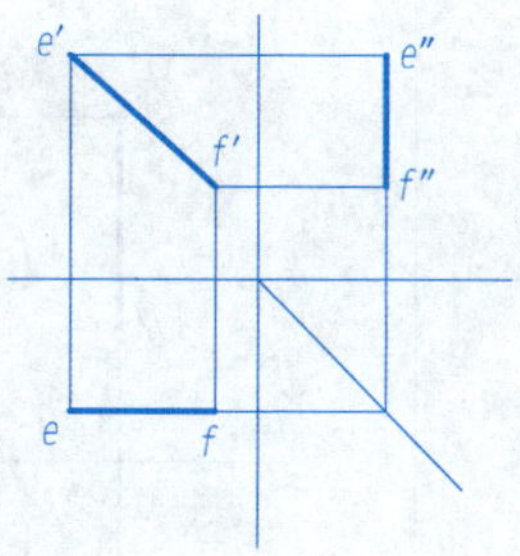


*EF* 是 正平 线

(4)

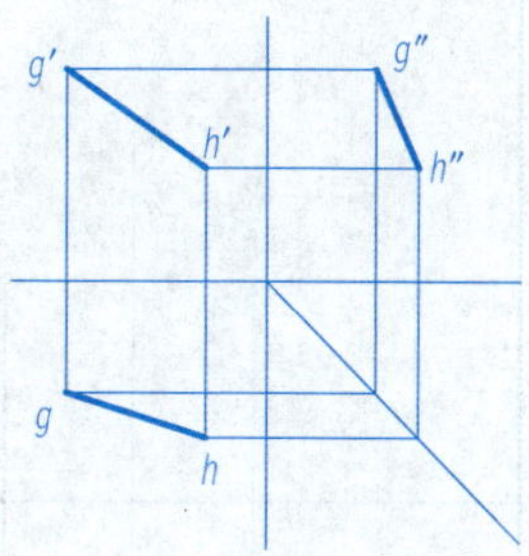


*GH* 是一般位置直线

2-6 过点 *A* 作直线 *AB* 的三面投影，并使 *AB* 的实长为 15mm。说明有几解？只作出一解即可。

(1) 作正平线，与 *H* 面成 30°。

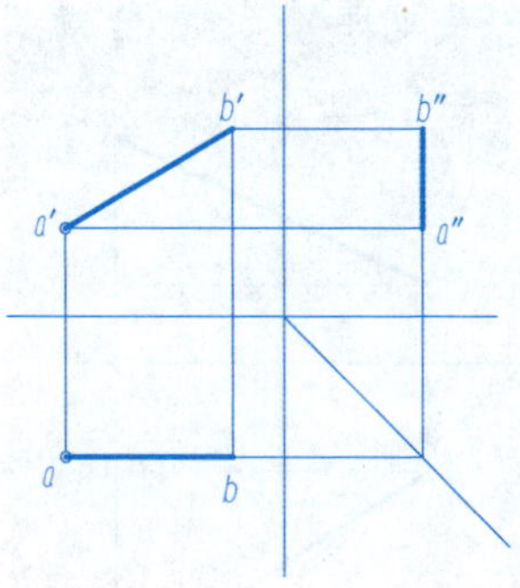


有 4 解

(2) 作铅垂线。

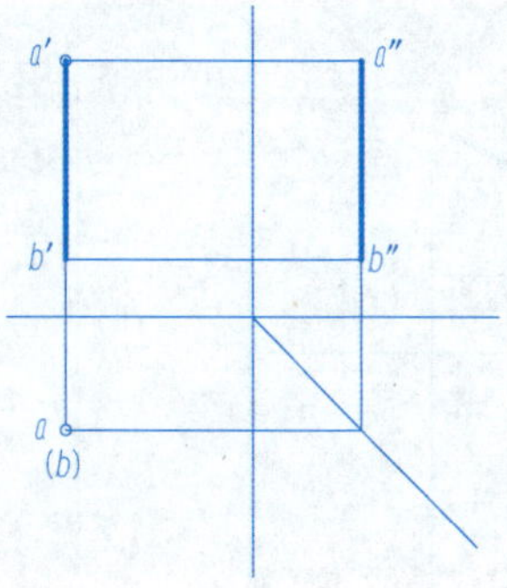


有 2 解

(3) 作侧平线，与 *V* 面成 30°。

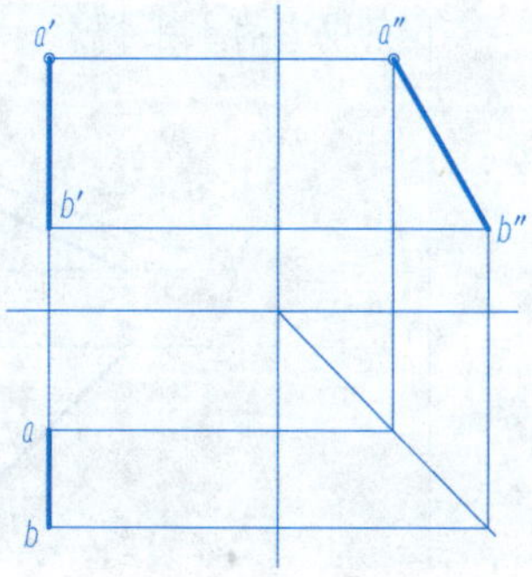


有 4 解

(4) 作正垂线。

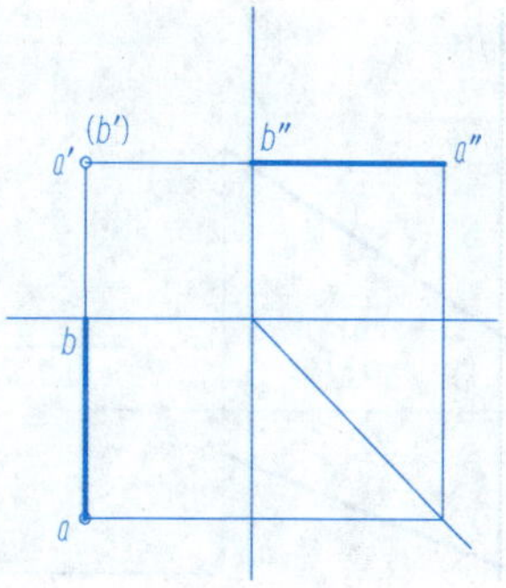


有 2 解

2-7　已知侧垂线 $AB$ 上 $B$ 点距 $W$ 面 8mm，其实长为 20mm，求作直线 $AB$ 的投影。

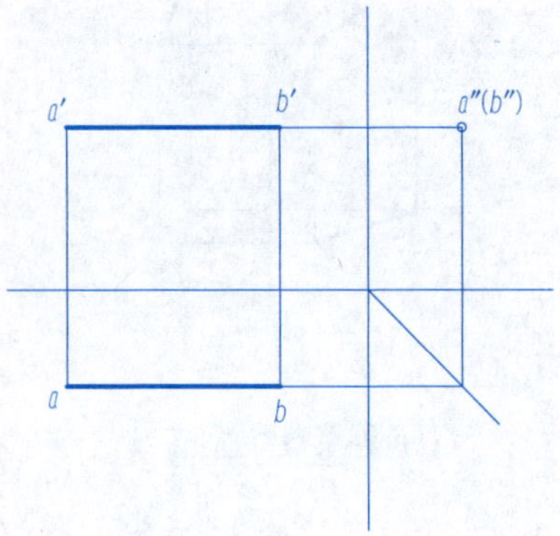


2-8　已知直线 $AB // W$ 面，其实长为 20mm，$\alpha=45°$，求作直线 $AB$ 的投影。

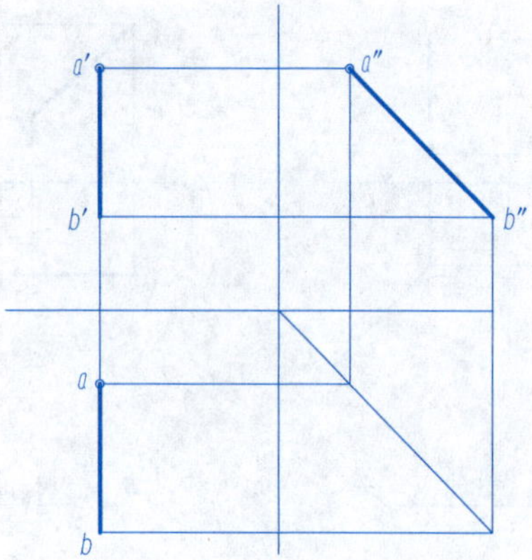


2-9　已知水平线 $AB$ 距 $H$ 面 20mm，其实长为 25mm，与 $W$ 面的夹角为 60°，求 $AB$ 的三面投影。

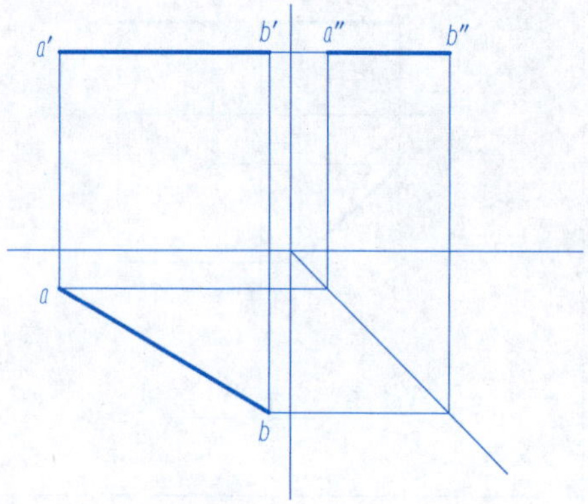


2-10　求出直线 $AB$ 的实长及对两投影面的倾角 $\alpha$ 和 $\beta$。

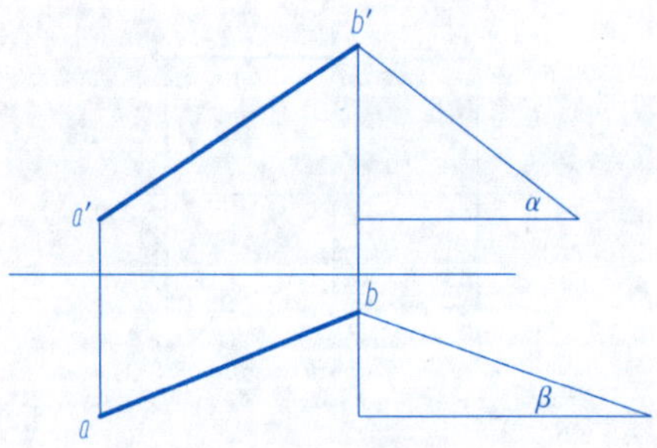


2-11　已知直线 $CD$ 的实长为 35mm，试完成它的水平投影。

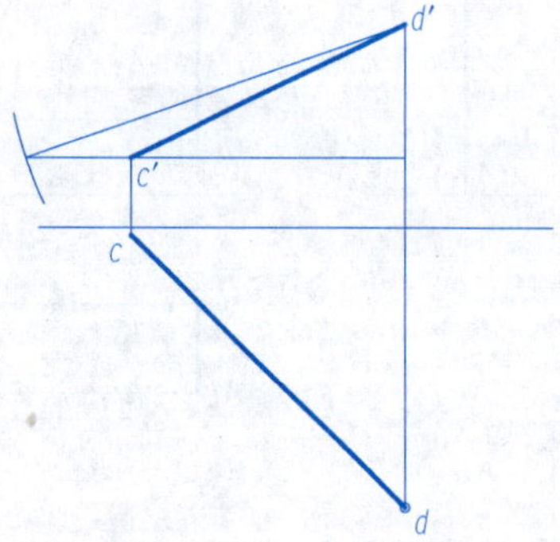


2-12　已知直线 $CD$ 对 $V$ 面的夹角为 30°，试完成它的水平投影。

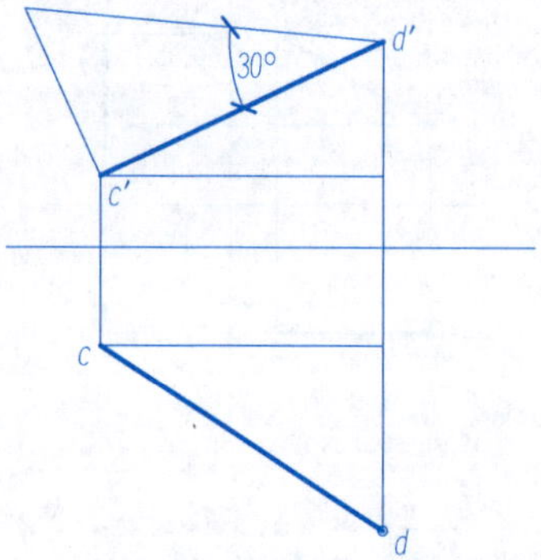

2-13　判断点 $K$ 是否在直线 $AB$ 上。

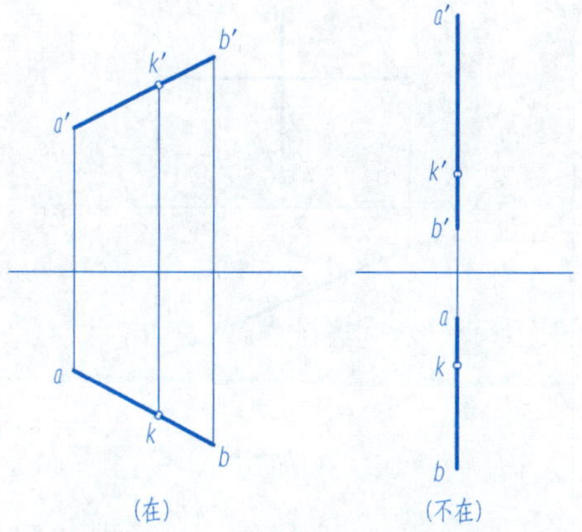


2-14　已知直线 $CD$ 上点 $K$ 的 $H$ 面投影 $k$，求 $k'$。

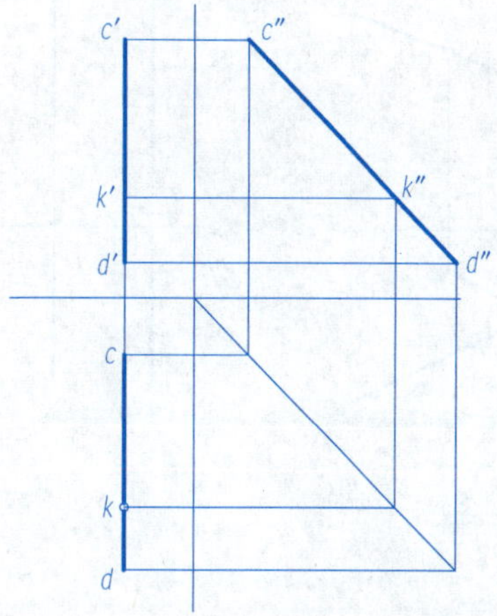


2-15　在直线 $AB$ 上确定一点 $K$，使点 $K$ 距 $H$ 面的距离为 20mm。

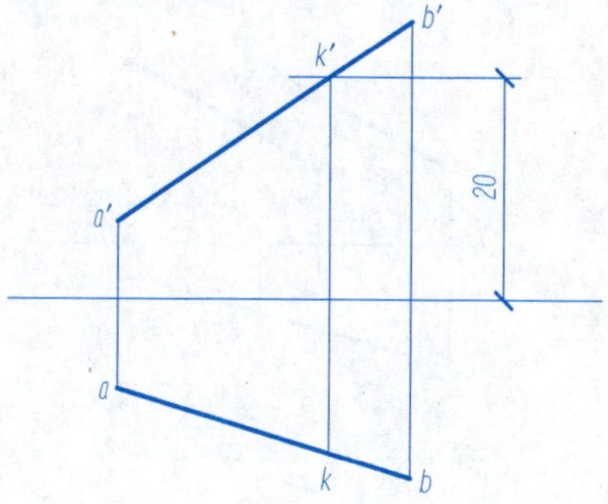


2-16　在直线 $AB$ 上取一点 $K$，使点 $K$ 到 $V$ 面、$H$ 面等距。

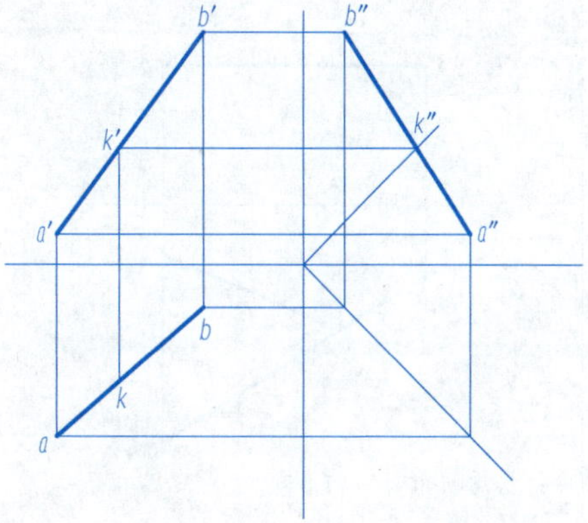


2-17　在直线 $AB$ 上取一点 $K$，使 $AK$ 线实长为 20mm。

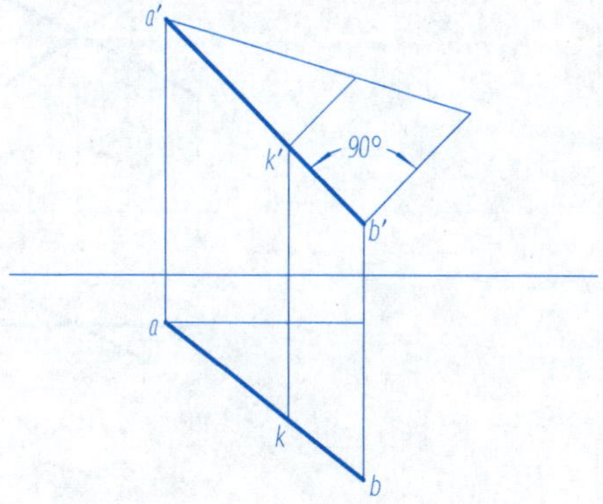


2-18　在直线 $EF$ 上取一点 $K$，使 $K$ 到 $V$ 面距离为 20mm。

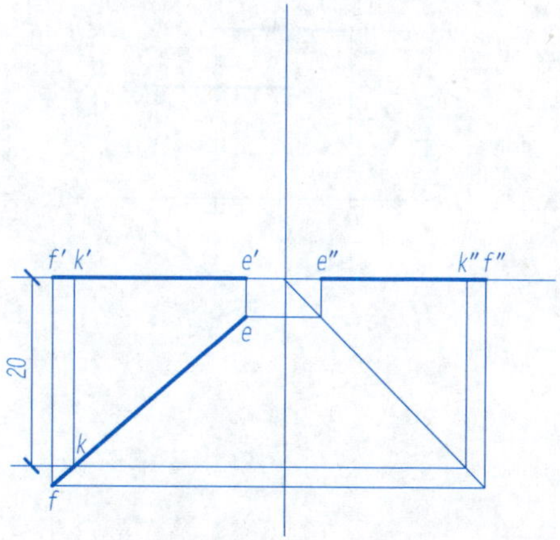

2-19 判断下列两直线的相对位置。

(1)

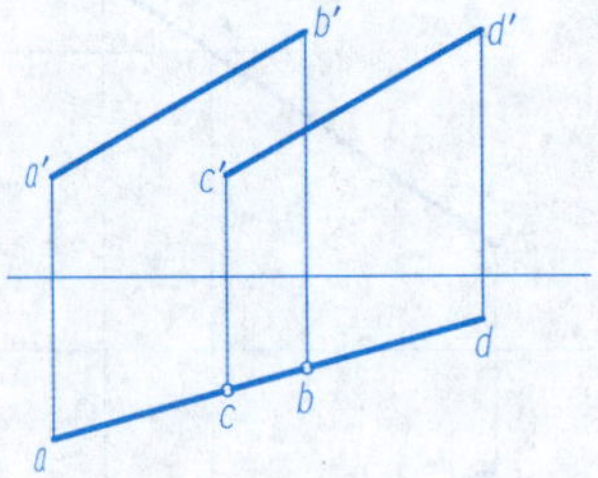


（平行）

(2)

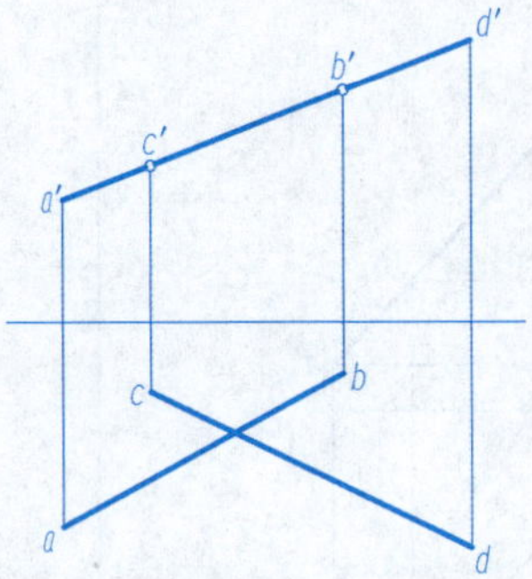


（相交）

(3)

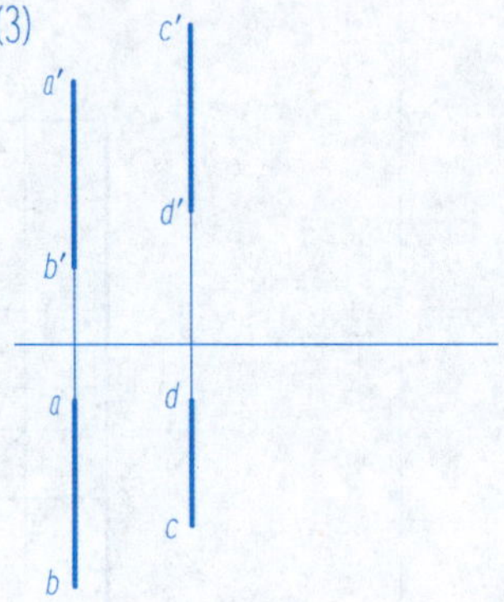


（异面）

(4)

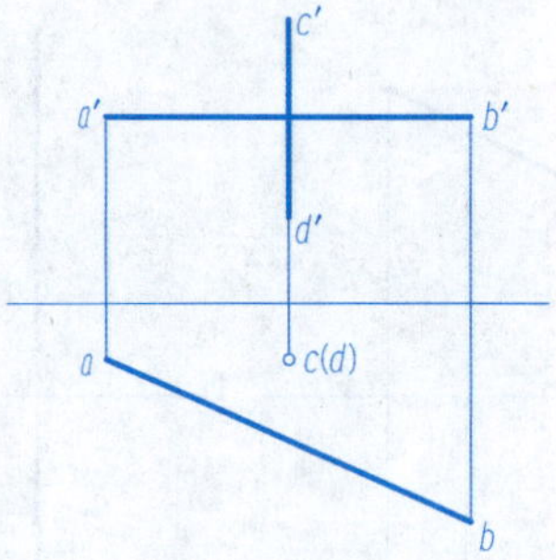


（异面垂直）

(5)

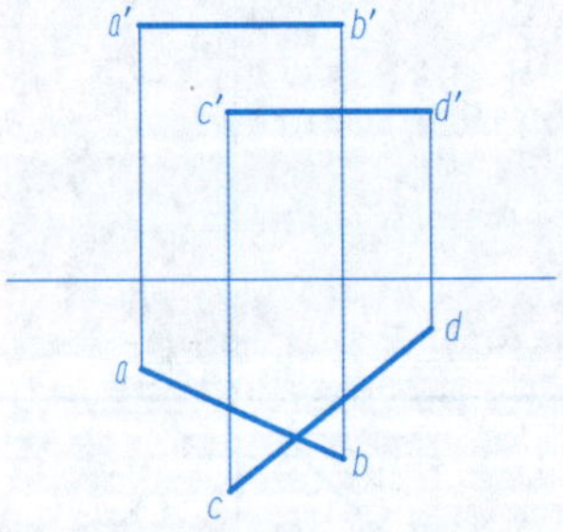


（异面）

(6)

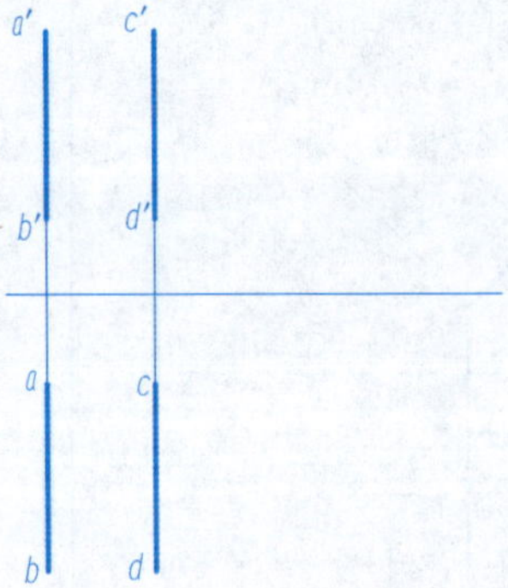


（平行）

(7)

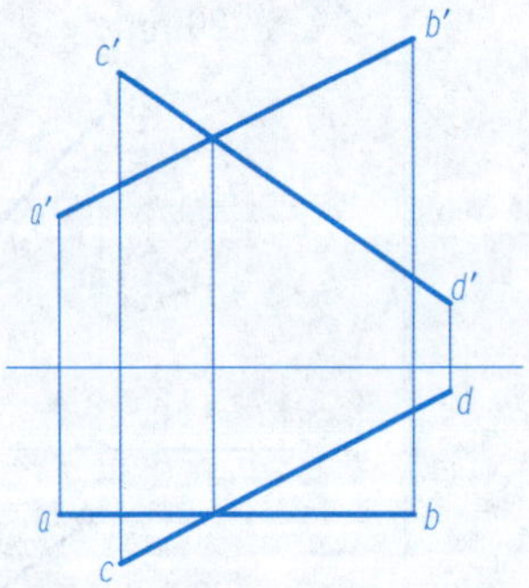


（相交）

(8)

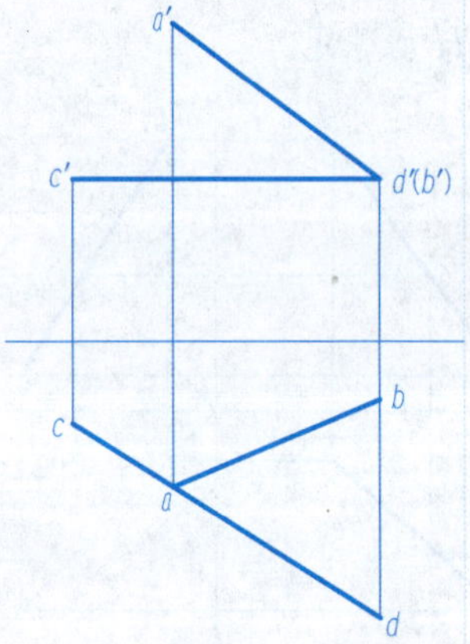


（异面）

2-20 判别两交叉线重影点的可见性（不可见点的投影标记加括号）。

(1)

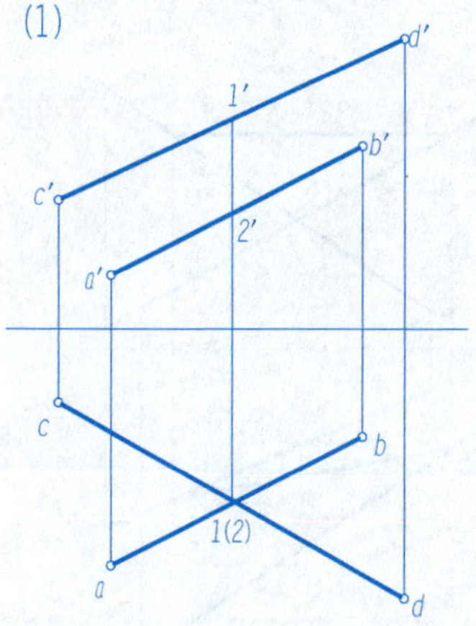


(2)

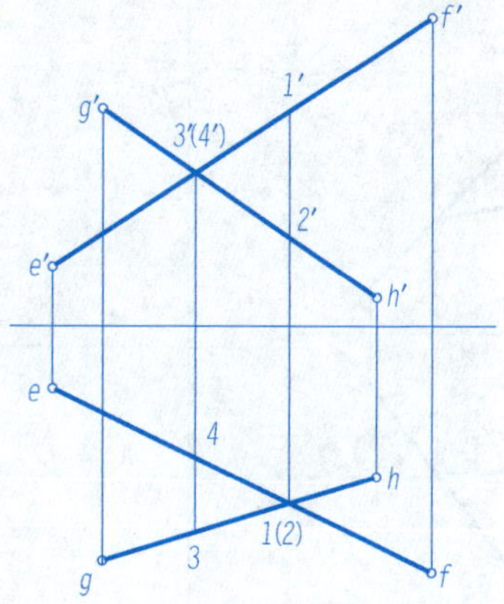


2-21 判断两直线在空间是否互相垂直。

(1)

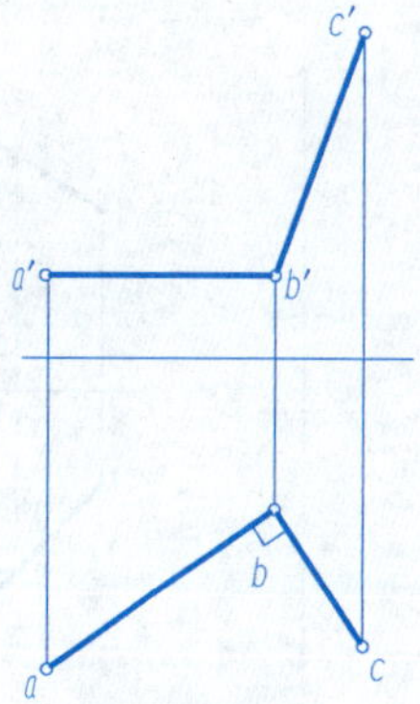


(垂直)

(2)

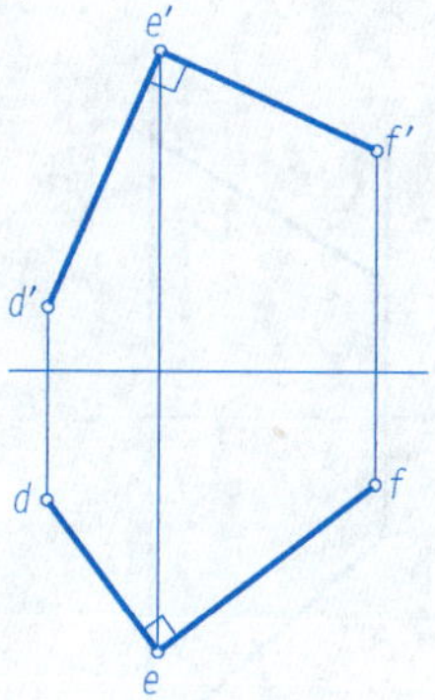


(不垂直)

(3)

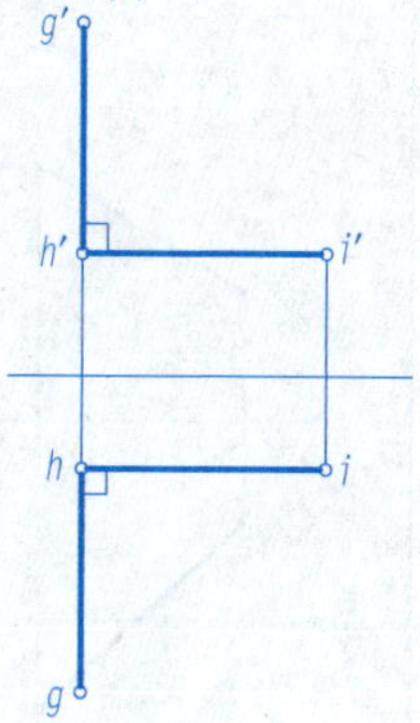


(垂直)

2-22 过 $C$ 点作直线 $CD$ 与直线 $AB$ 相交，且交点 $D$ 距 $V$ 面 15mm。

(1)

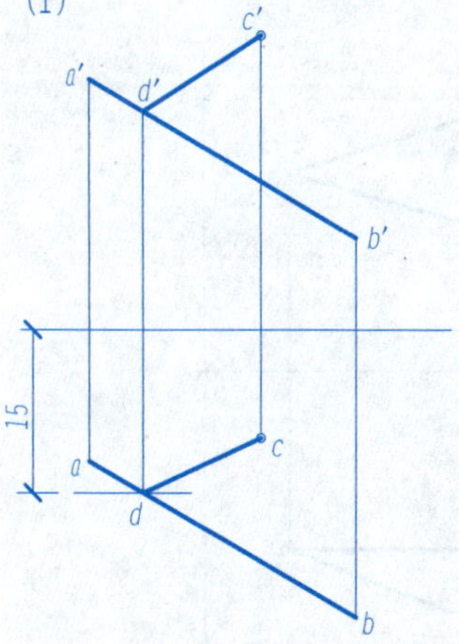


(2)

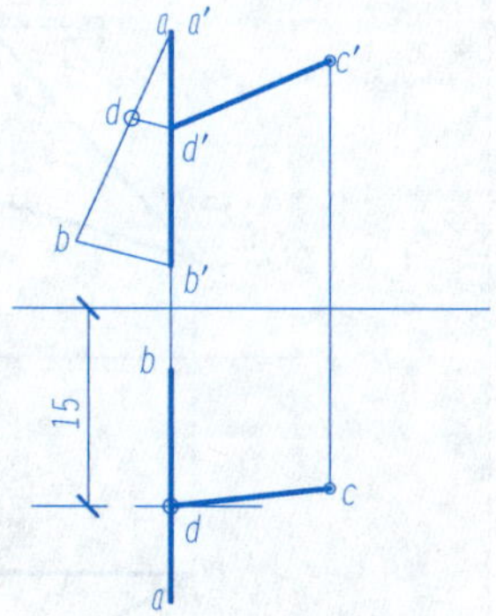


2-23 求 $C$ 点到直线 $AB$ 的距离。

(1)

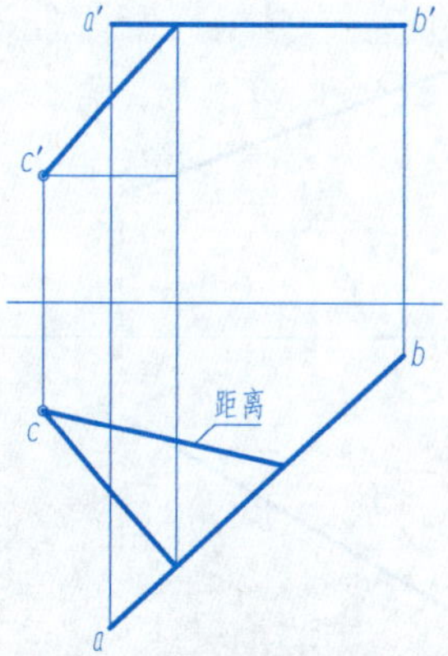


(2)

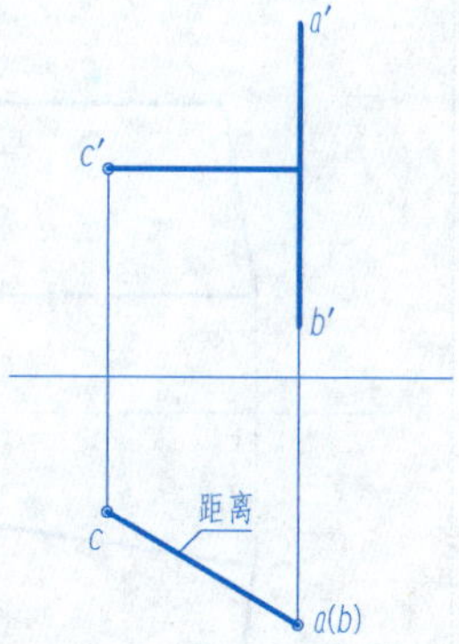

2-24　作直线 $MN$，使它与直线 $AB$ 平行，与直线 $CD$、$EF$ 都相交。

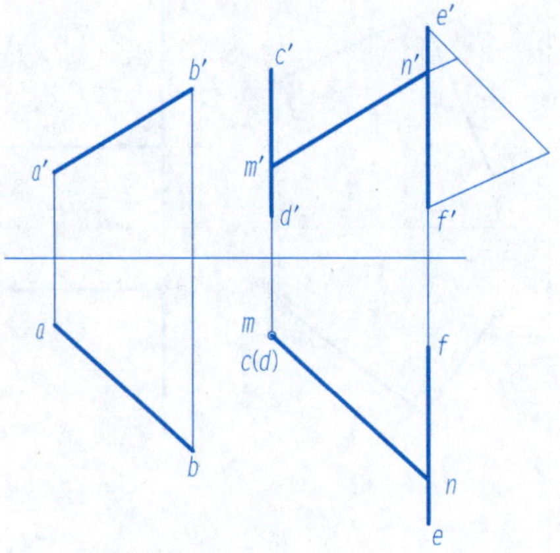


2-25　作正平线 $MN$，使它与直线 $AB$、$CD$、$EF$ 都相交。

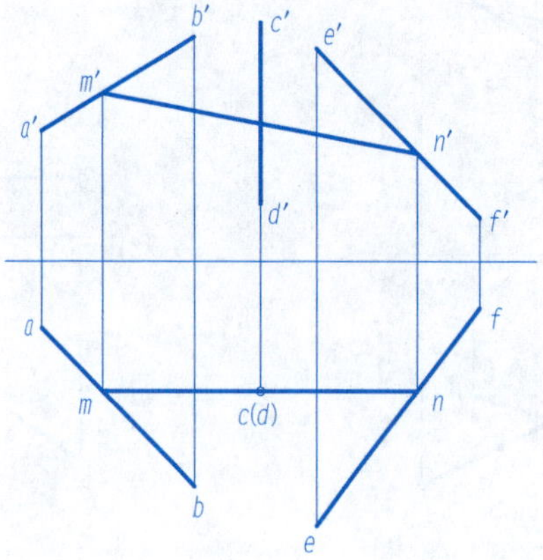


2-26　作水平线 $MN$，使它与 $H$ 面距离为 20mm，并与 $AB$、$CD$ 直线都相交。

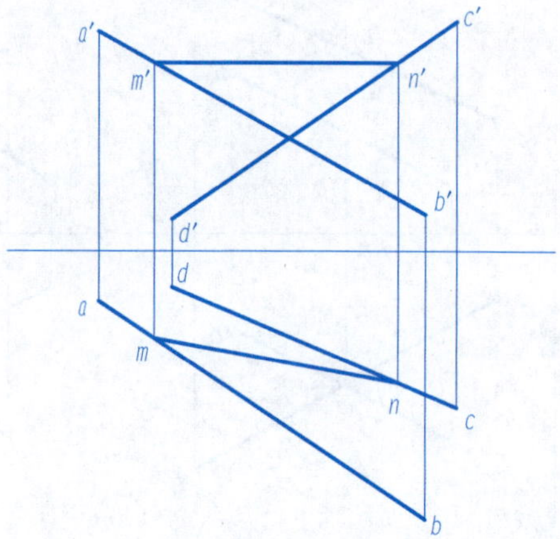


2-27　已知矩形 $ABCD$ 的顶点 $C$ 在 $EF$ 线上，补全此矩形的投影。

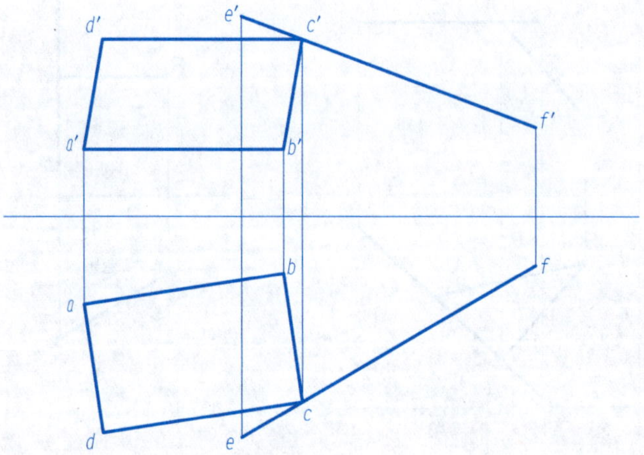


2-28　以 $BC$ 为底边作一等腰△$ABC$，使顶点 $A$ 距 $H$ 面和 $V$ 面的距离为 25mm。

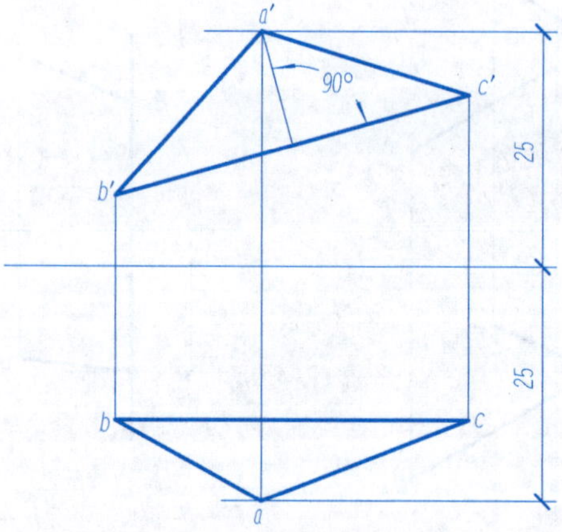

2-29 画出下列平面的第三投影，并判别平面与投影面的相对位置。

(1)

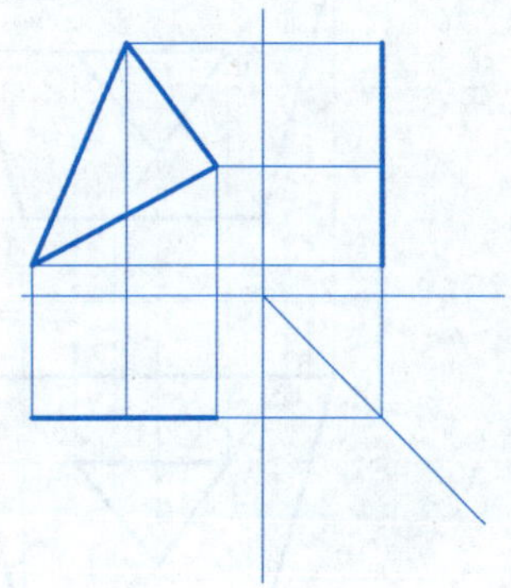

平面是 正平 面

(2)

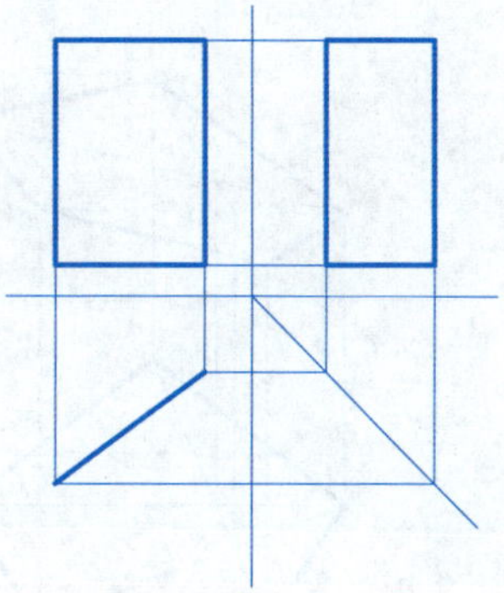

平面是 铅垂 面

(3)

平面是 侧垂 面

(4)

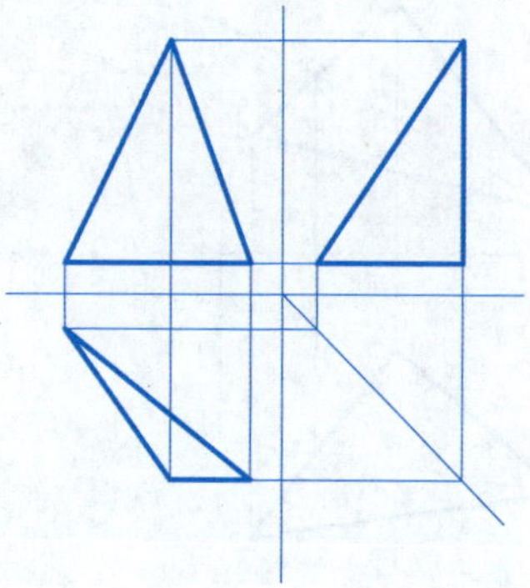

平面是 一般位置平面

2-30 根据已知条件完成下列各平面的投影。

(1) 已知水平面，距 $H$ 面 15mm。

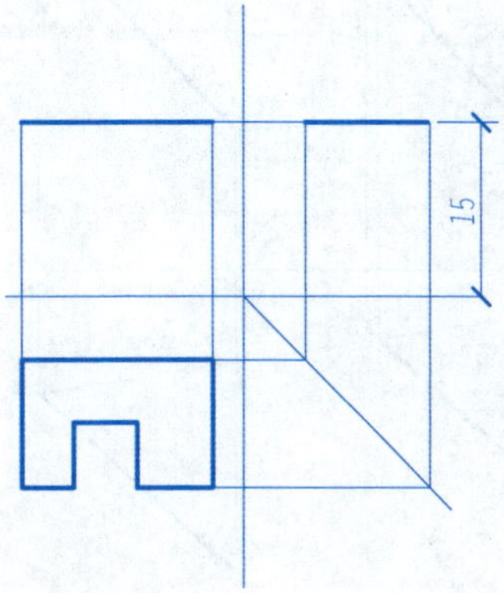


(2) 已知铅垂面，与 $V$ 面夹角为 45°。

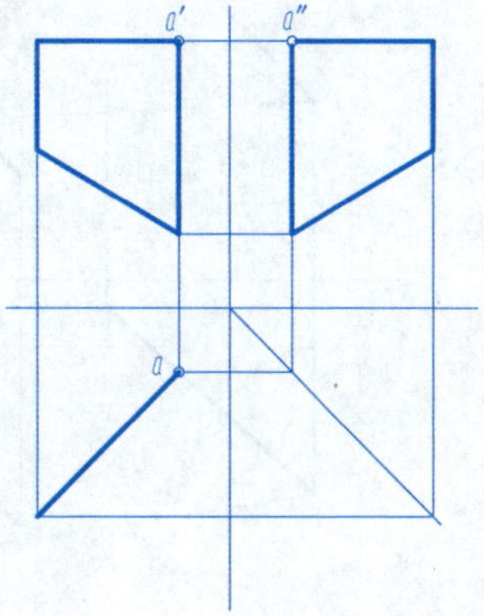


(3) 已知正垂面，与 $H$ 面夹角为 60°。

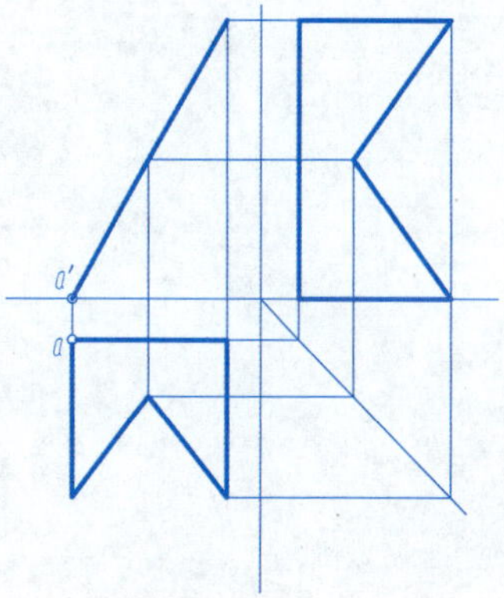


(4) 已知正平面。

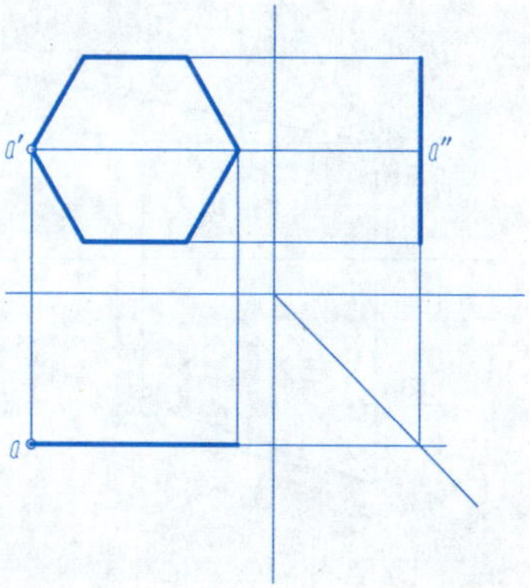

2-31　$K$ 点和直线 $MN$ 在平面内，求作其另一投影。

(1)

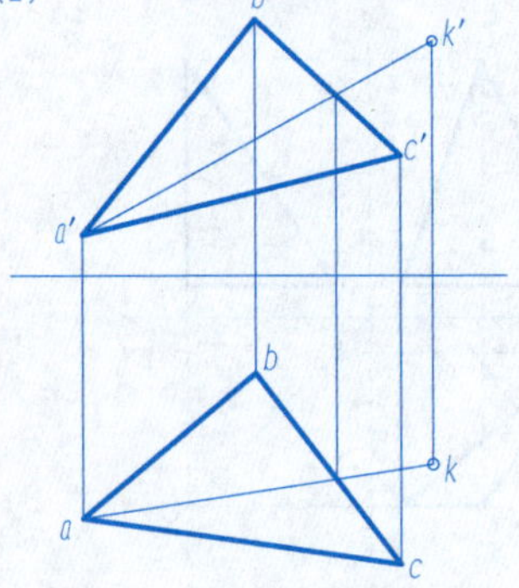


(2)

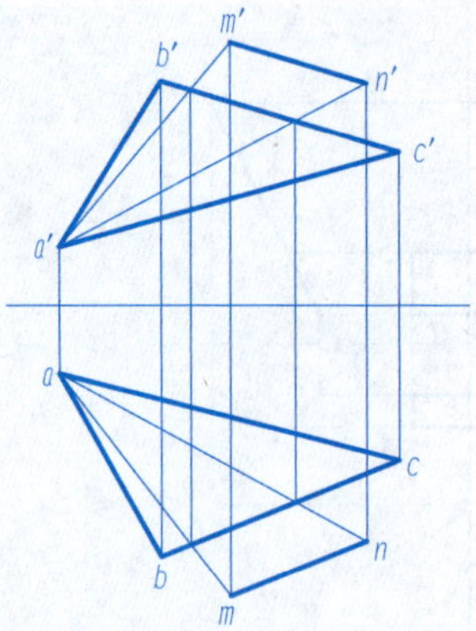


2-32　完成下列平面图形的投影。

(1)

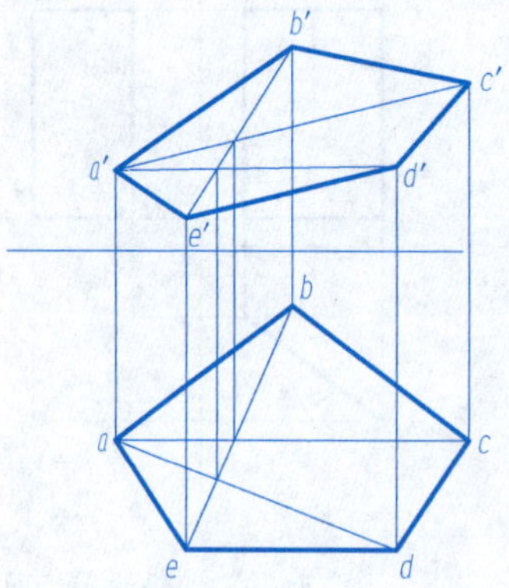


(2)

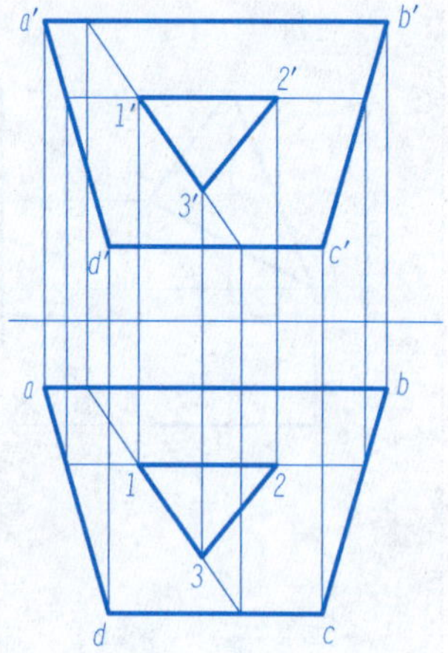


2-33　判别下列几何元素是否在同一平面内。

(1)

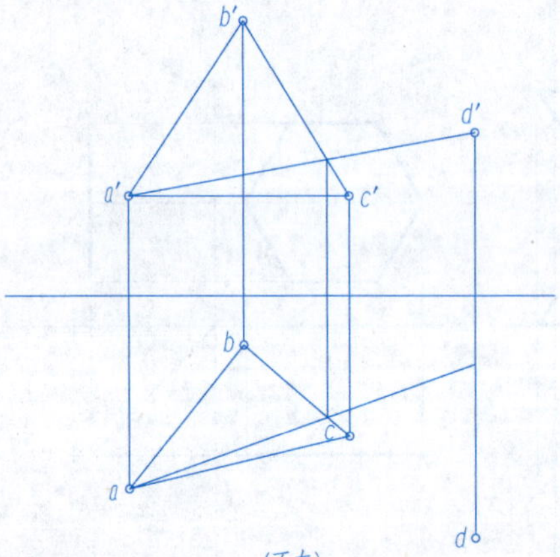


(不在)

(2)

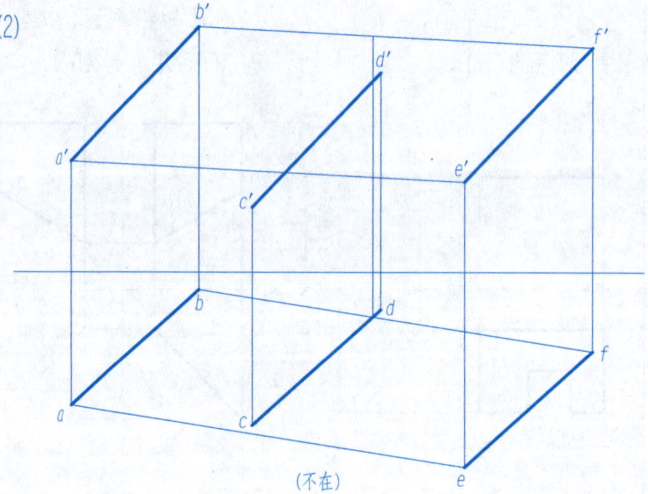


(不在)

2-34 过点 $A$ 作平面内的正平线 $AD$ 和水平线 $AE$。

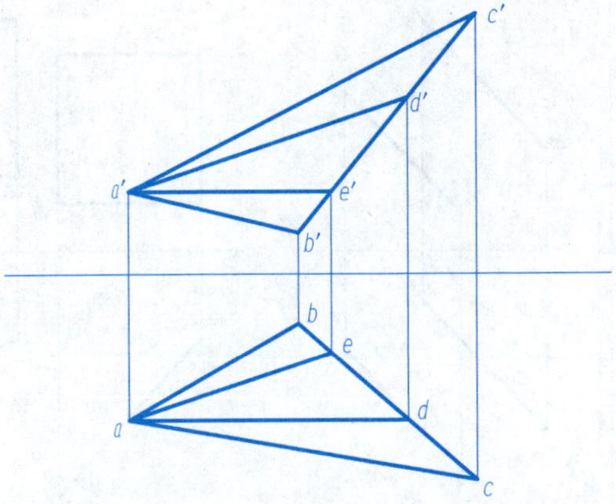


2-35 在平面△$ABC$ 内作一点 $K$，使其距 $H$ 面的距离与点 $A$ 距 $H$ 面的距离相同，距 $V$ 面的距离与点 $C$ 距离 $V$ 面的距离相同。

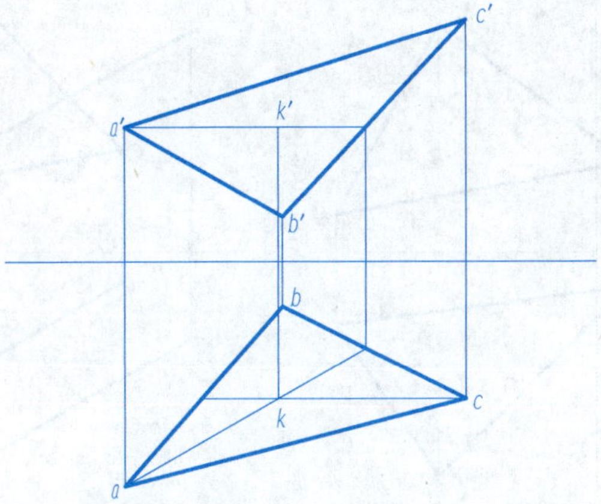


2-36 过直线作特殊位置平面（均用迹线表示）。

(1)作正平面。

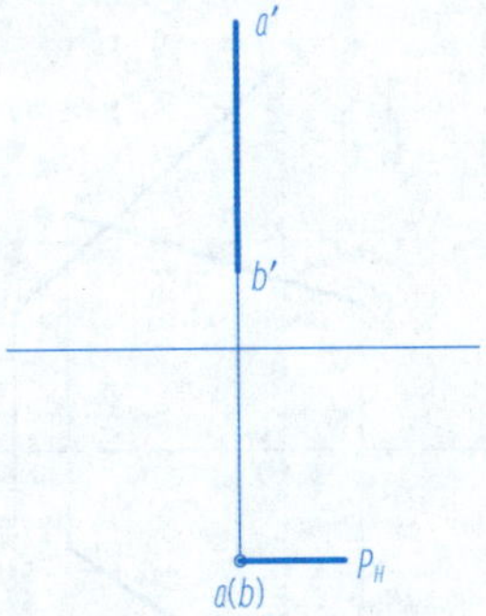


(2)作水平面。

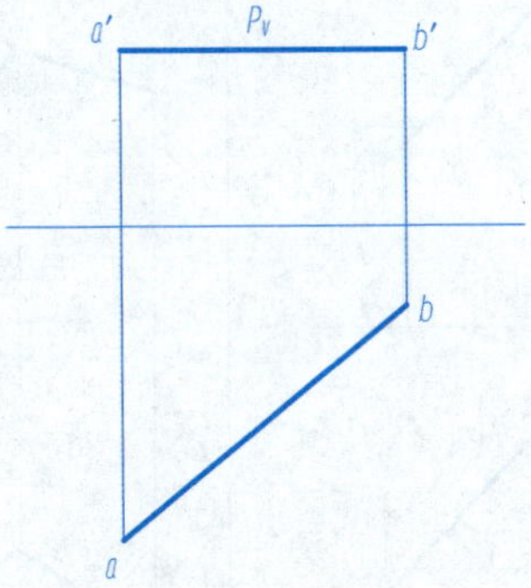


(3)作正垂面。

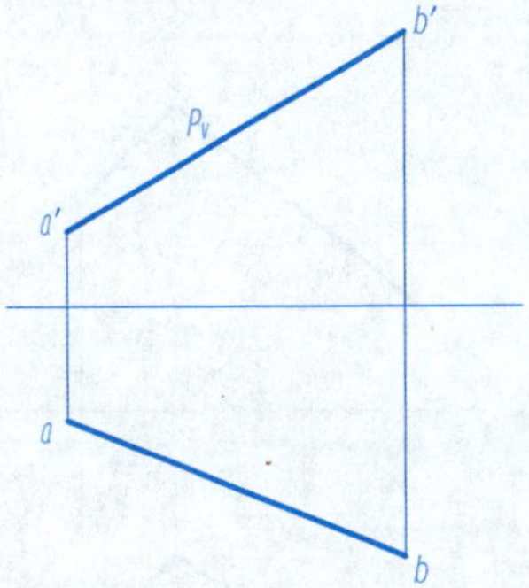


(4)作铅垂面。

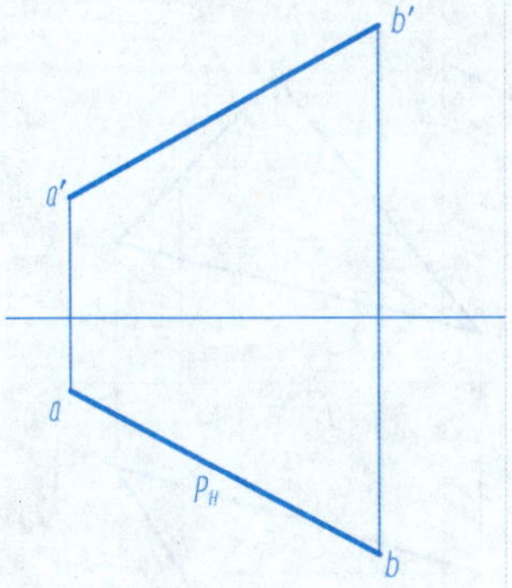

3-1　判别直线与平面是否平行。

(1)

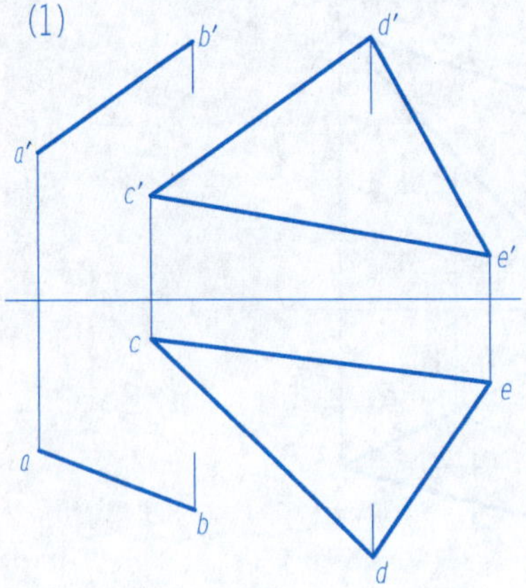


AB 与 CDE 不平行

(2)

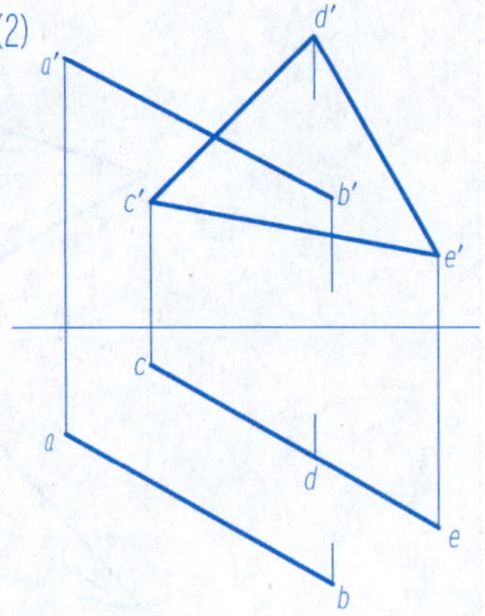


AB 与 CDE 平行

3-2　判别平面与平面是否平行。

(1)

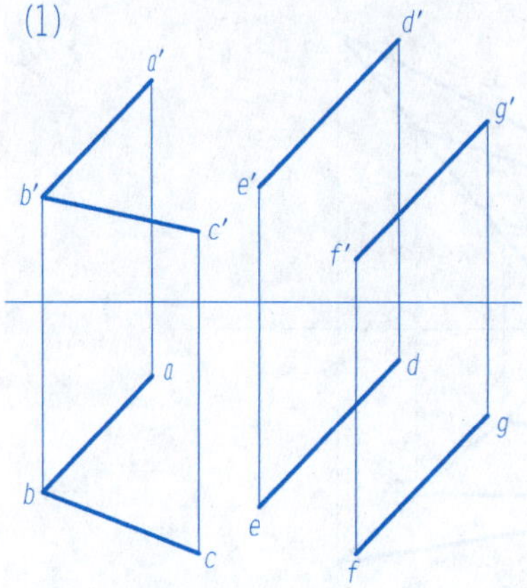


ABC 与 DEFG 不平行

(2)

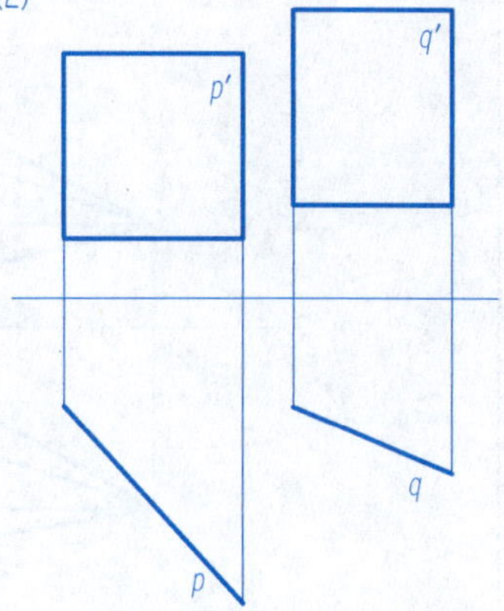


P 面与 Q 面不平行

3-3　过点 M 作正平线与平面 ABC 平行，且使 MN=25mm。

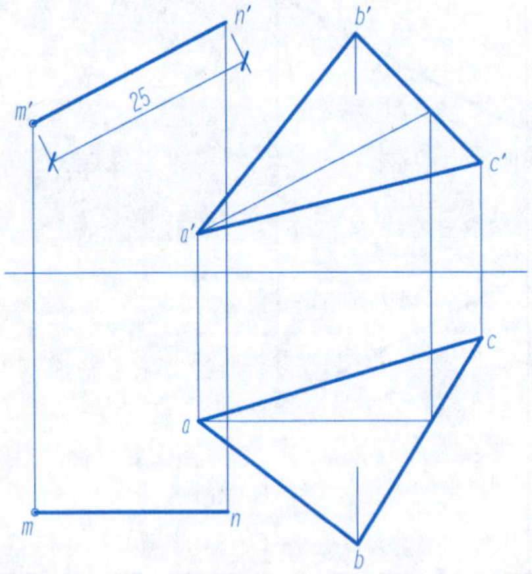


3-4　过直线 AB 作平面与已知直线平行。

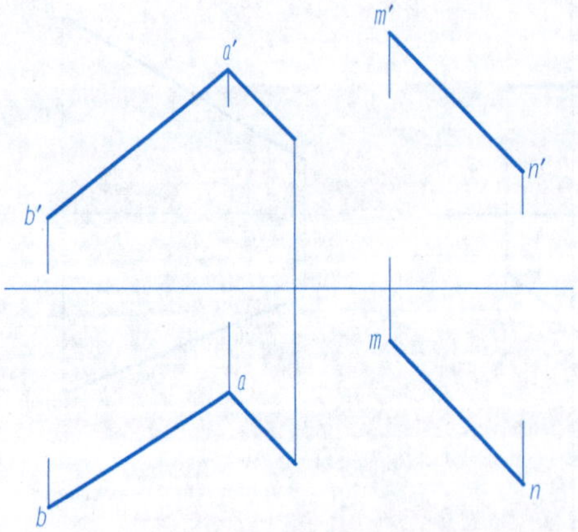


3-5　过点 M 作平面与直线 AB、CD 都平行。

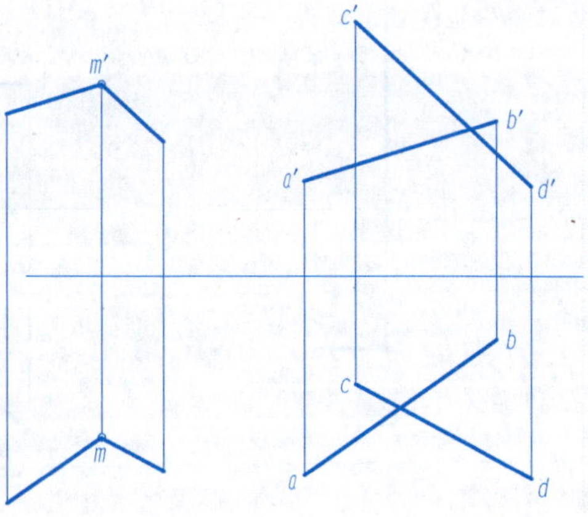

3-6 已知线段 $MN$=30mm，点 $N$ 在点 $M$ 之后，且线段 $MN$ 与△$ABC$ 平行，完成线段 $MN$ 与△$ABC$ 的另一投影。

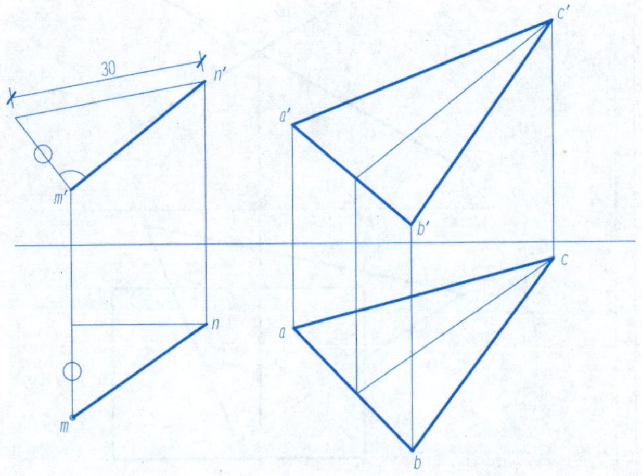


3-7 过点 $M$ 作直线与平面 $P$、$Q$ 都平行。

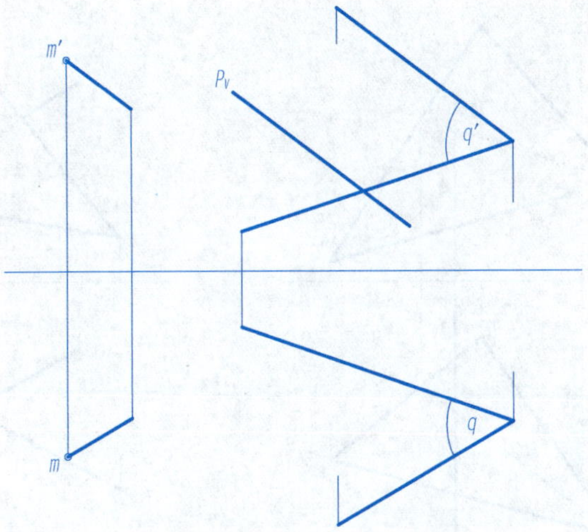


3-8 过点 $M$ 作平面与平面 $ABC$ 平行。

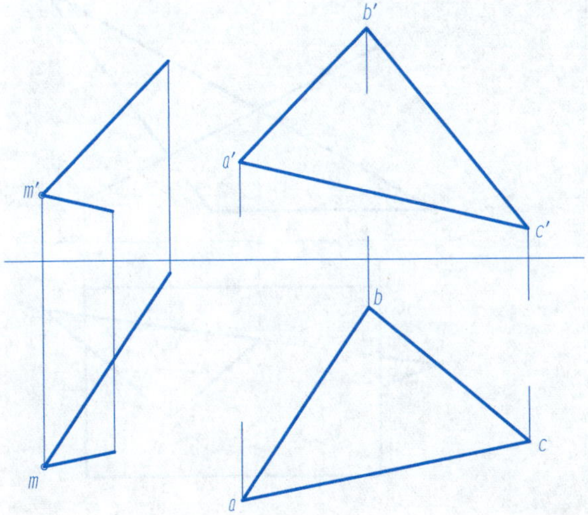


3-9 已知平面 $ABC$ 与平面 $DEFG$ 平行，求平面 $ABC$ 的正面投影。

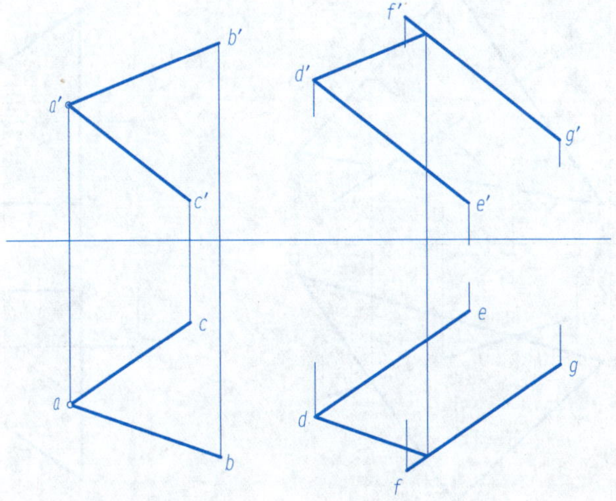

## 3-10 求直线与平面的交点，并判别直线的可见性。

(1)

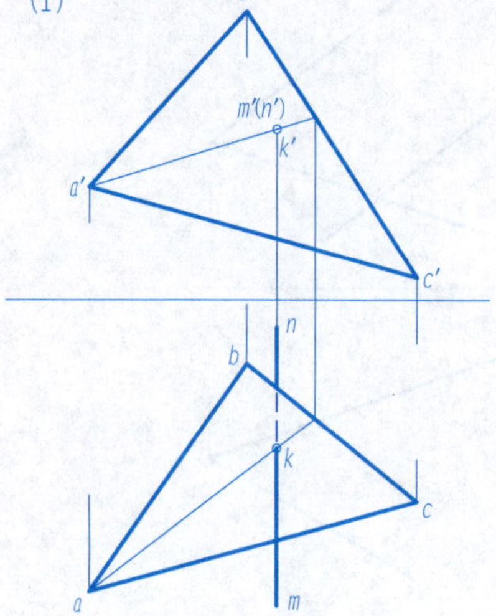


(2)

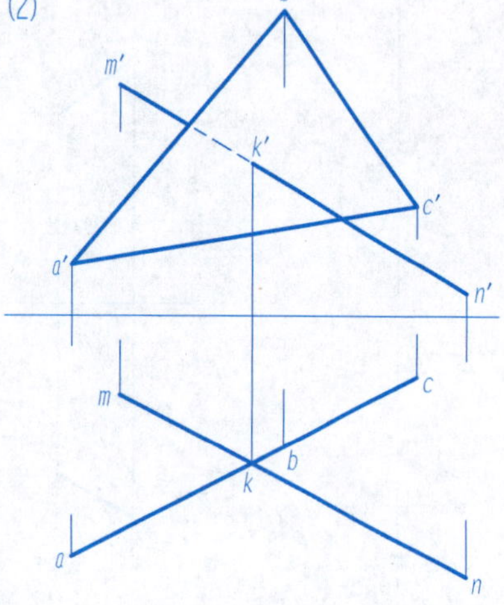


(3)

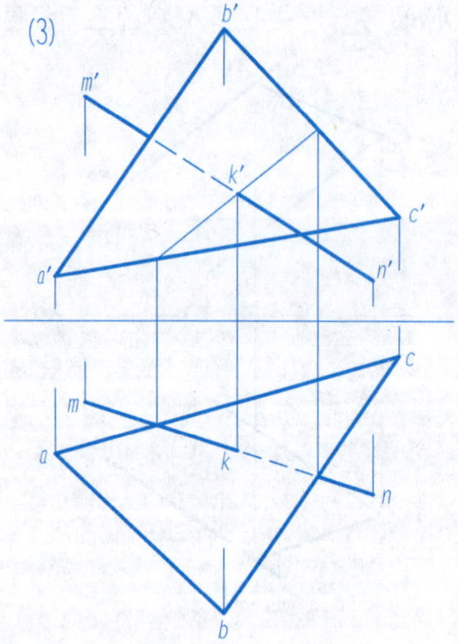


(4)

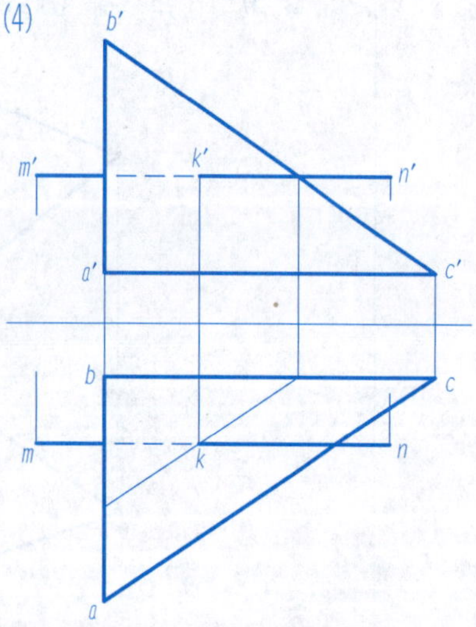


## 3-11 求两平面的交线，并判别可见性。

(1)

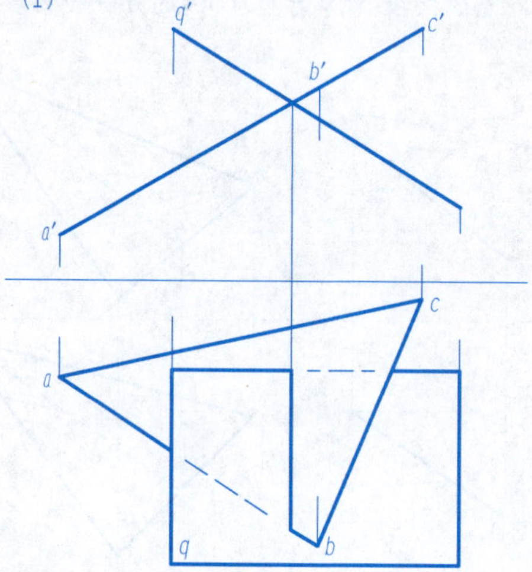


(2)

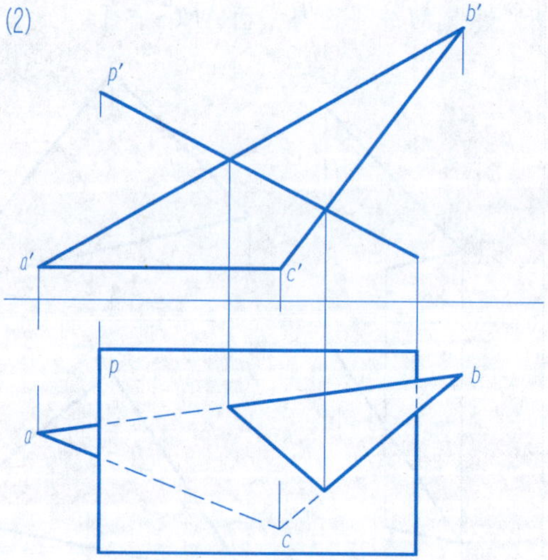

(3)

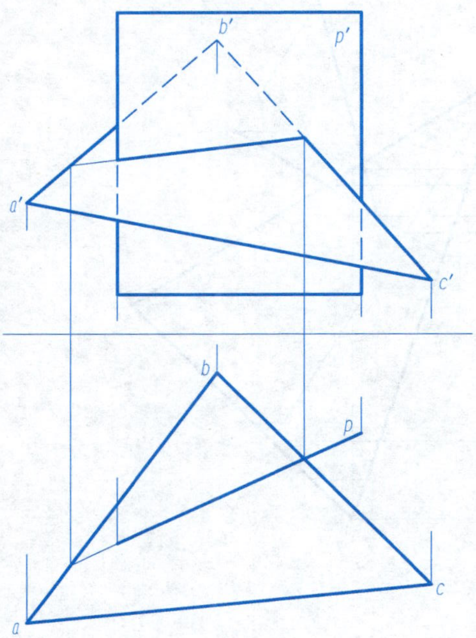


(4)

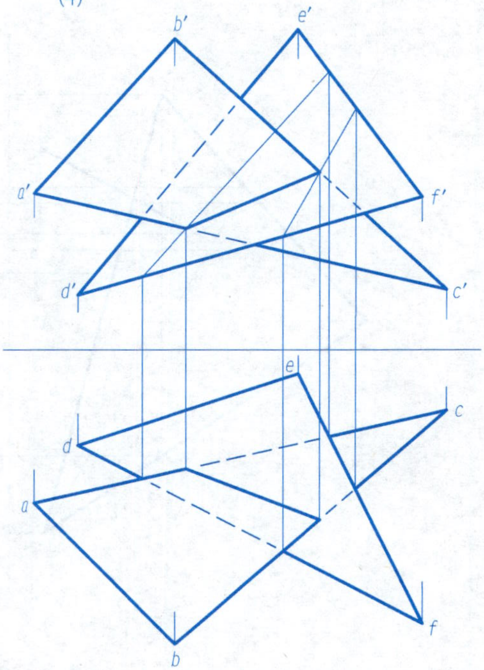


3-12 判别下列直线与平面、平面与平面是否垂直。

(1)

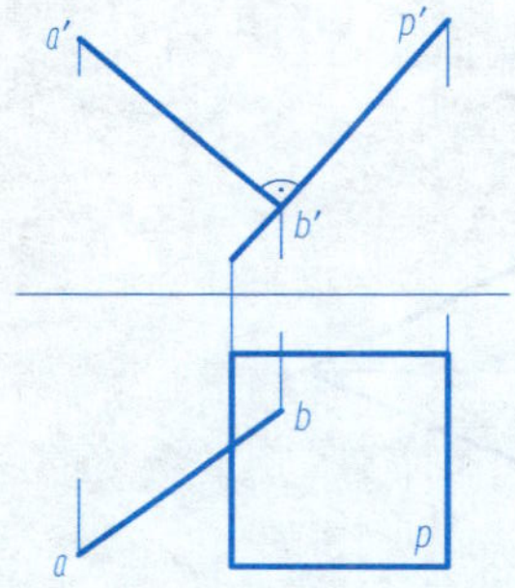


(2)

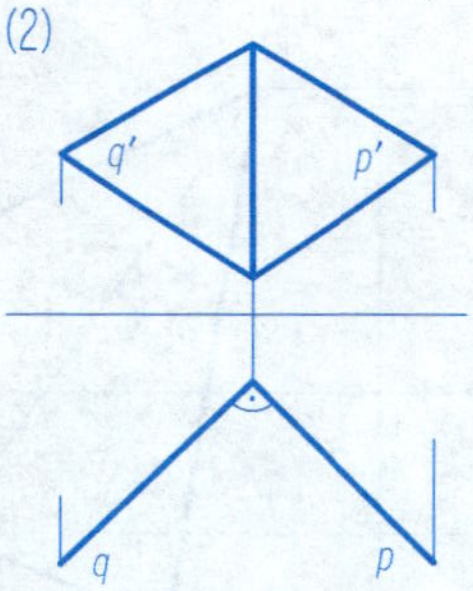


(3)

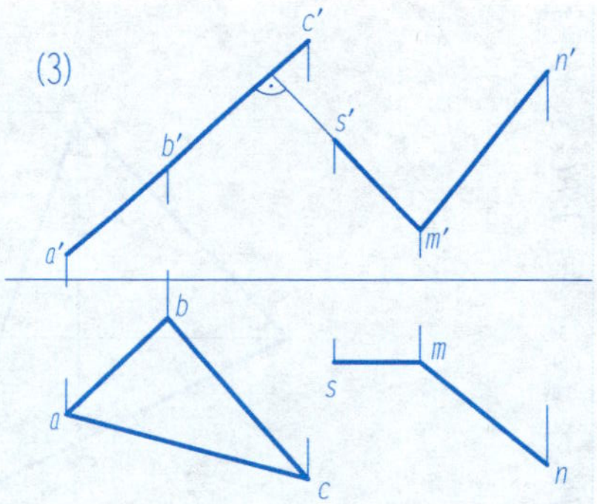


(4)

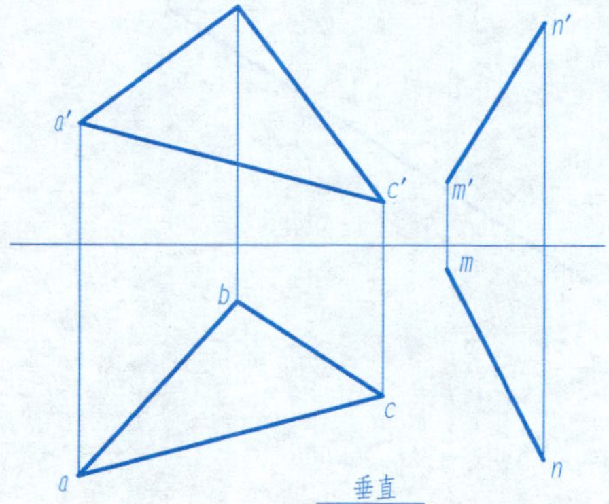


(5)

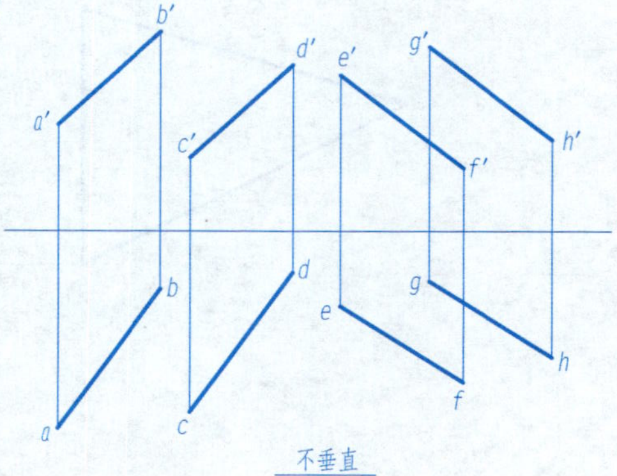

3-13 已知平面△$EFG$与平面△$ABC$垂直，画全△$EFG$的水平投影。

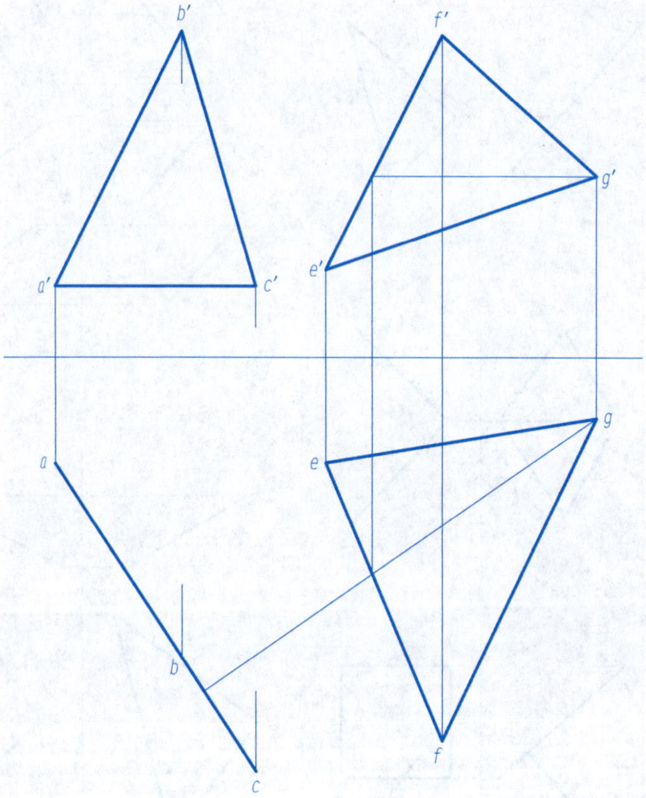


3-14 求点 $M$ 到平面△$ABC$的距离。

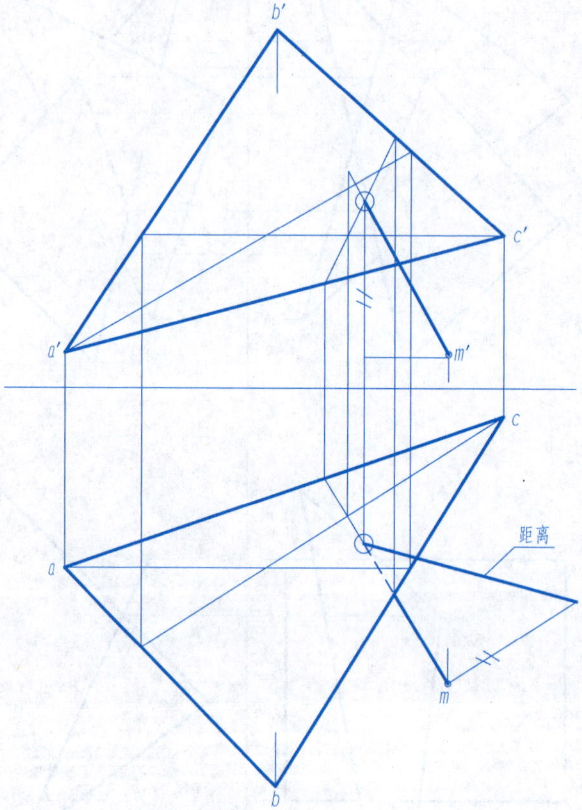

4-1　用换面法求直线 $AB$ 的实长及对 $H$、$V$ 面的倾角 $\alpha$、$\beta$。

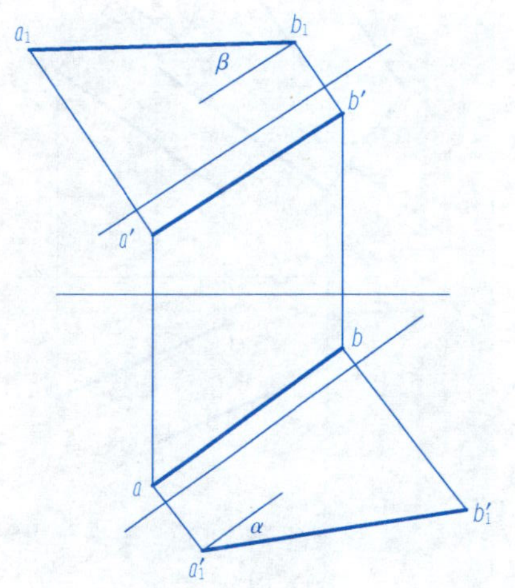


4-2　用换面法求平面 $ABC$ 与投影面的倾角 $\alpha$ 和 $\beta$。

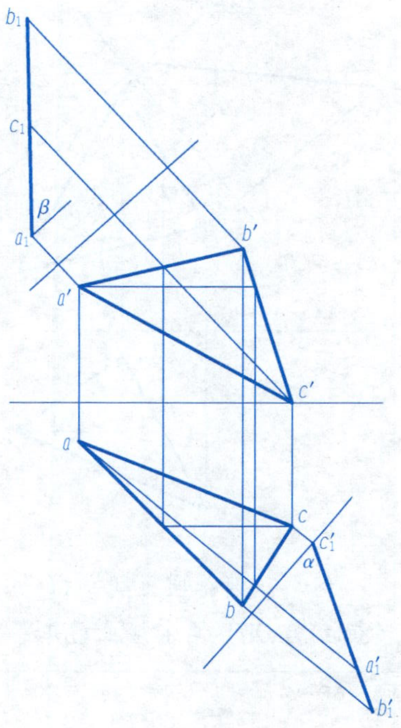


4-3　用换面法确定 $C$ 点到直线 $AB$ 间的距离。

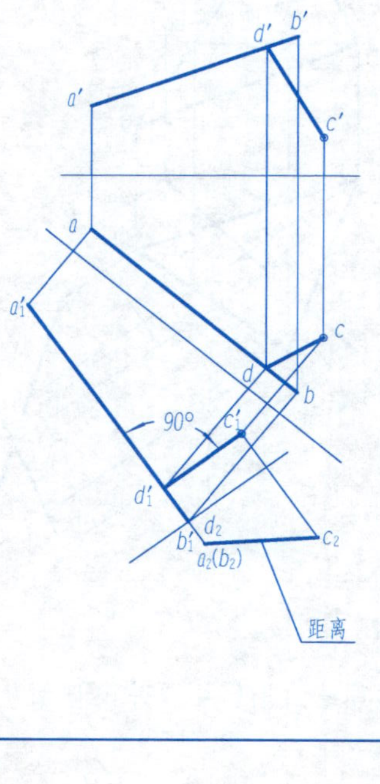


4-4　已知矩形 $ABCD$，用换面法完成其两面投影。

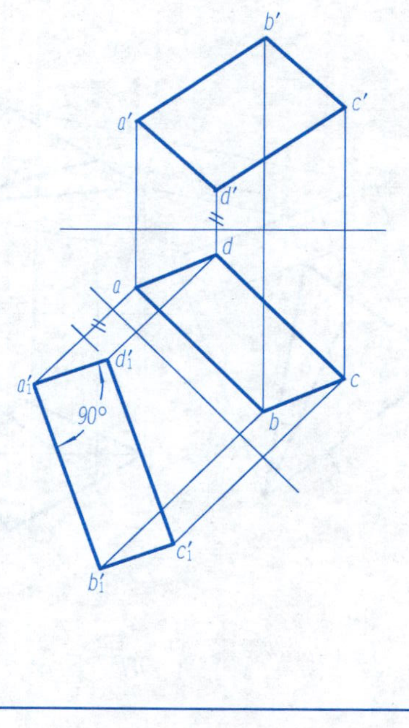

4-5 用换面法求直线 $AB$ 与平面 $CDE$ 的交点。

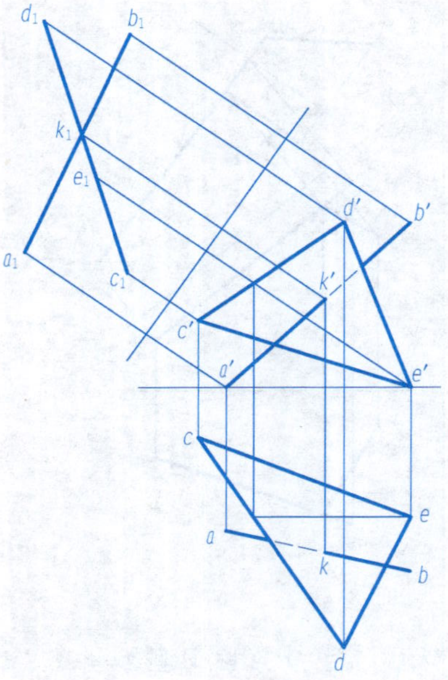

4-6 在平面 $ABC$ 上过 $A$ 点作直线与 $AB$ 成 30°角。

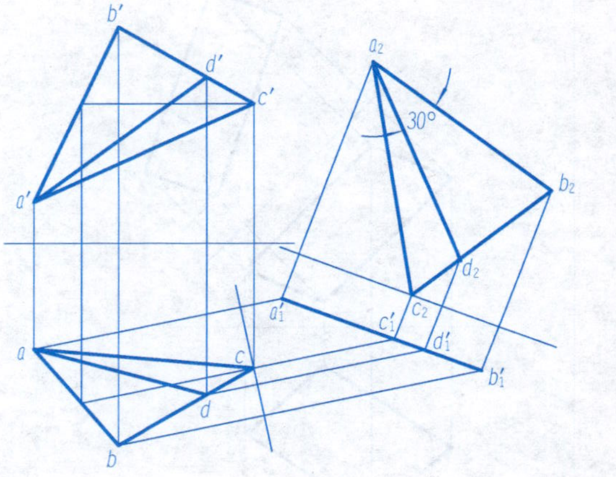


4-7 已知两平行线 $AB$、$CD$ 的距离为 10mm，用换面法求 $CD$ 的正面投影。

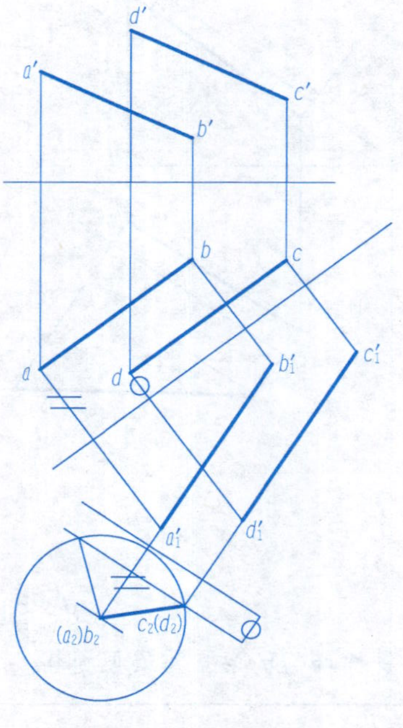

4-8 已知 $D$ 点到平面 $ABC$ 的距离为 15mm，用换面法作出 $D$ 点的正面投影。

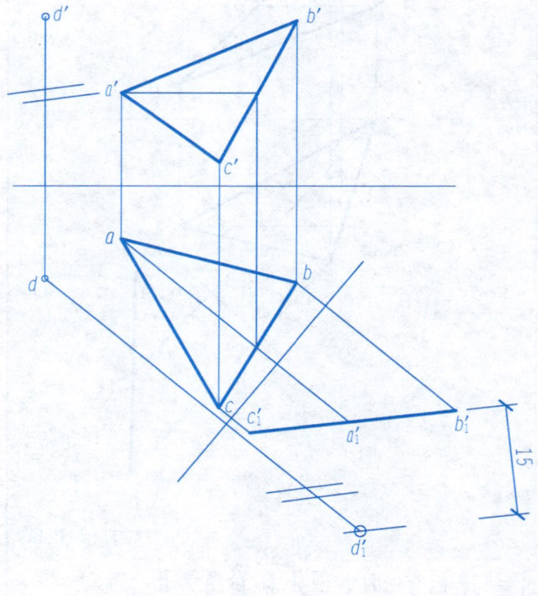

4-9　用换面法求出两交错直线 $AB$、$CD$ 的距离，并作出公垂线的投影。

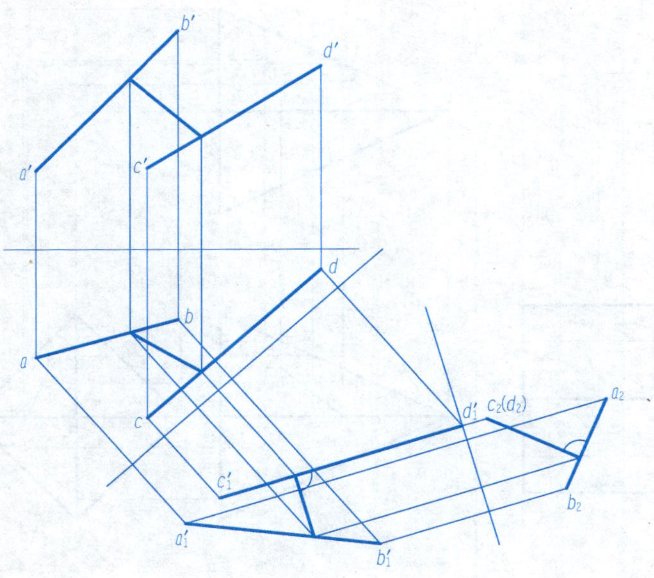


4-10　用换面法求梯形漏斗两相邻平面的夹角。

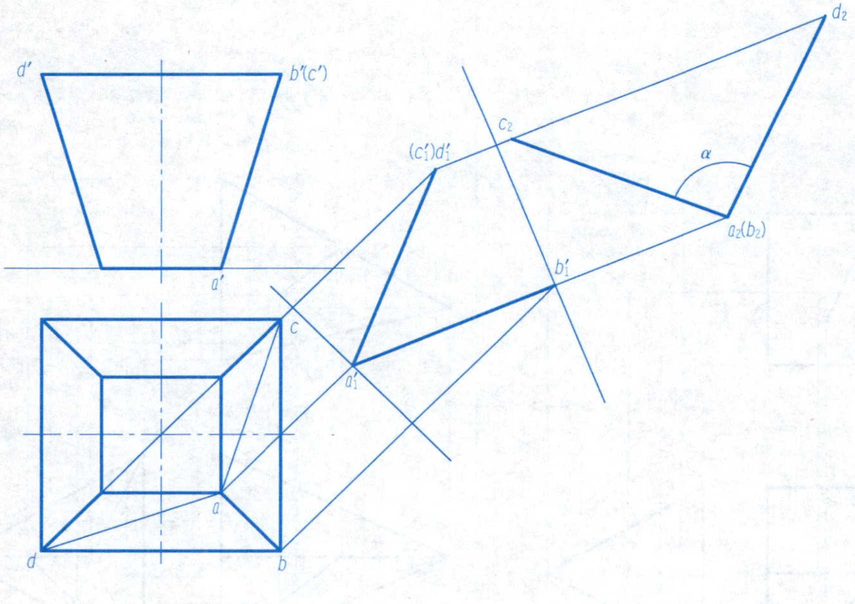

# 第五章　基本几何体的投影答案

5-1　求下列各平面立体的第三面投影及其表面上各点、线的另外两个投影。

(1)

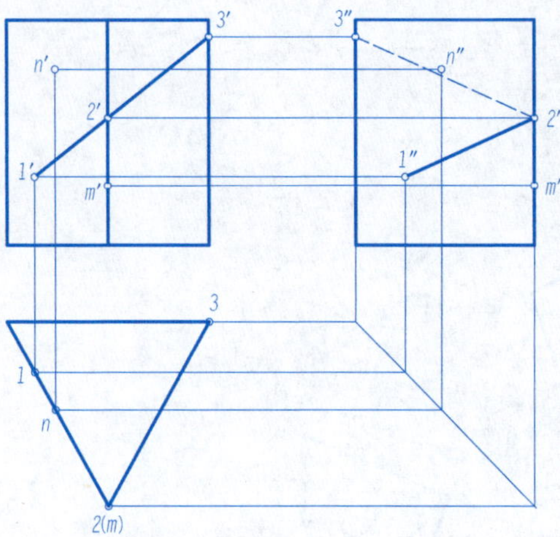


(2)

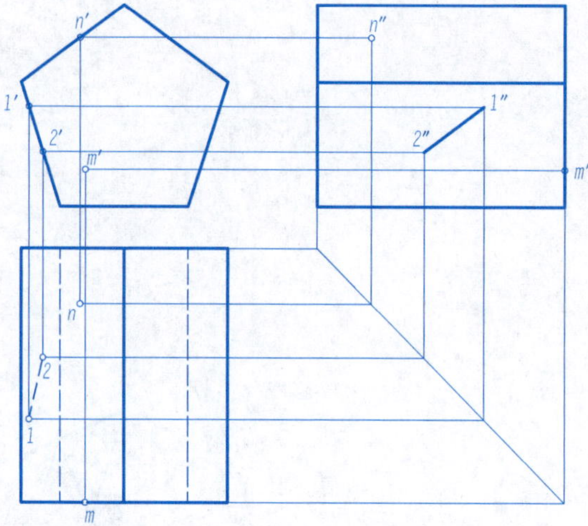


(3)

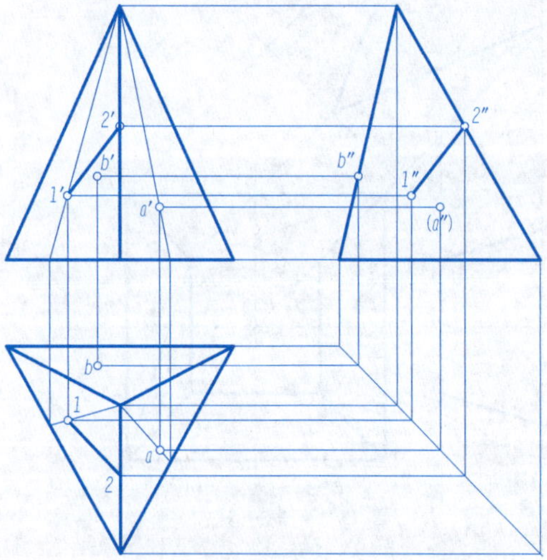


(4)

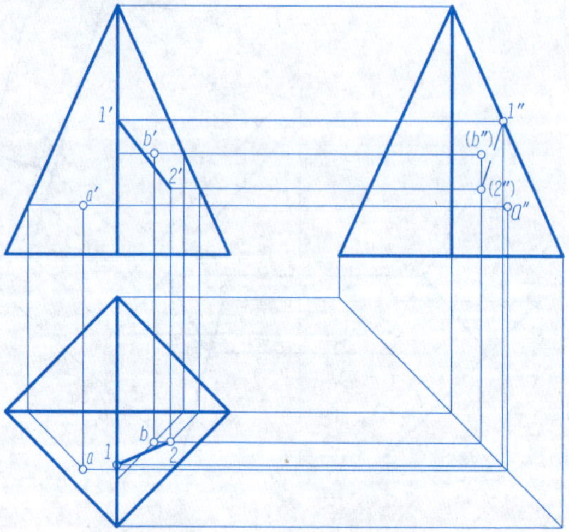

5-2 求下列各回转体的第三面投影及其表面上各点、线的另外两个投影。

(1)

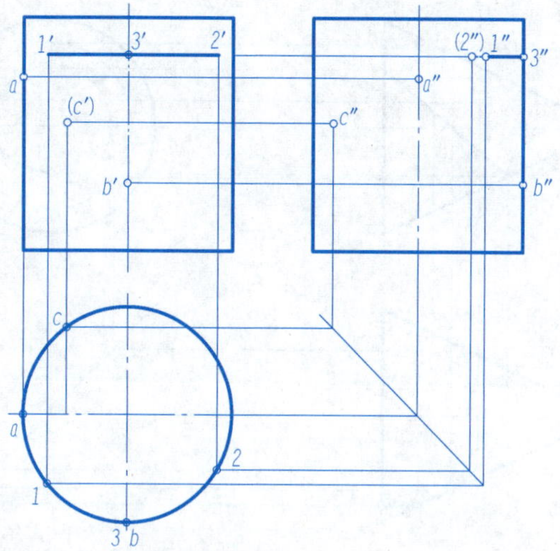


(2)

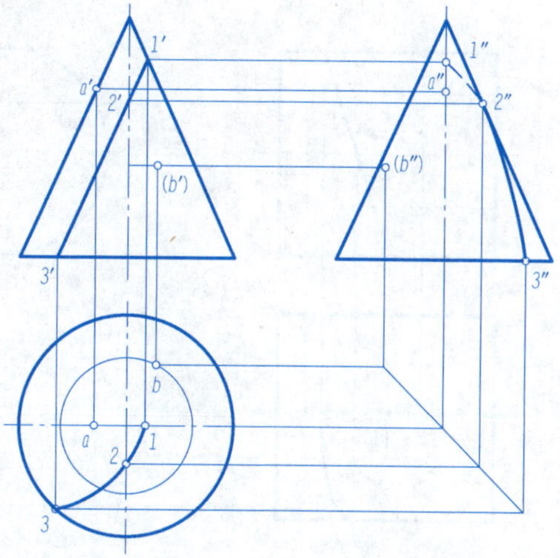


(3)

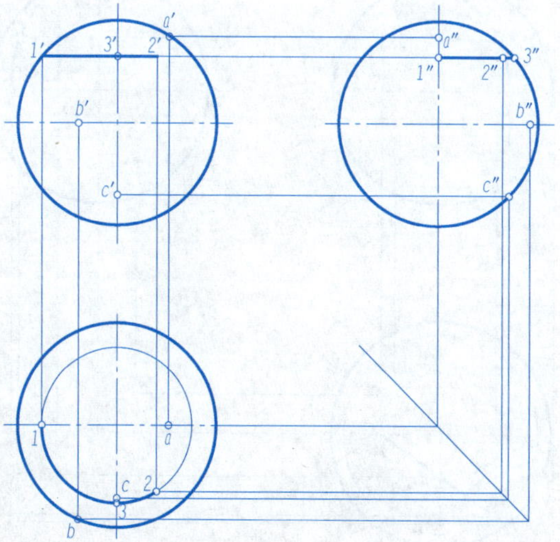


(4)

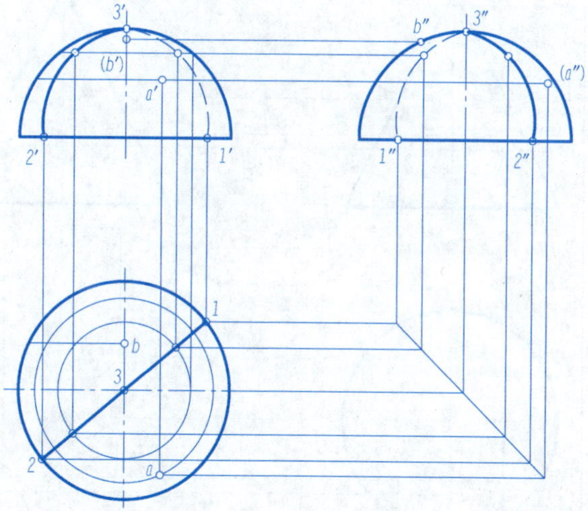

5-3　求下列各回转体的第三面投影及其表面上各点、线的另外两个投影。

(1)

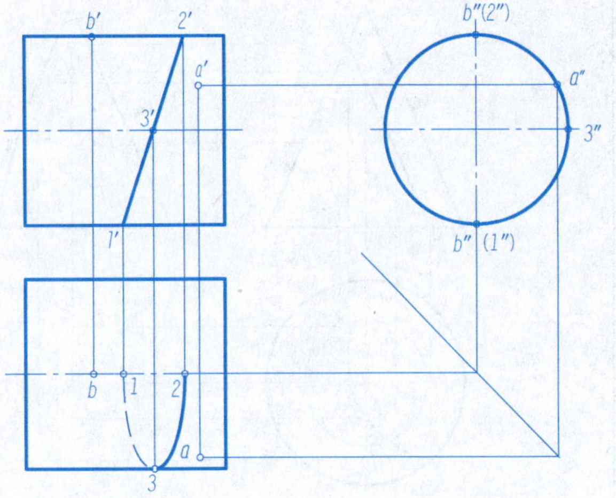


(2)

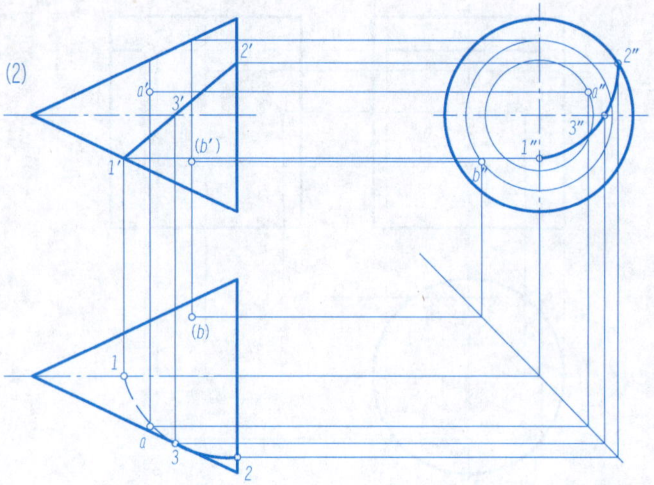


(3)

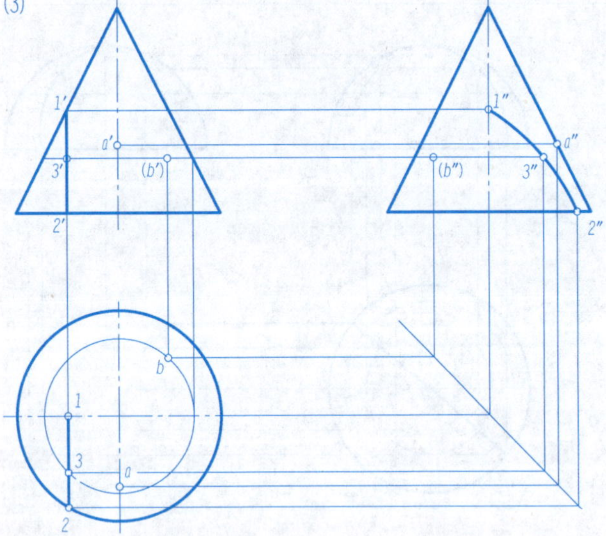


(4)

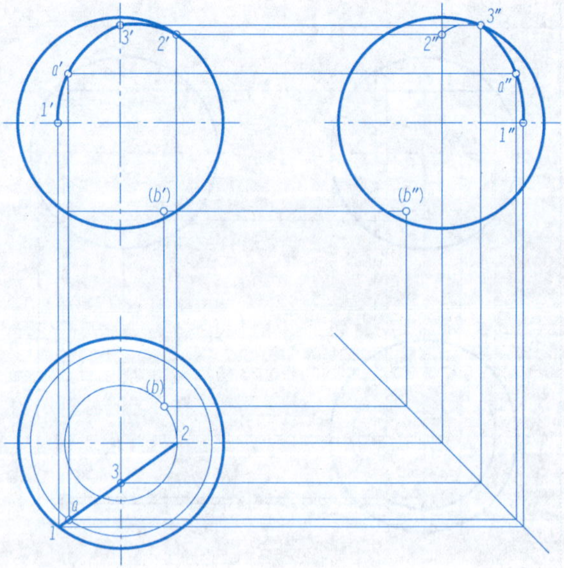

# 第六章　平面与立体相交答案

6-1　求下列各棱柱切割体的另外两面投影。

(1)

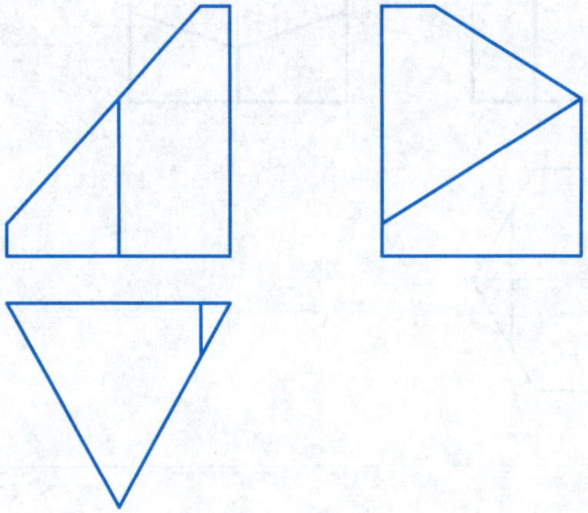

(2)

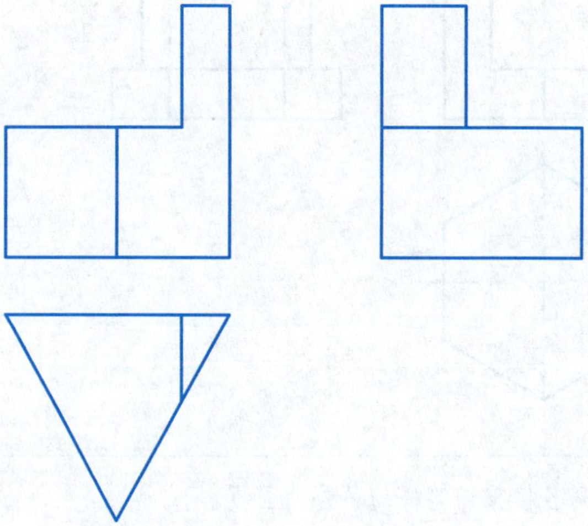

(3)

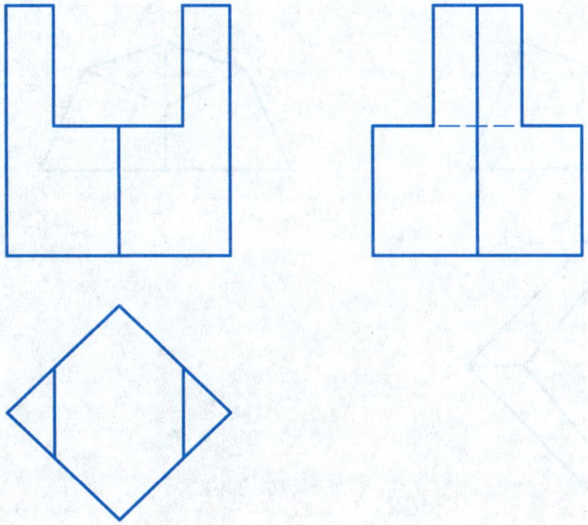

(4)

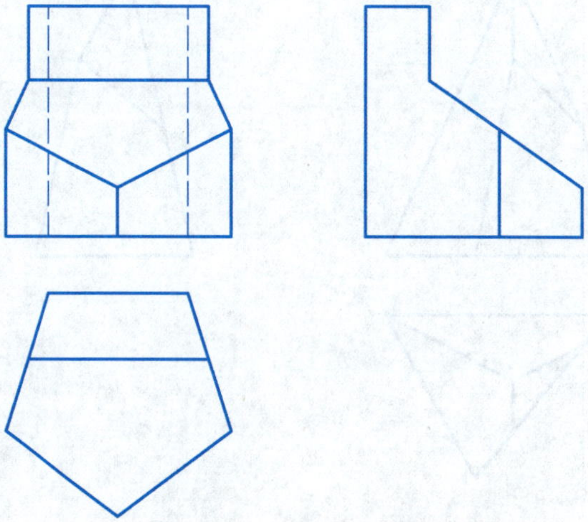

(5)

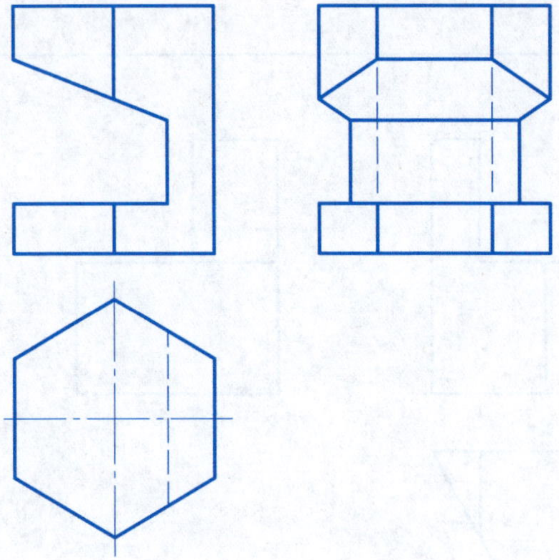

(6)

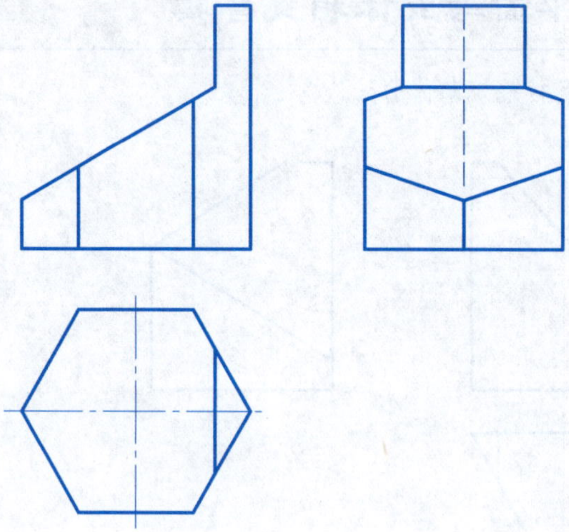

6-2 求下列各棱锥切割体的另外两面投影。

(1)

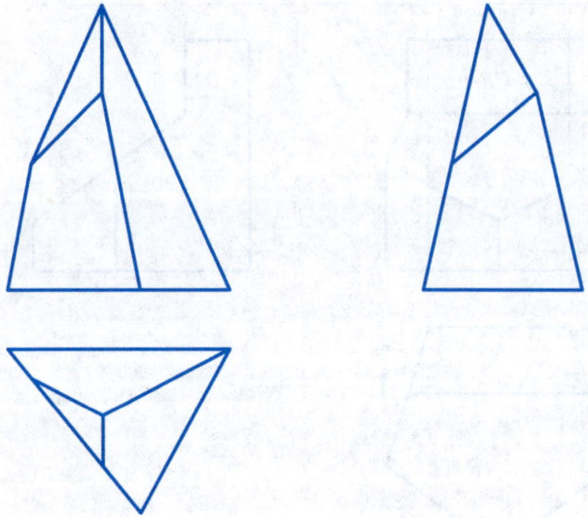

(2)

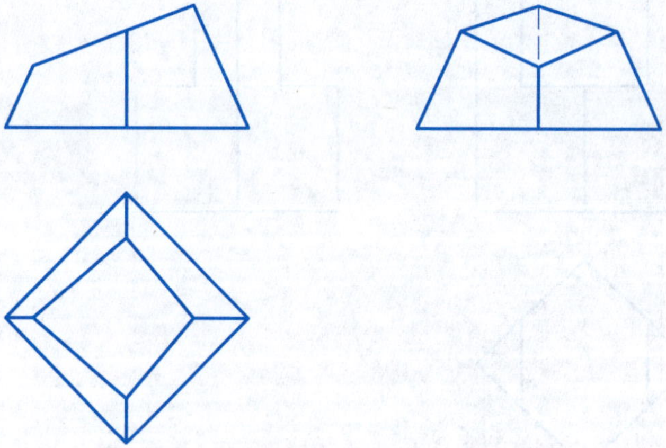

(3)

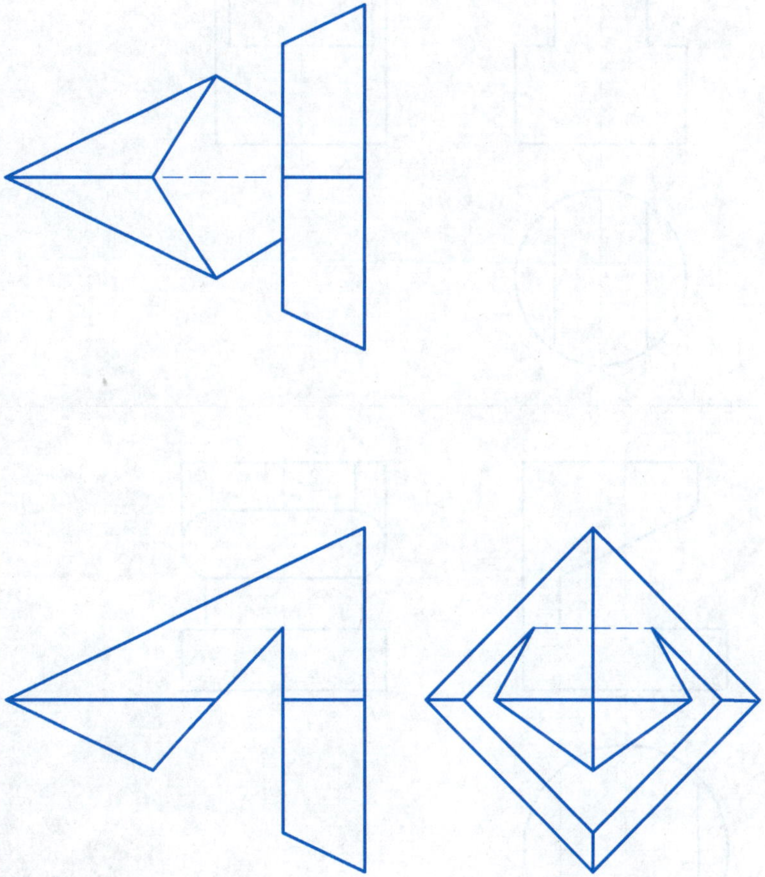

(4)

6-3 求下列各圆柱切割体的另外两面投影。

(1)

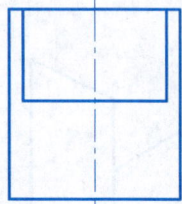

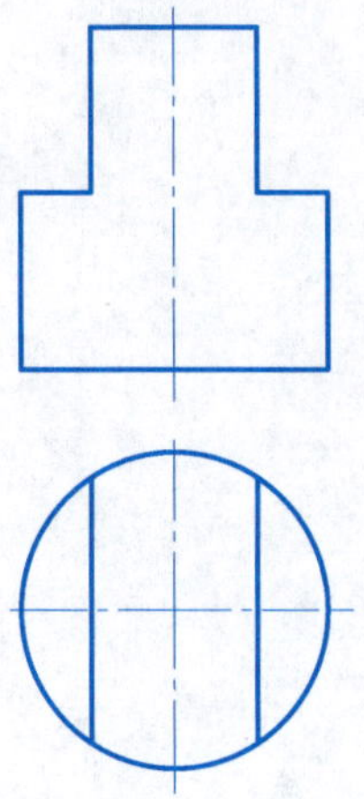

(2)

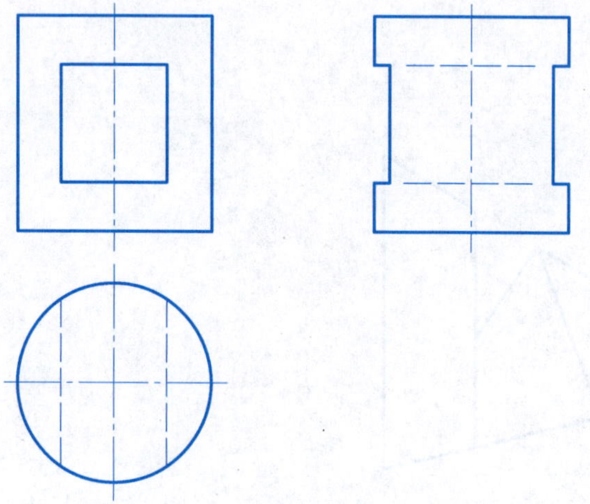

(3)

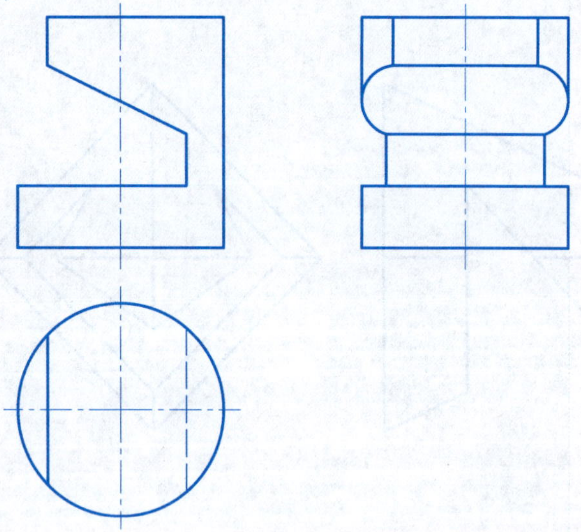

(4)

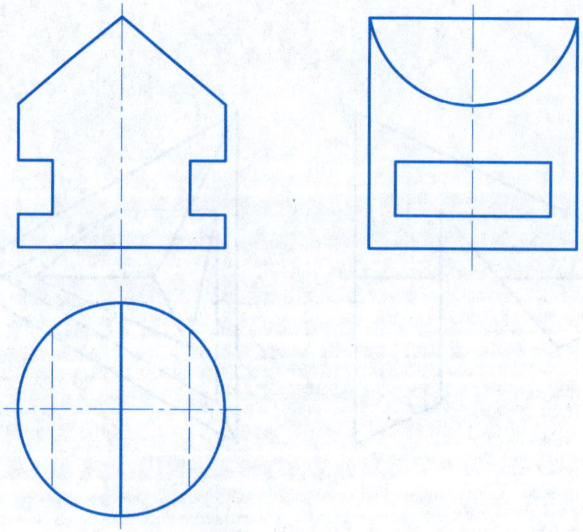

6-4 求下列各圆锥切割体的另外两面投影。

(1)

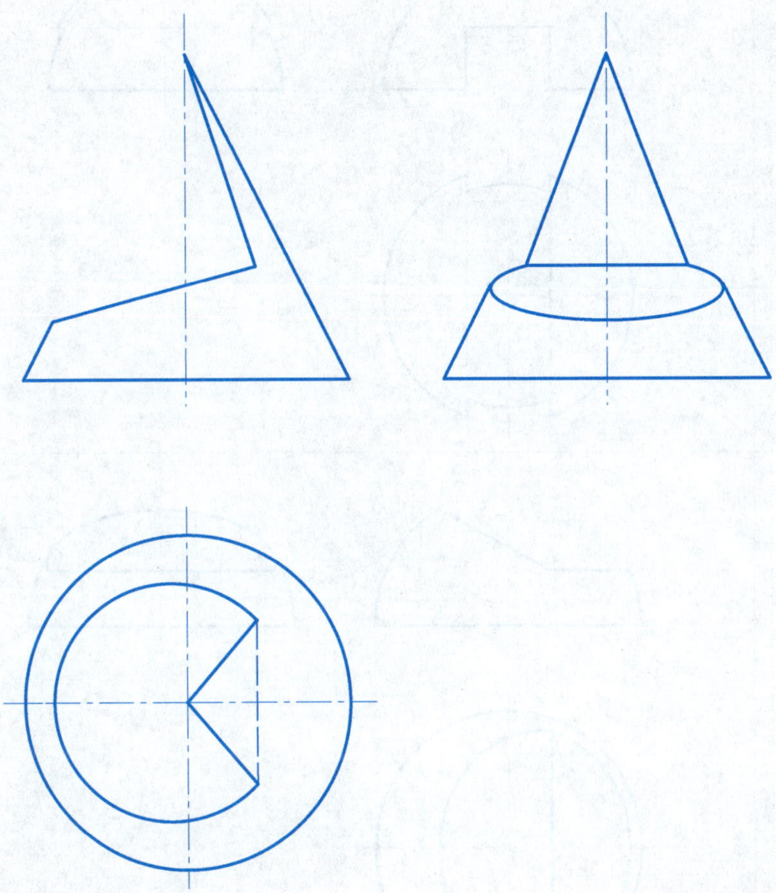

(2)

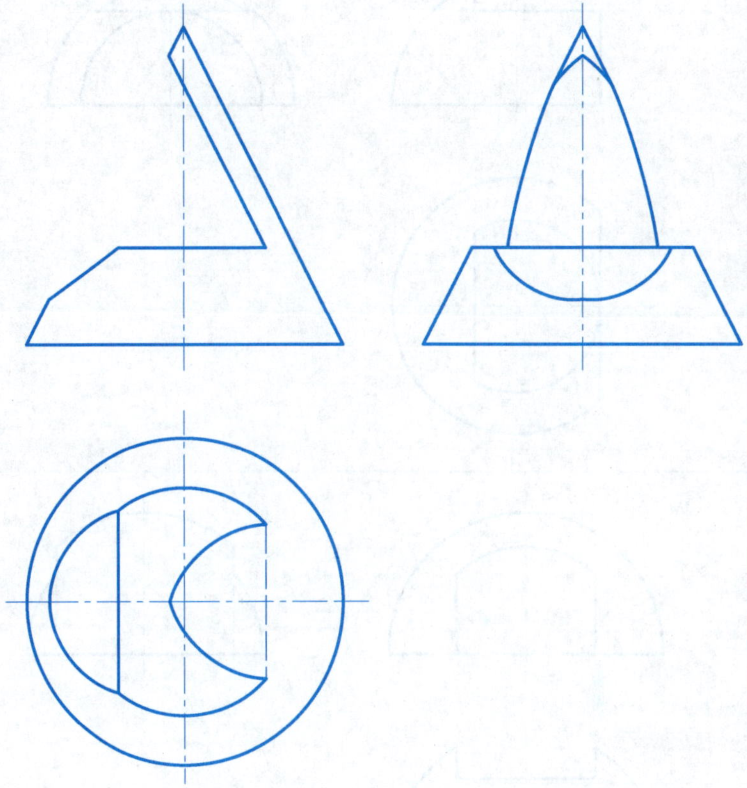

6-5　求下列各半球切割体的另外两面投影。

(1)

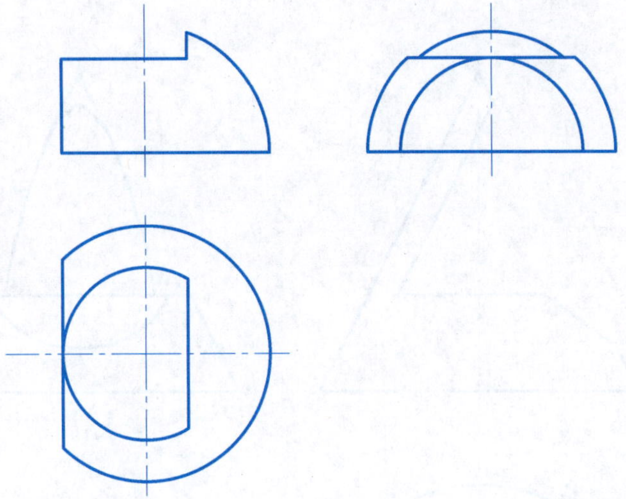

(2)

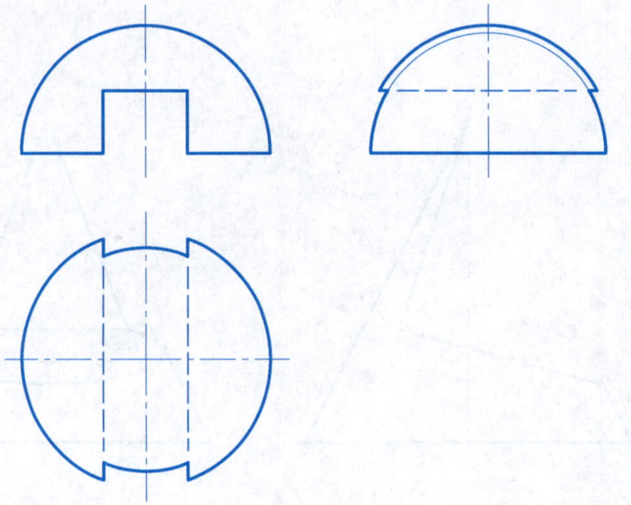

(3)

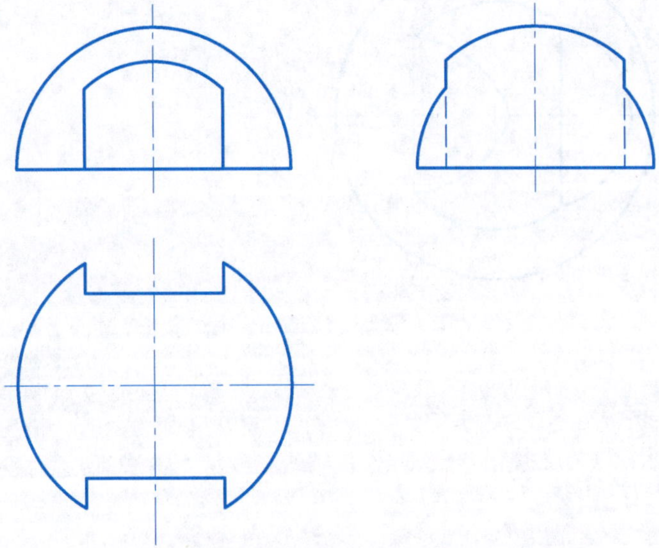

(4)

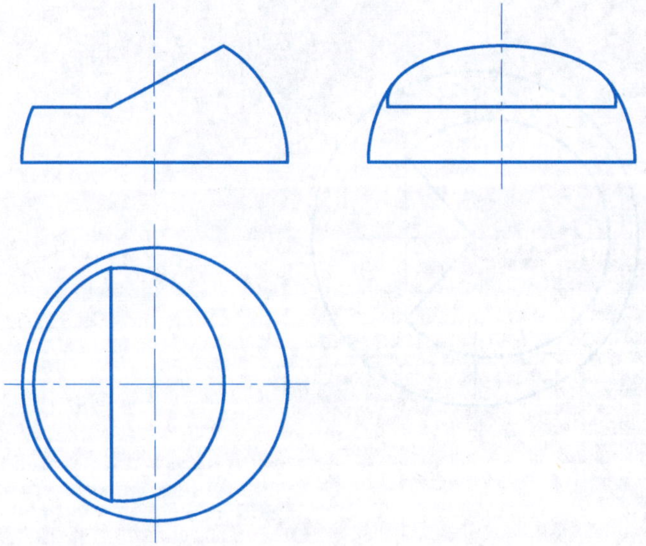

7-1　求两平面立体相贯线。

(1)

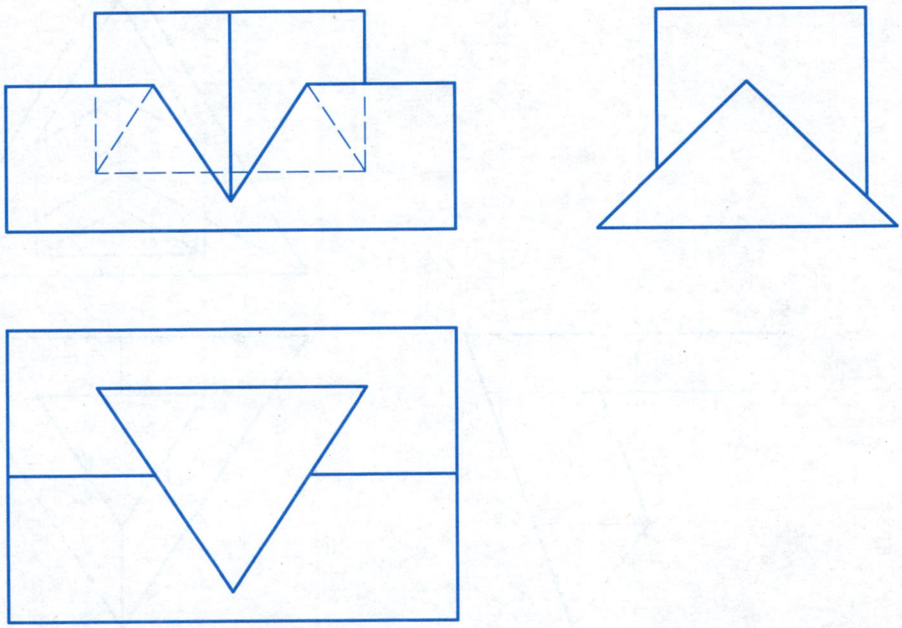

(2)

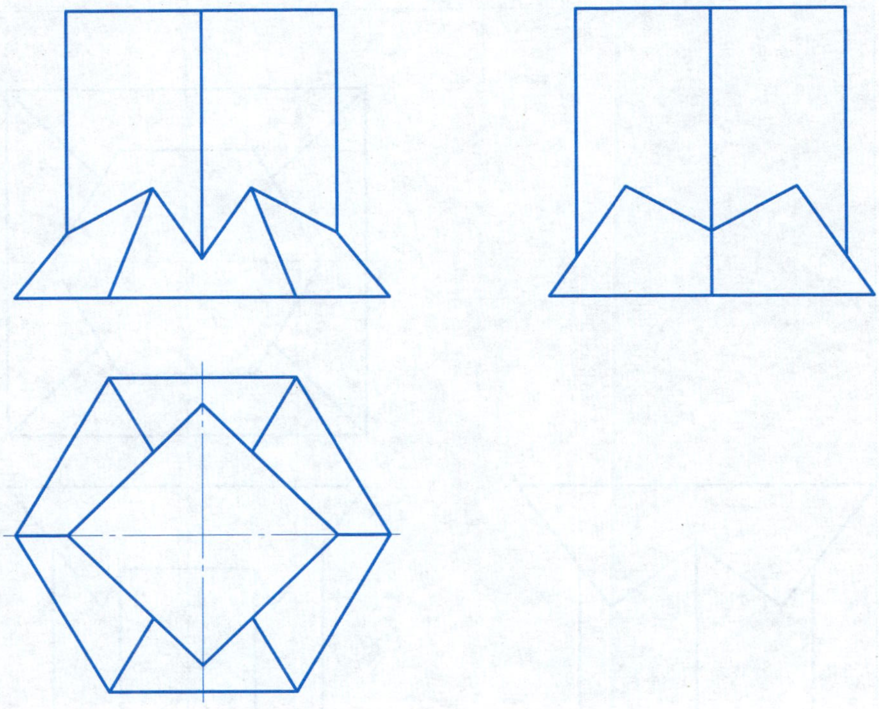

(3)

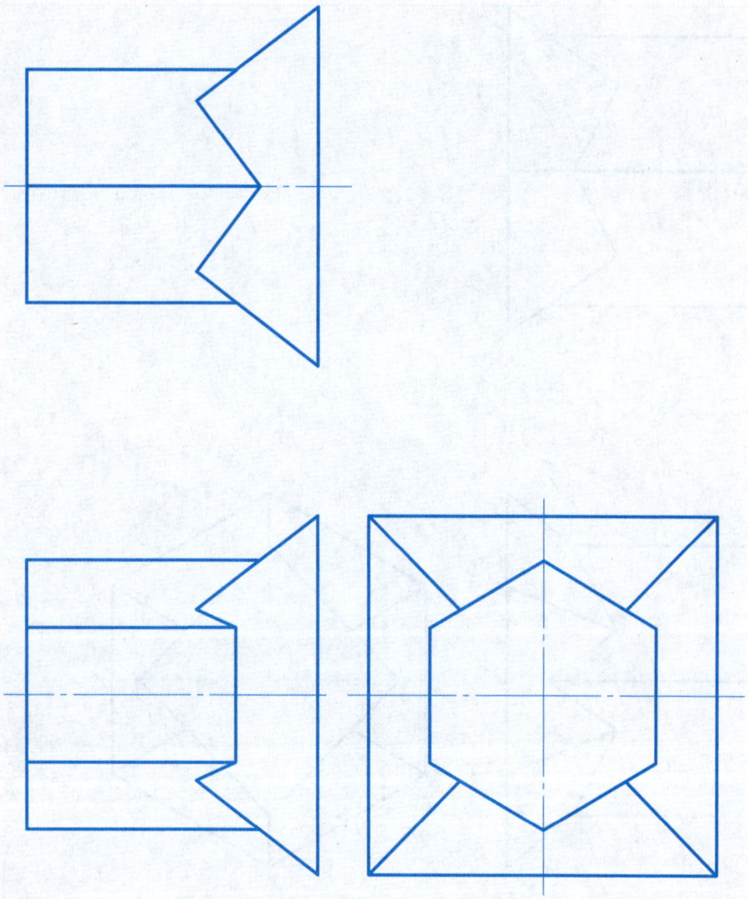

7-2 完成穿孔体的投影。

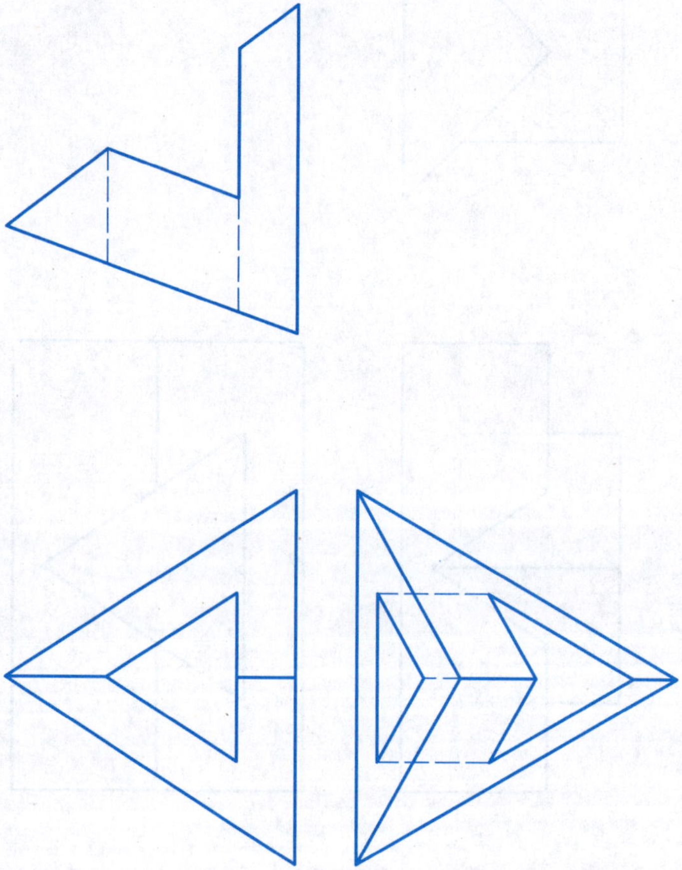

7-3 求平面立体与曲面立体的相贯线。

(1)

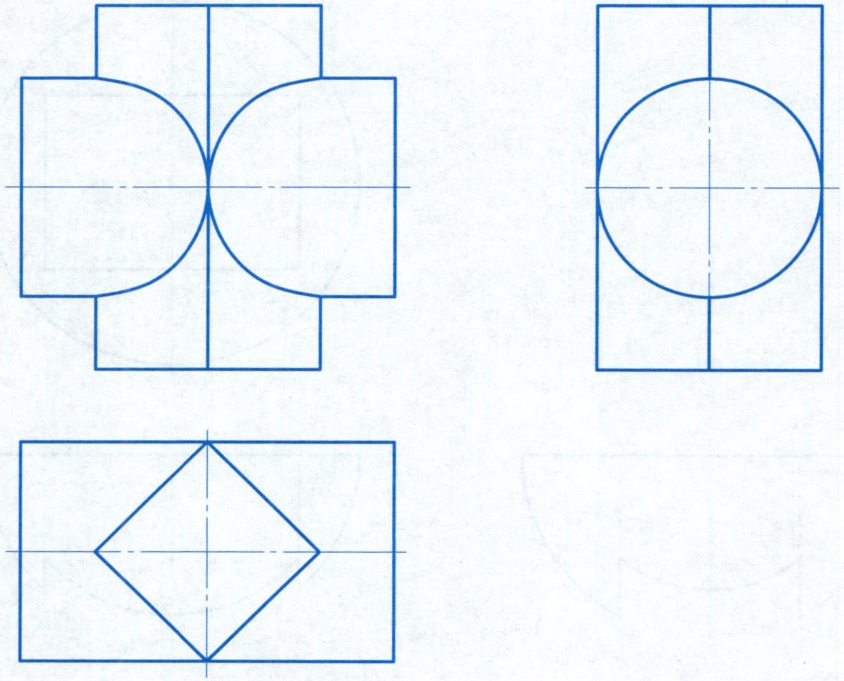

(2)

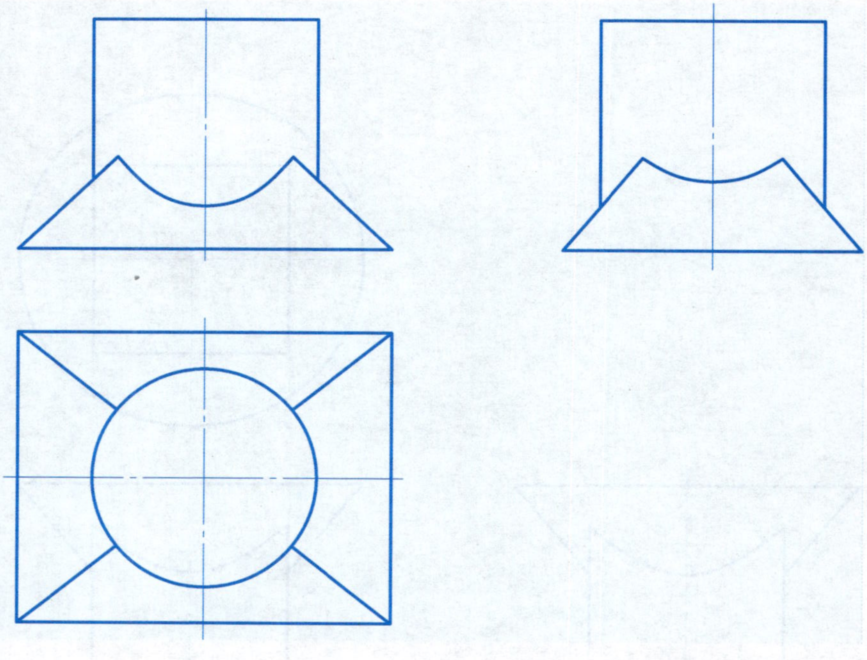

(3)

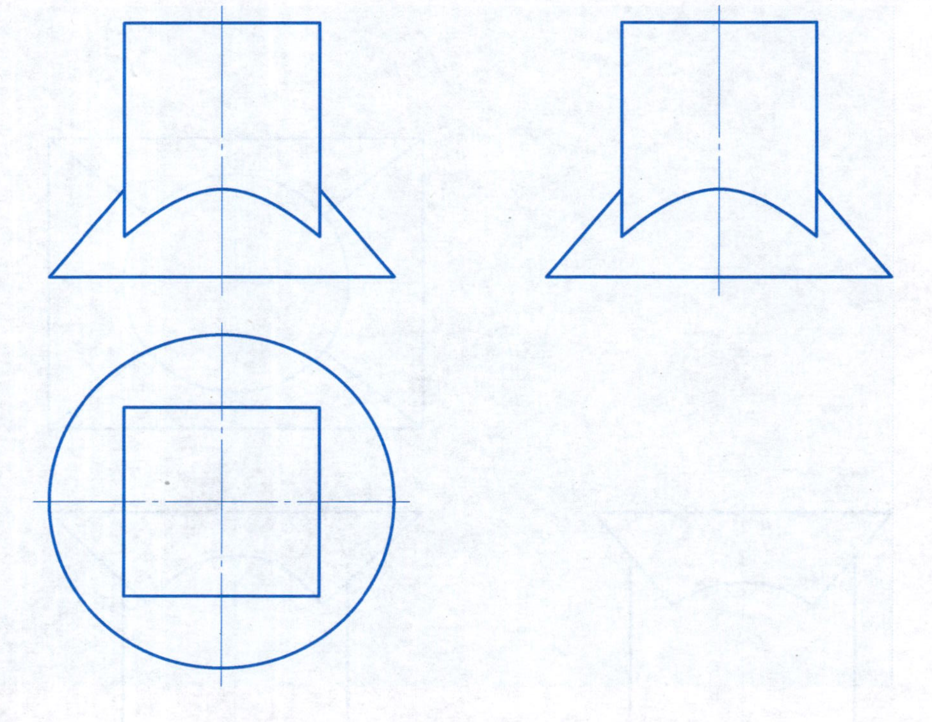

7-4 完成球、圆锥、圆柱穿孔体的投影。

(1)

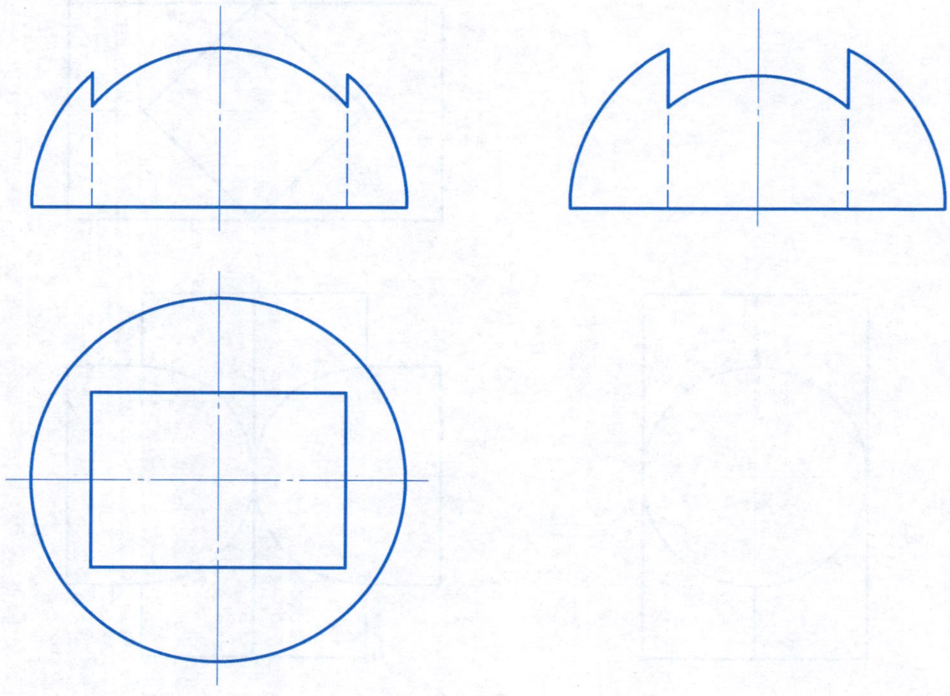

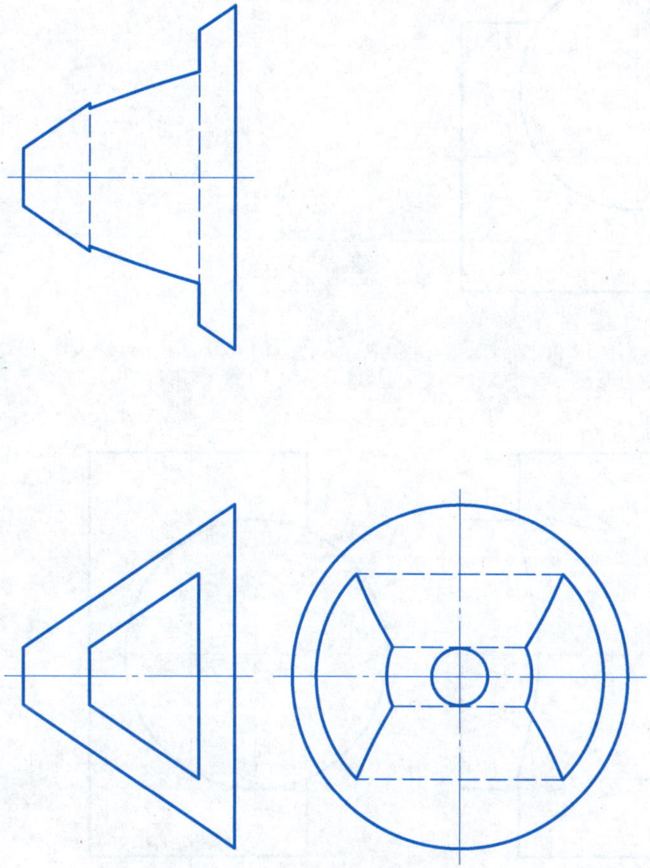

(2)

(3)

7－5 求两曲面立体相贯线。

(1)

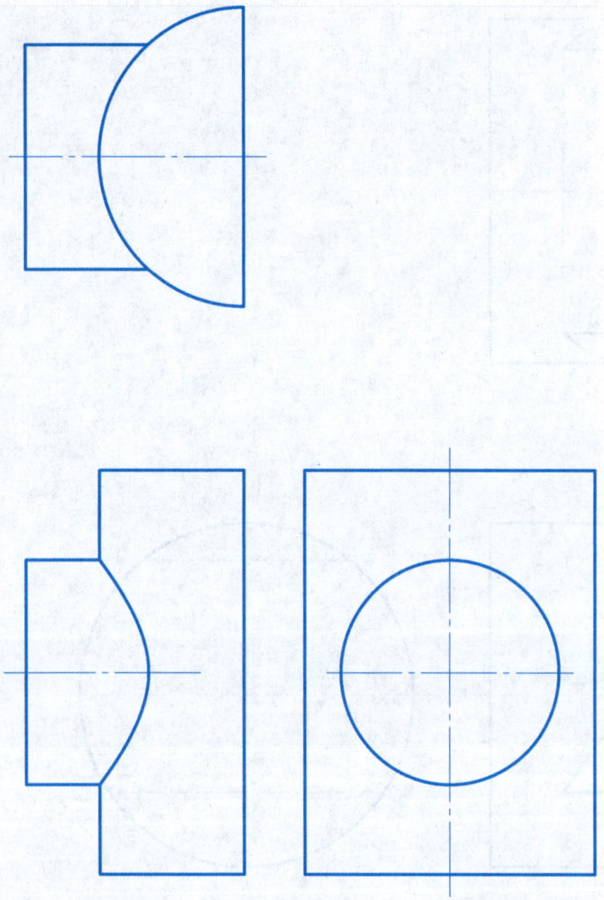

(2)

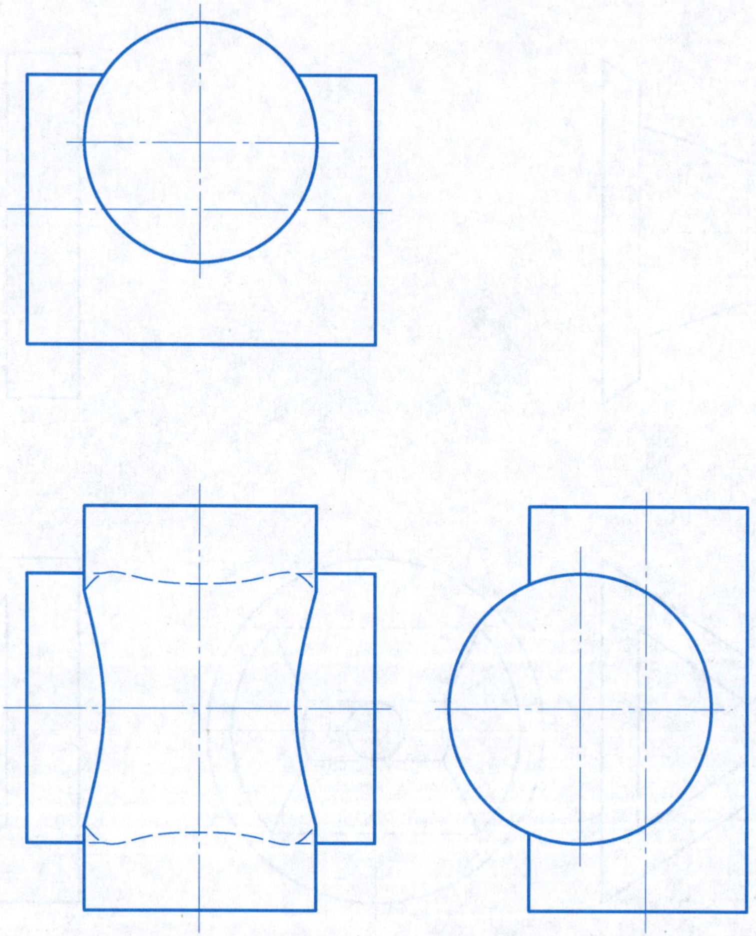

(3)

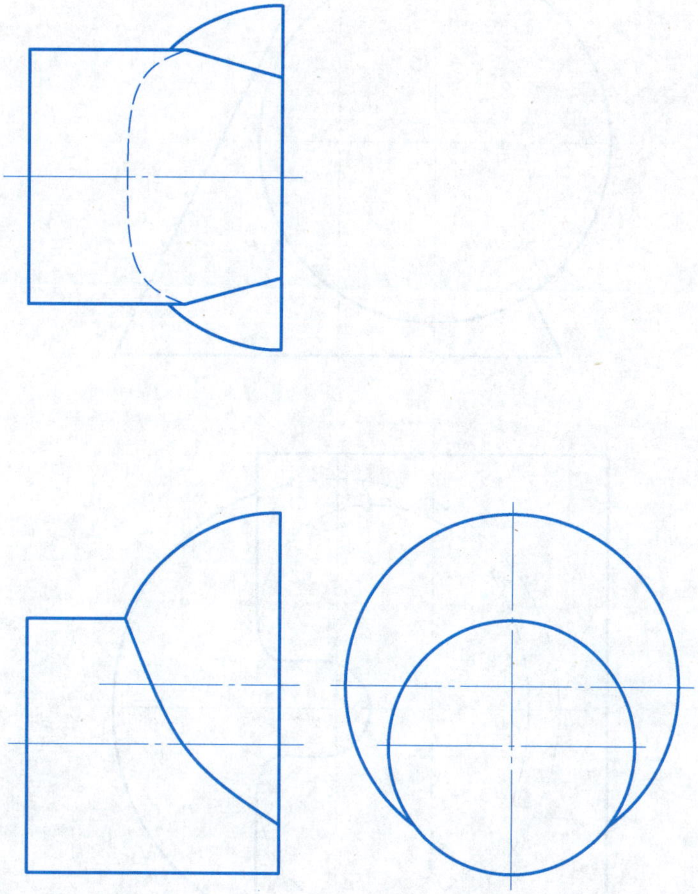

(4)

(5)

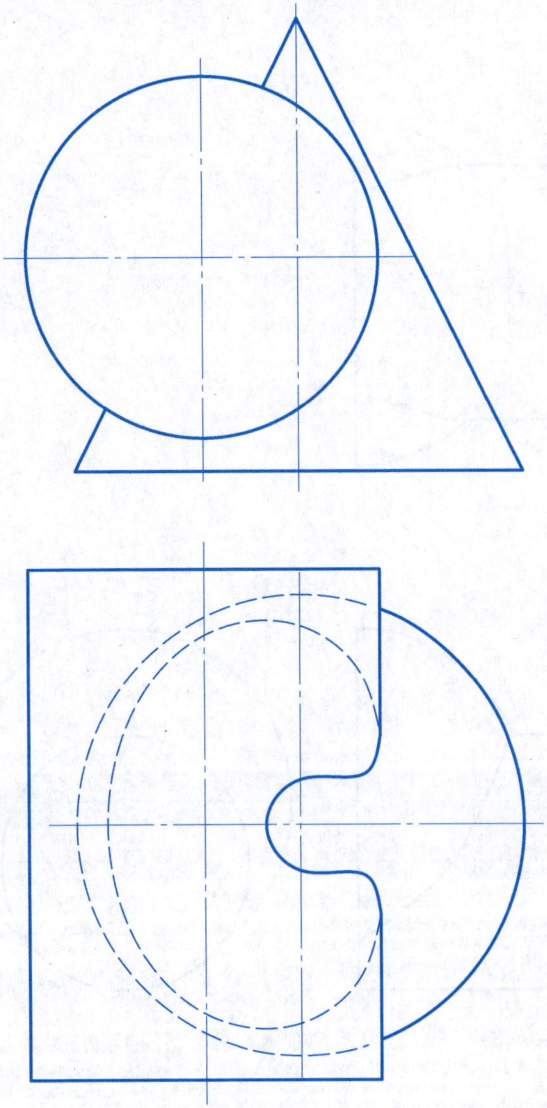

(6)

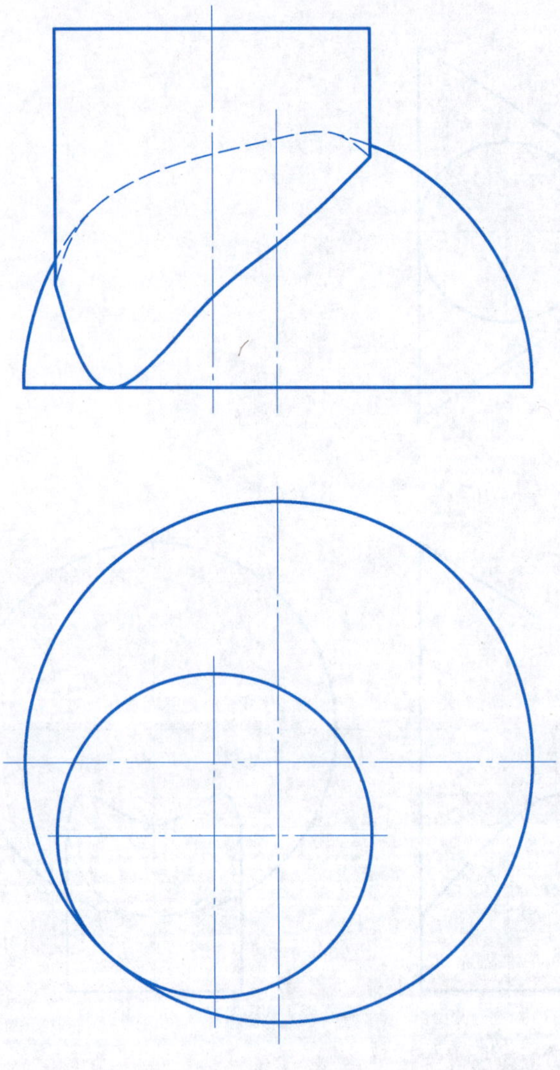

7-6 完成穿孔体的投影。

(1)

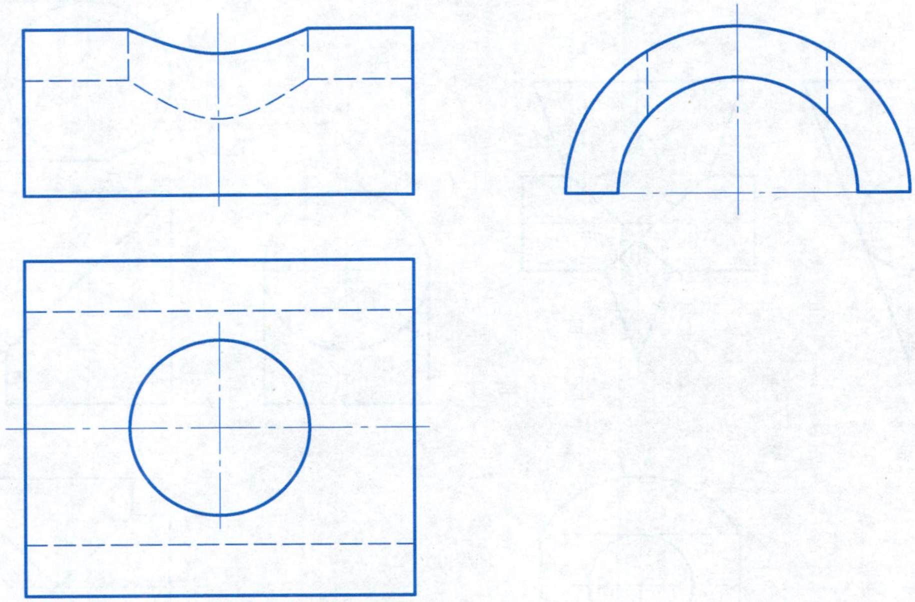

(2)

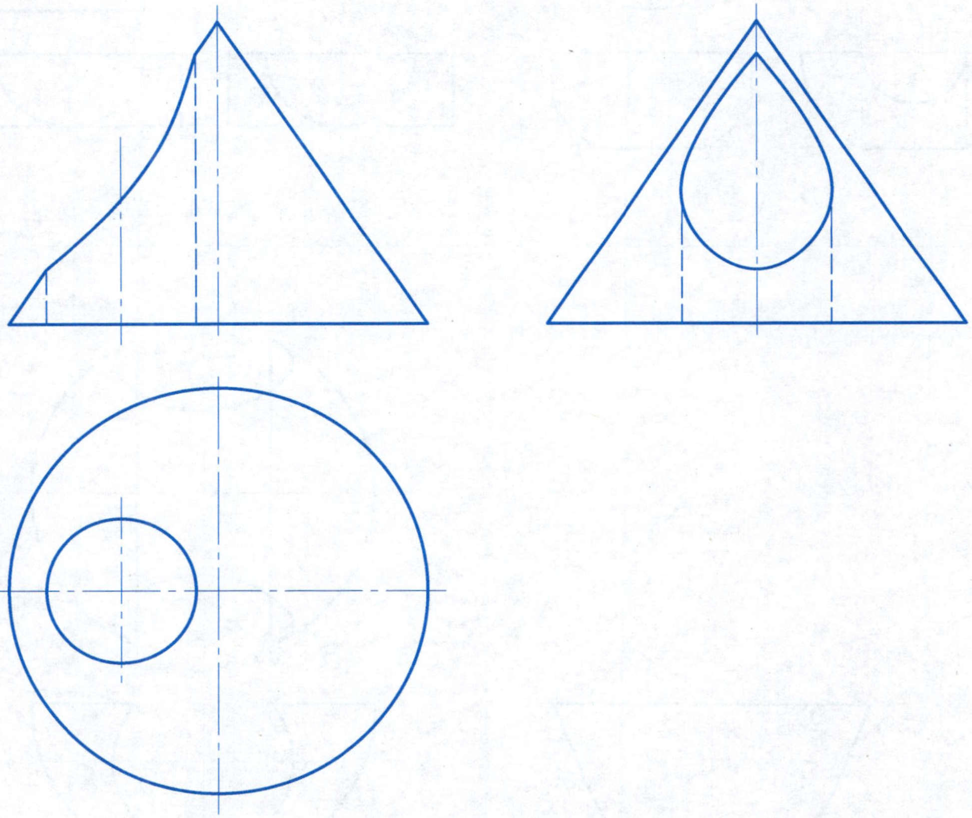

(3)

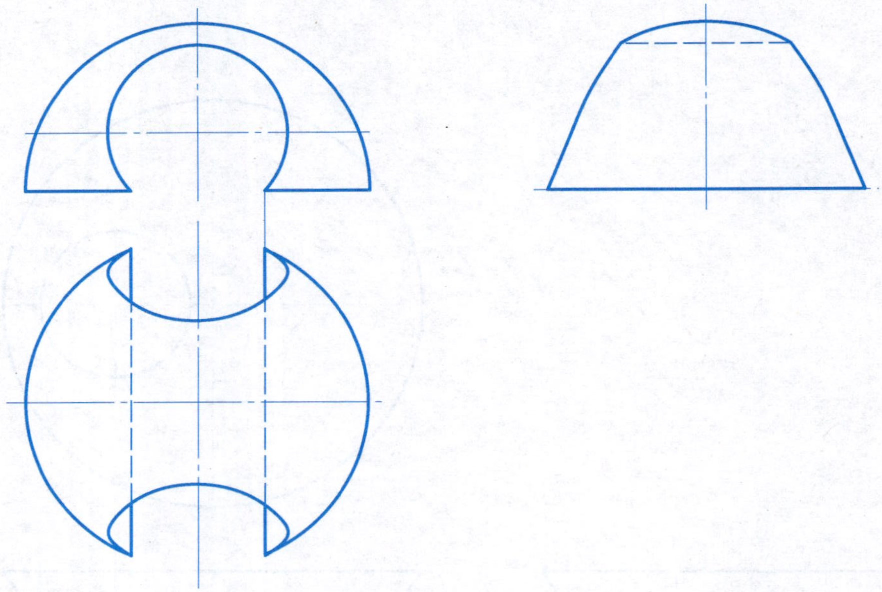

7-7 求两曲面立体的相贯线（特殊情况）。

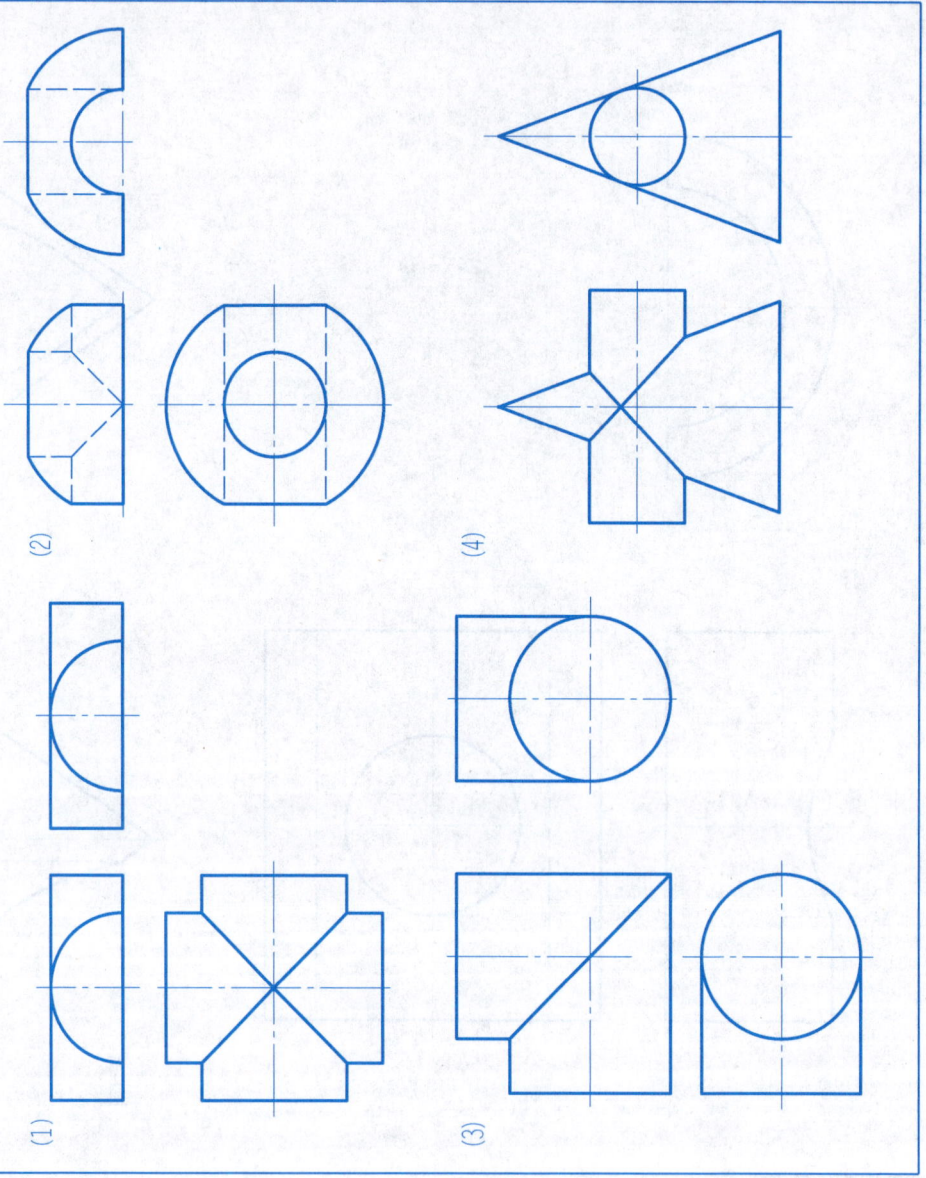

(1)

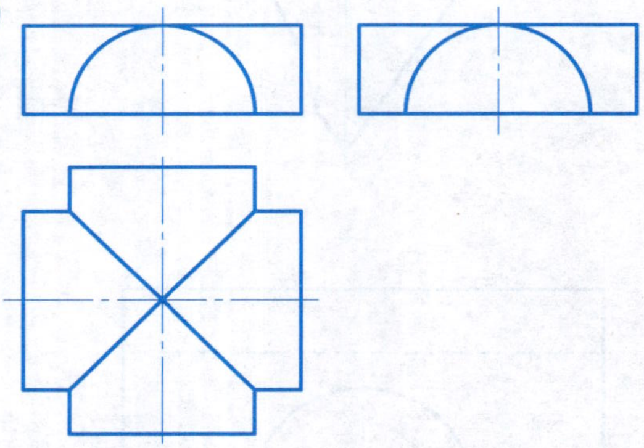

(2)

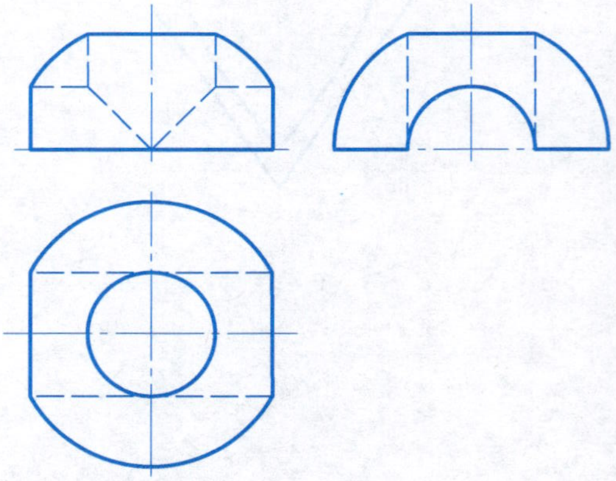

(3)

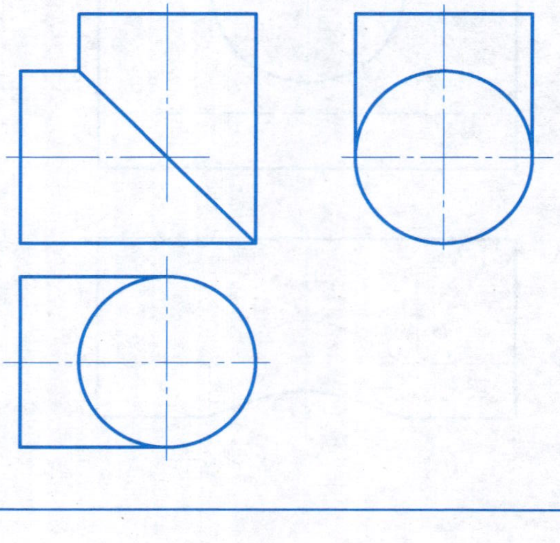

(4)

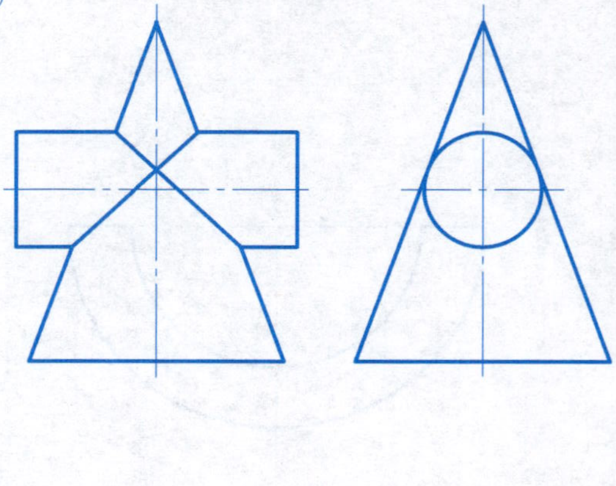

8-1 作出下列各形体的正等轴测图。

(1)

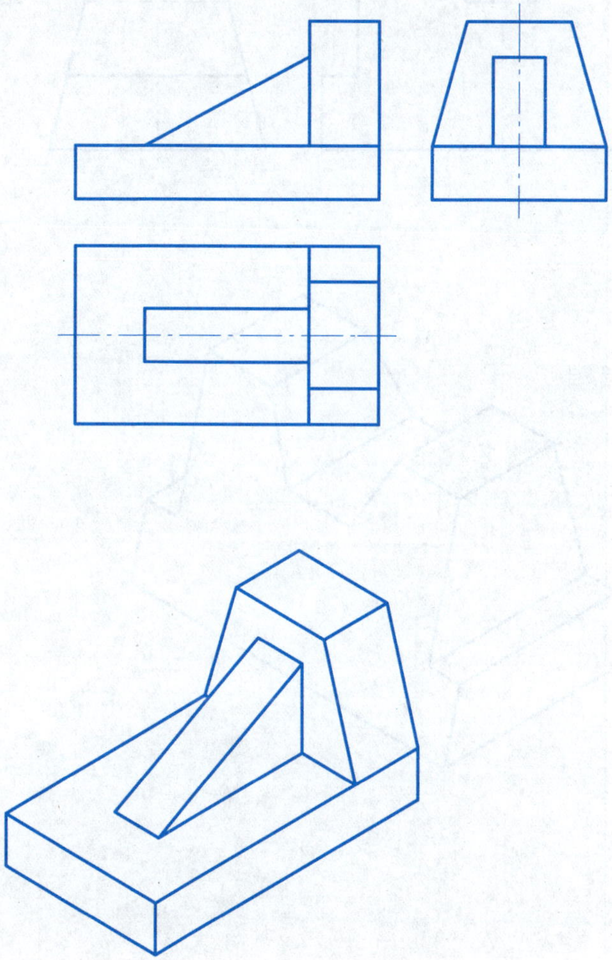

(2)

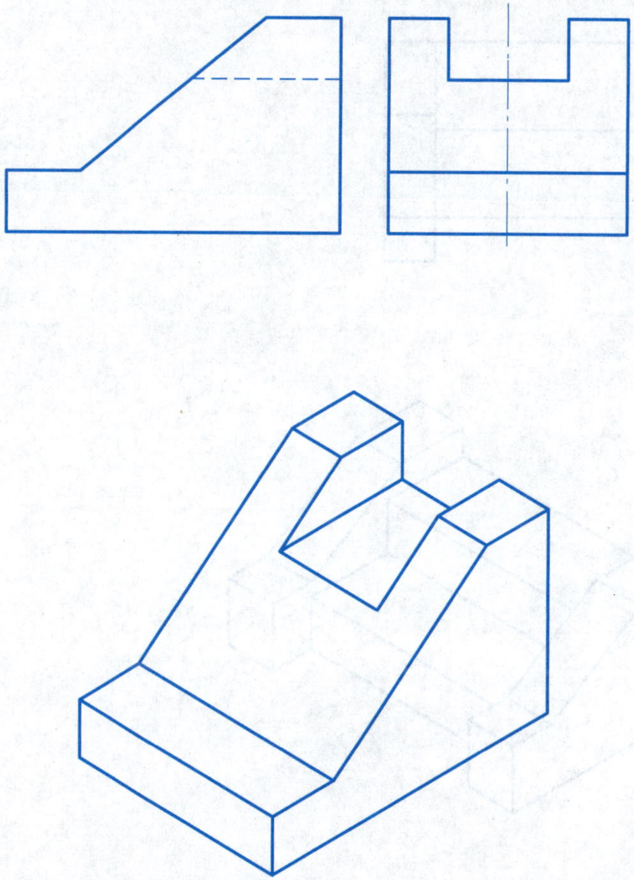

(3)

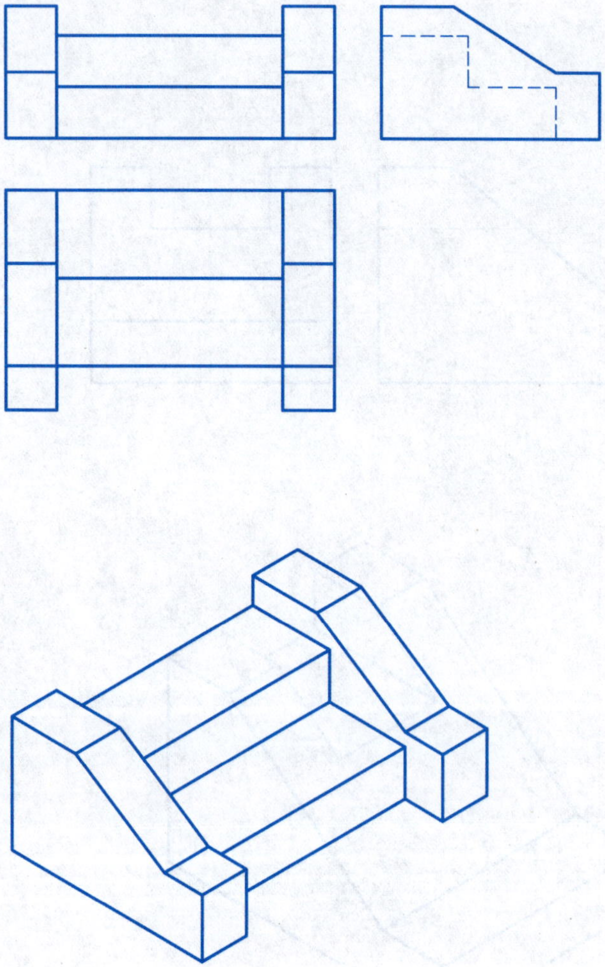

(4)

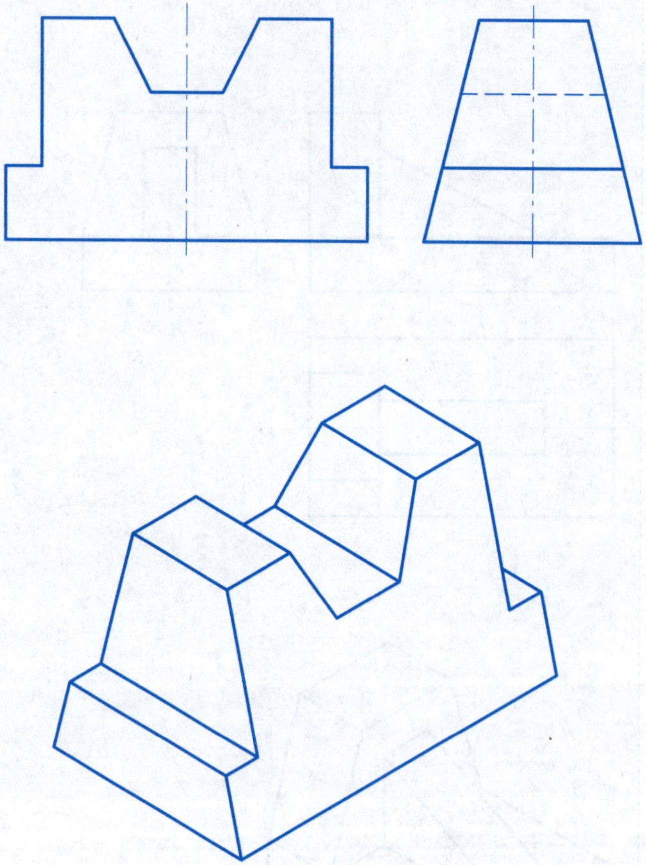

(5)

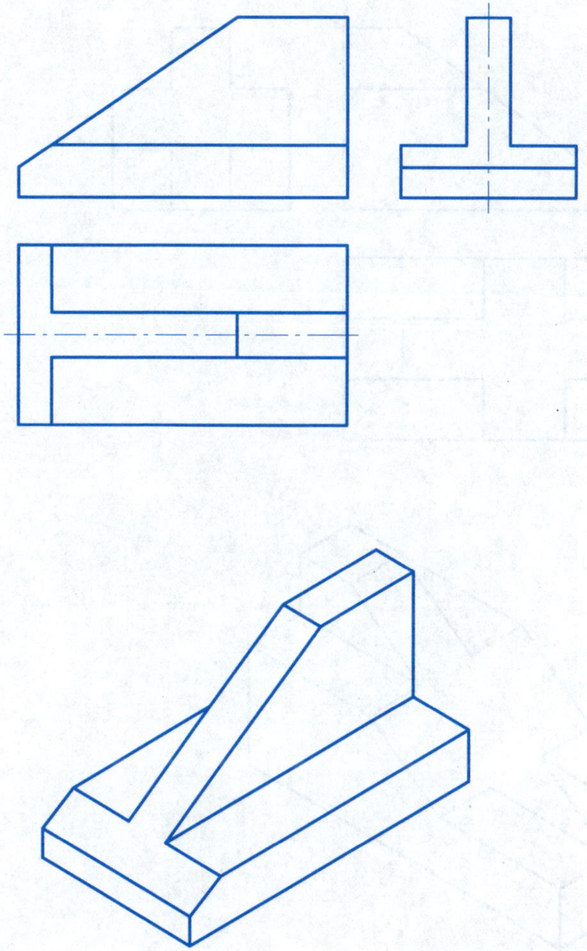

(6)

(7)

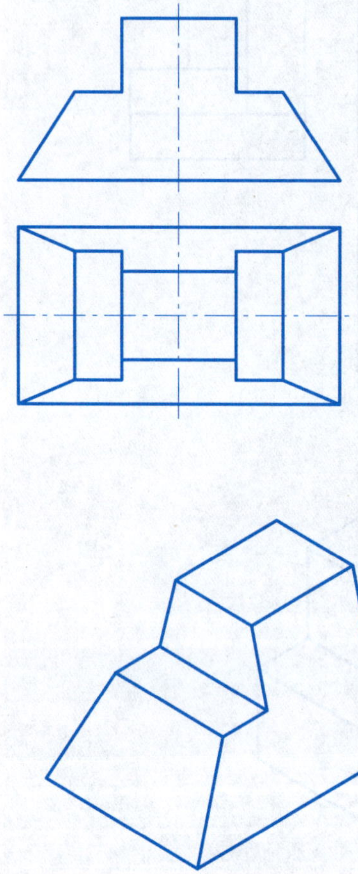

(8)

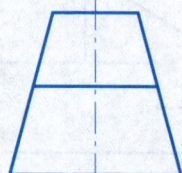

8-2　作出下列各形体的正二测。

(1)

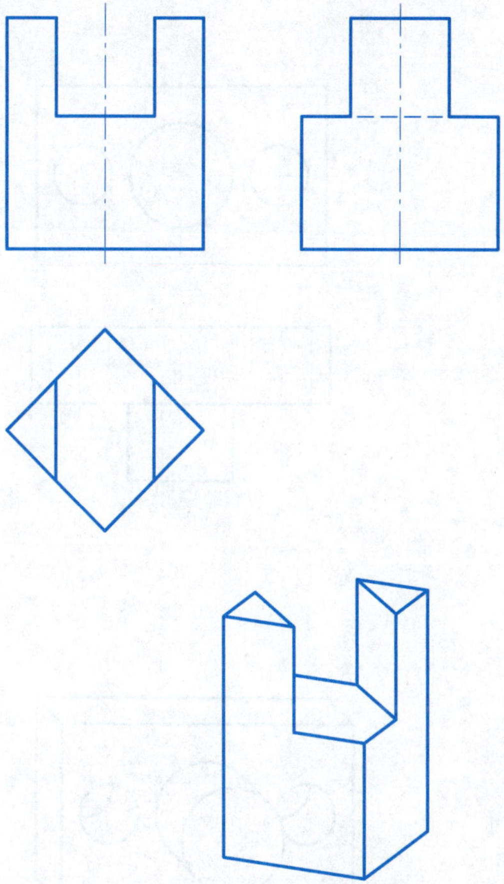

(2)

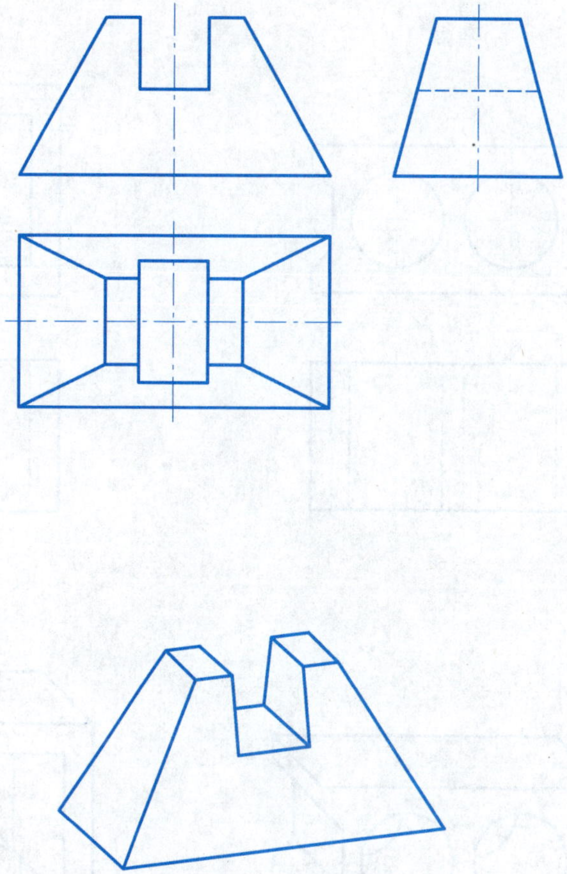

8-3 作出下列各形体的正面斜二测。

(1)

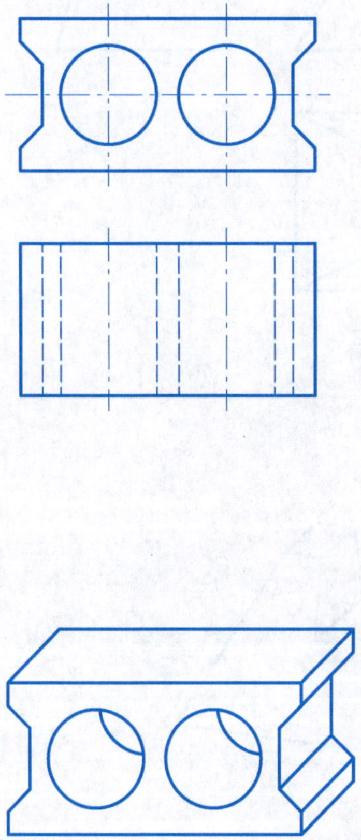

(2)

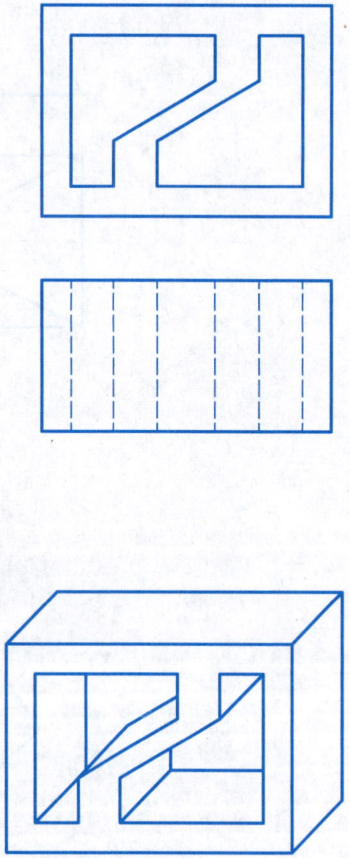

(3)

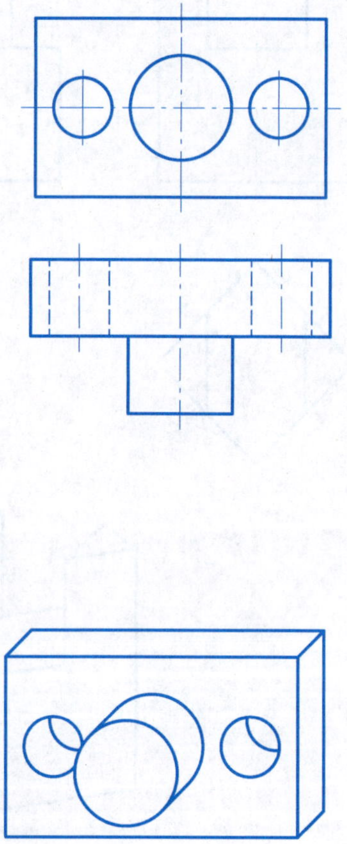

(4)

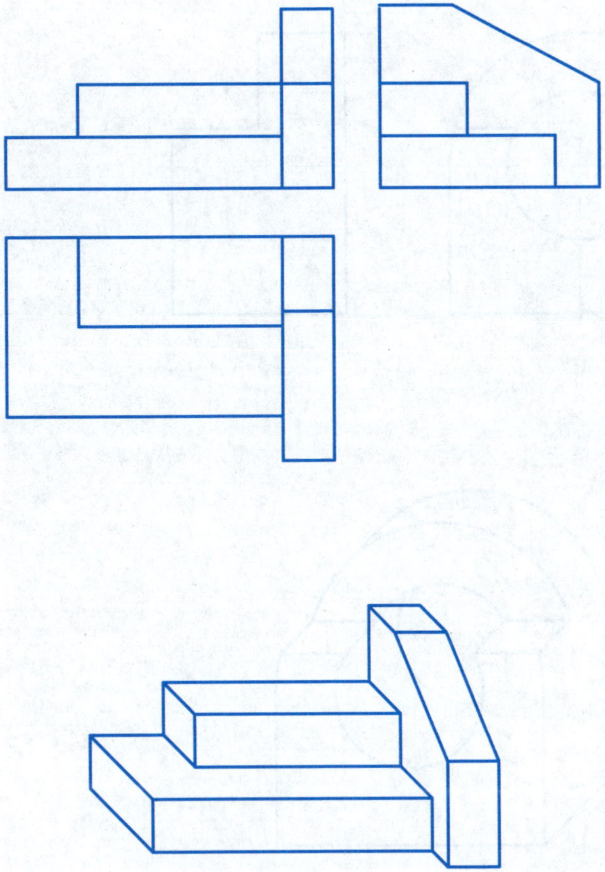

(5)

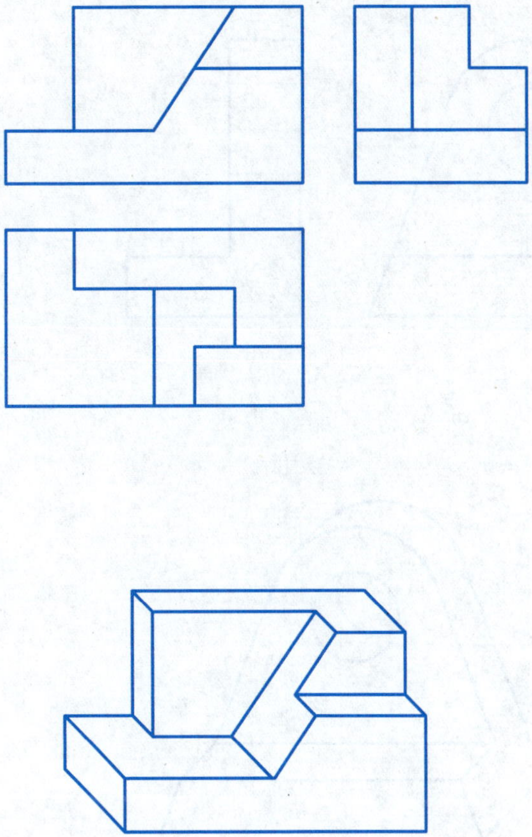

(6)

(7)

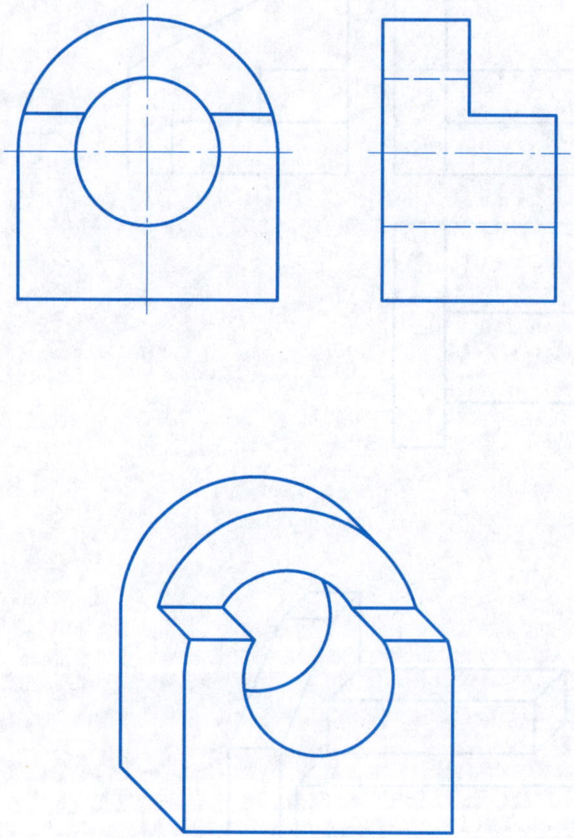

8-4　作出某区域总平面的水平斜二测。

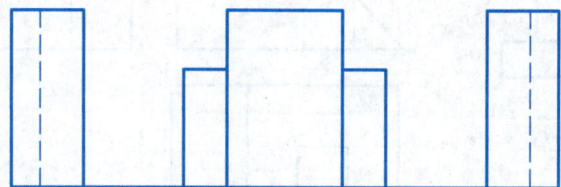

9-1　根据形体的三视图，想象其空间形状，并补画出三视图中的漏线。

(1)

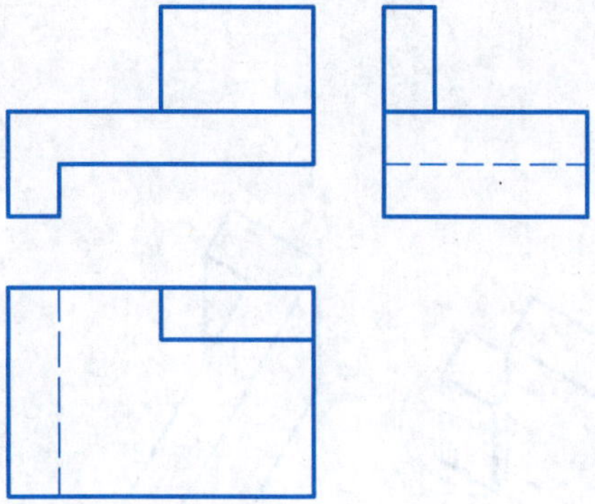

(2)

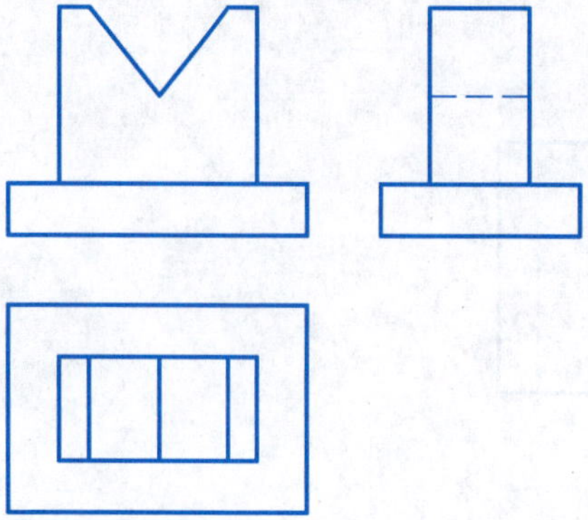

(3)

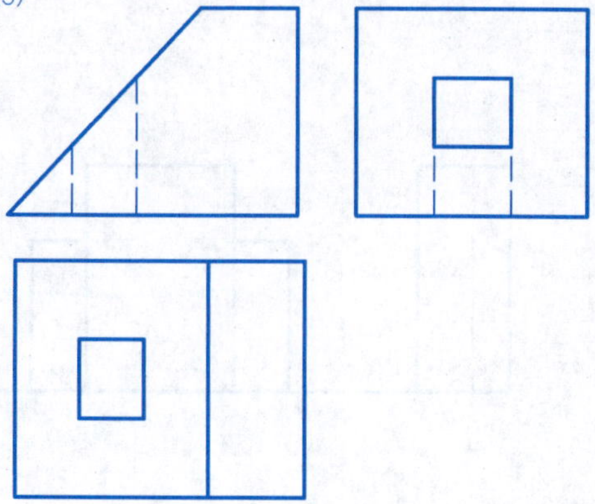

(4)

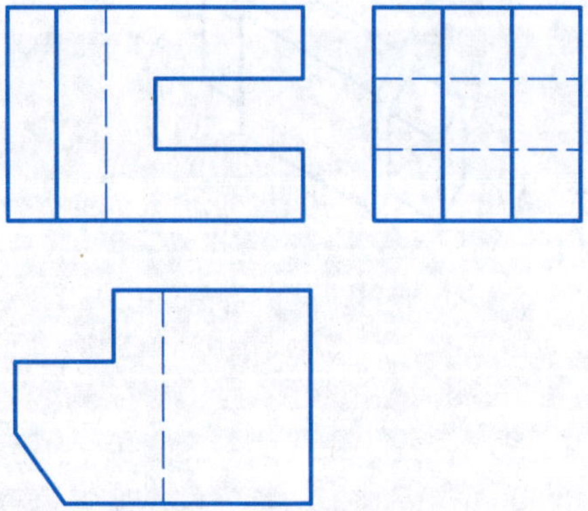

(5)

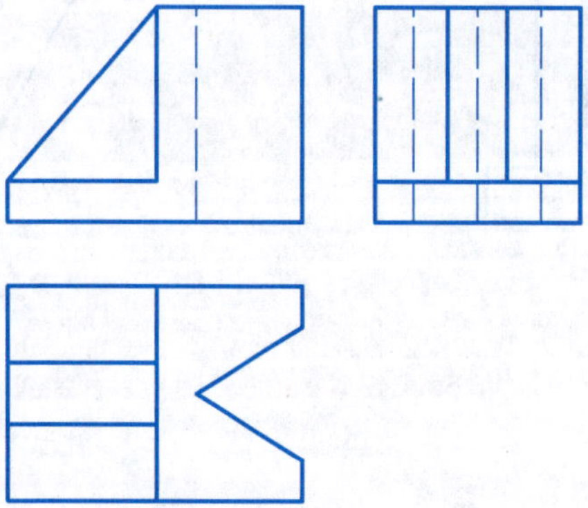

(6)

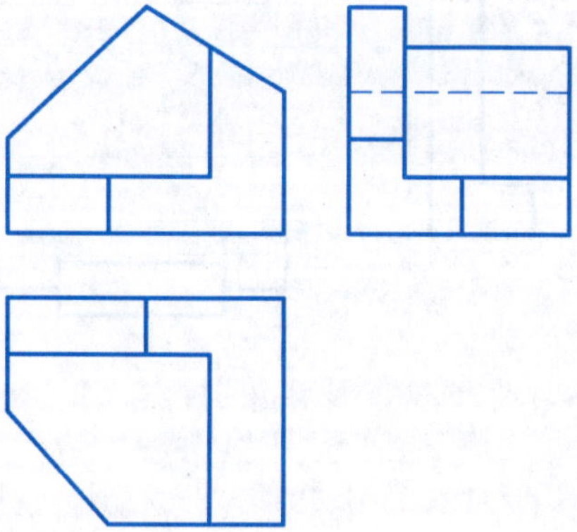

9-2 根据组合体的两面视图，补出第三面视图，并作出其正等轴测图。

(1)

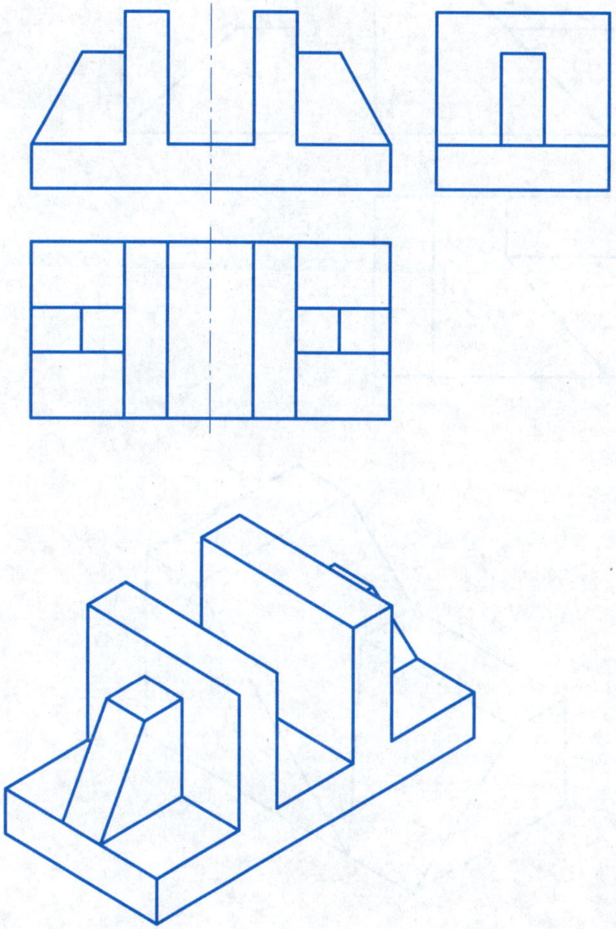

(2)

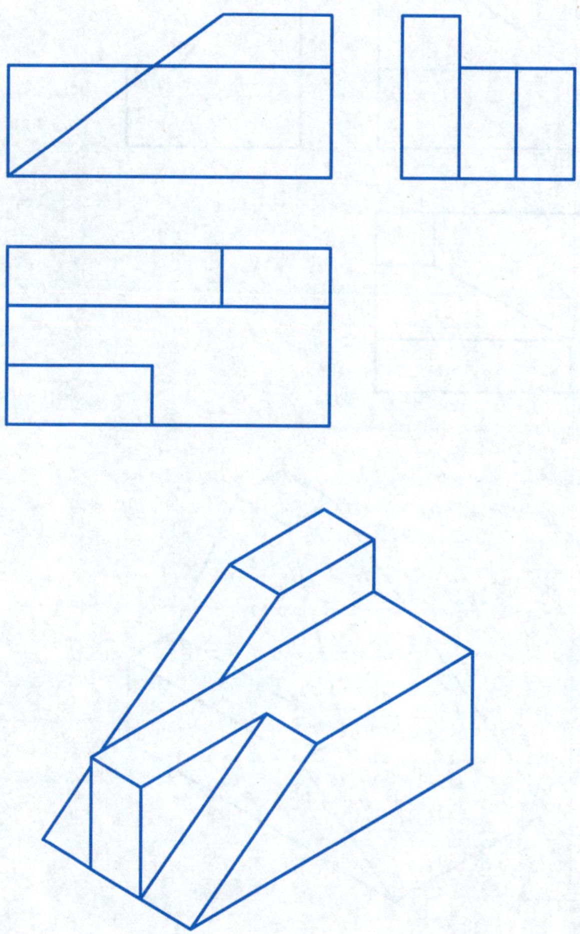

(3)

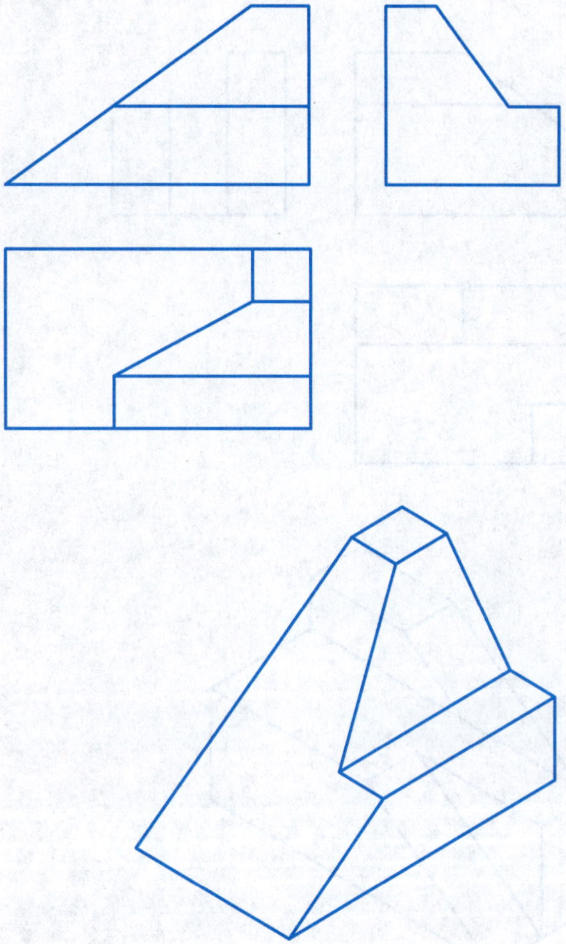

(4)

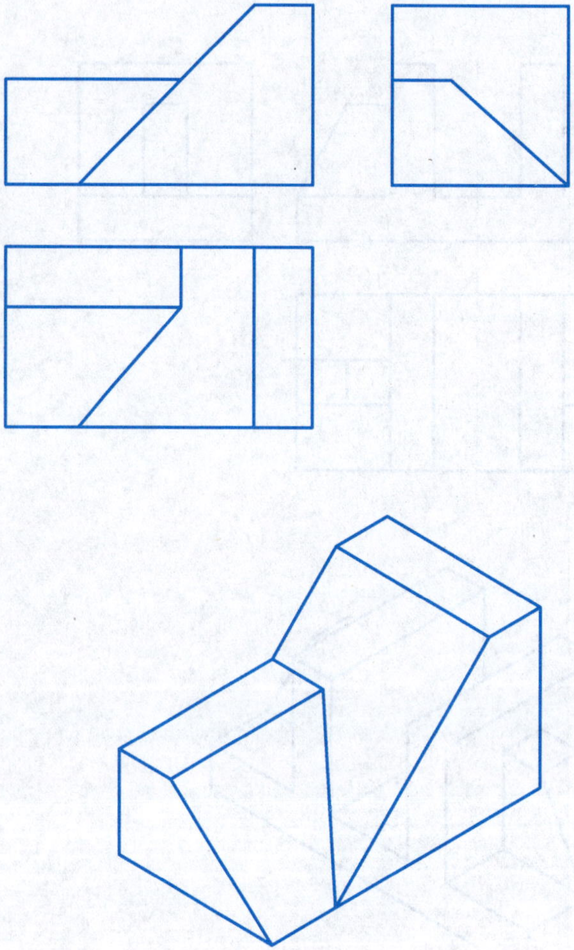

(5)

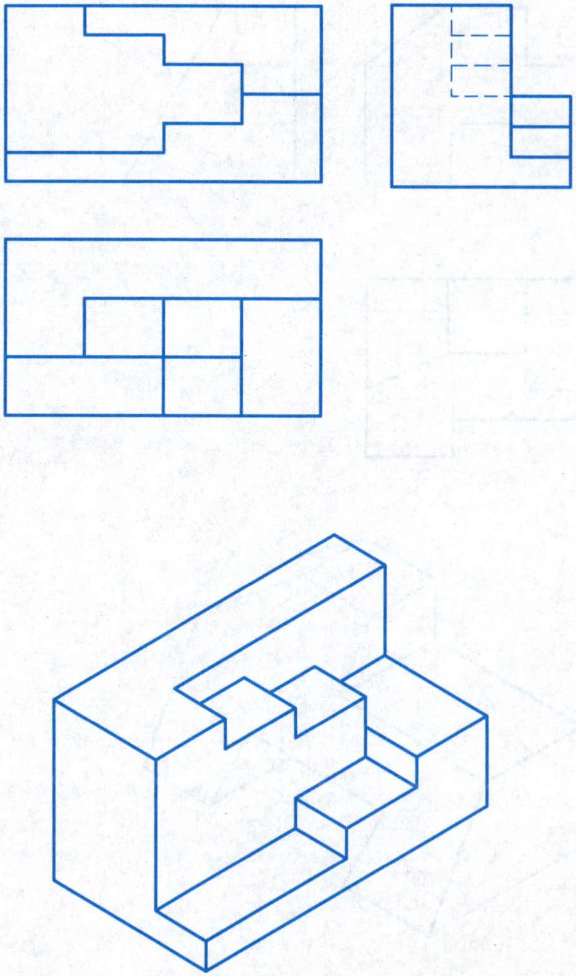

(6)

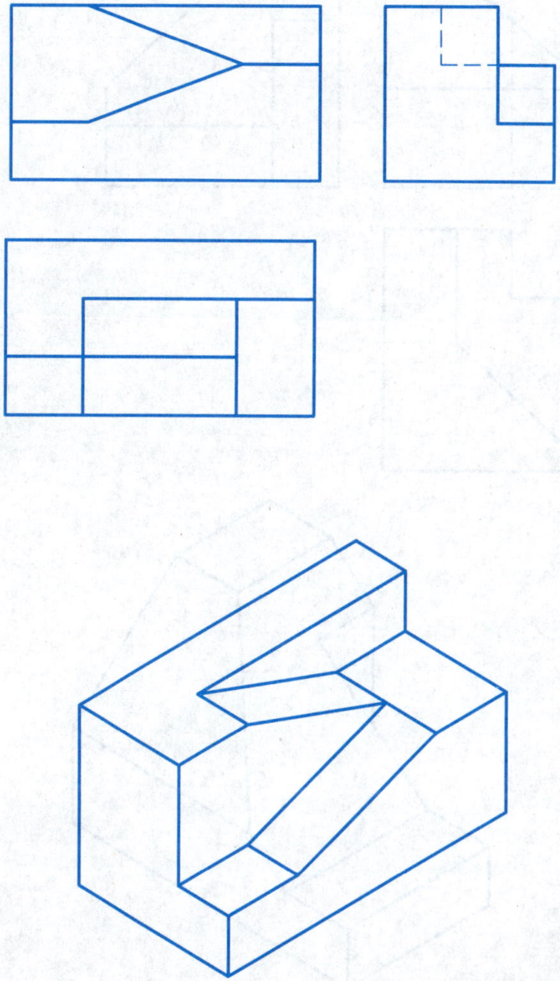

(7)

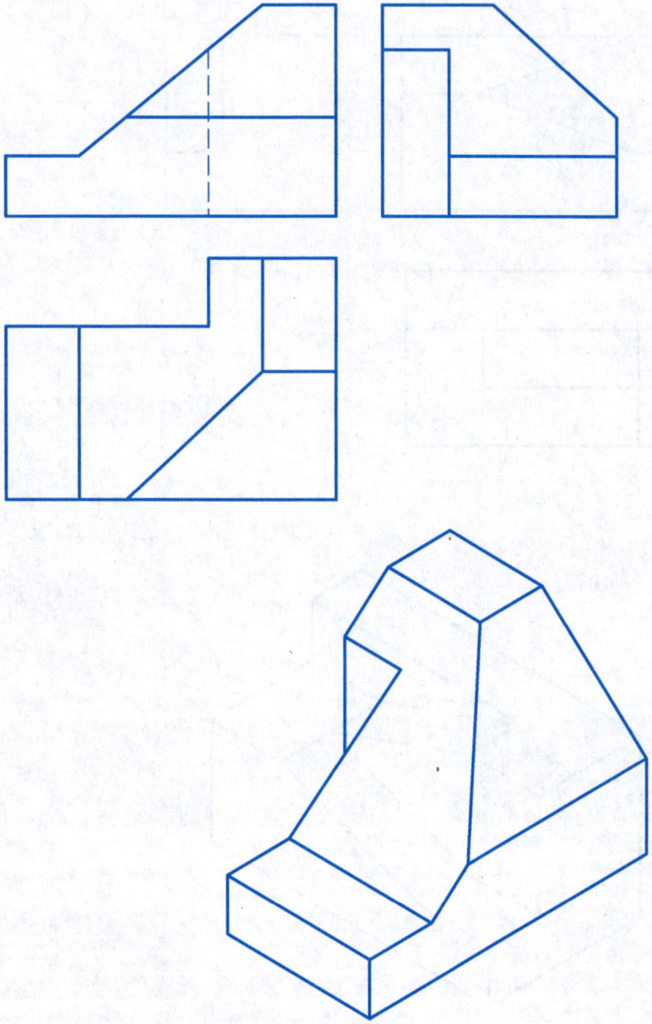

(8)

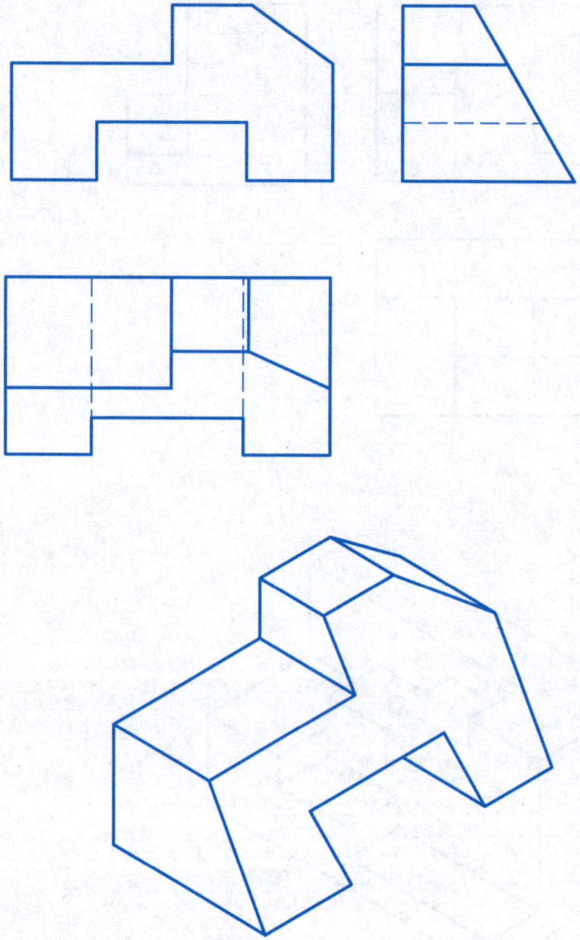

(9)

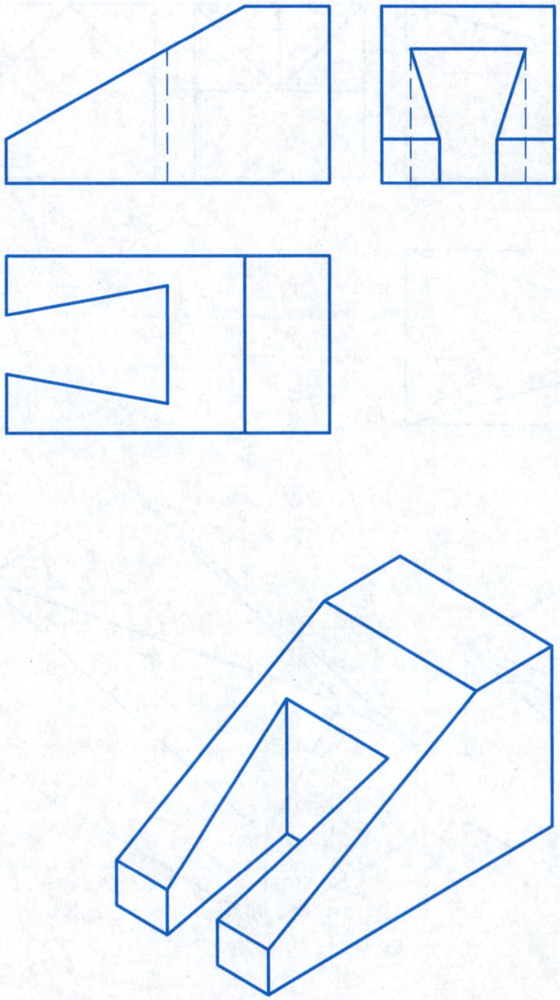

(10)

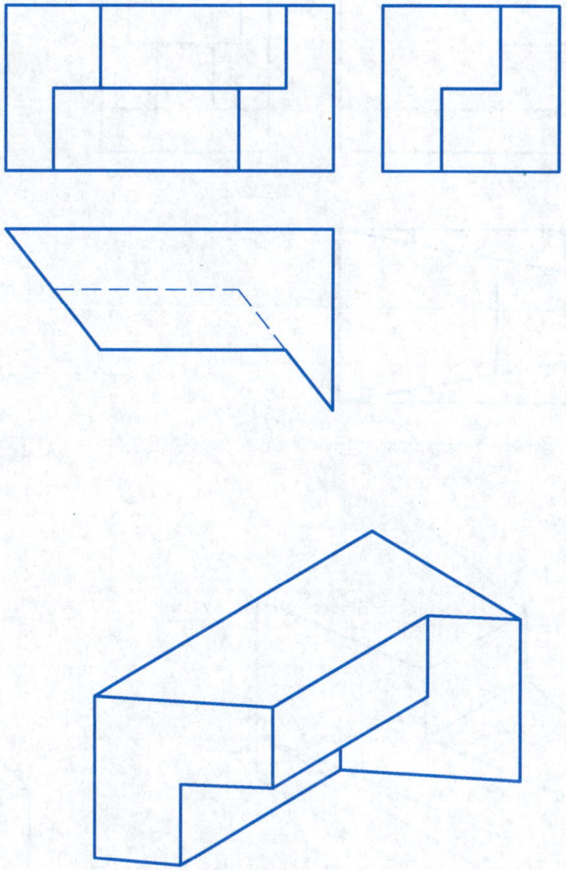

(11)

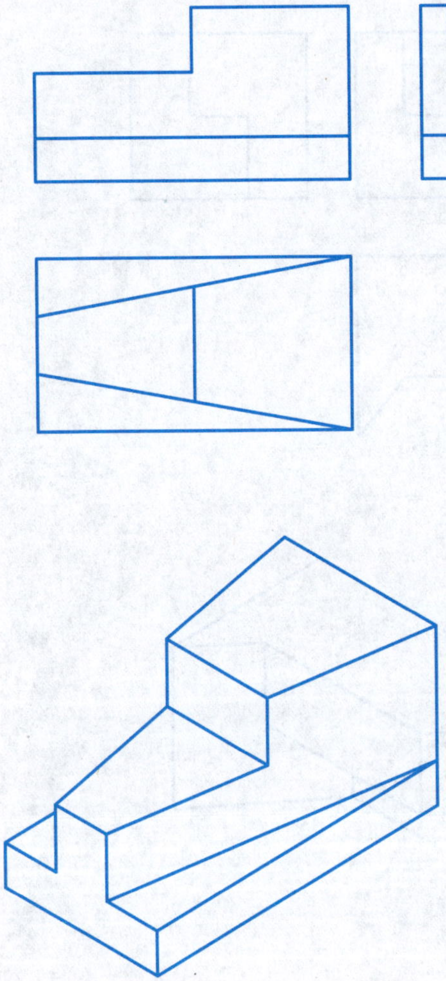

(12)

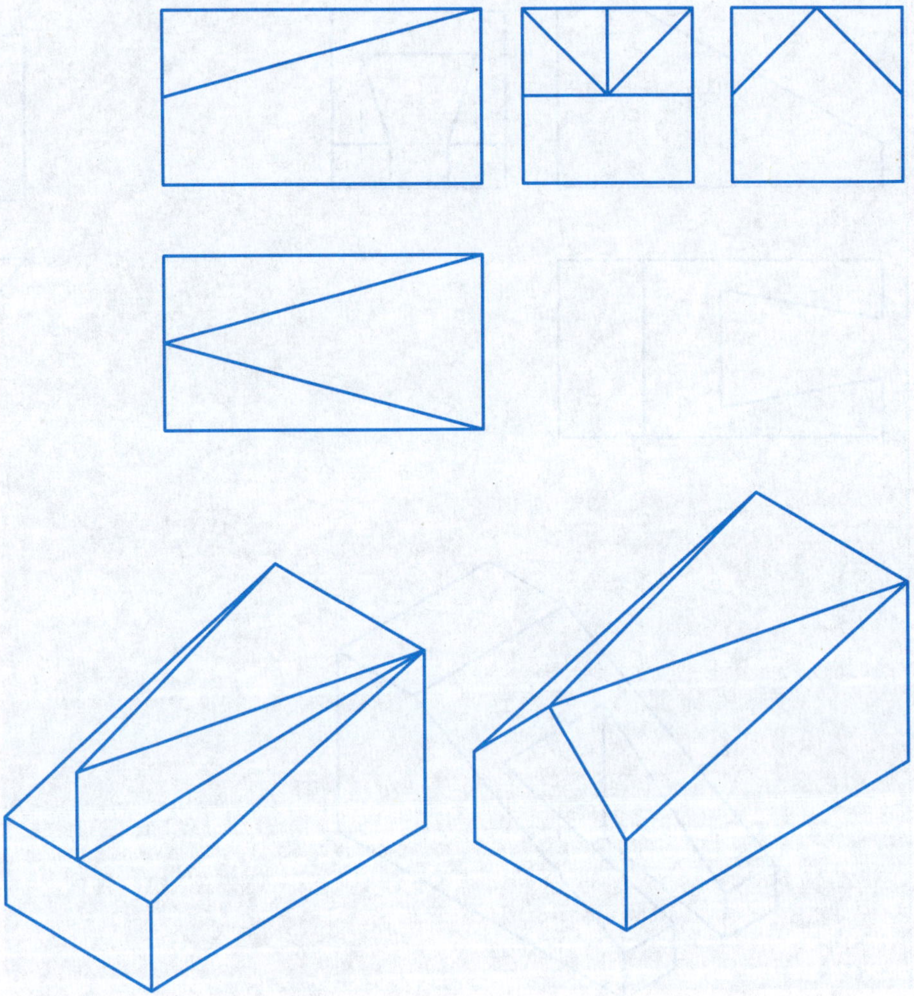

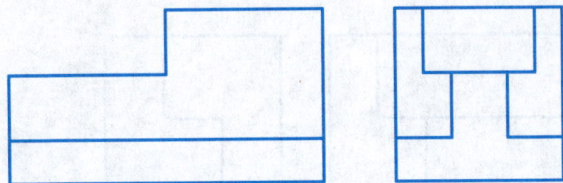

# 第十章　标高投影答案

10-1　已知直线 $AB$ 的标高投影，求直线上整数标高的点。

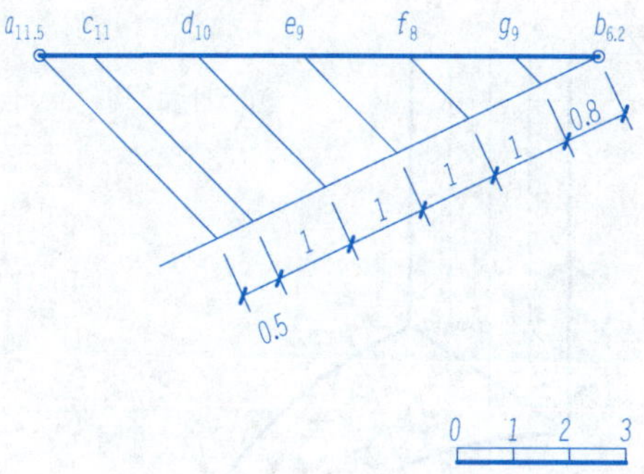


10-2　求直线 $AB$ 的实长。

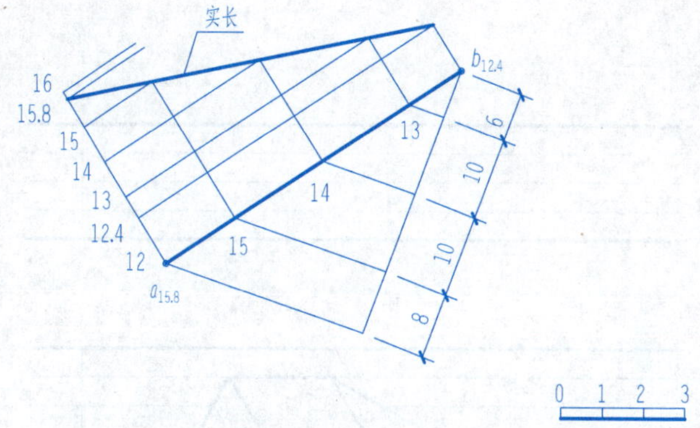


10-3　已知平面 $ABC$ 的标高投影，求平面上整数标高的等高线和平面的坡度。

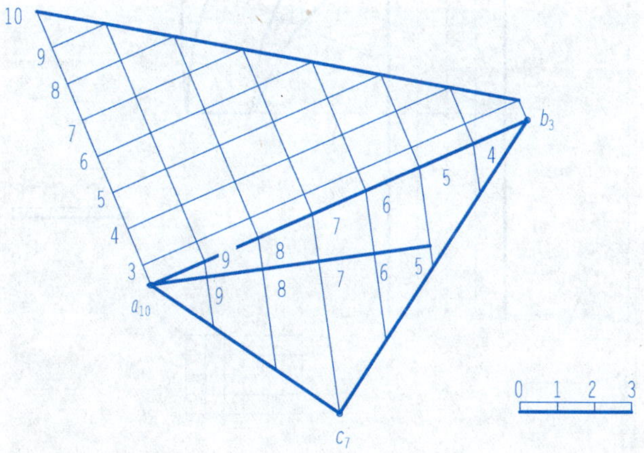


10-4　求两平面的交线。

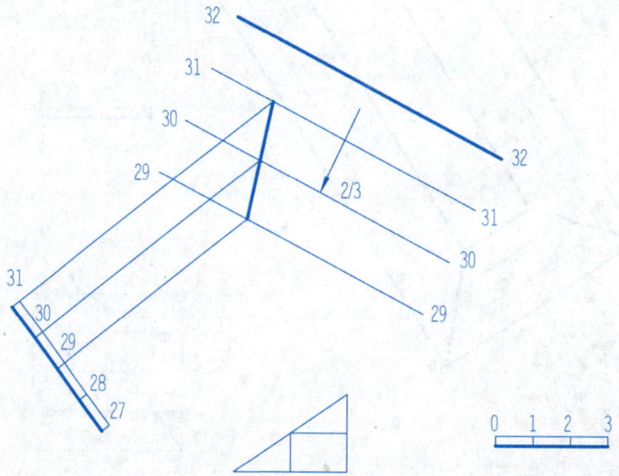

10-5　两堤顶的标高及各边坡坡度如图所示，求各边坡与标高为±0.000的地面的交线及各边坡间的交线。

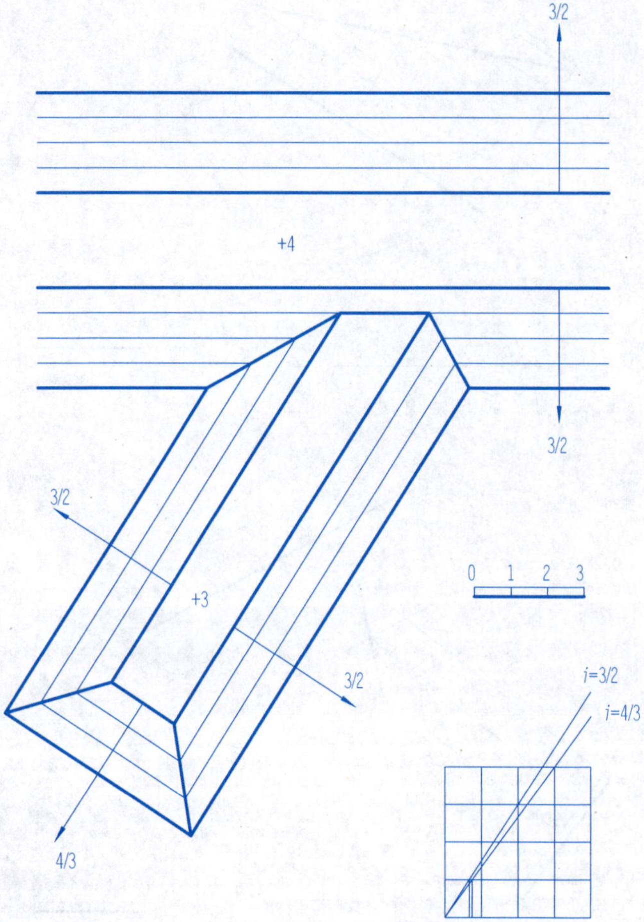


10-6　平台和地面的高程如图所示，用一弯道相连，各坡面的坡度为1∶1.5，求坡面之间、坡面与地面的交线，并画出各坡面上部分示坡线。

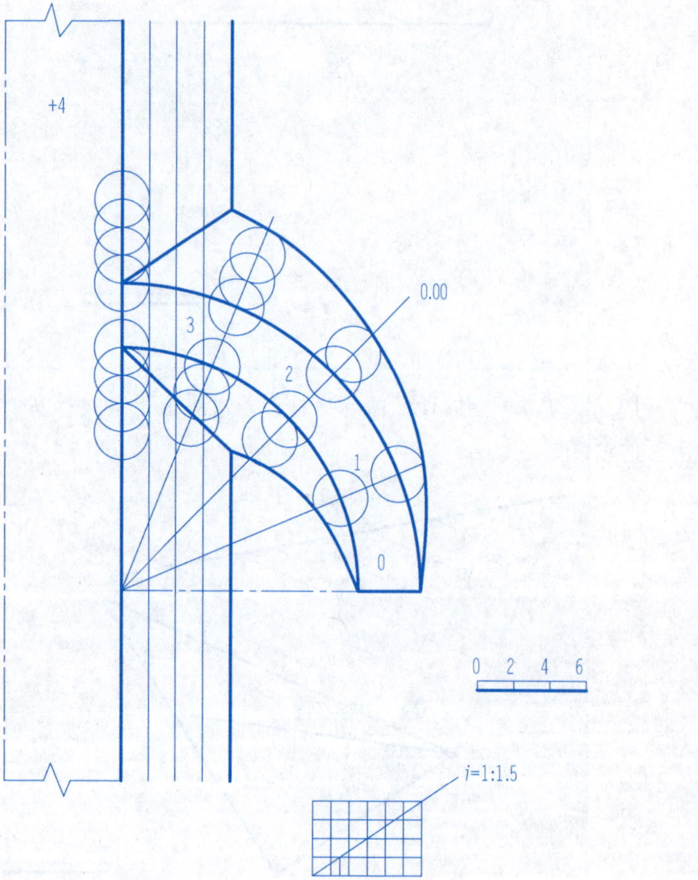

10-7　已知坑底的标高为20.00，坑底的大小和各坡面的坡度见图示，地面标高为24.00，求作开挖线和坡面交线。

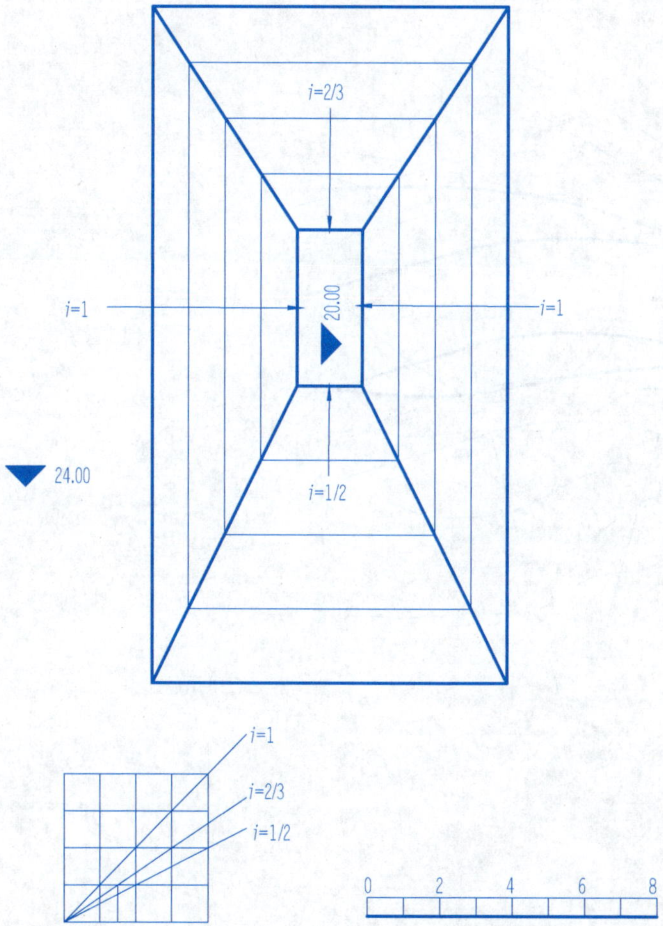


10-8　已知管线两端的高程分别为19.3和20.5，求管线与地形面的交点。

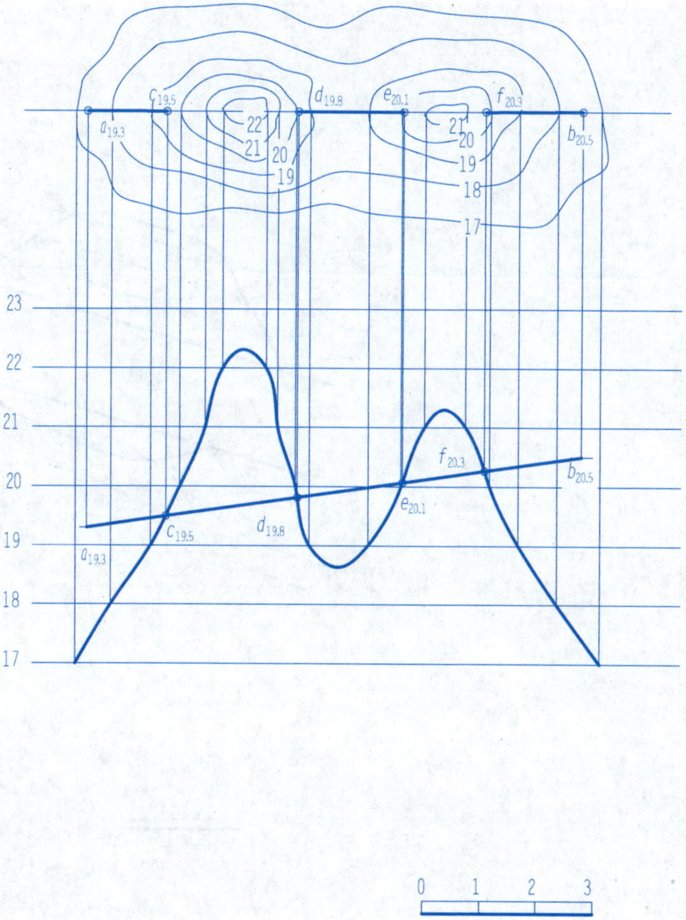

10-9　路面标高为62，挖方坡度 $i=1$，填方坡度 $i=2/3$，求挖方、填方的边界线。

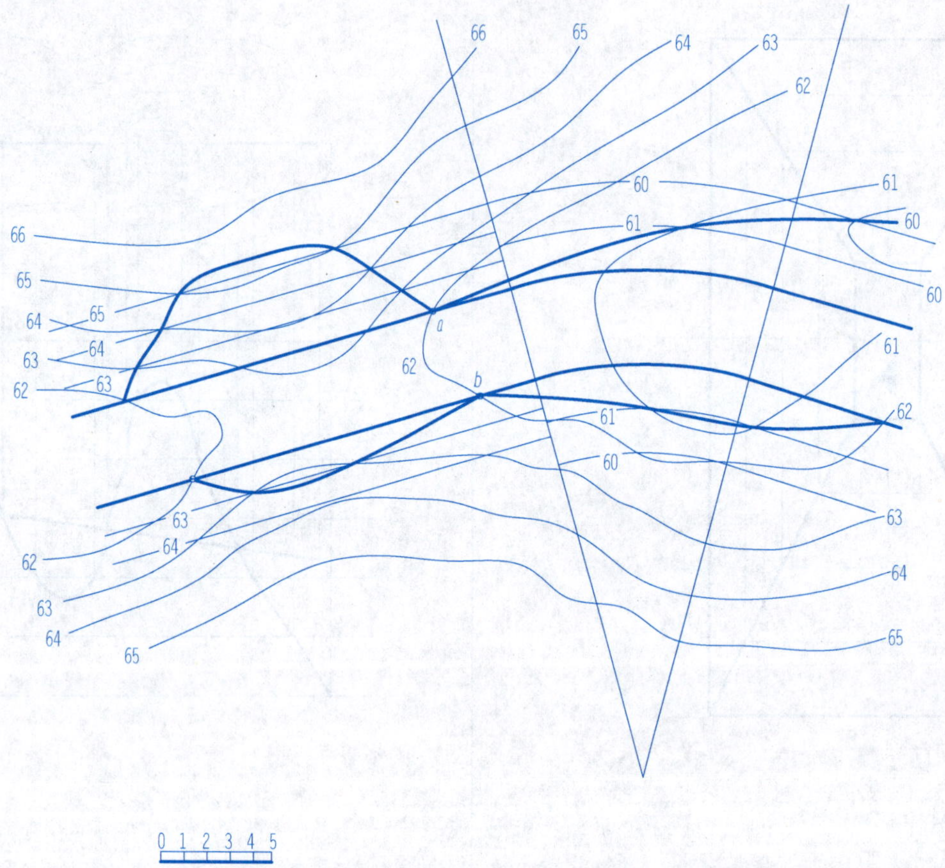

# 第十一章　制图的基本知识与技能答案

作业一参考绘图步骤

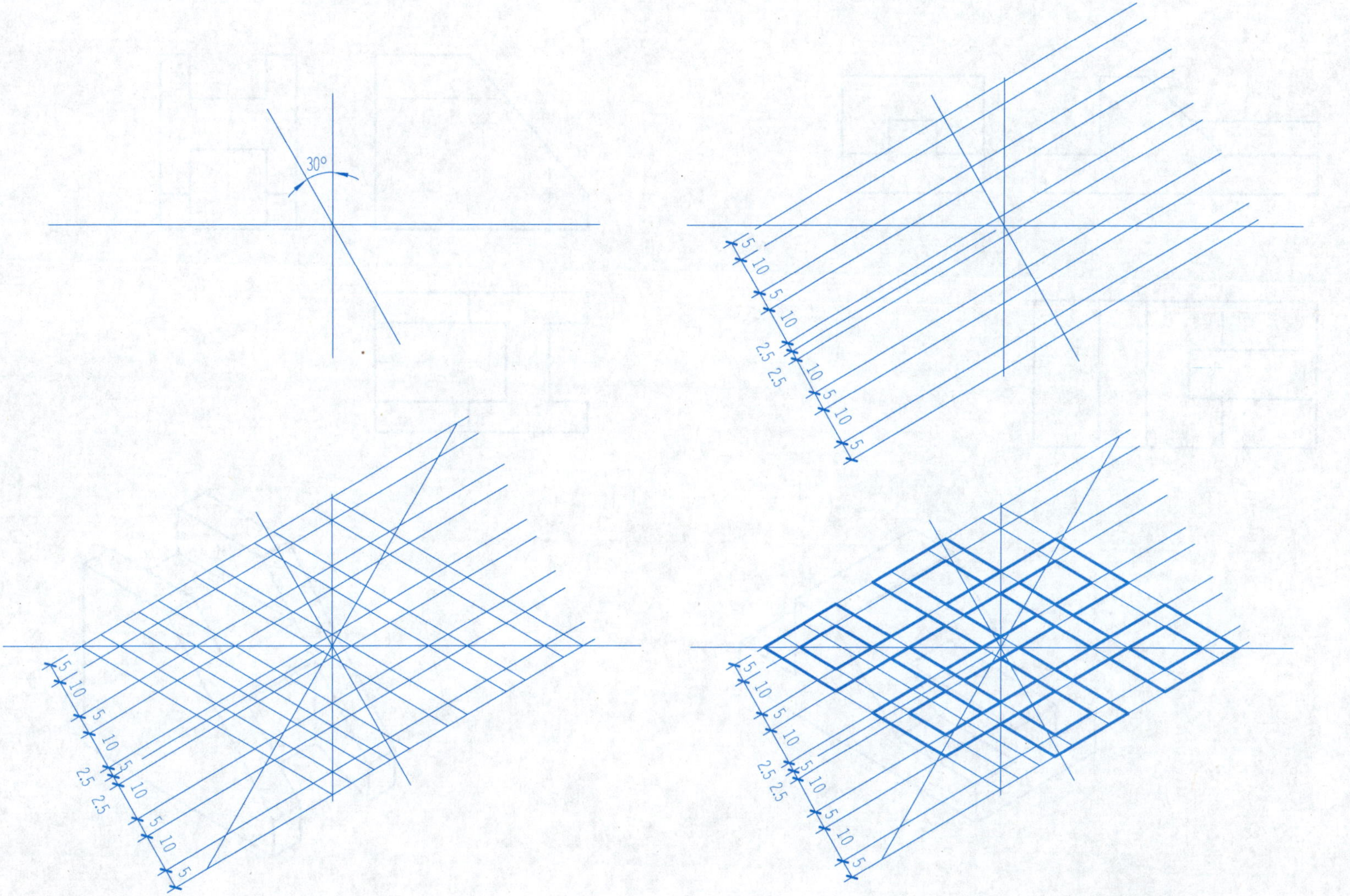

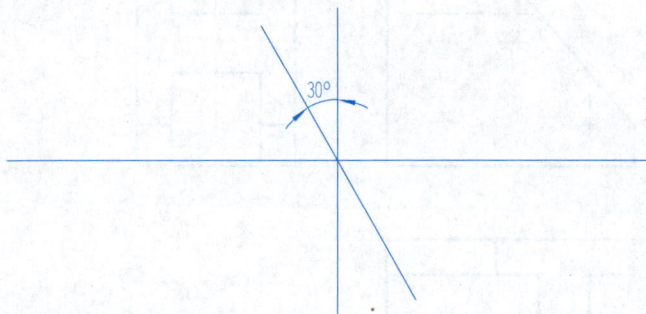

12-1　根据轴测图画三视图（尺寸由轴测图量取）。

(1)

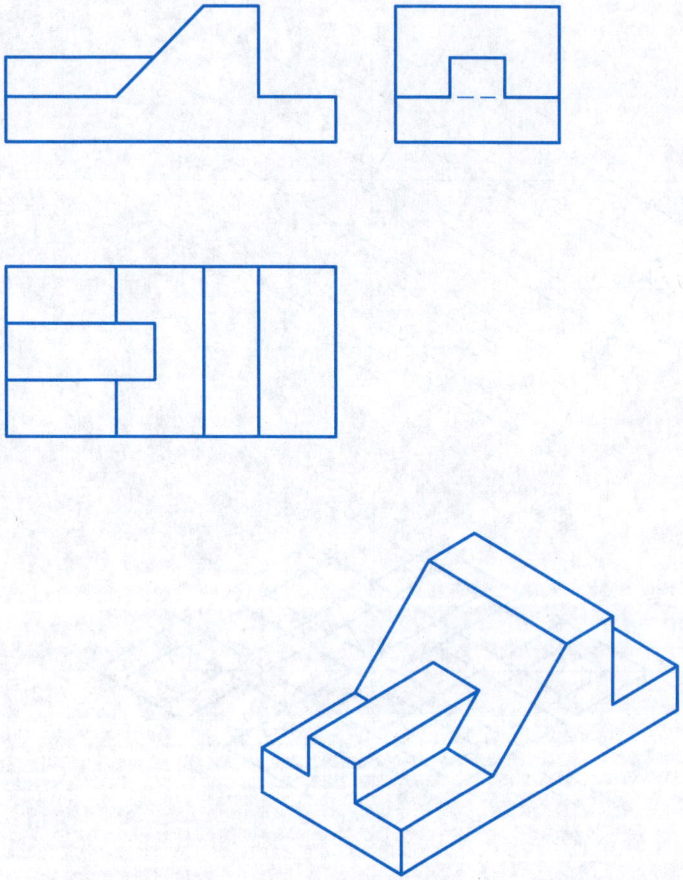

(2)

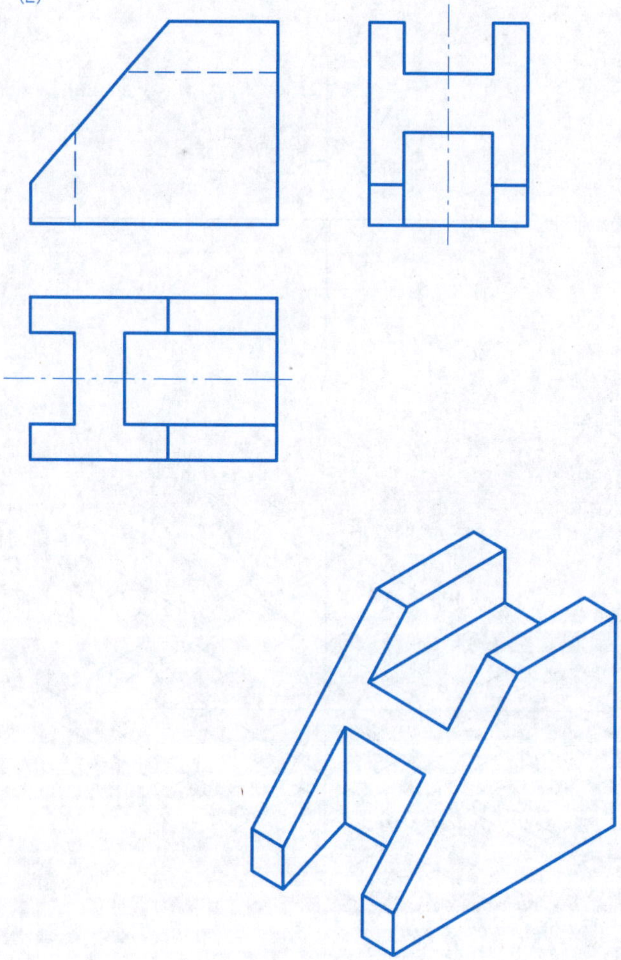

(3)

(4)

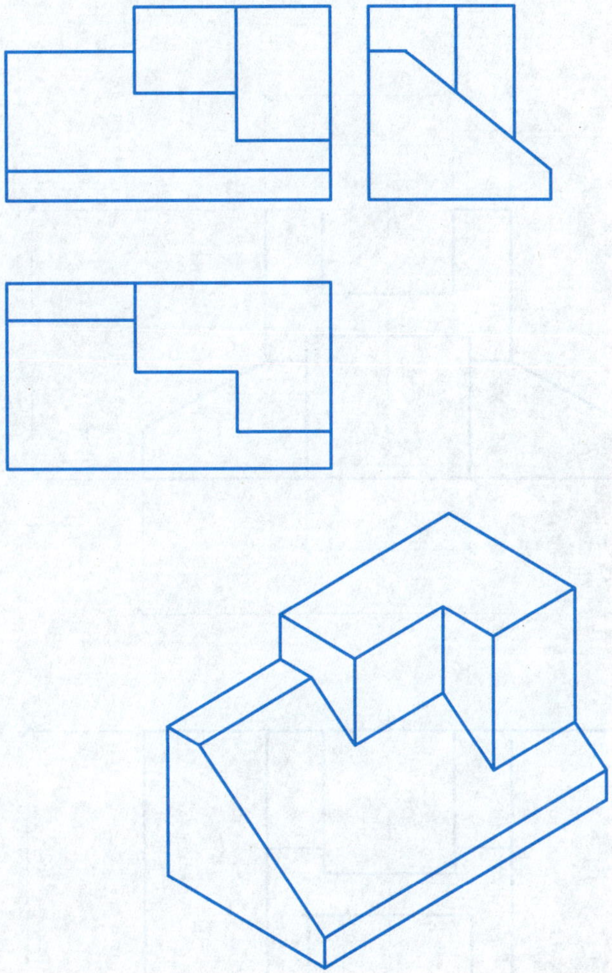

## 作业二参考答案

(1)

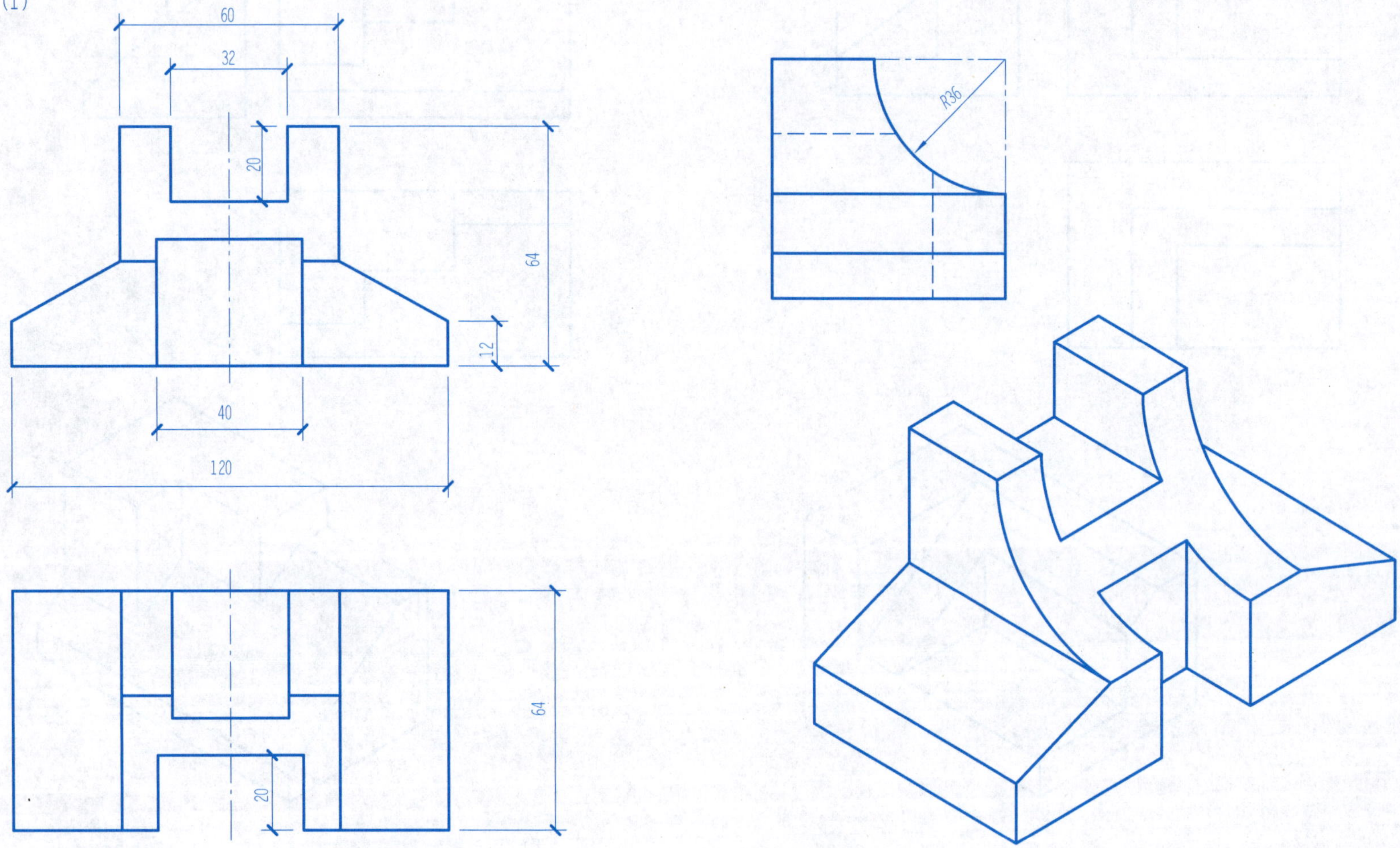

(2)

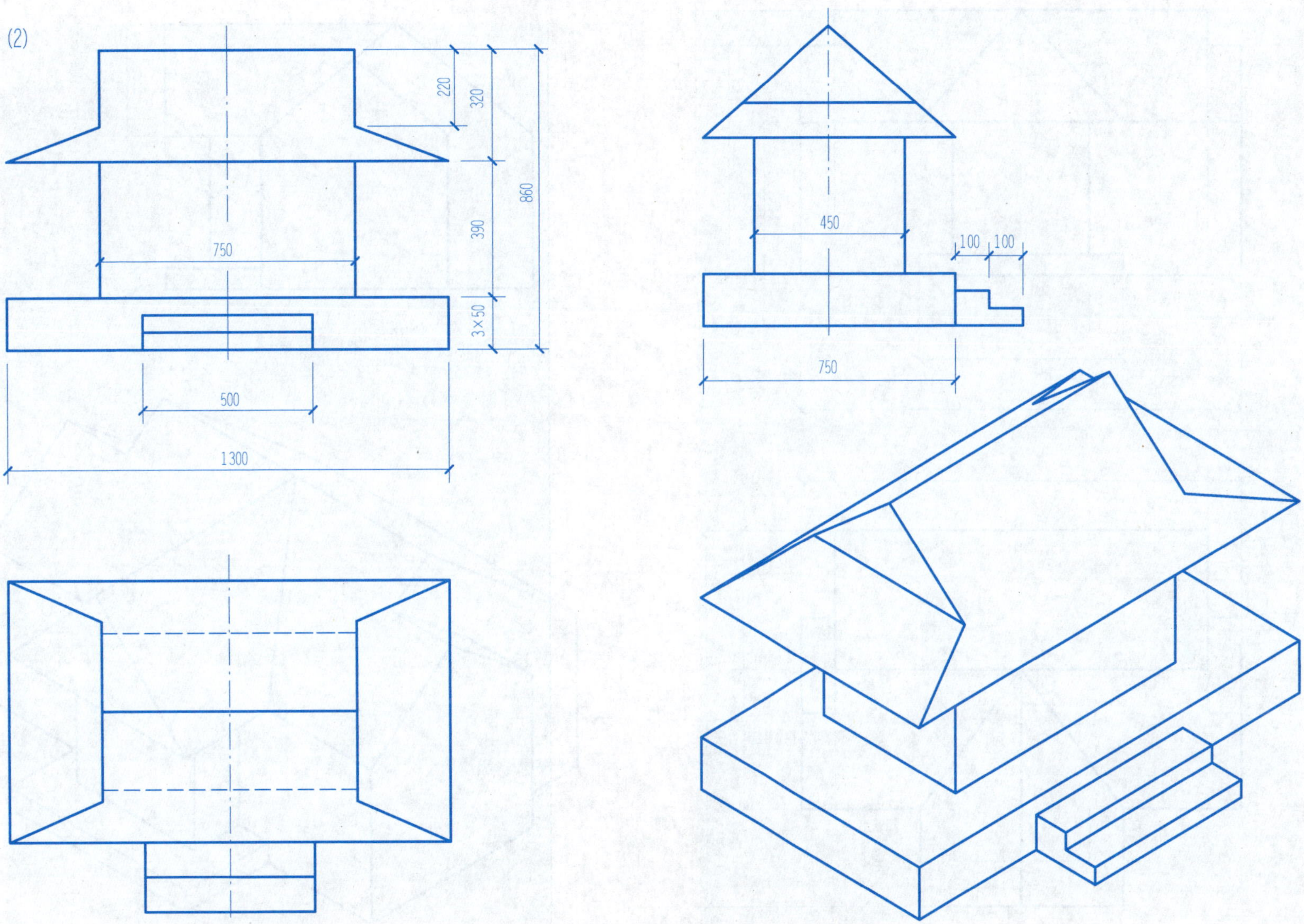

(3)

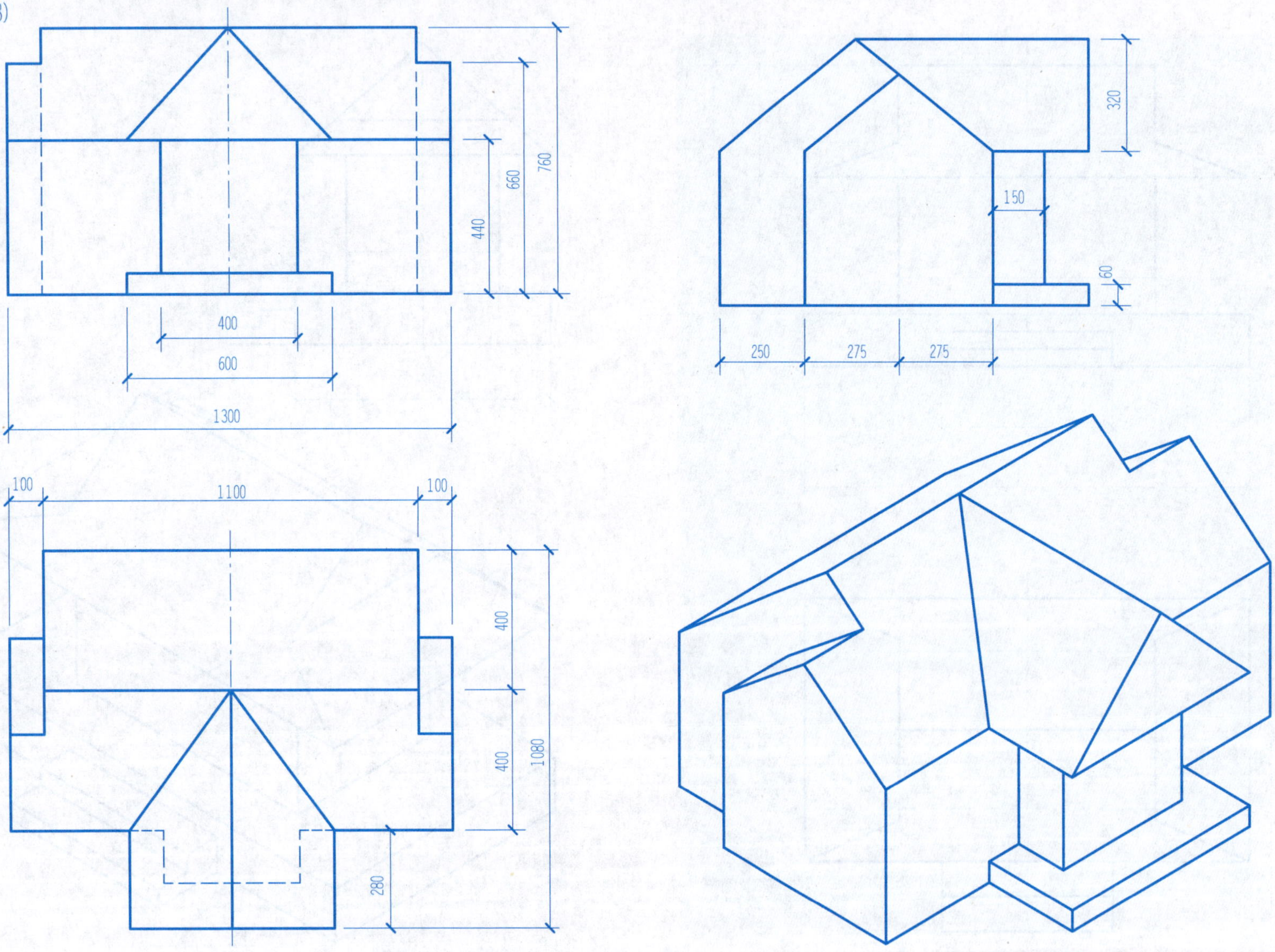
760
660
440
400
600
1300
320
150
60
250
275
275
100
1100
100
400
400
1080
280

12-2 补画剖面图中遗漏的图线。

(1)

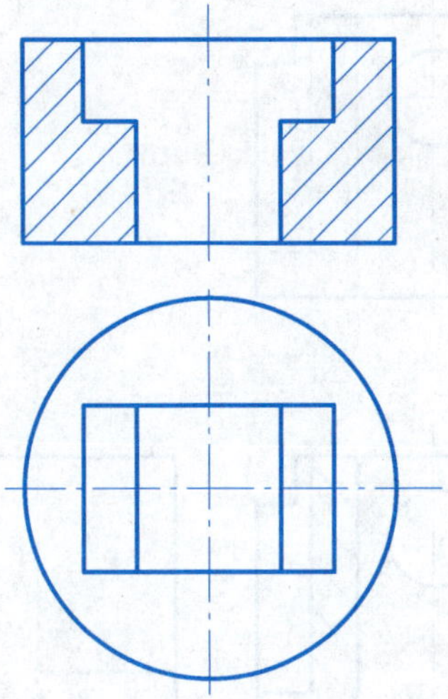

(2)

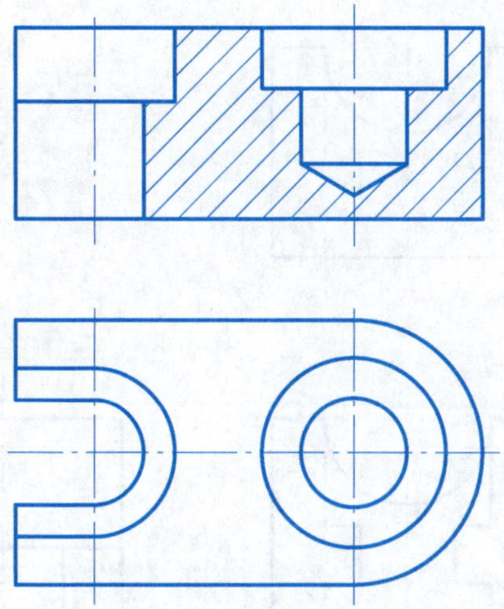

(3)

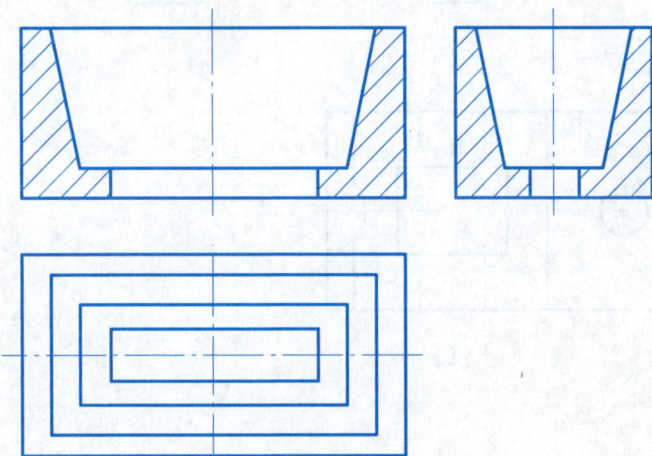

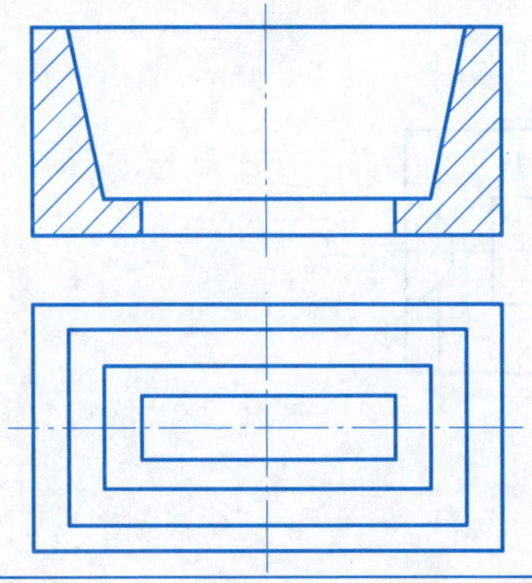

(4)

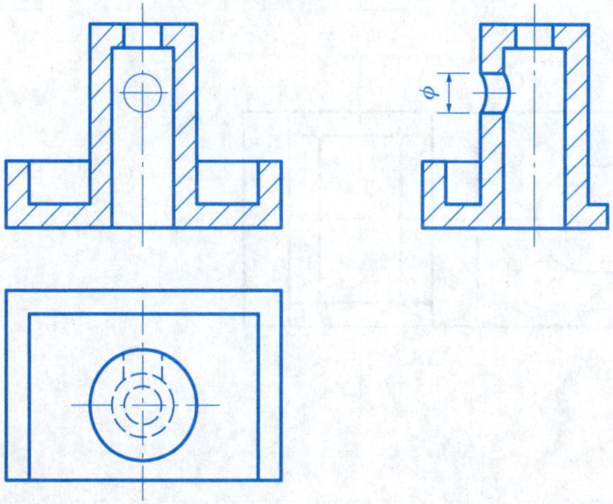

12-3 在指定位置将主视图改画成全剖面图，左视图补绘成半剖面图。

(1)

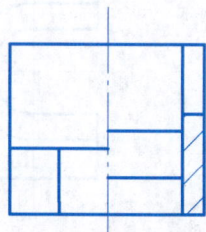

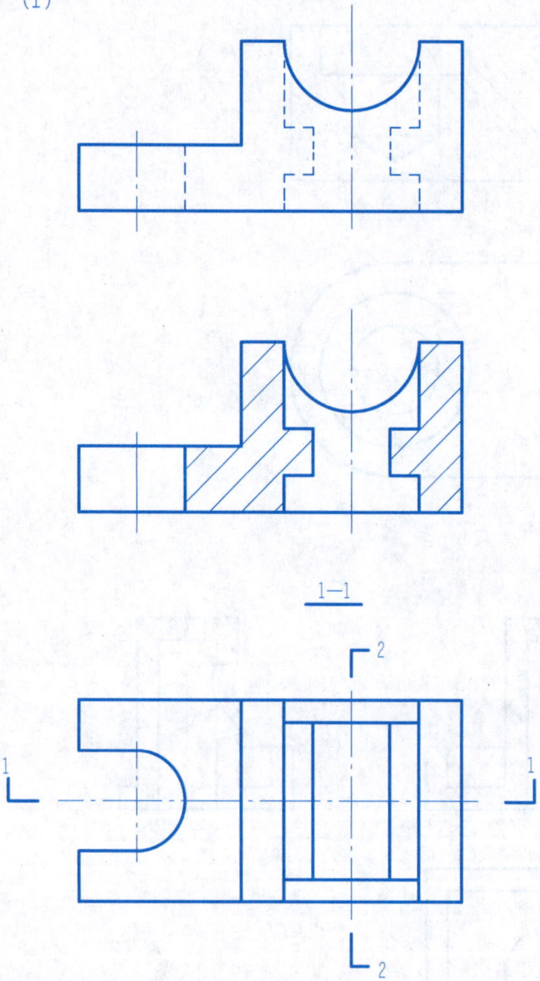


(2)

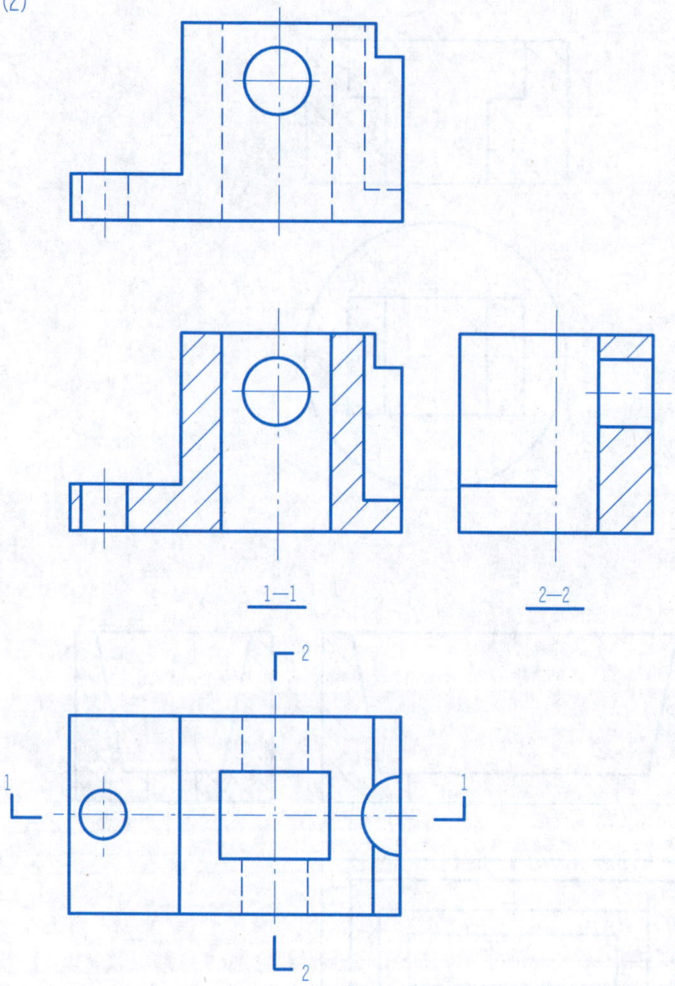

(3)

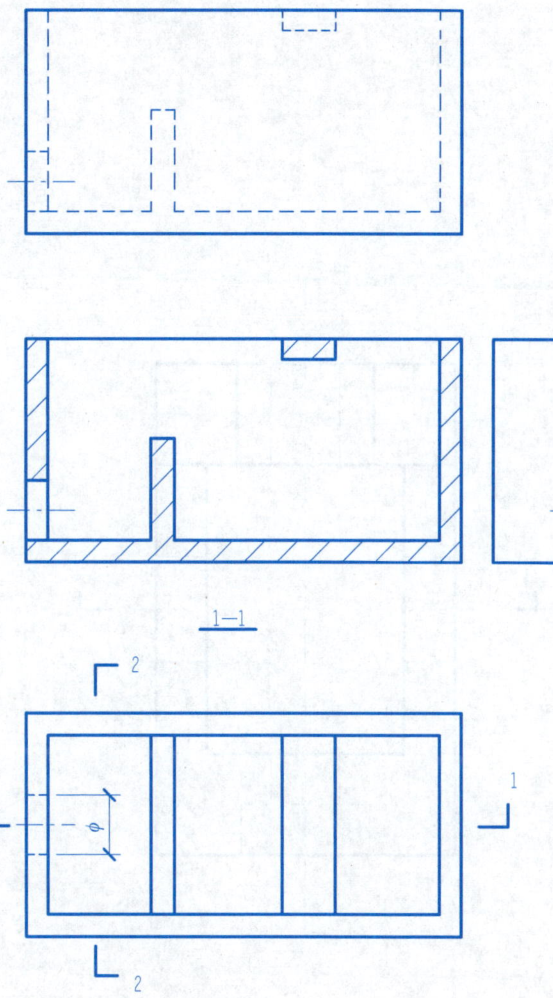


(4)

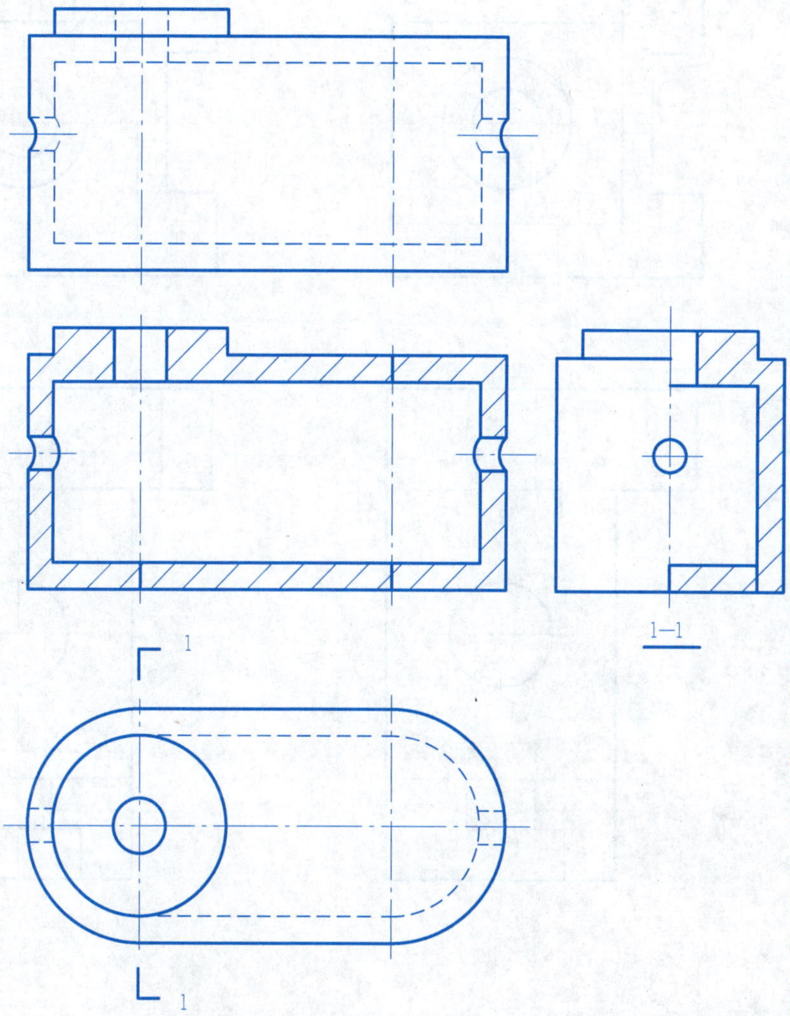

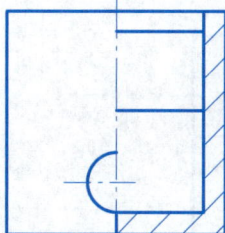

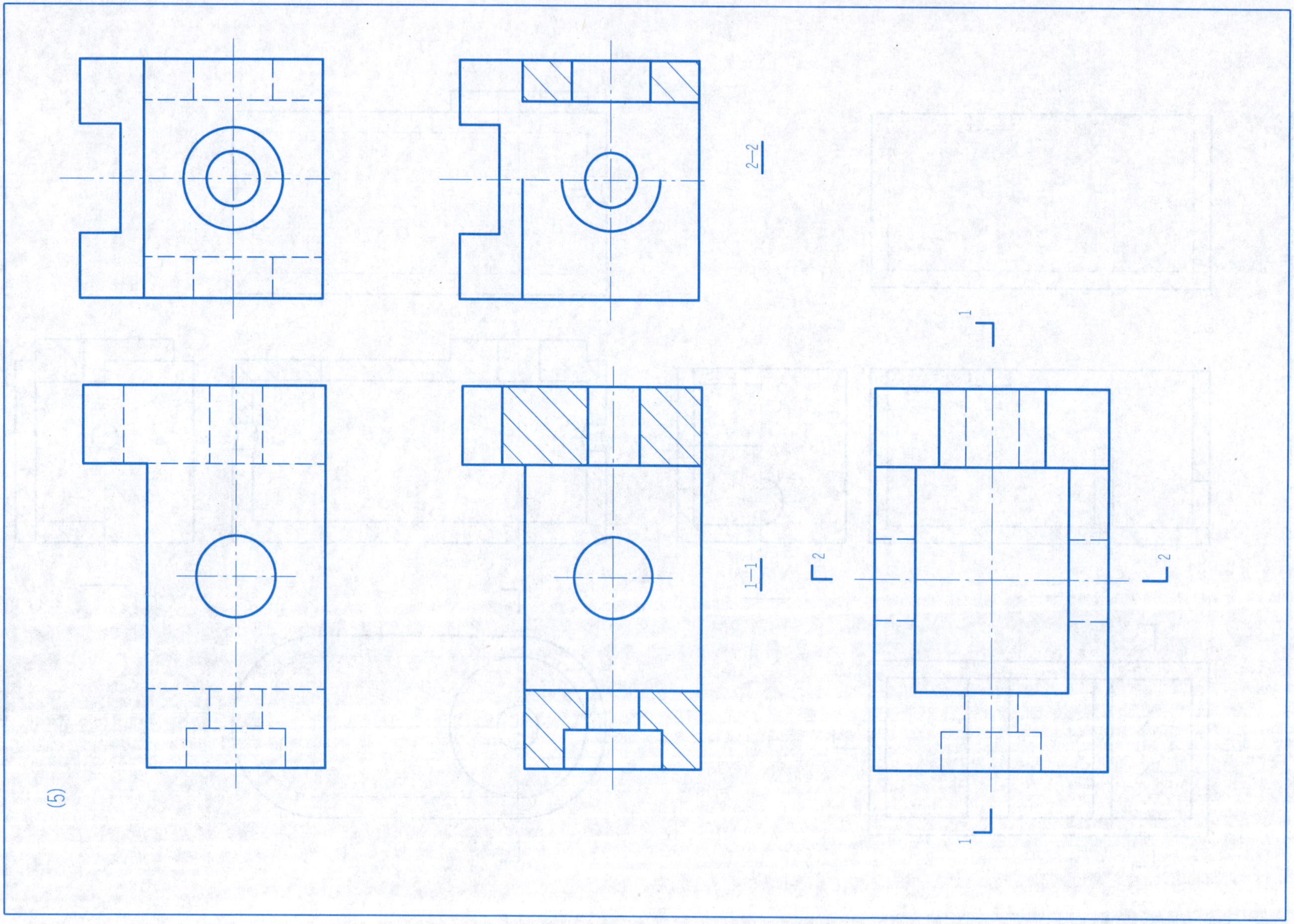
2—2
1—1
1
2
(5)

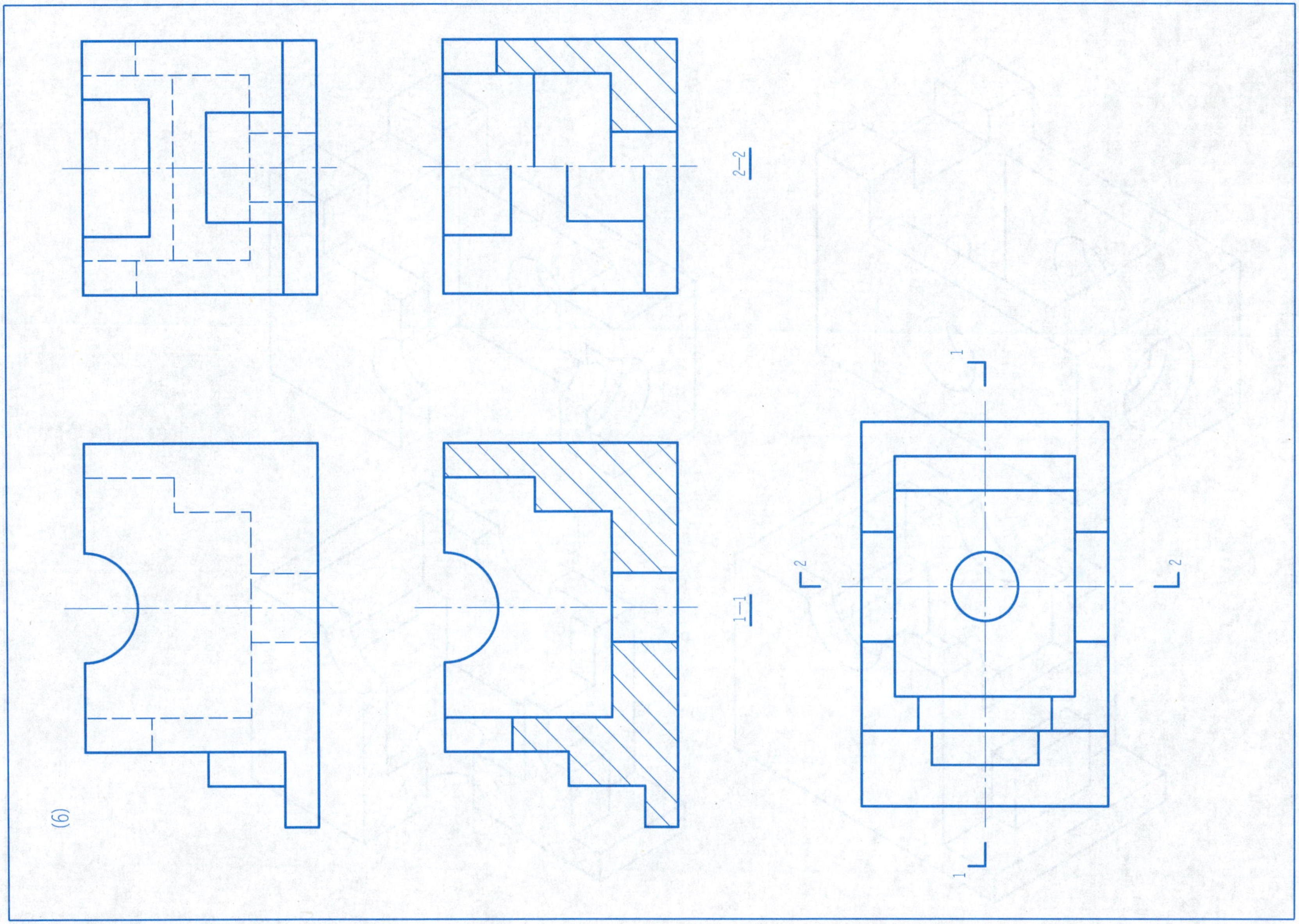
(6)
2—2
1—1
1
2
2
1

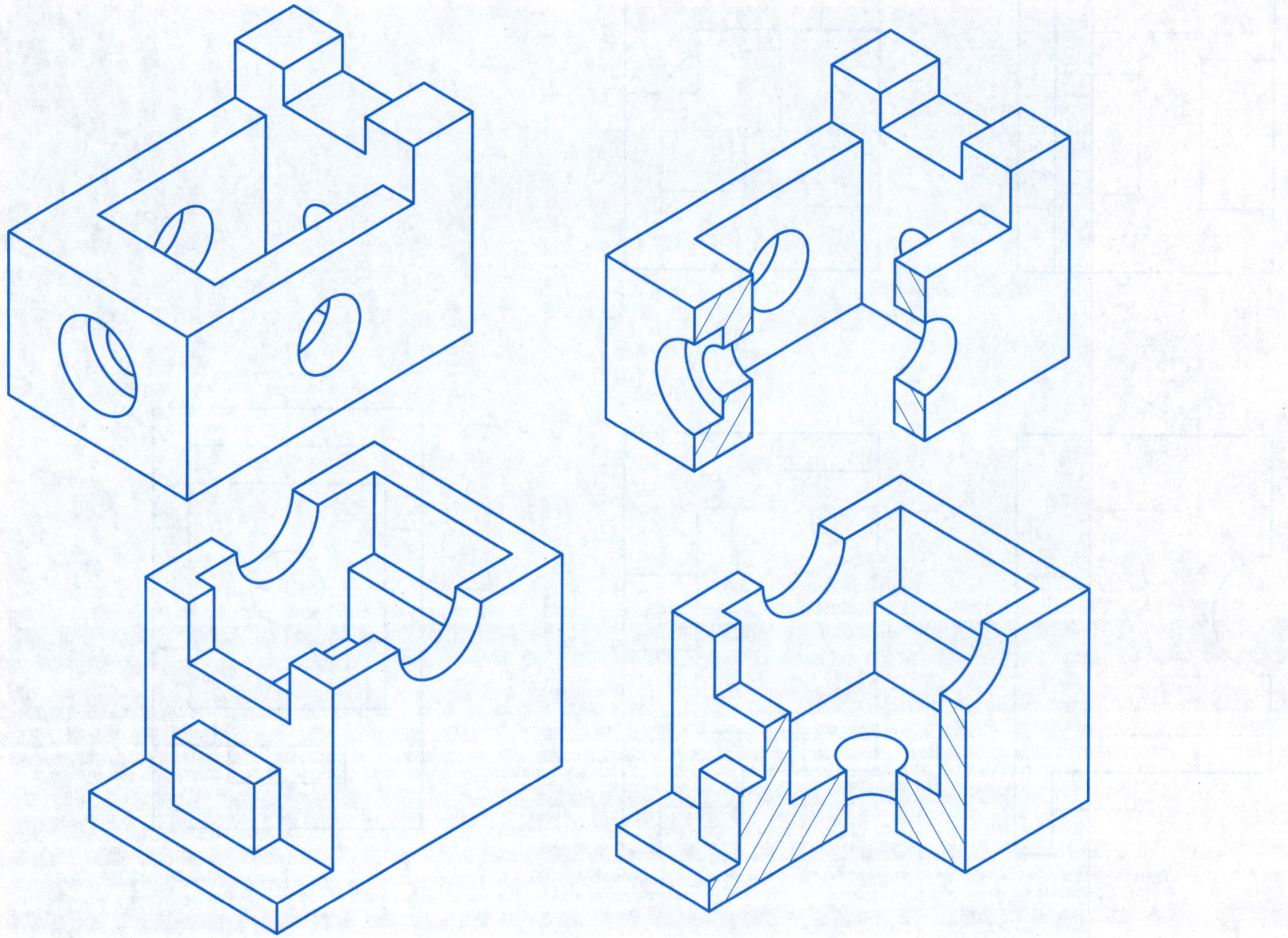

12-4　补全主视图中所缺少的图线，并画出全剖的左视图。

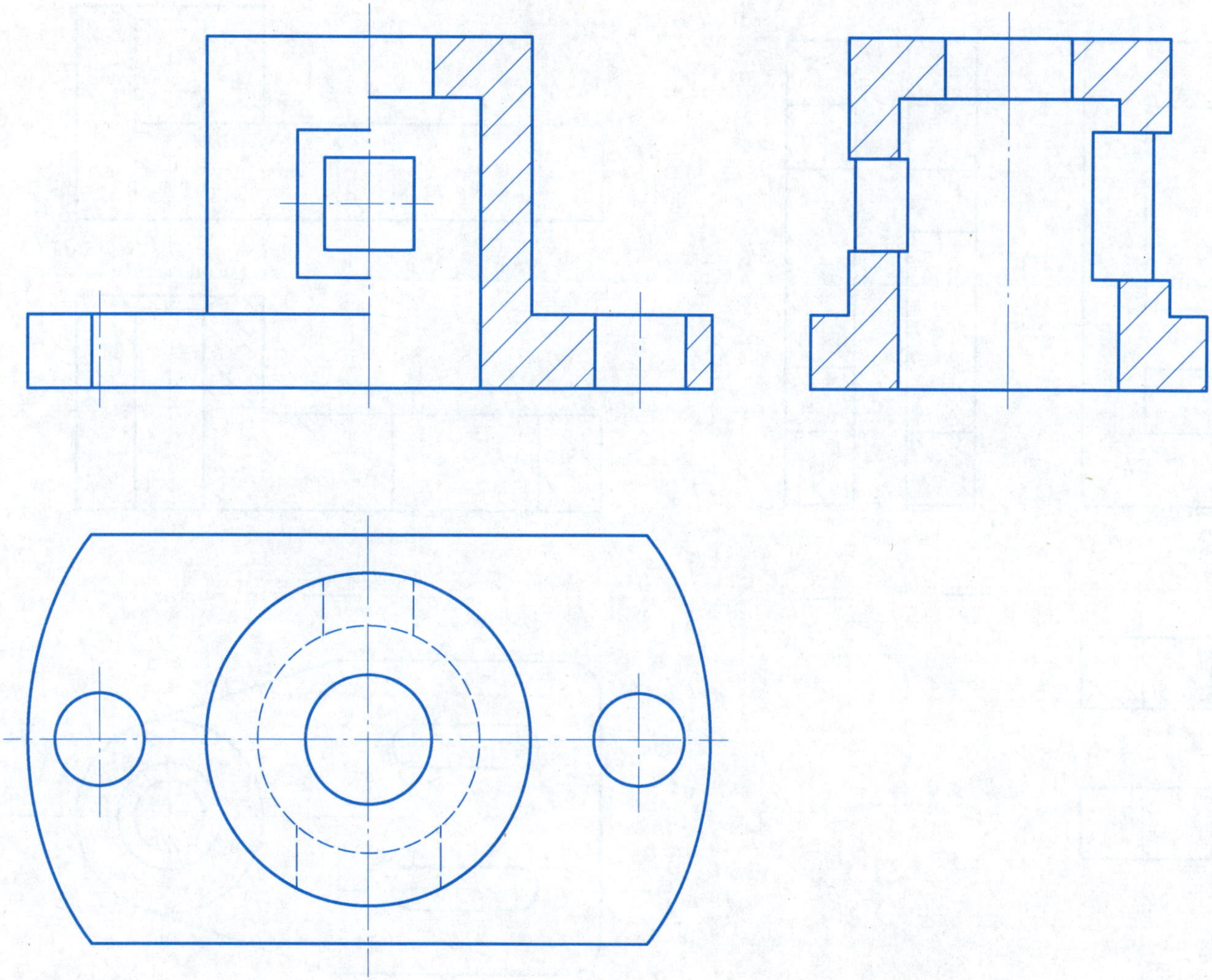

12-5 作指定剖切位置的剖面图。

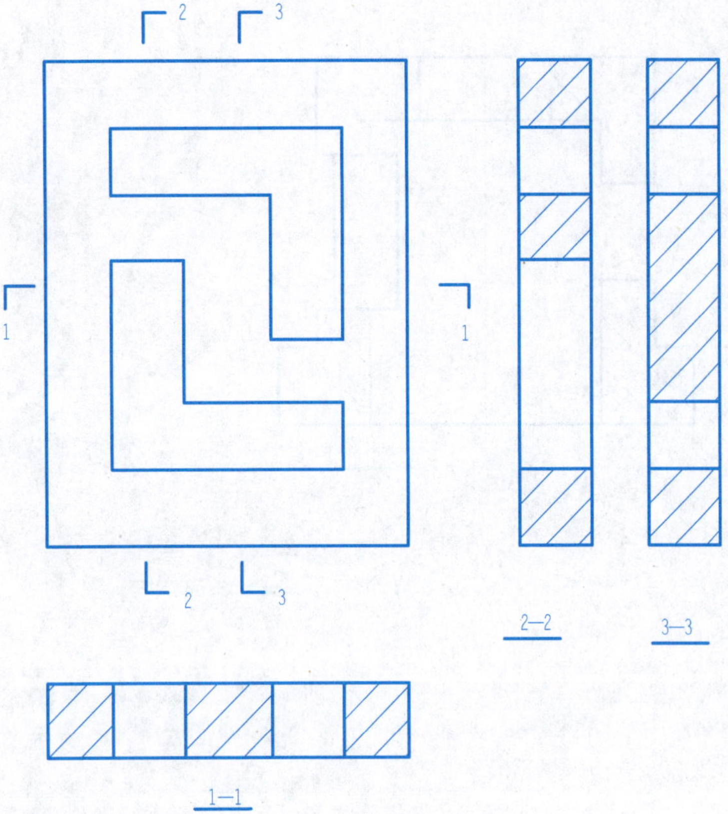


12-6 在指定位置将主视图作阶梯剖面图。

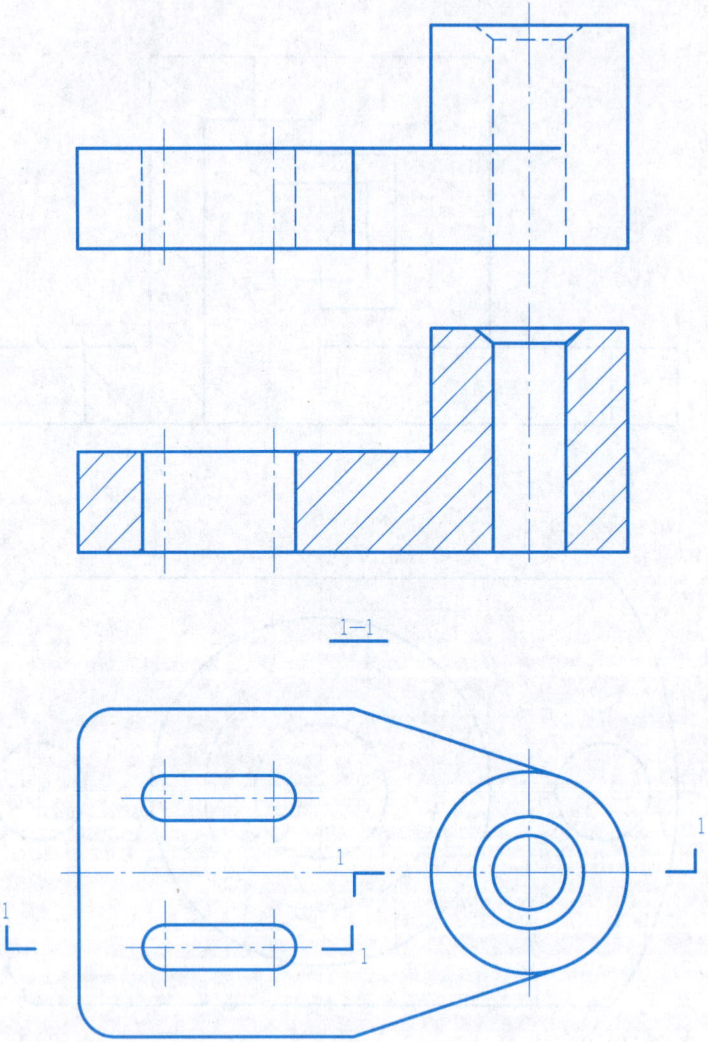

作业三参考答案

(1)

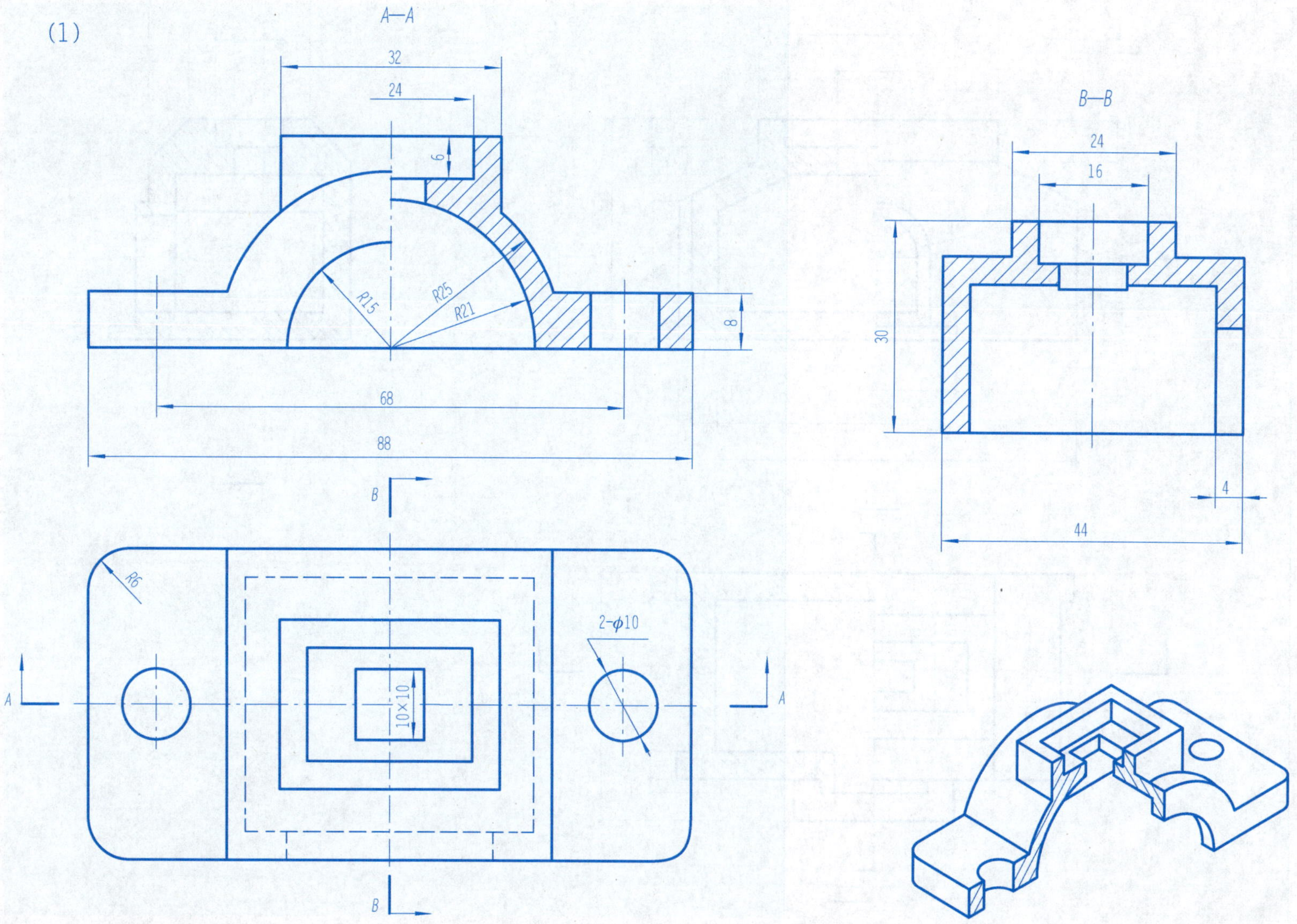
A—A
32
24
6
R15
R25
R21
8
68
88
B—B
24
16
30
4
44
B
R6
2-φ10
10×10
A
A
B

(2)

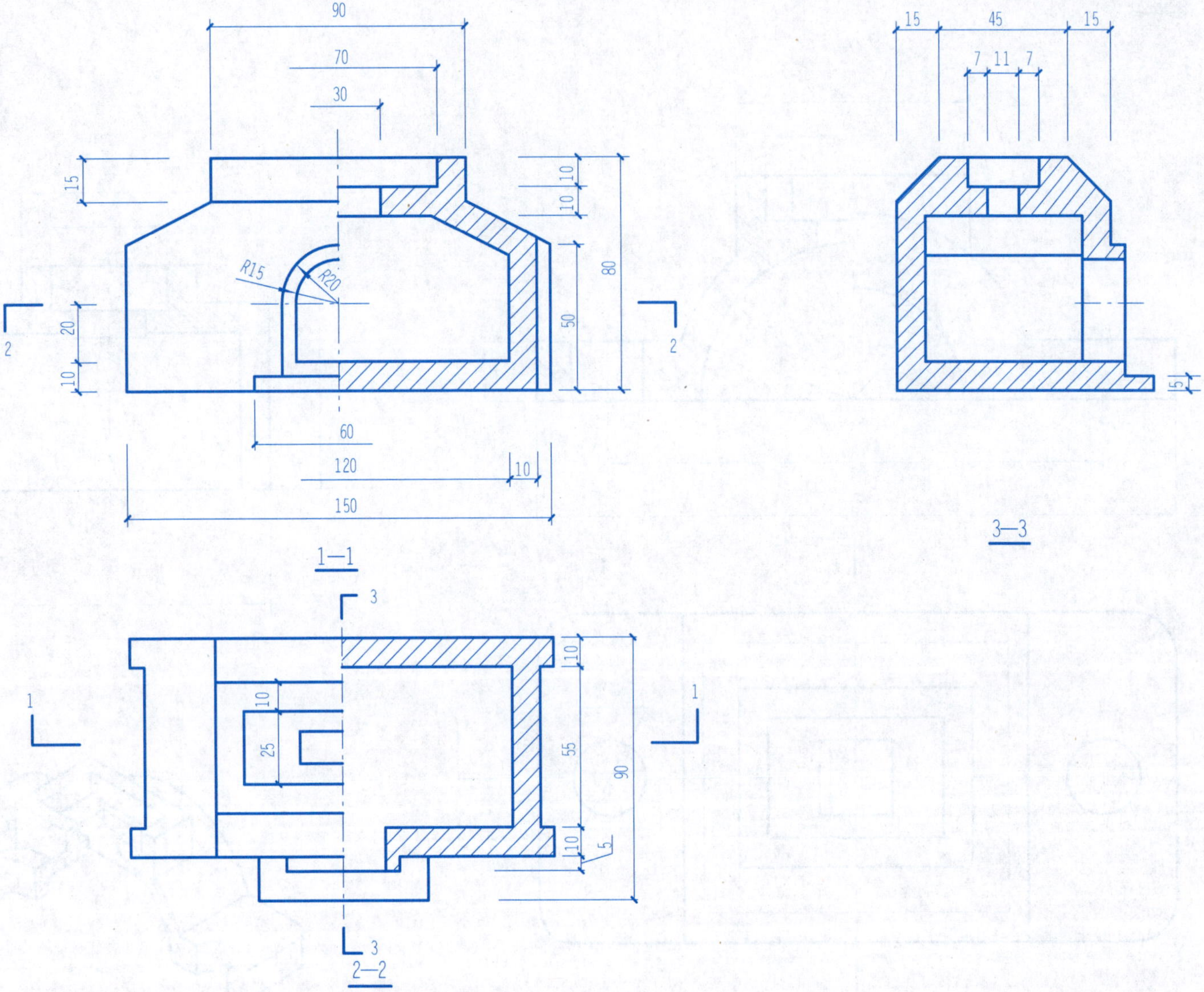
90
70
30
15
10
10
80
R15
R20
20
10
50
2
2
60
120
10
150
1—1
15
45
15
7
11
7
5
3—3
3
1
1
10
25
10
55
90
10
5
3
2—2

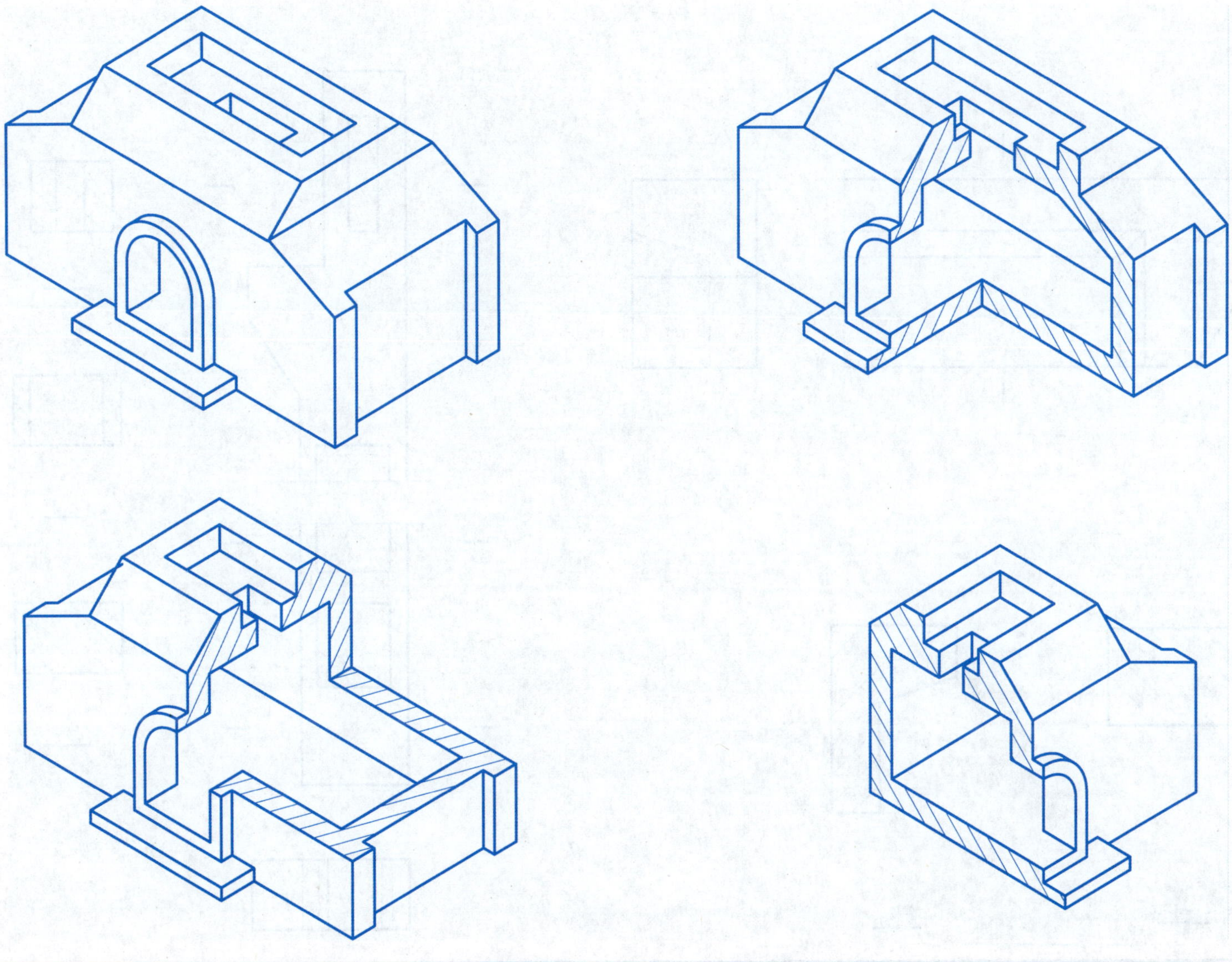

12-7 作出各指定位置的移出断面图。

(1)

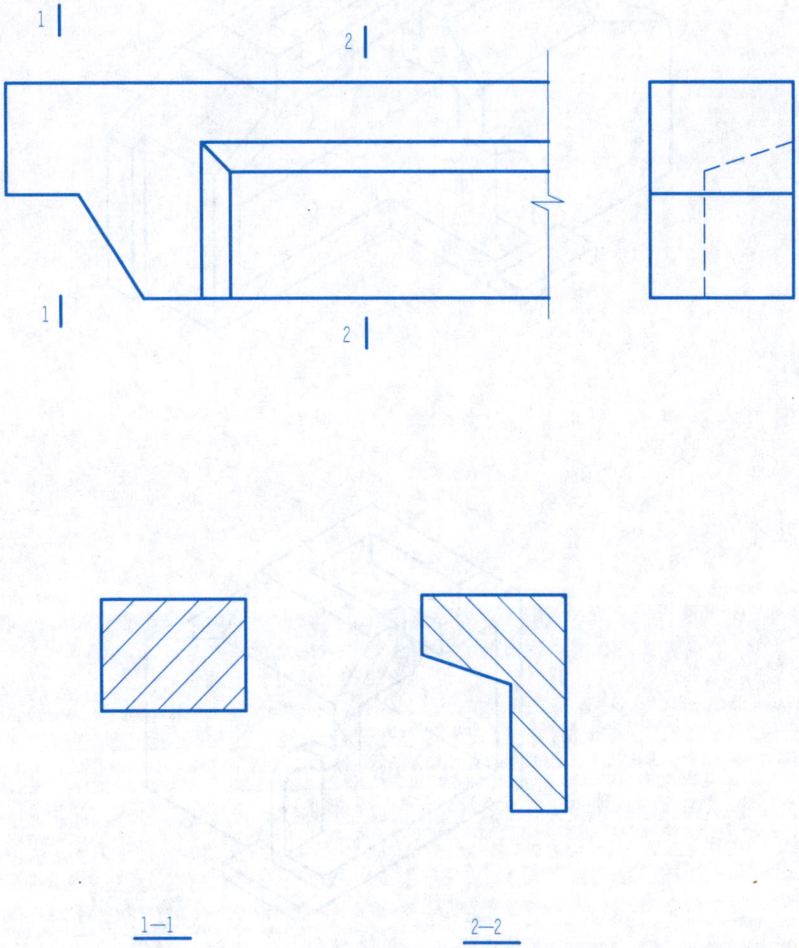


(2)

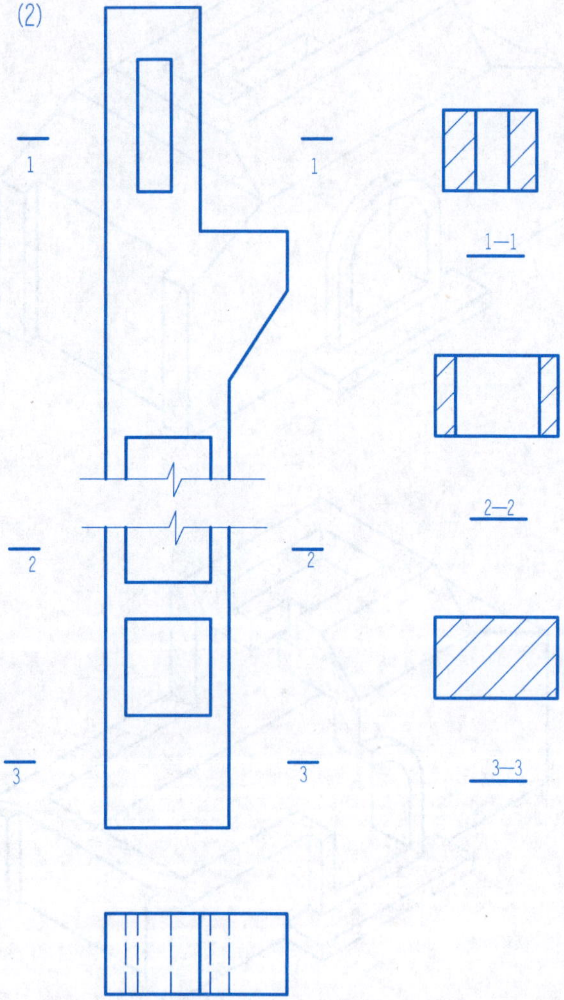

作业四参考答案

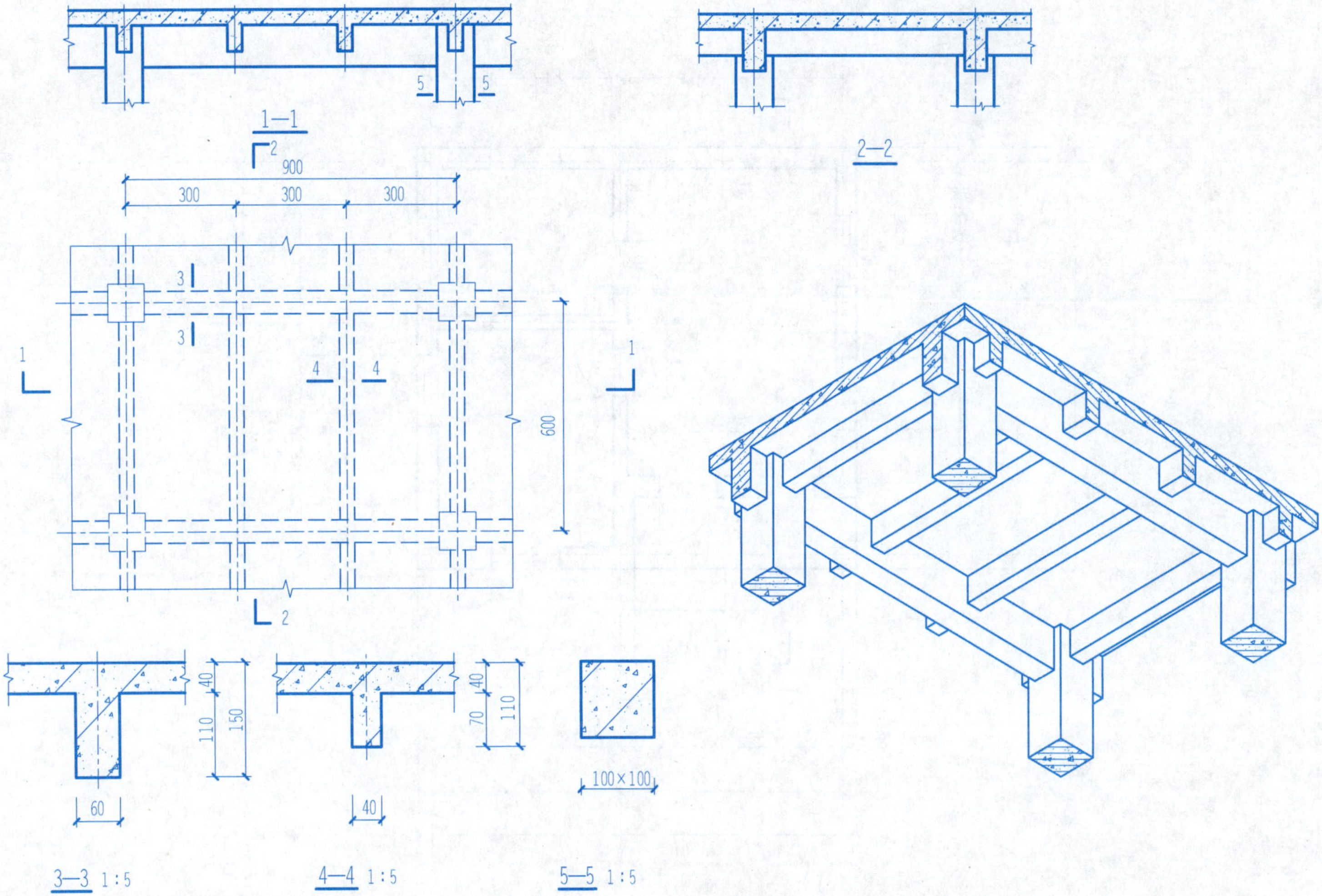
1—1
2—2
900
300
300
300
600
100×100
60
40
150
110
110
70
3—3 1:5
4—4 1:5
5—5 1:5

作业五参考答案

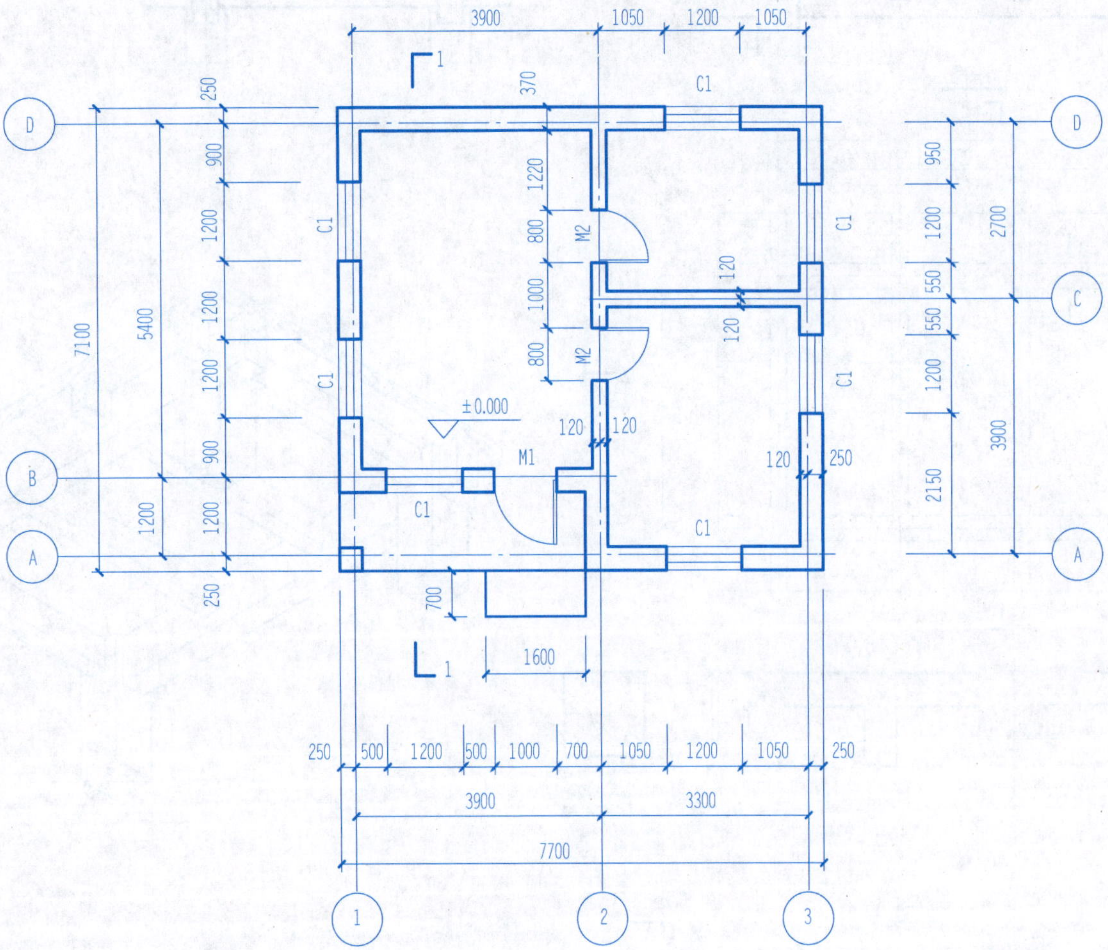


平面图　1:100

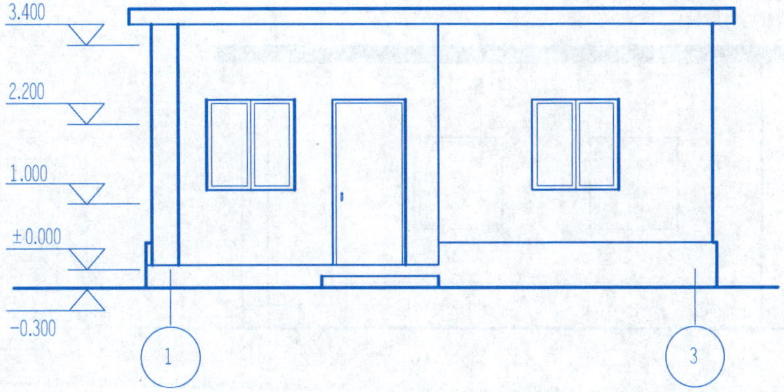


正立面图 1：100

背立面图 1：100

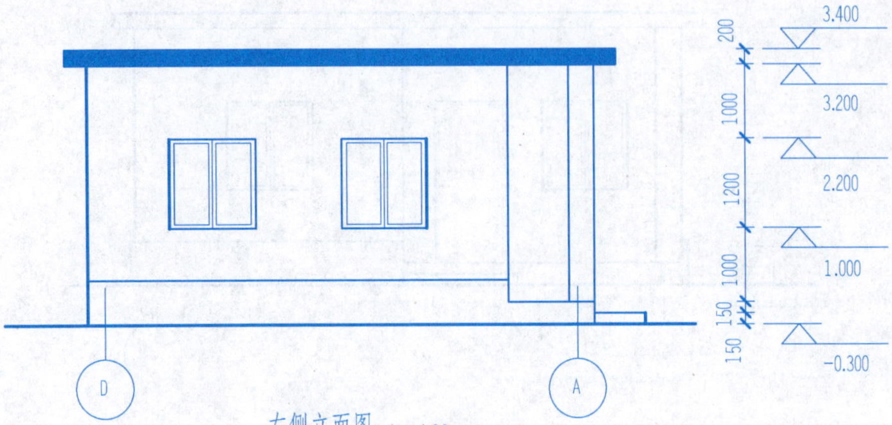


左侧立面图 1∶100

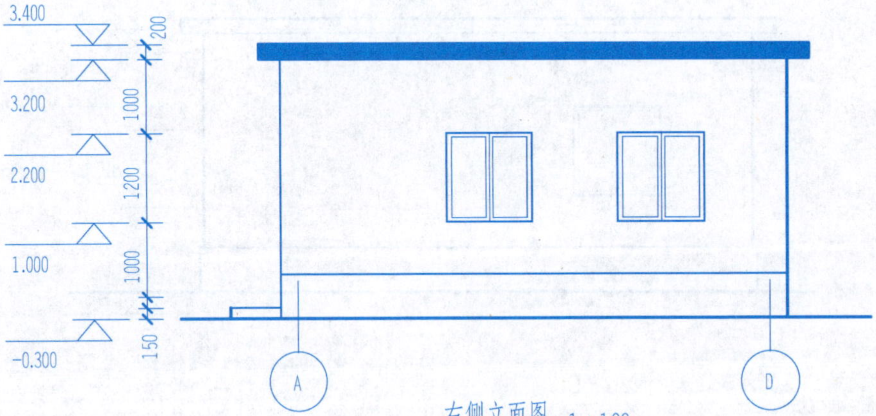


右侧立面图 1∶100

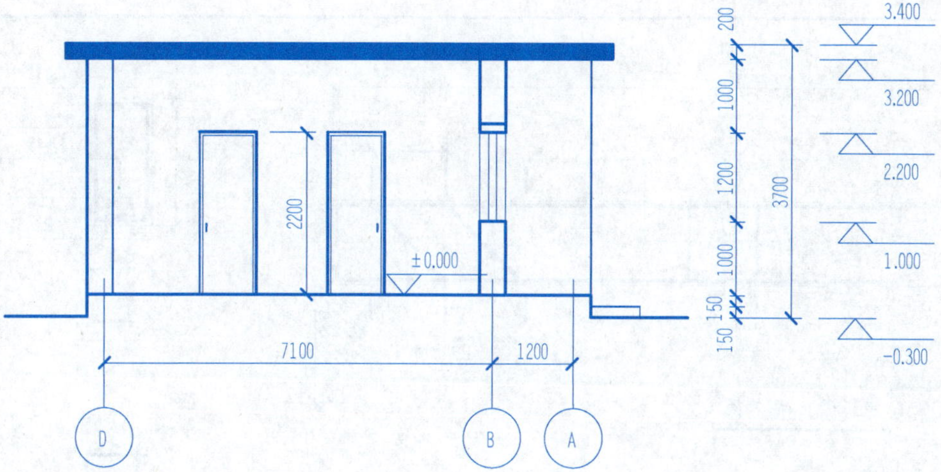


1—1剖面图 1：100

门窗表

| 名称 | 门窗编号 | 洞口尺寸(mm) | | 数量 | 备注 |
|---|---|---|---|---|---|
| | | 宽 | 高 | | |
| 门 | M1 | 1000 | 2200 | 1 | |
| | M2 | 800 | 2200 | 2 | |
| 窗 | C1 | 1200 | 1200 | 7 | |

作业八参考答案

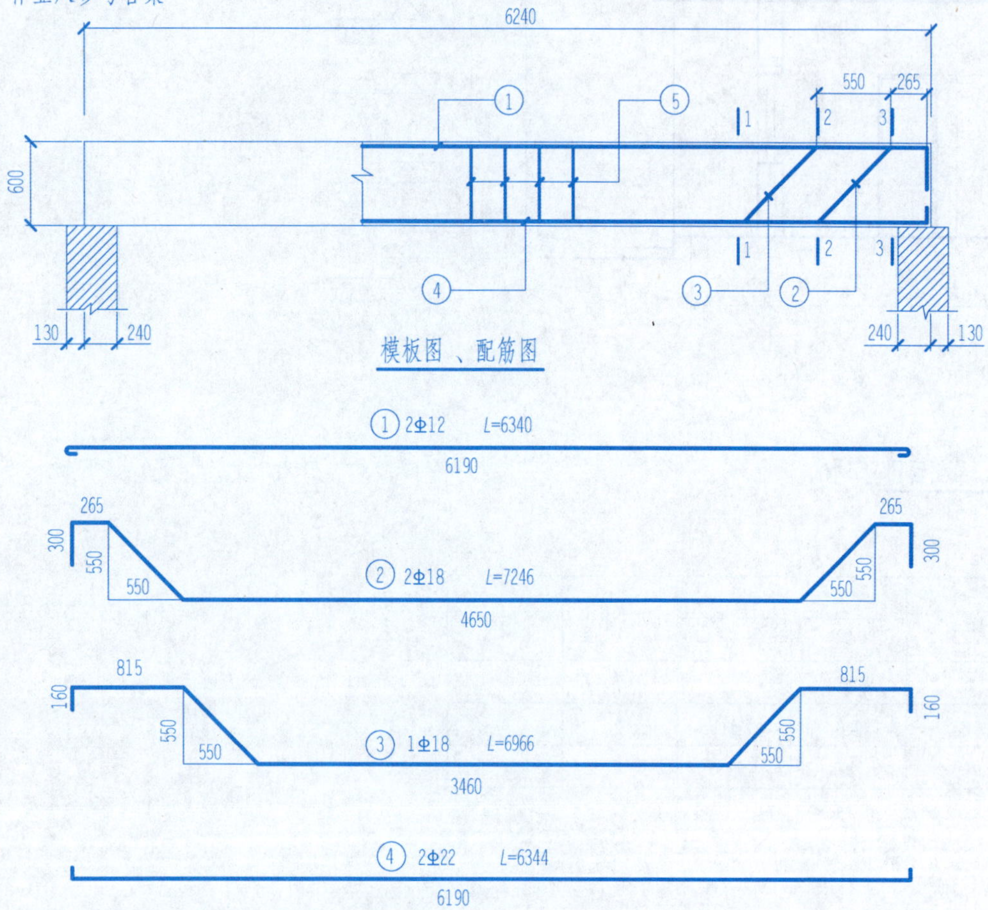


模板图、配筋图

钢筋详图

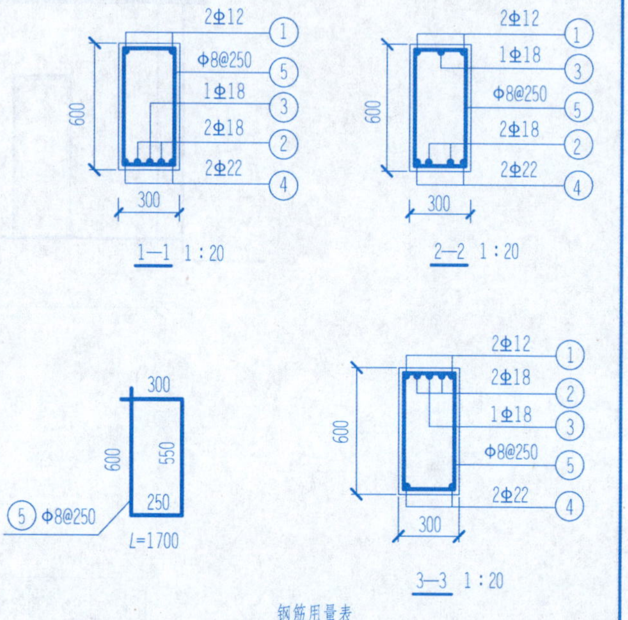


钢筋用量表

| 编号 | 简图 | 直径(mm) | 长度(mm) | 根数 | 总长(m) |
| --- | --- | --- | --- | --- | --- |
| 1 | | | | | |
| 2 | | | | | |
| 3 | | | | | |
| 4 | | | | | |
| 5 | | | | | |

| | | | |
| --- | --- | --- | --- |
| | | 图号 | |
| | | 比例 | |
| 制图 | | | |
| 审核 | | | |

# 第四部分　模拟试题解答

## 试卷一答案

要求：用铅笔作图，保留作图线。

一、判断题。(16 分)　　评分标准：每空 2 分，共 8 分。

1. 判断两直线的相对位置。(平行、相交、交错、垂直相交、垂直交错 2×4=8 分)

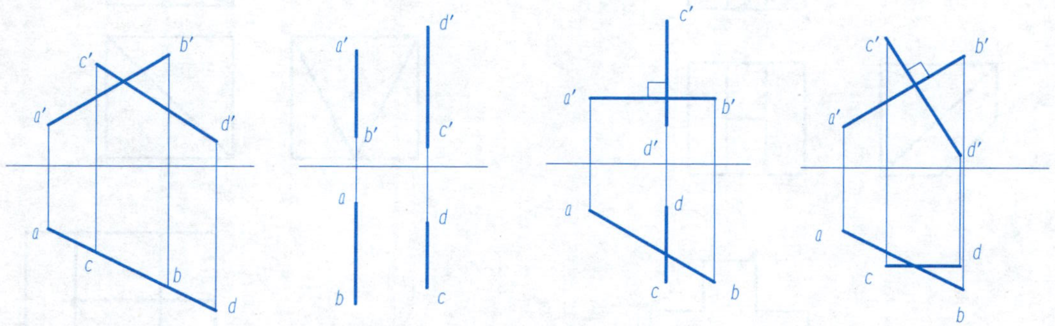

相交　　交错　　交错　　垂直相交

2. 判断每题说法是否正确，并用“√、×”表示，填写在括号内。(2×4=8 分)

评分标准：每空 2 分，共 8 分。

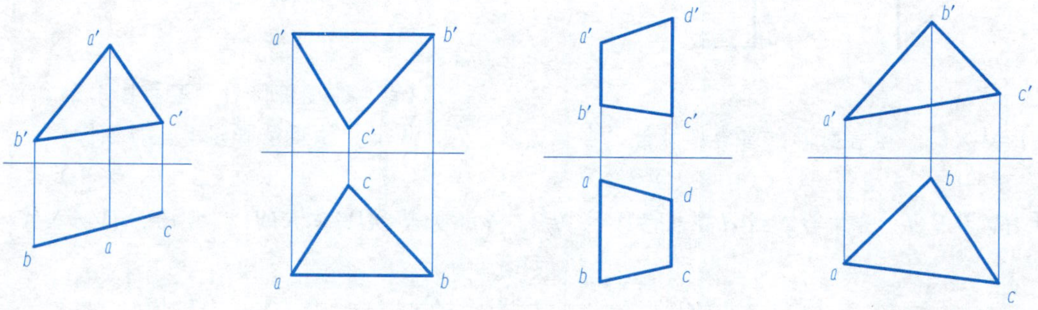

平面 *ABC* 是正垂面 ( × )

平面 *ABC* 是侧垂面 ( √ )

平面 *ABCD* 是一般位置平面 ( × )

平面 *ABC* 是一般位置平面 ( √ )

评分标准：每空 3 分，共 12 分。

二、判断每题说法是否正确，并用“√、×”表示，将判断结果写在括号内。(3×4=12 分)

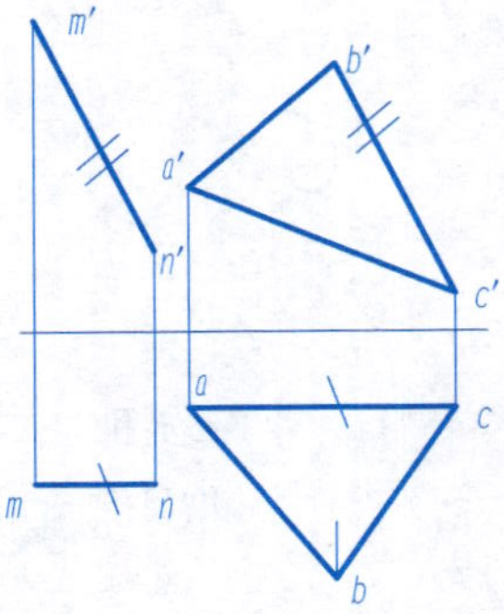


MN//ABC 平面

( × )

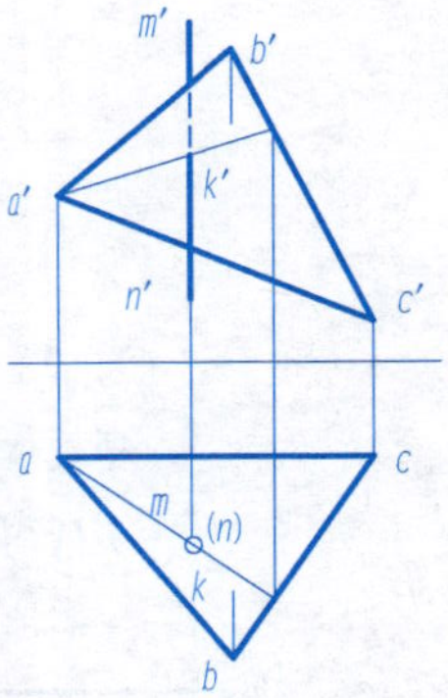


MN 与 ABC 平面相交

( √ )

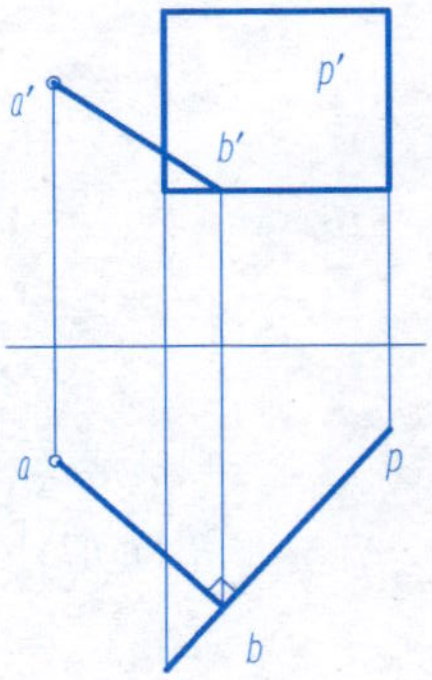


a′b′为 A 到平面 P 距离的实长

( × )

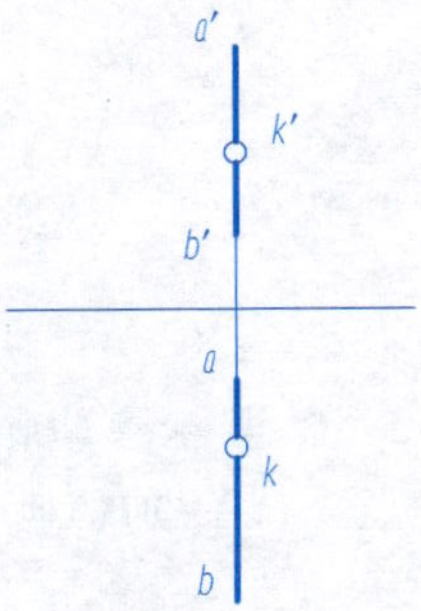


k 点在 AB 直线上

( × )

三、判断每题作图是否正确，并用“√、×”表示，将判断结果写在括号内。(3×4=12 分)

(忽略作图过程，只判断图形对错)

(1)

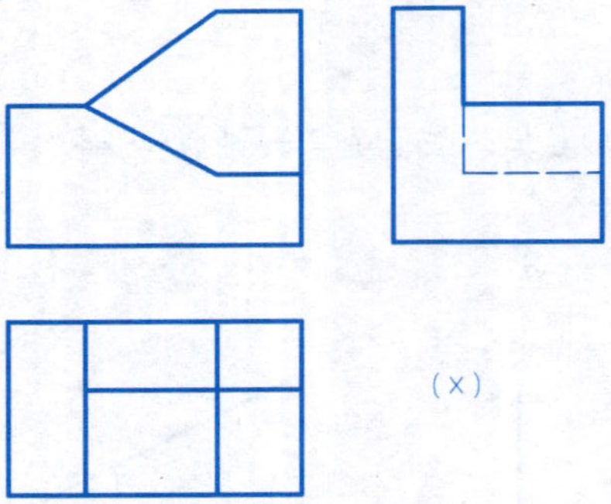

(×)

(2)

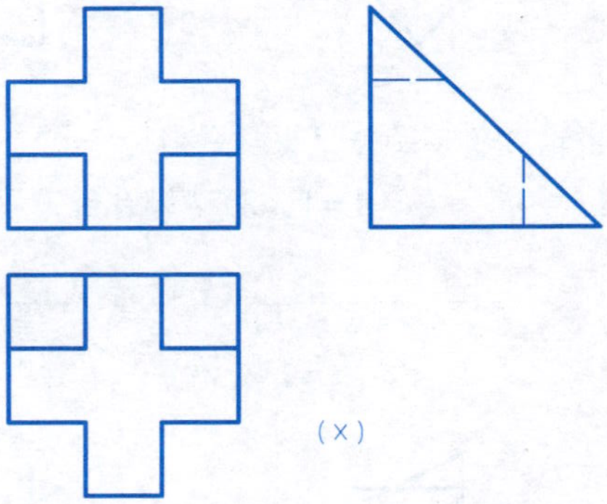

(×)

(3)

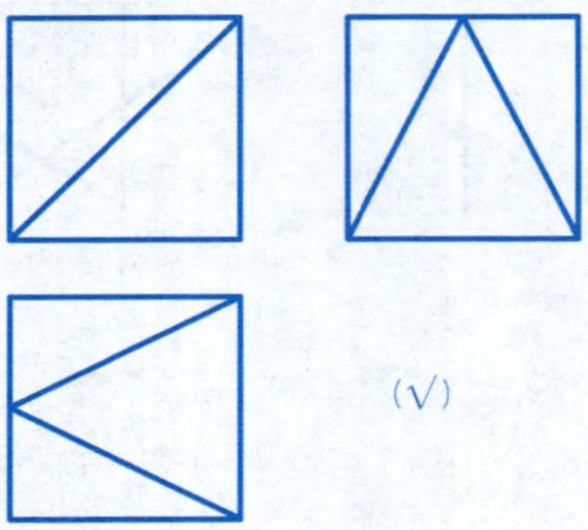

(√)

(4)

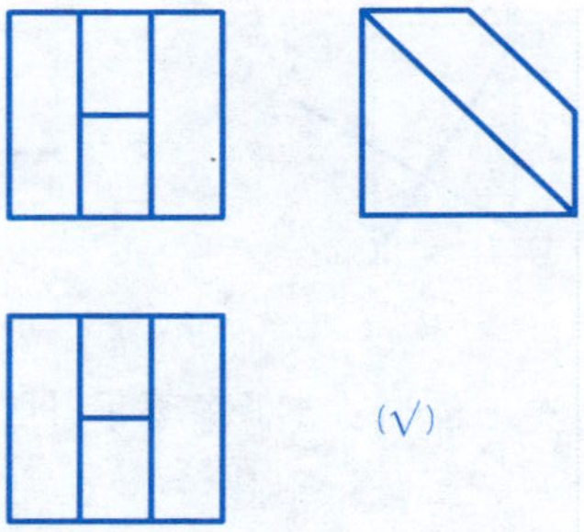

(√)

四、作图题，按要求完成下面两题。（6×2=12分）

1. 补全平面多边形的投影。

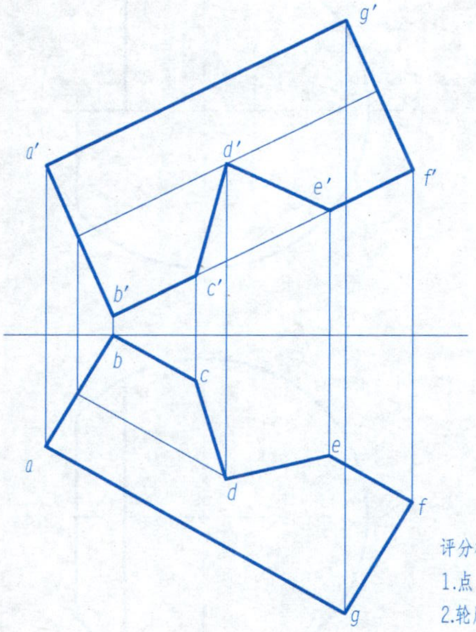


评分标准：
1.点，4分；
2.轮廓，2分。

2. 做直线 *MN* 与直线 *AB* 平行，并与直线 *CD*、*EF* 相交。

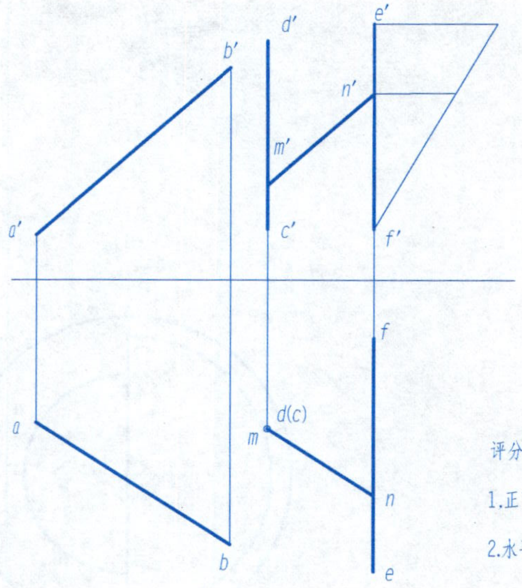


评分标准：
1.正面投影，3分；
2.水平投影，3分。

五、求两平面的交线，并判别可见性。（8分）

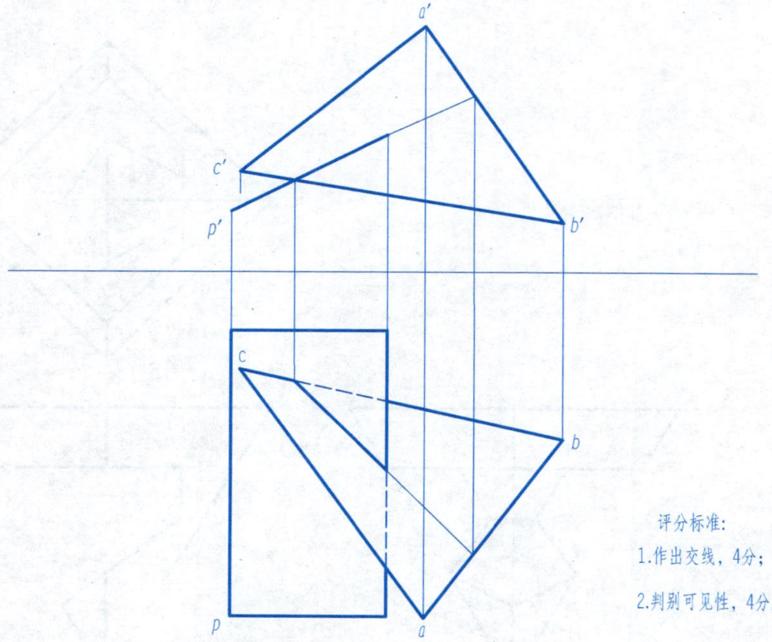


评分标准：
1.作出交线，4分；
2.判别可见性，4分。

六、完成四棱锥切割体的水平投影和侧面投影。(10 分)

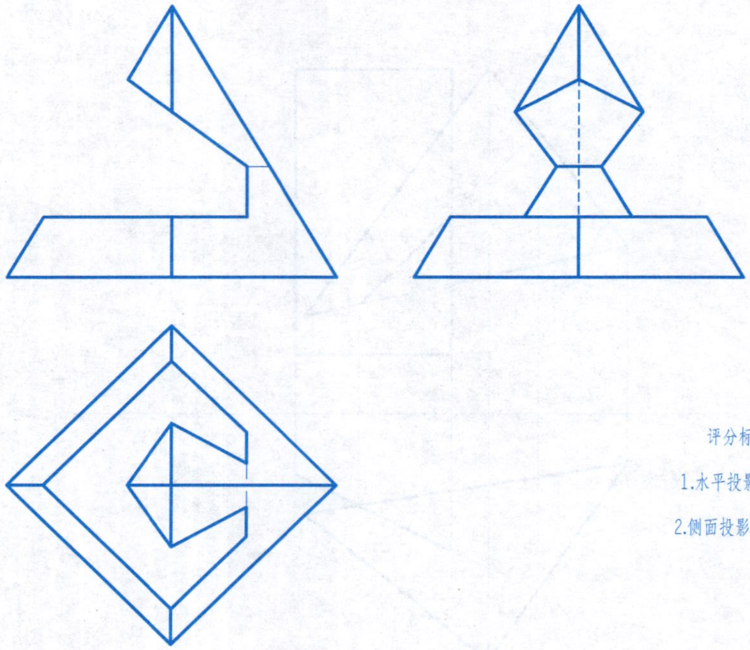

评分标准:

1.水平投影,5分;

2.侧面投影，5分。

七、作出圆球切割体的正面投影和侧面投影。(10 分)

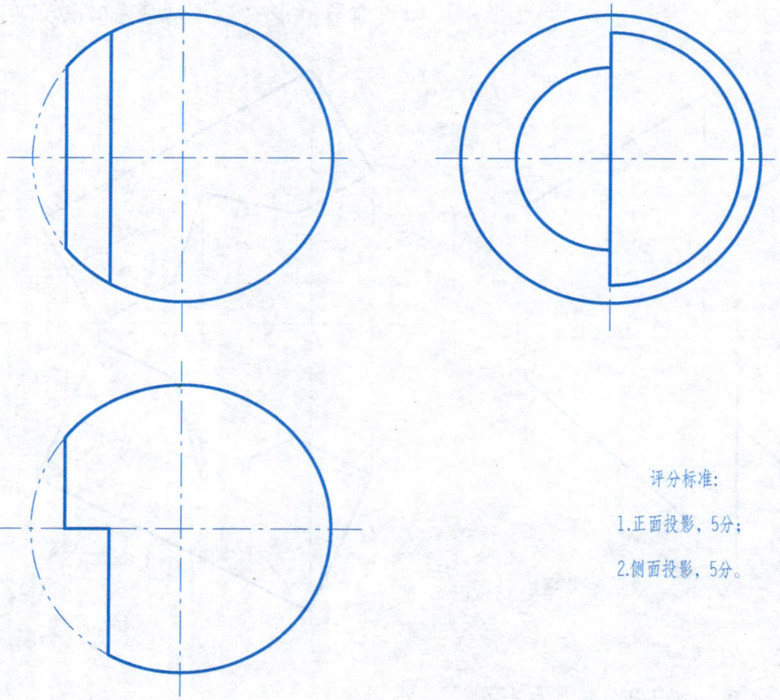

评分标准:

1.正面投影，5分;

2.侧面投影，5分。

八、完成组合体的第三面投影及正等轴测图。(10分)

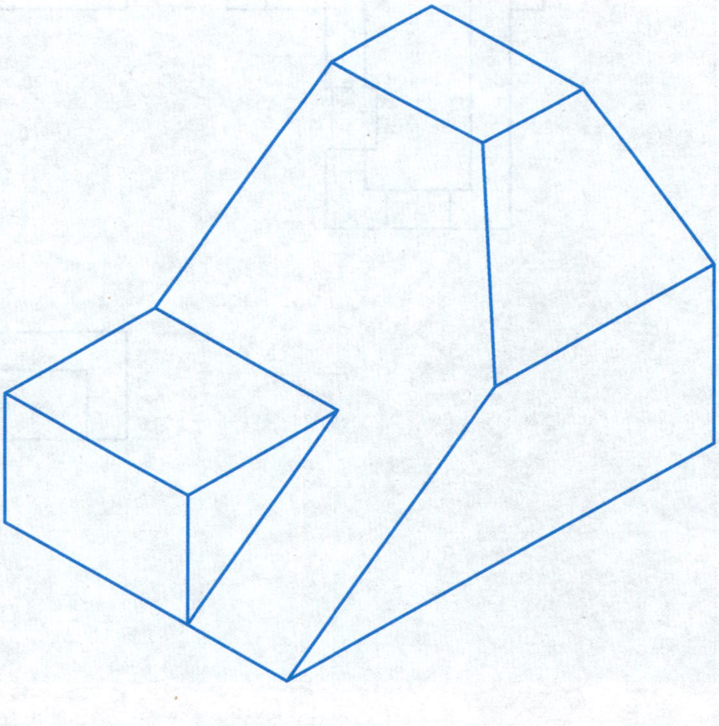

评分标准:

1.水平投影，5分；

2.轴测图，5分。

九、在指定位置作形体的 1-1 剖面图和 2-2 剖面图。(10 分)

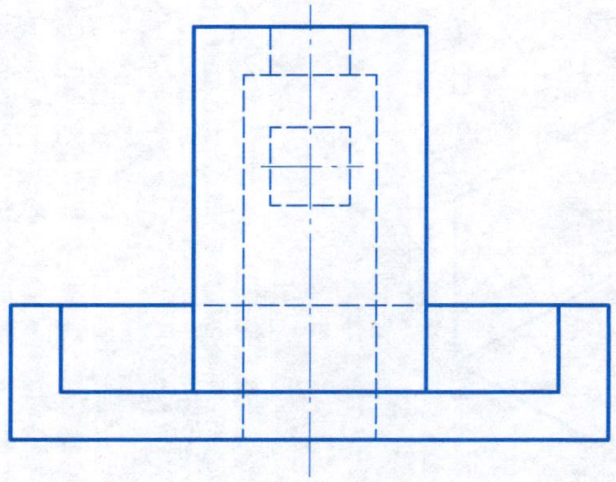

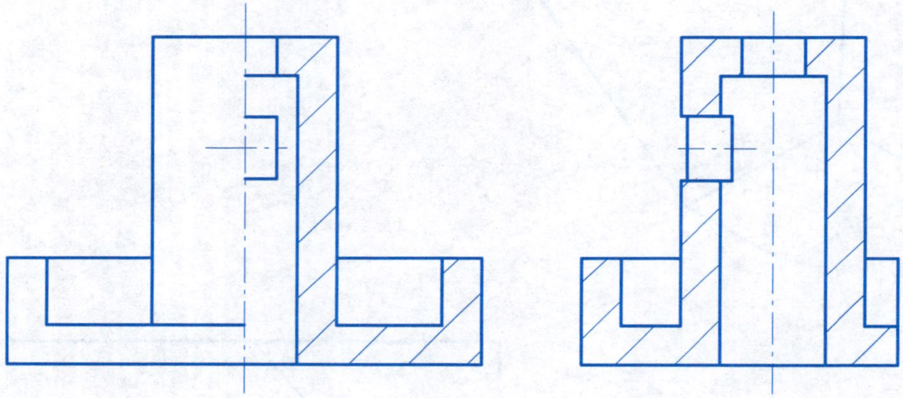

1-1剖面图

2-2剖面图

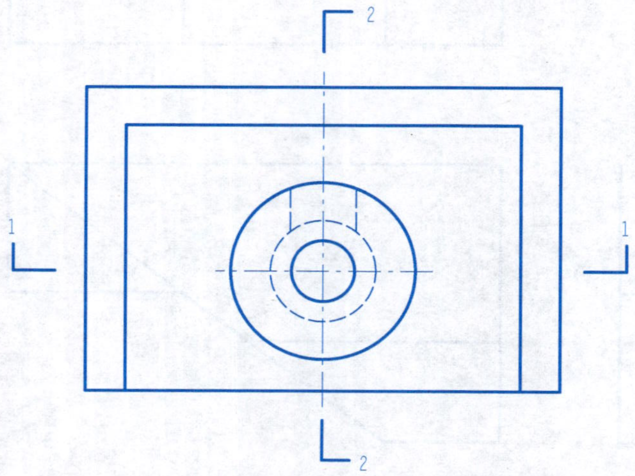


评分标准:

1.正面投影，5分;

2.侧面投影，5分。

# 试卷二答案

要求：用铅笔作图，保留作图线。

一、选择题（可多选）。(12 分）选对一个得 2 分。

1. 根据形体 $W$ 投影，选择形体 $V$、$H$ 面投影。
答（ a ）

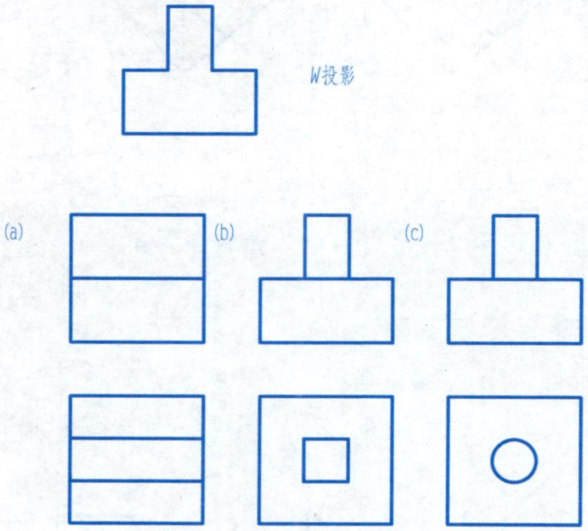


2. 根据形体 $W$ 投影，选择形体 $V$、$H$ 面投影。
答（ b、c ）

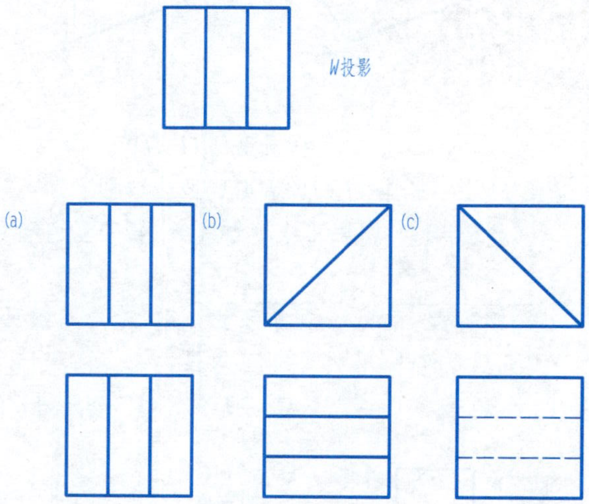


3. 根据形体 $V$、$H$ 投影，选择形体 $W$ 面投影。
答（ a、b ）

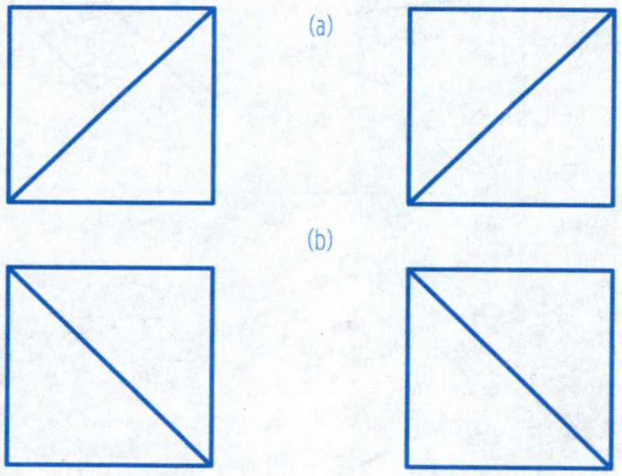


4. 根据形体 $V$、$H$ 投影，选择形体 $W$ 面投影。
答（ b ）

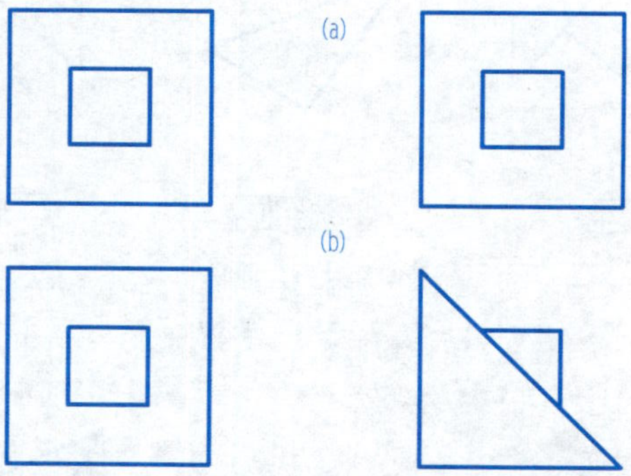

二、判别下列说法是否正确。（正确或不正确，2×10=20 分）

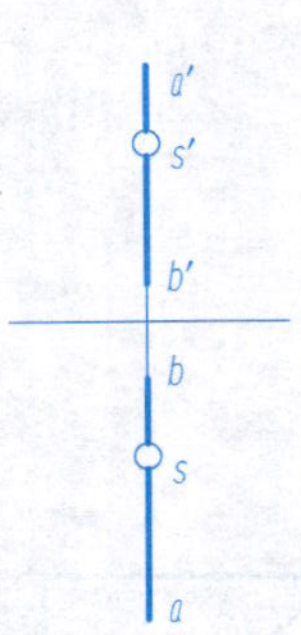

S 点在直线 AB 上

不正确

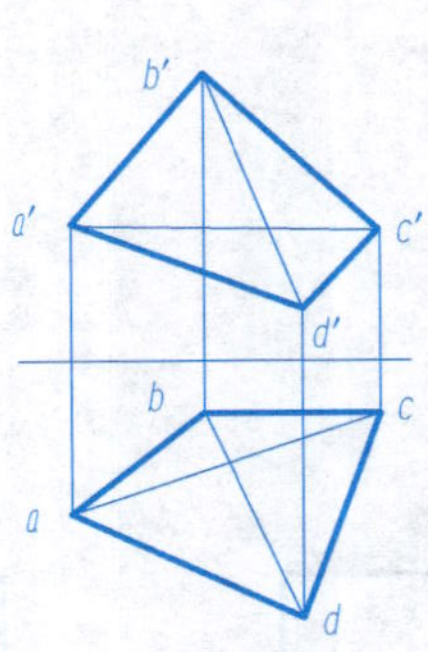

ABCD 表示一个平面

不正确

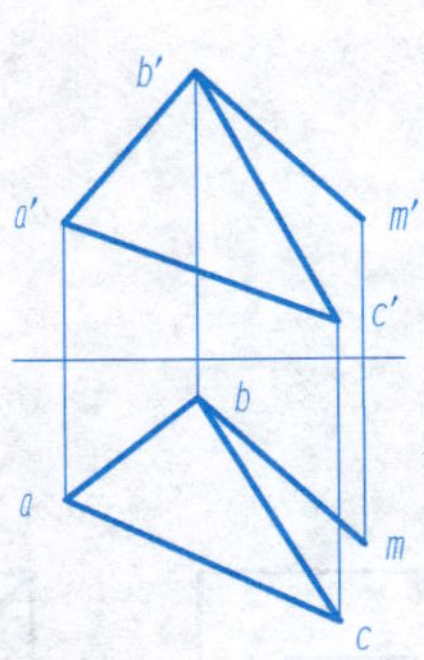

BM 属于平面 ABC

正确

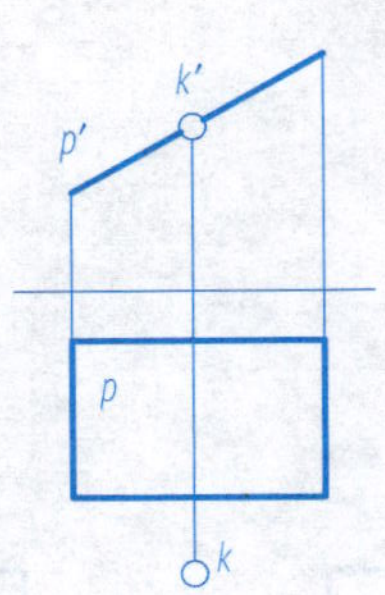

K 点不在平面 P 上

不正确

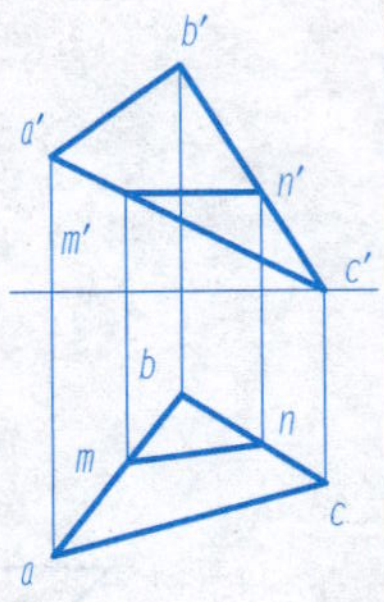

MN 是平面上的水平线

不正确

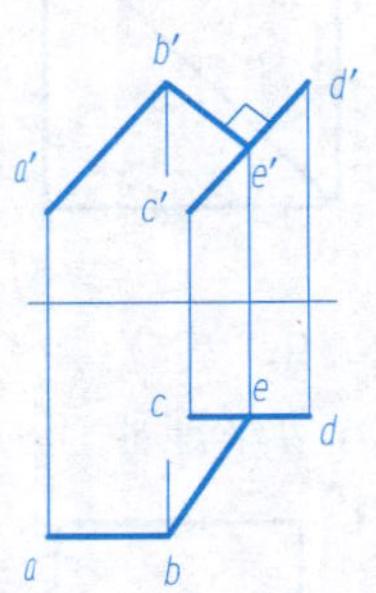

$b'e'$是两平行线间距离实长

不正确

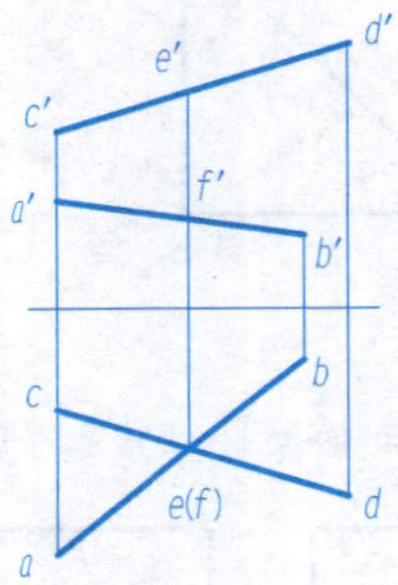

E、F 两点是正面重影点

不正确

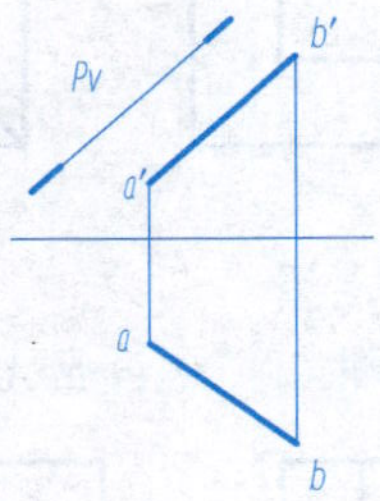

AB//P 面

正确

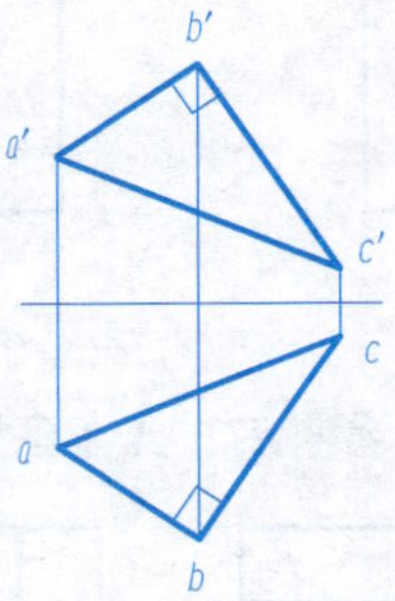

ABC 是直角三角形

不正确

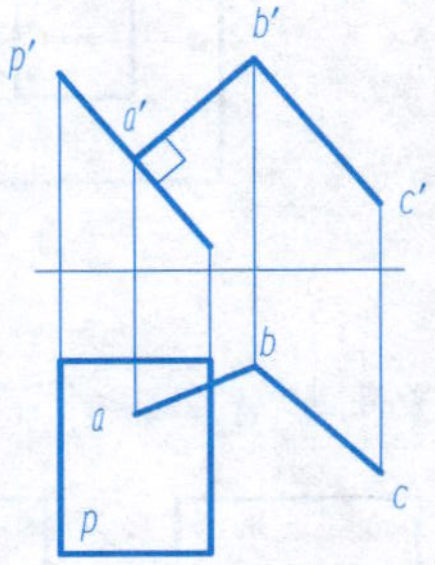

平面 ABC⊥P 面

不正确

三、根据题目要求和已知条件，判别作图结果是否正确。（正确或不正确，4×2=8 分）

1. 求两平面的交线，并判别可见性。

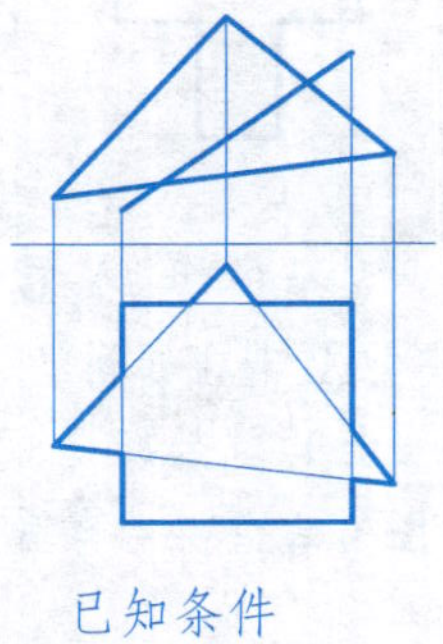

已知条件

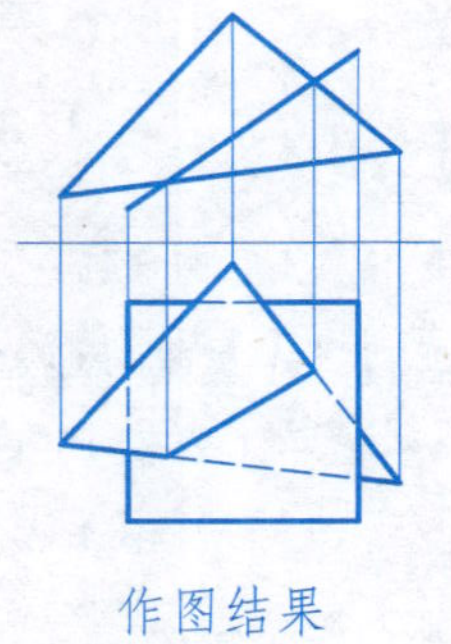

作图结果

正确

2. 已知平面 ABCD 的 CD 边平行于 H 面，作出 ABCD 的正面投影。

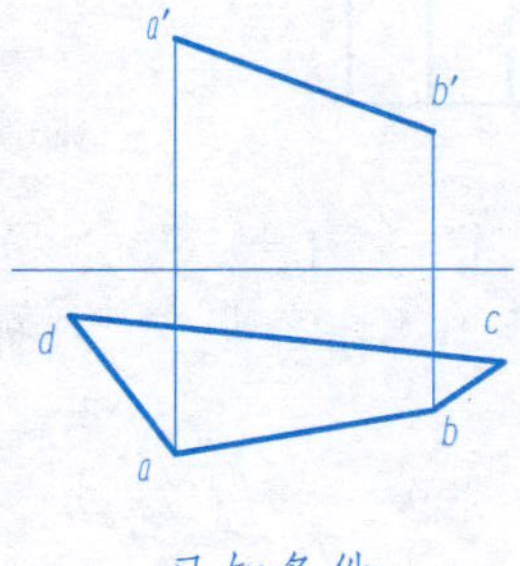

已知条件

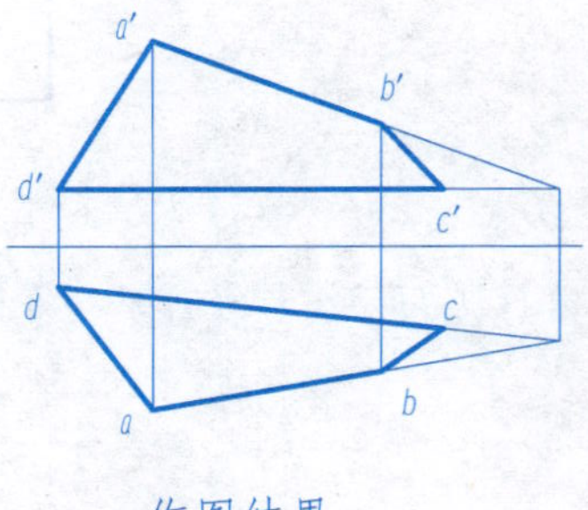

作图结果

正确

四、作图题。(5×2=10 分)

1. 作距 $H$ 面 20mm 的水平线，与直线 $AB$ 垂直相交。

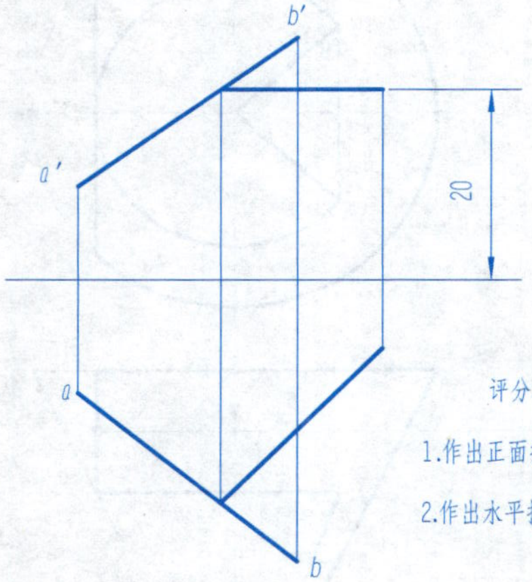


评分标准：

1.作出正面投影，2分；

2.作出水平投影，3分。

2. 已知 $AD$ 是平面 $ABC$ 内的正平线，$AE$ 是该平面内的水平线，求平面 $ABC$ 的水平投影。

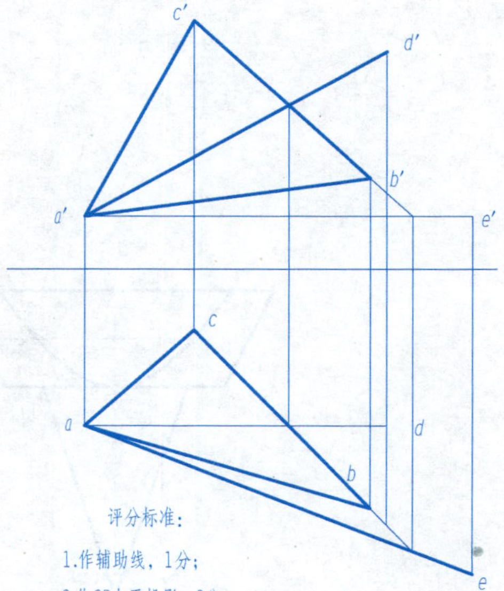


评分标准：

1.作辅助线，1分；

2.作CD水平投影，2分；

3.作水平投影，2分。

五、根据组合体正等轴测图和部分主视图，画出缺少的三视图。(尺寸直接从轴测图量取)(10 分)

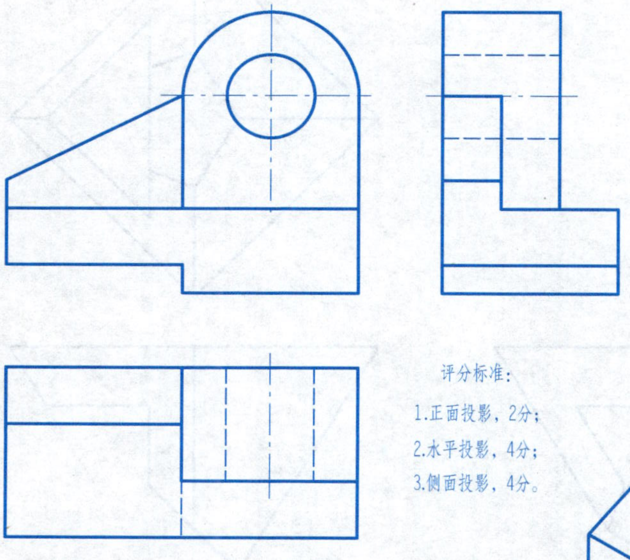

评分标准：

1.正面投影，2分；

2.水平投影，4分；

3.侧面投影，4分。

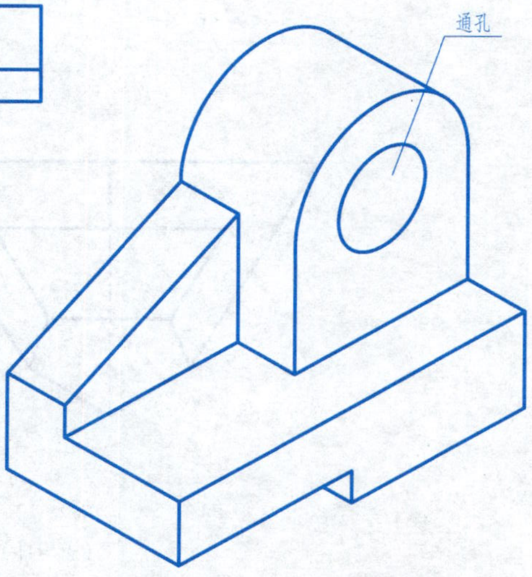

六、完成四棱锥切割体的水平投影和侧面投影。(10分)

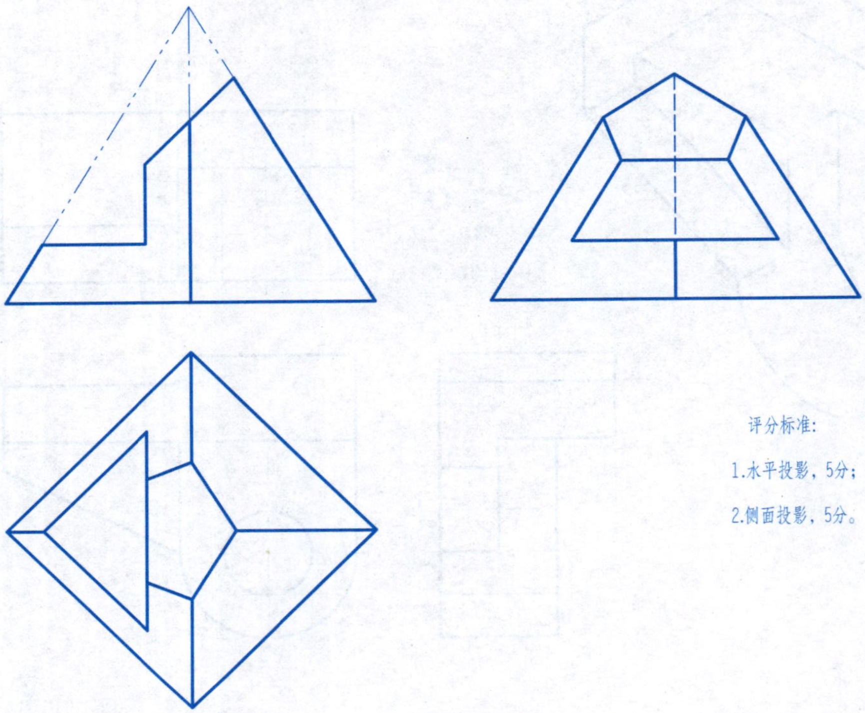

评分标准:

1.水平投影，5分;

2.侧面投影，5分。

七、作出圆锥切割体的水平投影和侧面投影。(10分)

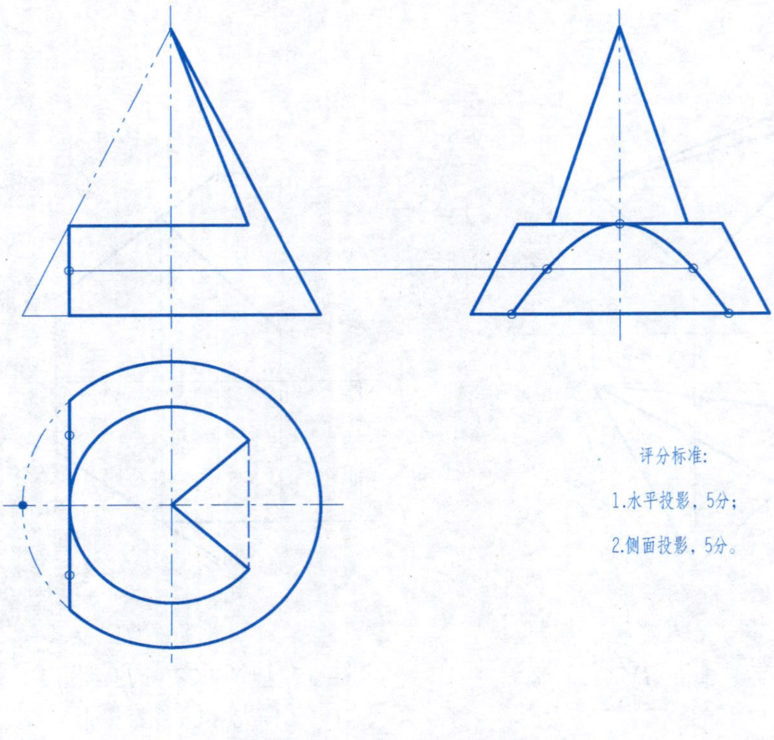

评分标准:

1.水平投影，5分;

2.侧面投影，5分。

八、作出组合体第三面投影及其正等轴测图。(10分)

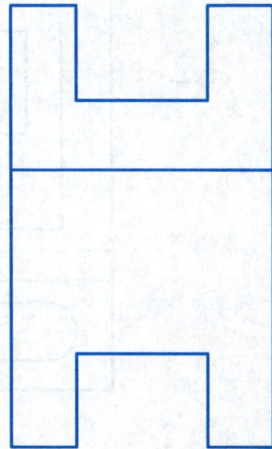

评分标准:

1.左视图 5分;

2.轴测图 5分。

九、在空白处将主视图改画成半剖视图，左视图补画成全剖视图。(10 分)

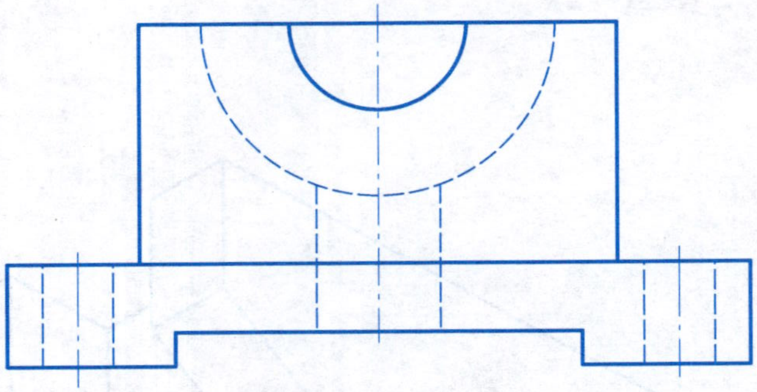

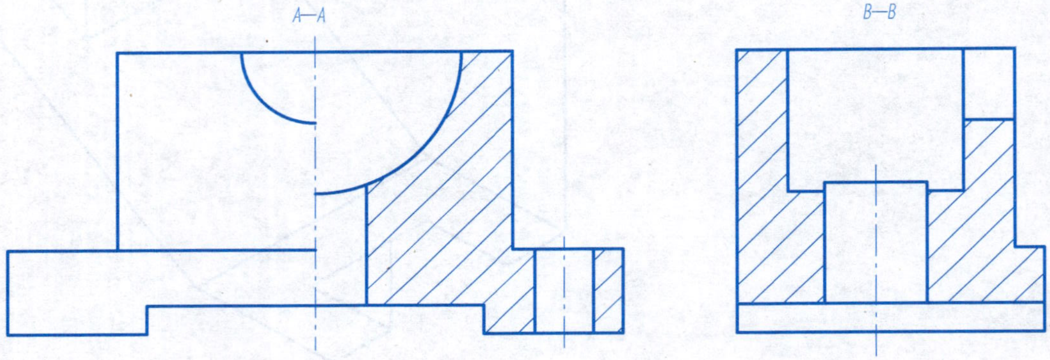


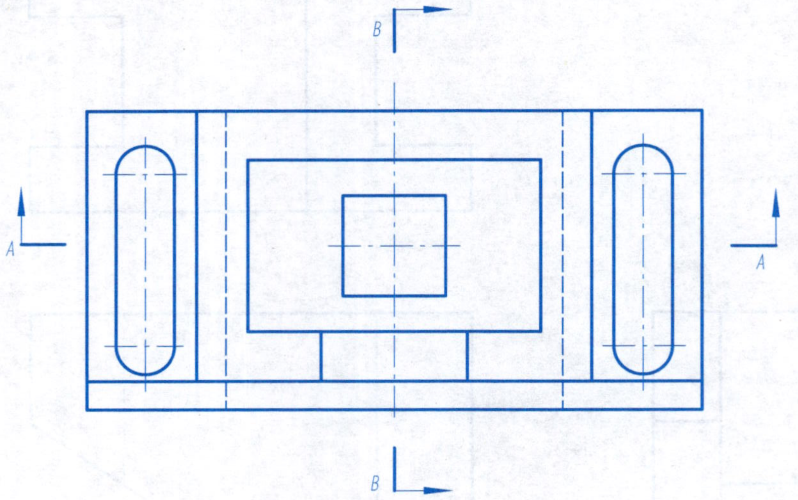


评分标准：

1.主视图，5分；

2.左视图，5分。

# 参 考 文 献


[1] 中华人民共和国住房和城乡建设部，中华人民共和国国家质量监督检验检疫总局. GB/T 50103—2010 总图制图标准. 北京：中国建筑工业出版社，2011.

[2] 中华人民共和国住房和城乡建设部，GB/T 50001—2010 房屋建筑制图统一标准. 北京：中国建筑工业出版社，2011.

[3] 中华人民共和国住房和城乡建设部，中华人民共和国国家质量监督检验检疫总局. GB/T 50104—2010 建筑制图标准. 北京：中国建筑工业出版社，2011.

[4] 中华人民共和国住房和城乡建设部，中华人民共和国国家质量监督检验检疫总局. GB/T 50105—2010 建筑结构制图标准. 北京：中国建筑工业出版社，2011.

[5] 中华人民共和国住房和城乡建设部. GB 50010—2010 混凝土结构设计规范. 北京：中国建筑工业出版社，2011.

[6] 周佳新. 土建工程制图习题集. 北京：中国电力出版社，2012.

[7] 周佳新，等. 画法几何学习题及解答. 北京：化学工业出版社，2015.

[8] 周佳新，等. 土木工程制图习题及解答. 北京：化学工业出版社，2015.

[9] 周佳新，等. AutoCAD 制图技术. 北京：化学工业出版社，2014.

[10] 江晓红，等. 建筑图学习题集（第二版）. 北京：高等教育出版社，2016.

[11] 丁建梅，周佳新. 土木工程制图习题集. 北京：人民交通出版社，2007.

[12] 朱育万，等. 画法几何及土木工程制图. 北京：高等教育出版社，2000.